“十三五”普通高等教育本科规划教材
高等院校电子商务专业“互联网+”创新规划教材

电子商务项目策划

主　编　原娟娟　陶　钰

内 容 简 介

本书是编者在总结现有研究成果的基础上，结合多年来从事电子商务教学、科研的积累以及指导大学生创新实践成果和学科竞赛成果的总结，一定程度上能体现教学研究和改革的部分成果，有一定的操作性和应用性。本书共包括 11 章，第 1 章和第 2 章概述了电子商务项目以及电子商务项目策划的基本概念、内容和流程等一般知识，第 3 章到第 6 章重点介绍了电子商务项目策划的内容、过程和方法，第 7 章到第 10 章重点介绍了电子商务项目的过程、运营、成本以及风险的管理内容及方法，第 11 章介绍了常见的几种电子商务项目策划文案。

本书既可作为高等学校电子商务、电子信息、经济管理类相关专业本科生的教材，也可作为其他本科专业学生选修课程的教材，还可以作为从事电子商务项目策划、管理及相关行业人士的培训或自修书籍。

图书在版编目(CIP)数据

电子商务项目策划/原娟娟，陶钰主编. —北京：北京大学出版社，2017.11
（高等院校电子商务专业“互联网+”创新规划教材）
ISBN 978-7-301-28917-4

Ⅰ. ①电… Ⅱ. ①原… ②陶… Ⅲ. ①电子商务—项目管理—高等学校—教材 Ⅳ. ①F713.36

中国版本图书馆 CIP 数据核字（2017）第 259676 号

书　　名　电子商务项目策划
　　　　　Dianzi Shangwu Xiangmu Cehua
著作责任者　原娟娟　陶　钰　主编
策 划 编 辑　刘　丽
责 任 编 辑　翟　源
数 字 编 辑　陈颖颖
标 准 书 号　ISBN 978-7-301-28917-4
出 版 发 行　北京大学出版社
地　　址　北京市海淀区成府路 205 号　100871
网　　址　http://www.pup.cn　新浪微博：@北京大学出版社
电 子 邮 箱　编辑部 pup6@pup.cn　总编室 zpup@pup.cn
电　　话　邮购部 010-62752015　发行部 010-62750672　编辑部 010-62750667
印 刷 者　北京鑫海金澳胶印有限公司
经 销 者　新华书店
　　　　　787 毫米×1092 毫米　16 开本　19.75 印张　459 千字
　　　　　2017 年 11 月第 1 版　2025 年 2 月第 8 次印刷
定　　价　45.00 元

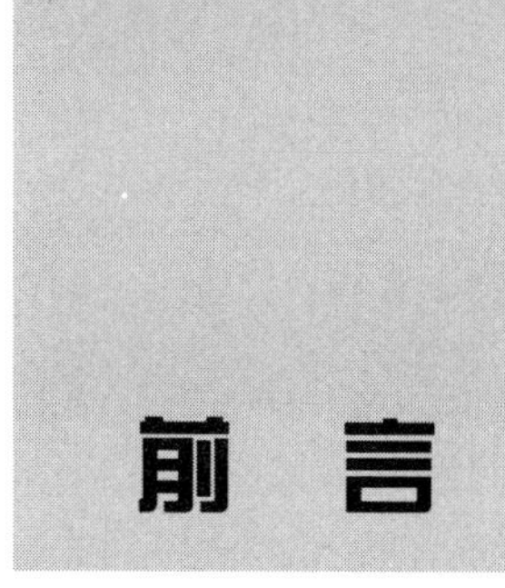

前言

近年来，随着电子商务迅速发展，关于电子商务的理论、应用方面的研究也取得了很大的进展，在此基础上编者开始进行电子商务项目策划的教学探索。在多年的教学实践中，编者发现适合本科教学的电子商务项目策划的教材相对较少，而且教材内容更新缓慢难以同步电子商务的迅猛发展，教材体系也不够完整，教材偏于理论疏于实务等。但是，不得不承认的是电子商务项目策划的难度比较大，不管在理论方面还是实践创新归纳和提炼方面，以及构建完整的理论体系方面仍有很长的路要走。

本书是编者在总结现有研究成果的基础上，结合多年来从事电子商务教学、科研的积累以及指导大学生创新实践成果和学科竞赛成果的总结，一定程度上能体现教学研究和改革的部分成果，有一定的操作性和应用性。本书使用了大量新颖的案例和近年来电子商务发展中的热点案例，强调电子商务项目在不同环境、不同条件下的不同要求，引导学生思考实际中的问题，有助于学生策划能力的培养。通过扫描书中的二维码可以阅读大量的拓展资料和案例，这些案例多为实务型案例，有一定的实践指导作用，便于引导学生进一步的学习。

编者认为在本科生阶段开设电子商务项目策划课程，目的是培养学生的创新思维，并能根据实践的需要提出新的项目或者产品，进而进行设计和实施。因此，在学生具备了电子商务的基础知识和技能后，通过课程的学习，就可以进行电子商务项目的策划和设计的实践。本课程具有一定的综合性，是将电子商务方案策划、运营管理、技术等有机地融合，比较注重综合分析与创新精神培养，课程强调综合性、创新性、前沿性、机动性，其内容也将依据特定的环境和社会需求灵活调整，满足学生全面发展、综合提升的要求。因此，建议最早在大二下学期才可以开设，课时安排建议是48学时。

本书由盐城工学院原娟娟负责教材大纲和统稿的工作。具体编写分工如下：第1～5章、第8章、第10章、第11章由原娟娟编写，第6章、第7章、第9章由陶钰编写。

在编写本书的过程中，编者参考和借鉴了国内外诸多相关的研究成果和文献资料，使本书的编写得以顺利完成，在此特向文献的作者表示衷心的感谢，并尽可能在参考文献中列出。本书获得2016年度盐城工学院教材基金资助。

电子商务发展日新月异，创新驱动下的电子商务项目策划丰富多彩，由于时间仓促且编写水平有限，书中所述内容并不全面和完善，敬请读者不吝赐教，以便进一步完善。

【资源索引】

编　者

2017年7月

目录

第1章

电子商务项目概述

(1) 了解项目的定义及特征。
(2) 了解项目管理的概念、内容及发展。
(3) 掌握电子商务项目的定义、分类及特征。
(4) 掌握电子商务项目生命周期的概念及主要内容。

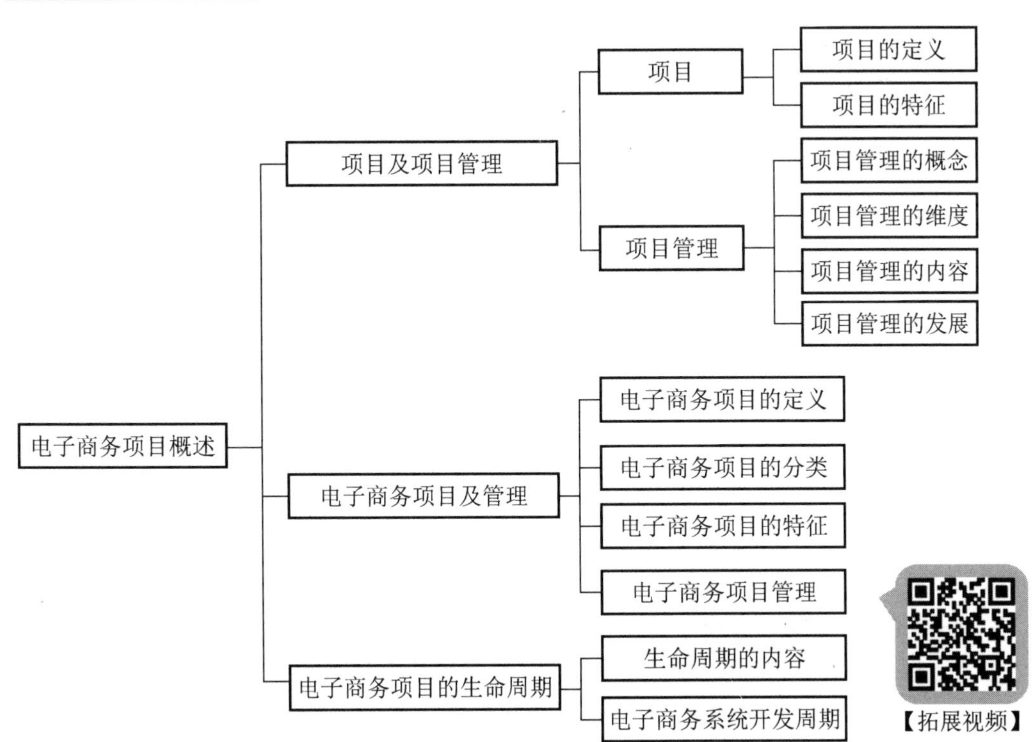

导入案例

VR 购物面世　Buy+真的来了

1．阿里“造物神”计划

2016 年 3 月，阿里对外公布将全面启动 Buy+计划，建立 VR 实验室推出造物神计划。

所谓“造物神”计划就是淘宝联合商家建立世界上最大的 3D 商品库，加速实现虚拟世界的购物体验。将 VR 技术应用于购物领域，最大的挑战是如何快速把淘宝 10 亿商品在虚拟环境中 1∶1 复原。为了解决这个问题，阿里推出了“造物神”计划。丰富的 VR 商品库可以直接降低网络购物的退货率，提高实体店购物的购买效率。

2．Buy+真的来了

2016 年 4 月 1 日下午，淘宝宣布推出全新购物方式 Buy+。Buy+使用 VR 技术，利用计算机图形系统和辅助传感器，生成可交互的三维购物环境。使用 Buy+，即使你身在家中，戴上 VR 眼镜，进入 VR 版淘宝，便可以选择去北京、香港、纽约的第五大道，甚至全世界任何一个购物中心，让你身临其境地购物。

2016 年 7 月 5 日凌晨，马云正式宣布 VR 购物产品 Buy+面世，并称 Buy+将在 4 个月后上市。

阿里公关部技术品牌相关负责人王倩透露，淘宝 Buy+是阿里筹划已久的 VR 购物项目，网传视频中的相关技术，准确地说，应该是基于目前的技术基础上对 VR 购物所做的畅想。

对于淘宝 Buy+项目，王倩介绍说：“电商平台是阿里 VR 战略的切入点，目前技术人员已经形成了一个数百件数量级、精度较高的 3D 商品库，我们的目标是要做成全球最大的 3D 商品库。”

对于淘宝平台 10 亿级的商品量，几百这个数量显得微不足道。那么，未来 VR 购物会否成为各大电商平台争相布局的“新大陆”？王倩认为不好判断，但是可以肯定的是，阿里对 VR 购物市场前景很有信心。王倩表示，未来的 VR 购物平台，卖家不再通过照片和视频来展示商品，而是通过搭建 VR 场景。对买家来说，只需戴上 VR 头显设备，足不出户就能逛各地的商场。

3．不少企业试水 VR 购物

自 2015 年起，各类 VR 消费级产品相继问世。苹果、索尼、三星等相继发布 VR 战略，国内市场上，阿里、腾讯等巨头也有所动作。来自暴风科技的统计数据显示，截至 2016 年 3 月，暴风魔镜销量突破 100 万台。

虽然 VR 产业的数据不俗，但有人认为 VR 目前仍处在发展初期，应用也主要集中在游戏和直播上。但不可否认的是，VR 的触角已经逐渐伸向各个领域，VR 购物就是其中之一。

去年，优衣库在官网上推出了 3D 试衣间，消费者在输入自己的性别、身高、腰围等十几项数据后，可以选择一个跟自己体型相近的模特，然后只需要点击模特的各个部位，就可

以“换上”不同款式的衣服，某种意义上说，这就是 VR 购物的一次尝试。

（资料来源：http://zj.sina.com.cn/news/s/2016-04-05/detail-ifxqxcnp8554658-p2.shtml.）

Buy+其实就是阿里筹划已久的 VR 购物项目，尽管目前的 VR 项目仍处于基于目前技术基础上购物的畅想，但未来 VR 购物不仅会颠覆传统的网购模式，还会带动周边的配套服务市场，VR 项目或将成为未来电商发展的蓝海。

1.1 项目及项目管理

1.1.1 项目

1. 项目的定义

1) 常见的几种定义

项目(Project)在不同的行业、不同的专业领域，从许多不同的角度都可以给出不同的描述，所以关于项目定义的差别也非常大。不同的组织和学者都对项目下过定义，针对项目的含义，本书摘取有代表性的几种：

(1) 美国项目管理学会(Project Management Institute，PMI)在项目管理知识体系中对项目所下的定义为：项目是为创造特定产品或服务的一项有时限的任务。其中“时限”是指每个项目都有明确的起点和终点；“特定”是指一个项目所形成的产品或服务在关键特性上不同于其他的产品和服务。

(2) 联合国工业发展组织(United Nations Industrial Development Organization，UNIDO)在《工业项目评估手册》中对项目所下的定义为：一个项目是对一项投资的一个提案，用来创建、扩展或发展某些工厂企业，以便在一定的周期时间内增加货物的生产或社会的服务。

(3) 项目管理大师哈罗德·科兹纳博士认为：项目是具有以下条件的任何活动和任务的序列，有一个根据某种技术规格完成的特定的目标，有确定的开始和结束时间，有经费限制，有消费资源(如资金、人员和设备)。

(4) 美国著名学者罗伯特·J. 格雷厄姆认为：项目是为了达到特定目标而调集到一起的资源组合，它与常规任务之间的关键区别是，项目通常只做一次；项目是一项独特的工作努力，即按某种规范及应用标准指导或生产某种新产品或某项新服务，这种工作努力，应当在限定的时间、成本、费用、人力资源及资产等项目参数内完成。

(5) Buchanan 和 Boddy 于 1992 年提出：项目具有开端和结局，是人们在成本进度和质量等参数范围内未达到既定目标而实施的一种独特事业。

(6) Gray 于 1994 年提出：项目具有专门的资源、专门的责任点，资源和可交付物品移动的界限清楚，持续的时间有限。它是一个一次性的工作任务并具有目标，是组织工作的一种有用方式。如果没有有意识的介入，项目就不会自动产生。

2) 本书采用的定义

项目是指在一定的资源(包括时间、经费、人力等)约束条件下，为实现特定目标而执行的一次性任务或努力。针对项目的定义可以从以下 3 个层面进行理解。

(1) 项目是一次性的有限的任务，这是项目区别于其他日常运作的基本标志，是识别项目的主要依据。任何项目有开始，必然有结束，结束意味着项目的完成，在开始与结束之间一定要经历几个阶段。无休止的重复进行的活动或任务不能称为项目。项目的一致性决定的项目团队也具有临时性的特点，项目团队是为某一特定的项目组建的，项目完成了，团队也可能就解散了。

(2) 项目的实施会受到特定条件的约束。项目必须在一定的组织机构内，利用有限的资源(人力、物力、财力等)在规定的时间内完成任务。这些约束条件既是完成项目的制约因素，同时也是管理项目的条件，是对管理项目的要求。没有约束的任务不能称为项目，无休止进行下去的任务也不是项目。在众多的约束项目和约束条件中，质量、进度和费用是项目普遍存在的3个主要约束条件。

【拓展知识】

(3) 项目都有一个特定的目标。这一特定的目标通常要在项目初期设计出来，并在之后的项目活动中逐步出现。任何项目都有一个与其他任务不完全相同的目标或结果，它通常是一项独特的产品或服务。独特的产品是指项目终结后可交付的可量化的成果，如一座大楼、一条高速公路等；服务是指项目所提供的服务能力，如一次接待工作、一场楼盘推介活动等。

项目不同于企业的生产经营之类的日常运作，项目与日常运作在诸多方面存在着明显的区别，见表1-1。

表1-1 项目与日常运作的区别

区别要素	项目	日常运作
目的	特殊的	常规的
责任人	项目经理	部门经理
时间	有限	相对无限
管理方法	风险型	稳定型
持续性	一次性	重复性
特性	独特性	普遍性
组织机构	项目组织	职能部门
资源需求	多变性	稳定性
考核指标	目标导向	任务和指标导向
结果	革命性的变革	渐进式的改变

2．项目的特征

尽管不同行业或专业领域的项目都有自己的特性，但从本质上来说，它们具有一些共同特征。

1) 整体性

项目是为实现目标而开展的任务集合，它不是一项项功利的活动，而是一系列活动有机组合而形成的一个完整过程，强调项目的整体性也就是强调项目的过程性和系统性。

2) 独特性

每个项目都有其特别的地方，是独一无二的。独特性是项目一次性属性的基础。项目的独特性，可能表现在项目的目标环境条件、组织过程等方面，即使目标相同的两个项目也各有其特殊性。相比建设项目，开发项目通常跟程序化有着更多的相同之处，但项目存在风险，不能完全程序化。项目主管之所以被看得很重要，就是因为他们要处理许多例外情况。

3) 一次性

项目的一次性主要是指项目是一次性的努力。任何成功的项目，无论其效益或影响如何，就项目本身来说都是一次性的努力。比如企业网站建设项目，随着网站的建成发布，项目也就结束了。搭建网站是一次性的努力，但网站运营的影响会很长远。

4) 目的性

任何项目都有一个明确界定的目标，项目的一切任务要以目标为导向。目标贯穿于项目始终，项目计划和一系列实施活动都是围绕目标展开的。项目目标一般由成果性目标与约束性目标组成，是两者的统一。其中，成果性目标是项目的最终目标，在项目实施过程中，成果性目标被分解为项目的功能性要求，是项目全过程的主导目标；约束性目标通常又称为限制条件，是实现成果性目标的客观条件和人为约束的统称，是项目实施过程中必须遵循的条件，是项目管理的主要目标。比如一个软件开发项目，成果性目标包括软件的功能、可靠性、可扩展性和可移植性，而约束性目标包括软件开发周期、开发成本、质量等。

5) 任务相关性

项目的执行是通过完成一系列相互关联，又互不重复的任务而达到预定目标的，这些任务由于其关联性，必须按照一定的顺序执行。例如，一个城市的一卡通建设项目包括需求调研分析、总体规划、功能设计、卡片选择、平台搭建、管理体系构建、市场运营等任务，这些任务都是环环相扣、互相关联的，其中某些任务只有在前项任务完成后才能启动，而另一些任务则可以并行实施。如果这些任务相互之间不能协调的发展，那么就不能实践项目的最终目标。

6) 制约性

每个项目在一定程度上都会受到客观条件和资源的制约，其中资源制约是最主要的，包括人力、物力、财力、时间、技术、信息等各种资源的制约。任何一个项目，都是有时间、预算限制的，并且一个项目的人员、技术、信息、设备条件和工艺水平等都是有限制的，它们是决定一个项目成败的关键属性之一。如果一个项目的人力、物力、财力、时间等方面的资源宽裕，那么其成功的可能性就高，否则项目成功的可能性就会大大降低。

1.1.2 项目管理

1. 项目管理的概念

早期的项目管理主要用于非常复杂的大型研究开发项目，而现代项目管理一般是以曼哈顿计划为开端的。现代项目管理认为：项目管理是运用各种知识、技能、方法与工具，为满足或超越项目有关各方对项目的要求与期望所开展的各种管理活动。从项目管理的定义可以看出，项目管理的根本目的是满足或超越项目有关各方对项目的要求和期望，而实现目的的手段是运用各种知识、技能、方法和工具开展管理活动。

其中，对项目的要求与期望主要涉及以下 4 个方面。

(1) 对项目本身的要求与期望。这是所有的项目相关方共同的要求和期望，例如对一个项目的范围、时间、成本、质量等的要求和期望。

(2) 项目有关各方不同的要求和期望。这是项目有关各方(客户、资源供应商、承包商、协作商、项目团队、政府、管辖部门等)与自己相关利益的要求和期望。有些时候各方的要求和期望是有所矛盾的。

(3) 项目已识别的要求和期望。它是指已经由项目有关各方达成共识的、由项目的各种文件明确规定出的项目要求和期望，如已经明确的项目工期、项目成本和质量，以及对于项目工作的一些具体要求和期望等。

(4) 项目尚未识别的要求和期望。它是指项目文件中未规定的，却又是项目有关方想追求和达到的要求和期望，如潜在的环保要求、更低的项目成本、更短的项目工期和更高的项目质量等。

项目管理就是为实现上述这些目标所开展的项目组织、计划、领导、协调和控制等活动。

2．项目管理的维度

项目管理自诞生以来发展很快，目前已发展为时间、知识和保障三维管理。

(1) 时间维度：把整个项目的生命周期划分为若干个阶段，从而进行阶段管理。

(2) 知识维度：针对项目生命周期的各个不同阶段研究和采用不同的管理技术方法。

(3) 保障维度：对项目人、财、物、技术和信息等的后勤保障管理。

3．项目管理的内容

项目管理涉及多方面的内容，这些内容可以从不同的角度进行组织，常见的组织形式主要有：两个层次、4 个阶段、5 个过程、9 个领域、44 个项目管理流程。

(1) 从项目所属的层次，项目管理可以划分为企业层次和项目层次。

(2) 从项目的生命周期角度，项目管理可以划分为概念、规划、实施、收尾 4 个阶段。

(3) 从项目管理的基本过程角度，项目管理可以划分为项目启动、项目计划、项目执行、项目监测与控制、项目结束 5 个过程。

(4) 从项目管理的职能角度，项目管理可以划分为项目集成管理、项目范围管理、项目时间管理、项目成本管理、项目质量管理、项目人力资源管理、项目风险管理、项目沟通管理和项目采购管理 9 个领域。

【拓展知识】

(5) 按照 9 个知识领域，项目管理知识体系(Project Management Body of Knowledge，PMBOK)将项目管理的具体工作规定为 44 个流程(表 1-2)，这些流程贯穿于整个项目管理过程和知识领域中。PMBOK 认为：在大多数场合绝大多数项目使用这个统一的项目管理流程。其中，范围、时间、成本和质量是项目管理的四大核心领域。

表 1-2　44 个项目管理流程

知识领域	启动	计划	执行	监测与控制	结束
项目集成管理	● 制定项目章程 ● 制定项目初步范围说明书	● 制订项目管理计划	● 指导与管理项目执行	● 监控项目工作 ● 整体变更控制	● 项目收尾
项目范围管理		● 制订项目范围管理计划和 WBS ● 制定详细的项目范围说明书	● 制作工作分解结构	● 范围控制 ● 范围核实	

续表

知识领域	启动	计划	执行	监测与控制	结束
项目时间管理		● 活动定义 ● 活动排序 ● 活动资源估算 ● 活动持续时间估算 ● 制定进度表		● 项目进度控制	
项目成本管理		● 成本估算 ● 成本预算		● 成本控制	
项目质量管理		● 质量规划	● 实施质量保证	● 实施质量控制	
项目人力资源管理		● 人力资源规划	● 项目团队组建 ● 项目团队建设	● 项目团队管理	
项目沟通管理		● 沟通规划	● 信息发布	● 绩效报告 ● 利害相关者管理	
项目风险管理		● 风险管理规划 ● 风险识别 ● 定性风险分析 ● 定量风险分析 ● 风险应对规划		● 风险监控	
项目采购管理		● 采购规划 ● 发包规划	● 询价 ● 卖方选择	● 合同管理	● 合同收尾

4．项目管理的发展

1) 国外项目管理的发展过程

项目管理通常被认为是第二次世界大战的产物，主要是战后重建和冷战阶段应用于国防和军工项目的一种管理方法。项目管理的发展分为两个阶段：20 世纪 80 年代之前为传统的项目管理阶段，80 年代之后为现代项目管理阶段，

2) 国内项目管理的发展过程

我国的项目管理可以追溯到两千多年前的万里长城，但是真正称得上项目管理里程碑的是著名科学家华罗庚教授和钱学森教授分别倡导的统筹法和系统工程。这些都为我国项目管理的发展奠定了坚实的基础。但是，我们应看到我国的现代项目管理理论、实践水平与国际水平仍有相当大的差距，迫切需要政、产、学、研共同合作，不断进行学术研究、开展产业实践，从而促进我国现代项目管理的全面发展。

1.2 电子商务项目及管理

1.2.1 电子商务项目的定义

电子商务的概念有广义和狭义之分。广义的电子商务是指使用各种电子工具，从事商

务活动或劳动；狭义的电子商务是指主要利用 Internet，从事商务活动或劳动。电子商务是在技术经济高度发达的现代社会，掌握信息技术和商务规则的人，系统化地运用电子工具，高效率、低成本地从事以商品交换为中心的各种活动的总称。

同样地，对电子商务项目的理解，也有广义和狭义之分。广义的电子商务项目是指一个组织为了系统化运用电子工具，以高效率地从事经济活动，在一定时间、人员及资源的约束条件下，所开展的一种独特的实践性工作。这里的独特性，不仅体现在新型电子工具对组织效率的提高上，也贯穿于其变革、重组的整个过程。行业的信息化改进、企业的局域网搭建等都属于这一范畴。

狭义的电子商务项目是指一个组织为了运用基于 Internet 的现代工具，提高经济和社会效益，在一定限制条件下所开展的一种集业务开发、技术推进、产品升级、经营改善、管理整合与资本运作于一体的独特的时限性的工作。企业基于 Internet 的信息化改进、虚拟社区的搭建以及电子政务的实施等都属于电子商务项目范畴。

1.2.2 电子商务项目的分类

根据电子商务项目主体的不同，可以将电子商务项目分为传统企业 e 化项目和网络企业创新项目。

1．传统企业e化项目

【拓展知识】

传统企业 e 化项目是指那些工商企业(包括 IT 等新兴企业)为了在网络经济快速发展的情况下更有效地参与市场竞争，采用电子商务的技术和商务模式，借助互联网而开展的网上营销、产品销售、物资采购、服务升级等活动。海尔、联想、沃尔玛都是这类项目成功的典范。

这类项目的一个显著特点就是，项目是在节约产品和服务的基础上展开的，是企业经营方式的一种延伸和创新，其目的是扩大生产增加销售，同时降低成本、减少库存以取得企业整体竞争优势。

这类项目的另一个特点是，项目的实施很有可能会使企业在应用技术、管理结构、业务流程及企业文化等方面产生变革。电子商务项目只单纯地将产品放到网上销售，其网络渠道就可能与传统渠道因争抢顾客产生冲突，为避免产生不良后果，在项目开展前必须进行周密的规划和部署，减少项目实施风险。

2．网络企业创业项目

网络企业创业项目是指网络企业抓住电子商务带来的商机，通过创新的技术和管理手段吸引投资(如风投)，在互联网上进行的发展新市场、开拓新业务等活动。腾讯的 QQ、百度的搜索引擎、阿里巴巴的平台、盛大的游戏以及新浪的新闻都是这类项目成功的典型。

与传统企业 e 化项目相比，这类项目的特点是：①项目从事的不是企业原有的业务，甚至连企业都是因项目而新创立的网络企业。由于全新开拓的创新业务缺乏既有的业务基础和渠道资源，需要具有充分的前期市场调查和更多的初始投入。②这类项目必须具有价值，具有广阔的市场前景和足够的市场空间，以吸引资本的投入。③这类项目具有一定的新颖性和独特性。新颖性是指要发现网络上尚未被他人发觉的市场机会，独特性是指做别人还没有做的事情。这两个特性有利于企业占据先机、降低进入门槛，从而取得竞争优势。

1.2.3 电子商务项目的特征

除了具有一般项目的共同特征外，电子商务项目还具有以下典型的特点。

1. 电子商务项目牵涉的角色多

一般项目的参与角色是项目的投资者(客户或业主)、项目的执行者(承建商)，而对一个比较复杂的电子商务项目，所涉及的角色往往还有独立的策划者、设计者和承建商。小的简单的电子商务项目策划者和设计者往往是一体的，或是独立实体或是客户本身或是项目承建商。在多数情况下一个人也可以搞一个电子商务，就像自己的房子由自己设计和执行，那么自己就承担了双重角色，既是项目的客户又是项目的承建商。

2. 电子商务项目无形资产比重较大

一般工程项目执行的结果往往是形成较大比例的固定资产，但电子商务项目需要在软件方面投入较大比重，其执行结果主要是形成无形的管理服务能力。项目投资主要是形成无形资产而不是固定资产，这是电子商务项目与一般工程建设项目相比的另一个不同之处。

3. 电子商务项目存在较大的风险

电子商务项目通常不是简单地将现有业务搬到网上运作，其实施将改变企业现有的业务流程，影响业务结构，不仅涉及技术问题，还涉及企业内部管理、外部渠道及同业竞争等多种因素，一旦失败很难弥补。电子商务项目的跨时空特性以及对技术的更新迭代速度加快，使得项目面临尚未完成，所应用的技术就已经落后的问题。电子商务项目涉及企业内多个部门，甚至是跨企业的部门，因此在新的组织中项目经理的作用更为突出。另外，并行项目的资源冲突，政策的改变等都可能成为项目终止的潜在风险。

4. 电子商务项目的生命周期较短

电子商务项目的生命周期短，主要体现在技术生命周期上。因为项目使用的计算机网络技术的更新换代速度快，一个电子商务项目不可能持续太长的时间，否则项目尚未建成就要面临被淘汰的危险。

1.2.4 电子商务项目管理

电子商务项目管理是以电子商务项目为对象，运用项目管理的理论和方法，使项目达到预期目标，获得预期的收益。电子商务项目与传统项目的区别见表 1-3。

表 1-3 电子商务项目与传统项目的区别

区别项	传统项目管理	电子商务项目管理
目标和工作范围	明确、固定，注重技术目标	宽阔、变动，注重经营目标
对管理人员要求	技术技能	技术技能、商业技能、管理技能
任务结构	成员完成单独任务，并全职为项目工作	团队协作要求高，同时兼顾几个项目
技术	一部分	更广泛和重要

续表

区别项	传统项目管理	电子商务项目管理
层次性	单一项目，有完整的界限	一个项目常伴随着创新、创业、开发新产品、新业务等。
关键路径	基于最长路径	最长路径重视，风险难以预料
项目周期	较长	较短
风险意识	一般	强化风险管理，高风险高效益
与其他工作关系	有限	通过资源共享而深化
项目成功标志	工期、成本与质量指标	还更注重客户满意度

1.3 电子商务项目的生命周期

1.3.1 生命周期的内容

根据项目管理知识体系关于生命周期的划分(图 1-1)，电子商务项目的生命周期也可以分为概念阶段、规划阶段、实施阶段和收尾阶段四个阶段，不同的阶段有不同的管理内容。例如，对于一个具体的电子商务项目来说，一般将项目划分为项目规划、需求分析、系统设计、系统开发、系统测试、运行维护和评价几个阶段。

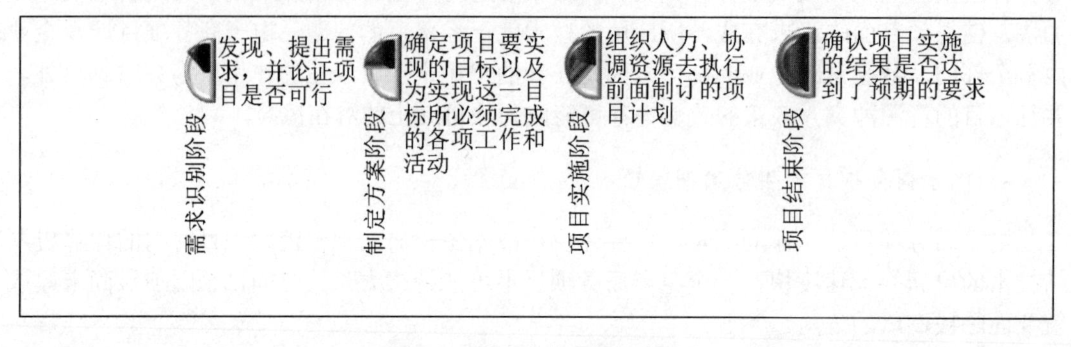

图 1-1　项目生命周期示意图

1．概念阶段(识别需求)

(1) 电子商务项目整个生命周期的起始阶段。

(2) 主要任务是发现、提出需求，并论证项目是否可行。

(3) 这个阶段投入的人力和物力不多，但对后期的影响很大。

2．规划阶段(提出解决方案)

(1) 主要任务是确定项目要实现的目标以及为实现这一目标所必须完成的各项工作和活动。

(2) 项目成功实施的重要保证。

3．实施阶段(执行项目)

(1) 时间最长、完成的工作量最大、资源消耗最多的阶段。
(2) 主要任务就是组织人力、协调资源去执行前面制定的项目计划。
(3) 其中项目控制是本阶段的主要工作，包括进度、成本、质量、风险和变更等控制内容。

4．收尾阶段(项目结束)

(1) 电子商务项目生命周期的最后阶段。
(2) 目的是要确认项目实施的结果是否达到了预期的要求。
(3) 包括项目验收、合同收尾和行政收尾等工作。

1.3.2 电子商务系统开发周期

电子商务系统建设是企业应用电子商务的第一步，是一个包括商务、技术、支付、物流等许多角色与要素的系统工程。所以它不是一个孤立的系统，它需要和外界发生信息交流。同时，这一系统内部还包括不同的部分，如网络、计算机系统、应用软件等。

首先，在决策方面，从组织和人力资源的角度来看，需要将建立和管理一个成功的电子商务系统所需要的各类专业人员组织成一个团队，当然也可以将该项任务外包给一些高科技公司(现在国内绝大部分企业的做法)。

其次，要确定网站所采用的硬件、软件和电信设施。虽然有技术顾问帮助决策，但是系统(包括电子商务网站)的正常运行最终是企业的责任。制定电子商务网站规划常用的一种方法是系统开发生命周期法。

系统开发生命周期法(System Development Life Cycle，SDLC)是一种用于了解系统的商业目标并设计出合适的解决方案的方法。电子商务系统的系统开发生命周期主要包括以下5个方面。

(1) 系统分析规划：选定商业模式，确定商业目标、系统功能及信息需求。
(2) 系统设计：逻辑设计与物理设计。
(3) 系统开发：企业内部开发与系统外包。
(4) 系统实施：一项复杂的系统工程。
(5) 系统运行/维护：保证系统正常运行生命周期的阶段与描述。

【拓展知识】

本章小结

项目是指在一定的资源(包括时间、经费、人力等)约束条件下，为实现特定目标而执行的一次性任务或努力。项目具有整体性、独特性、一次性、目的性、制约性和任务相关性的特征。电子商务项目有广义和狭义之分。广义的电子商务项目是指一个组织为了系统化运用电子工具以高效率地从事经济活动，在一定时间、人员及资源的约束条件下，所开展的一种独特的实践性工作。狭义的电子商务项目是指一个组织为了运用基于Internet的现代工具，提高经济和社会效益，在一定限制条件下所开展的一种集业务开发、技术推进、产品升级、经营改善、管理整合与资本运作于一体的独特的时限性的工作。

根据电子商务项目主体的不同，可以将电子商务项目分为传统企业 e 化项目和网络企业创新项目两类。与一般项目相比，电子商务项目有一些不同的特点，电子商务项目涉及的角色多，无形资产比重较大，存在较大的风险，项目生命周期较短。

电子商务项目管理以电子商务项目为对象，运用项目管理的理论和方法，使项目达到预期目标，获得预期的收益。电子商务项目管理包含概念阶段、规划阶段、实施阶段和收尾阶段 4 个阶段，不同的阶段有着不同的管理内容。

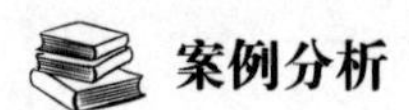

案例分析

聚美优品极速免税店项目

聚美优品的前身是团美网，由海归学子陈欧、戴雨森、刘辉创立于 2010 年 3 月，致力于创造简单、有趣、值得信赖的化妆品购物体验。聚美优品是中国第一家专业化妆品团购网站，也是中国最大的化妆品团购网站。

2010 年 9 月，为了进一步强调团美在女性团购网站领域的领头地位，深度拓展品牌内涵与外延，团美网正式全面启用聚美优品新品牌，并且启用全新顶级域名。同年，中国互联网协会(商务部和国资委批准评级机构)授予聚美优品所属公司北京创锐文化传媒有限公司 A 级信用认证。2010 年 12 月，由《互联网周刊》举办的中国互联网经济论坛上，聚美优品获颁“2010 年度最受女性欢迎的团购网站”。国际一线品牌法国兰蔻也选择和聚美优品进行官方合作，共同开展团购活动。从一天销售额不足百元到销售总额过亿，聚美优品用了不到一年的时间。

2011 年，聚美优品优雅转身，自建渠道、仓储和物流，自主销售化妆品，以团购形式来运营垂直类女性化妆品 B2C，打造另类的时尚购物平台。聚美优品的宗旨为“聚集美丽，成人之美”，致力于为用户提供更优质专业的服务，让变美更简单。

2014 年 5 月 16 日，聚美优品作为全球领先的美妆电商，登陆美国纽约证券交易所挂牌上市，以每股 22 美元发行，为 3 年以来首宗同时实现在价格区间之上定价并扩大了发行规模的中国公司赴美上市 IPO，创始人陈欧成为纽交所史上最年轻的中国 CEO。

2015 年 3 月 1 日，中国最大的美妆电商——聚美优品成立五周年，按照惯例，聚美开展了声势浩大的“301 店庆”活动。此次活动最大的亮点和特色就是“极速免税店”，海外正品低价爆款掀起了聚美“301 店庆”的狂潮。“301 店庆”期间，聚美推出的预付订金保证抢到服务，最大程度上满足了消费者对众多海外美妆奇缺尖货的需求。聚美优品除了拥有“中国美妆品牌授权最多的电商”这个称号，“极速免税店”也成为一块响当当的金字招牌。另外，和普通代购相比，聚美优品优势明显，首先和海外品牌商建立货品直供合作，避免中间环节加价；其次，聚美优品的销售量级可以在品牌商拿到较低的价格；再有以国内保税仓(郑州、广州、深圳、上海、天津)为仓储物流中转中心，保证到货速度。

时至今日，凭借口碑传播，聚美优品已经发展成为在北京、上海、成都、广州、沈阳拥有总面积达五万多平方米的自建仓储、专业客服中心、超过 3 000 万注册用户、月销售超过 6 亿元、中国领先的化妆品电子商务网站。聚美优品成为近年中国发展速度最快的电子商务公司之一。

(资料来源：http://wenku.baidu.com/view/2560670c8bd63186bdebbc6b.html.)

思考：根据以上材料，分析聚美优品开辟极速免税店项目的成功因素。

习　　题

1. 什么是项目？项目有什么特点？
2. 项目与运作有什么区别？
3. 电子商务项目如何定义？与一般项目相比有什么特征？
4. 电子商务项目的范围主要包括哪几类？怎么理解？
5. 简述电子商务生命周期的各个阶段及各阶段所包含的主要内容。

第2章

电子商务项目策划概述

(1) 了解电子商务项目策划的概念及特征。

(2) 掌握电子商务项目策划的基本原则。

(3) 掌握电子商务项目策划的流程和主要内容。

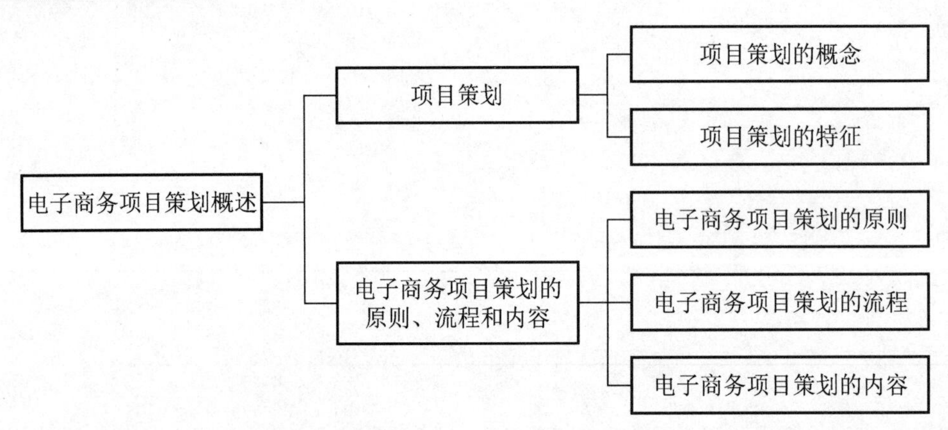

导入案例

微信春节红包策划

送红包和收红包是国人长久以来的传统习俗。红包文化原先是出自于中国人礼尚往来的一种正常人际关系，体现和谐相处的友好情结。

自从2014年腾讯开启了微信春节红包并取得了胜利之后，春晚摇一摇，QQ刷一刷，支付宝集五福，AR实景红包，微信面对面红包……随着玩法的不断创新，红包在中国新年快速普及，从刚刚过去的2017年春节开始，手机红包变得更加不一样了。

据时任腾讯集团副总裁的赖智明介绍微信春节红包策划的诞生，源于他们的团队对用户的洞察很成功，它的灵感是：每打开一个红包都是一份惊喜，可能是200块钱，可能是2块钱，这种随机性的乐趣。

这个创意是怎么来的呢？赖智明说："在南方我们对于红包比较重视。每年春节的时候，有几千人排队上去跟马化腾马总领一个红包。部门的领导也会准备1 000个红包等同事来领，同一个部门的是100块的，1 000个红包每个100块也是很大的一笔钱，对于外部的同事过来，我会配一些小的，一些大的，混在一起，对大家来说都是乐趣。"

根据企鹅智酷提供的最新数据，尽管微信没有对红包做大规模宣传，但依然在全网调研中保持了渗透率和满意度都为第一的态势。其中，微信红包渗透率达到了76.5%，而手机QQ红包和支付宝红包渗透率旗鼓相当，分别为52.9%和46.1%;，微信红包用户满意度达到94%，手机QQ和支付宝红包均获得约75%的好评，微博红包也获得了近50%的认可。

【拓展知识】

(资料来源：http://finance.sina.com.cn/hy/20151028/162623608209.shtml.)

腾讯微信春节红包策划的成功，不光让用户在春节期间摇一摇抢红包成为一个热潮，更让用户在日常生活中也不停地发红包、抢红包，红包产品在不断的扩容。固然腾讯在社交平台方面强大的用户基数是其成功的一个方面，但同时基于用户需求的电子商务项目(产品)的策划更需要不断地进行创新。

2.1 项目策划

2.1.1 项目策划的概念

美国哈佛企业管理丛书认为："策划是一种程序，在本质上是一种运用脑力的理性行为。"具体来说就是人们针对某一特定问题，收集并整理信息，而后从若干可供选择的有关未来世界的设想方案中做出一种选择或决定以及为这一决定而进行的构思、规划、论证、比较、选择等一系列行动过程。

项目策划是以具体的项目活动为对象，为达到一定的目标而进行的策划活动，体现一定的功利性、社会性、创造性和超前性。它是从无项目到有项目的一个过程，需要在充分占有信息的基础上，针对项目实施和决策的问题进行组织、管理、经济和技术等多方面的科学分析和论证。项目策划阶段的主要任务包括分析需求、提出建议、分析可行性、确定需求、制定并发布需求建议书、提出解决方案、评价并选择方案、合同签约等多项任务。虽然项目策划的成果通常是纸面上反映出来的一系列文档，相对于整个项目来说投入资金也不多，但这部分工作却是整个项目管理工作的核心，是决定项目成功的关键。

在很多企业组织内部，项目策划的工作由企划部门或投资发展部门来完成，而项目的执行工作则由一个专门的项目团队来完成。项目的策划方和执行方可能是两个独立的主体，在这种情况下项目的策划方和执行方都必须具备项目策划和管理的基本知识和技能，了解项目策划和管理的全过程。

2.1.2 项目策划的特征

1．功利性

项目策划的功利性是指策划能给策划人带来经济上的满足或愉悦。功利性也是项目策划要实现的目标，是策划的基本功能之一。项目策划的一个重要的作用，就是使策划主体更好地得到实际利益。

项目策划的主体有别，策划主题不一，策划的目标也随之有差异，即项目策划的功利性又分为长远之利、眼前之利、钱财之利、实物之利、发展之利、权力之利、享乐之利，等等。在项目策划的实践中，应力求争取获得更多的功利。在进行策划创意、选择策划方法、创造策划谋略、制定策划方案时，要权衡考虑，功利性是项目策划活动的一个立足点、出发点，又是评价一项策划活动成功与否及成果佳否的基本标准。因此，一项创意策划必须具备功利性，在注意策划功利性的同时，还要注意策划投入与策划之利的比例是否协调，策划创意即使再完美，如果策划之利低于策划投入，那么这个策划也不能称之为好的策划，甚至说它是失败的案例。

2．社会性

项目策划要依据国家、地区的具体实情来进行，不仅应注重本身的经济效益，更应关注社会效益。经济效益与社会效益两者的有机结合才是项目策划的功利性的真正意义所在，因此项目策划要体现一定的社会性，只有这样，才能为更多的受众所接受。在项目策划的实践中，各类商业组织往往通过赞助体育比赛，赞助失学儿童，捐款协办大型文艺活动等方式来构筑策划主题，塑造良好的社会形象。

3．创造性

项目策划作为一门新兴的策划学，也具备策划学的共性——创造性。策划要想达到策划客体的发展时，必须要有创造性的新思路、新创意、新策划。提高策划的创造性，要从策划者的想象力与灵感思维入手，努力提高这两方面的能力。

创造性的思维方式是一种高级的人脑活动过程，需要有敏锐、深刻的觉察力，丰富的想象力，活跃、丰富的灵感，渊博的知识底蕴，只有这样，才能把知识化成智慧，使之成为策划活动的智慧能源。

创造性的思维是策划活动创造性的基础，是策划生命力的体现，没有创造性的思维，项目策划活动的创造性就无从谈起，项目策划也即无踪无影。

4．超前性

一项策划活动的制作完成，必须预测未来行为的影响及其结果，必须对未来的各种发展、变化的趋势进行预测，必须对所策划的结果进行事前事后评估。因此，策划方肩负着重要的任务，要想达到预期的目标，必须满足策划的超前性。

超前性是项目策划的重要特性，在实践中运用得当，可以有力地引导将来的工作进程，达到策划的初衷。但策划追求超前性，是以一定的条件为前提的，不能脱离现有的基础提出毫无根据的凭空想象。因此，要使项目策划科学、准确，必须深入调查，取得大量真实全面的信息资料，还必须对这些信息进行去粗取精、去伪存真，由表及里地分析其内在的本质。既具有超前性，又具有创意的策划，一定会把实体的诉求目的表达得淋漓尽致，实现策划的目的，实现策划活动的经济最大值。

2.2 电子商务项目策划的原则、流程和内容

随着电子商务的蓬勃发展，电子商务项目越来越多，小到企业上网、电子商务网站建设、大到一个省(市)的电子商务规划项目，电子商务项目也从简单逐渐趋于复杂。因此，一个好的电子商务策划是电子商务项目成功的关键。

电子商务项目策划就是发起和运作电子商务项目，是电子商务项目实施之前所做的计划和准备工作，是一项非常有意义的开创性工作。它可以由各类传统企业自己去做，也可以由电子商务项目的承包商(如 IT 公司)去做，或由独立的第三方(如咨询顾问公司)去做。随着信息技术的不断深入和企业竞争的日益加剧，电子商务项目几乎是所有企业不可回避的工作，而上述 IT 类企业和第三方咨询类企业有可能成为电子商务项目的专业运作人。

2.2.1 电子商务项目策划的原则

1．可行性原则

项目策划，考虑最多的便是其可行性。“实践是检验真理的唯一标准”。项目策划的创意能否经得住事实的检验是项目策划能否成功的前提。电子商务项目也不例外，可行性是项目策划要遵循的基本原则，要充分考虑各方面的可行性，包括经济可行性，技术可行性，管理可行性，经济、社会、文化、法律等环境的可行性，具体将在第 4 章详细的介绍。

2．创新性原则

项目的创新性在电子商务项目中的重要性尤为突出，是项目成功的一个关键要素。一个创新的项目不仅能够吸引人们的兴趣，吸引策划人员的兴趣，更能吸引客户的眼球，进而增加中标的概率。一个创新的电子商务模式可能会为企业带来巨大的商机。

3．价值性原则

项目策划要按照价值性原则来进行，这是其功利性的具体要求与体现。一个项目策划

【拓展知识】

的结果要能创造一定的价值，才能体现出策划自身的价值。电子商务项目的价值更多体现在长期价值上。比如一个企业的 ERP(Enterprise Resource Planning，企业资源计划)系统上马之后，不可能立刻就体现出其价值，但从长远来看，为企业带来的成本和效益等方面的价值是不可估量的。

4．信息性原则

信息性是项目策划的起点，一个良好的项目策划必然是建立在真实、可靠的原始信息之上。因此，在项目策划的前期阶段要求收集全面的、连续的原始信息，以此应对变化多端的市场。对项目的策划人而言，要掌握信息的时空界限，力求做到及时、准确地对信息进行加工，并指导最近的行动，从而使策划效果更加完善。

5．整合性原则

电子商务涉及经济、技术、管理、法律等多个领域，容纳合作者、竞争者、上游供应商、下游消费者等多个角色，项目策划者必须全面考虑电子商务项目对各个领域、各个角色的影响和作用，充分协调整合各方资源，以利于项目的推动和实施。

6．调适性原则

调适性原则要求项目策划方案必须是弹性的，能够随着市场变化而进行调整。信息技术的日新月异加剧了电子商务的环境变化，企业外部的宏观环境、内部的微观环境无时无刻不在发生着变化。因此，项目策划人员必须充分考虑到，电子商务的实施过程中可能会遇到的各种变化，以使项目不仅能满足各维度要求，而且可以时刻应对新的变更，做到与时俱进。

2.2.2 电子商务项目策划的流程

项目要想获得成功，离不开周密的项目策划与设计。项目管理知识体系把项目生命周期划分为概念阶段、规划阶段、实施阶段和收尾阶段 4 个阶段。其中项目真正付诸实施所涉及的大量执行和控制工作始终贯穿于项目生命周期的第三阶段，而前两个阶段是整个项目的孕育、发起和规划阶段，主要任务是识别需求和形成解决方案，目的是做好项目实施之前的计划、准备工作。

本书中的电子商务项目策划就是指项目实施前所做的计划、准备工作，这项工作贯穿于项目生命周期的第一和第二阶段，包括项目可行性分析、确认需求、制定并发布需求建议书、提出解决方案、评价并选择方案、合同签约等多项任务，其工作流程如图 2-1 所示。在电子商务项目策划涉及的具体任务中，在任何情况下都必须由客户(业主)或承建商来承担，有的在不同的运作模式下，将由不同的主体来承担。

1．分析需求，提出建议

分析客户的电子商务需求并提出项目建议，通常有两种情况：第一种情况是客户企业内部的管理人员结合本身工作实际，通过机会研究之后发现需求提出建议；第二种情况是客户及外部机构(如咨询公司或承建商)凭借其专业背景，对电子商务发展的认识比较深入，了解的信息比较多，有的还与客户有一定的业务关系，对客户比较了解，因此比较容易发现客户有需求，并帮助客户进行需求分析，对项目提出建议。

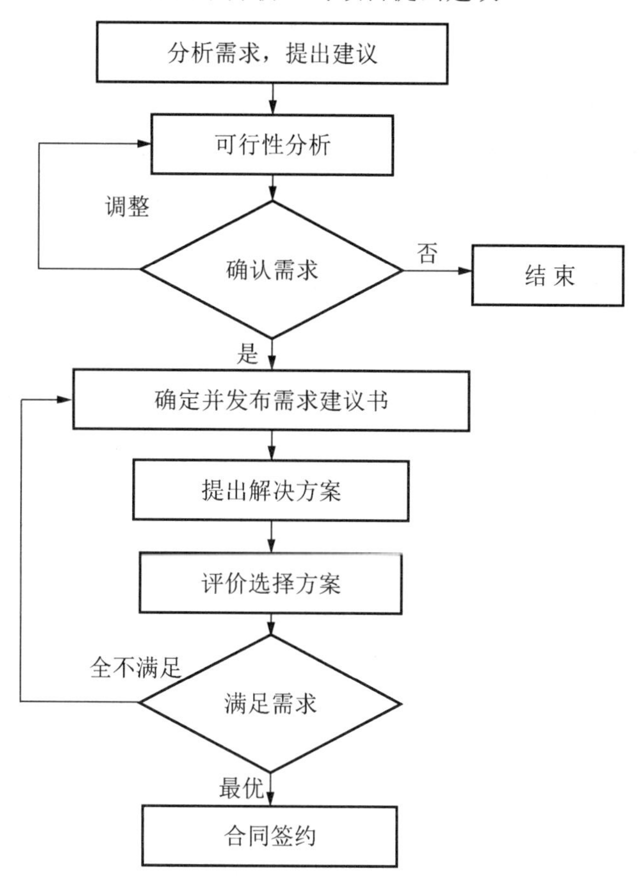

图 2-1 电子商务项目策划工作流程

2．可行性分析

无论是客户企业内部人员提出的建议还是企业外部人员或机构提出的建议，企业在做决定前一般都会进行可行性分析。研究项目的开展是否可行且通常会在企业内部指派专业人员来进行这项研究或者委托咨询公司进行可行性研究，最终提出一份详细的报告供企业高层讨论决策。

3．确认需求

确认需求是客户企业内部的决策过程。如果企业高层通过投资方案，就开始准备需求建议书；如果企业高层不同意，投资的项目到此结束。如果企业高层原则上同意该项目，但对可行性方案不满意，则返回有关负责课题的研究人员，继续研究并纠正方案。

4．制定并发布需求建议书

需求建议书(Request For Proposal，RFP)或招标书，是由客户针对要建设的项目而提出的需求文档，其中会定义项目想要达到什么目标，解决什么问题，提供什么资源，有什么时间限制，对承建商有什么要求以及各类指标的评价标准等。内容需求技术一般是由客户企业制定发布，当然也可以委托咨询机构帮助。

当然并不是所有情况下都有一个 RFP。例如，有些中小企业没有能力明确电子商务的需求，往往由其信任的承建商来帮助完成。在这种情况下，其一般都不再发布 FRP，而直接由承建商在明确需求的情况下提出解决方案，以决定项目是否由其承担并满足需求。

5．提出解决方案

在客户发布需求建议书后，相关承建商会仔细研究 RFP 决定是否投标。如果承建商决定投标，就要提出相应的解决方案。方案一般包括商务和技术两大部分，商务部分主要包括承接商的资质、实力、同类项目经验、交付物及报价等内容；技术部分主要包括电子商务系统设计、集成方案、项目实施的任务进度及人员组织计划，培训及售后服务等内容。每个承建商都会以书面形式把有关信息交给客户。研究并提出解决方案是承建商为争取客户项目合同所必须完成的工作，一般是独立完成。

6．评价选择方案

这一阶段的工作由客户企业主持，客户将所有投标人的投标书提交给一个专业评审小组，按照评价标准进行评议，以确定其中的最优方案。如果可以确定一个满足要求的最优方案，客户就会选择相应的投标人为本项目的承建商，并与他洽商合同签约事宜。如果所有的投标书都无法满足要求就回头重新研究需求建议书，确定哪些要求、条件不合理，以便修正后再次发布。

7．合同签约

合同签约是客户与承建商双方必须共同参与的工作，通常由主动的一方或有经验的一方先起草一份合同的框架，供双方代表作为讨论的基础。

以上就是电子商务项目策划整个过程，以及在这个过程中每个阶段的任务和任务承担的主体分工。其中需求分析、可行性分析、制定需求建议书、提出解决方案、合同签约都是技术性、方法性很强的工作，这对项目所涉及的各主体人员的素质提高了较高的要求。

2.2.3 电子商务项目策划的内容

前面我们了解到电子商务项目策划与设计的成果包含多种类型的报告和文档，这些文档的内容，有不同也有相似。综合来看，电子商务项目策划与设计主要包含以下内容：

1．电子商务项目概述

简要说明项目的要点，让读者了解整个项目的大体情况，包括以下内容，①项目名称；②项目背景(需求和迫切性)；③项目的目标；④项目的的内容(实现的主要功能和采用的相应技术)；⑤项目投资规模、建设周期；⑥项目的收益。

2．电子商务项目需求分析

根据需求调研得到的结果，从行业、企业、市场、竞争等方面详细分析电子商务能为企业解决哪些问题，带来哪些商业机会，说明企业开展电子商务的必要性。

(1) 企业业务分析：从企业自身角度分析电子商务的需求情况。

① 企业的概况。包括企业名称以及主要业务所属行业的概况、特点、发展趋势、资源和优势、商务模式、业务流程等情况。

② 存在的问题。目前存在哪些方面的问题，可以从工作效率、客户服务效果等方面考虑。

③ 目标市场的电子商务需求。说明电子商务能否解决存在问题，产生新的商机以及其自身有哪些电子商务需求。

(2) 市场分析：从企业目标客户角度分析电子商务的需求情况。

① 企业的目标市场：说明目标市场的范围。

② 目标市场的特点：分析其目标客户的特点。

③ 目标市场的电子商务需求：说明目标市场有哪些电子商务需求，电子商务是否更能满足目标客户要求，发掘新的目标客户群潜力有多大。

(3) 竞争对手分析：分析、列出主要的竞争对手，分析其电子商务开展情况及效果，说明竞争对手可供借鉴的内容以及本企业的竞争优势。

3．电子商务项目可行性分析

(1) 技术可行性：根据当前技术发展状况结合项目特点，从技术角度分析项目的可行性。

(2) 经济可行性：用定性或定量方法分析项目带来的经济价值，结合企业可使用资源状况，分析项目运作的经济可行性。

(3) 业务实施可行性：说明项目实施对企业商务活动、目标客户以及合作伙伴、供应商、代理商等会产生哪些影响，分析这些影响是否成为项目实施的障碍。

4．电子商务项目总体规划

1) 项目目标定位

在此部分要说明电子商务项目的业务领域和服务对象以及项目建设所要达到的目的，明确项目不同阶段要达到的目标。

2) 项目商务规划

(1) 商务模式：描述电子商务采用的商务模式。

(2) 业务流程：以流程图的方式表现企业的核心业务流程并加以文字说明。

(3) 盈利模式：说明电子商务方式下企业如何盈利。

3) 项目计划规划

(1) 系统体系结构：说明电子商务系统的基本组成，逻辑层次结构以及相互关系。

(2) 技术路线选择：比较目前主流的技术路线，并根据项目的特点来选择。

(3) 网站域名规划；设计若干个与企业目标和特点相适应的备选域名用于企业的商务网站。

5．电子商务项目系统设计

从电子商务系统的总体目标出发，根据系统规划阶段和系统分析阶段产生的文档，并考虑到经济、技术和系统所实现的内外环境和主客观等方面的条件，确定电子商务系统的总体结构和系统各组成部分的技术方案，合理选择软件和硬件设备，确保总体目标的实现。

(1) 系统总体结构设计：根据系统体系结构及企业电子商务的目标，界定系统的外部边界和接口，刻画系统的内部组成及其相互关系，确定电子商务系统的逻辑结构。

(2) 系统信息基础设施设计：主要包括计算机网络环境、计算机系统、系统集成及开发方面的有关标准以及产品的设计与选择。

(3) 系统平台的设计：平台设计包括应用服务器、中间件软件、操作系统、开发工具的选择。

(4) 应用系统设计：根据实际的技术条件、经济条件和社会条件，以及系统的规模和复杂程度等实际条件，进行若干具体设计，确定应用系统的实施方案。

6．电子商务项目管理过程

(1) 电子商务项目计划：界定电子商务项目范围和制订项目计划。

(2) 项目执行与控制：在项目实施过程中确保电子商务项目的执行不偏离既定的目标和计划。

(3) 项目收尾：确认项目实施的结果是否达到了项目计划的要求，实现项目的移交与清算。

(4) 项目评价：对项目进行评价，以确定项目能否达到或是否达到了预期标准。

(5) 电子商务项目的整体管理：包括项目计划、计划实施及变更控制。

7．电子商务项目运营管理

(1) 电子商务网站的内容管理：针对项目的实际情况选择合适的内容营销方式进行网站的内容管理。

(2) 电子商务项目的推广：针对电子商务网站项目、移动电子商务项目、微信电子商务项目选择合适的推广方式。

(3) 电子商务网站数据分析：对网站或系统的运营数据、用户数据等进行监测和分析，为企业决策的调整提供依据。

8．电子商务项目成本管理

(1) 编制项目资源计划：通过分析和识别项目的资源需求，确定出项目需要投入的资源种类、数量及投入的时间，从而制定项目资源供应计划。

(2) 电子商务项目成本估算：在实施项目前，计算一个项目所有消耗的资源成本，其实质是分析和确定项目的成本，是成本预算和成本控制的依据。

(3) 电子商务项目成本预算：对每个资源所需要成本以及在什么时间需要相关资源进行详细规划。

(4) 电子商务项目成本控制：按照事先拟定的计划，将项目实施过程中发生的各种实际成本与预算成本进行对比、检查、监督和纠正，尽量使项目的实际成本控制在计划和预算范围。

9．电子商务项目风险评估

(1) 电子商务项目风险识别：使用一些电子商务项目风险识别的工具和方法进行项目风险的识别。

(2) 电子商务项目风险评估：依据项目风险评估的流程及方法评估电子商务项目。

(3) 电子商务项目风险应对：制定风险应对措施来降低电子商务项目的风险。

(4) 电子商务项目风险监控：采用一些方法构建项目风险监控的体系。

本章小结

项目策划是以具体的项目活动为对象，为达到一定的目标而进行的策划活动，体现一定的功利性、社会性、创造性和超前性。它是一个从无项目到有项目的过程，需要在充分占有信息的基础上，针对项目实施和决策的问题进行组织、管理、经济和技术等多方面的科学分析和论证。

电子商务项目策划就是发起和运作电子商务项目，是电子商务项目实施之前所做的计划和准备工作，是一项非常有意义的开创性工作。电子商务项目策划的原则包括：①可行性原则；②创新性原则；③价值性原则；④信息性原则；⑤整合性原则；⑥调适性原则。

电子商务项目策划阶段的主要流程包括分析需求、提出建议、分析可行性、确定需求、制定并发布需求建议书、提出解决方案、评价并选择方案、合同签约等多项任务。

电子商务项目策划的主要内容包括：电子商务项目概述；电子商务项目需求分析；电子商务项目可行性分析；电子商务项目总体规划；电子商务平台系统设计；电子商务应用系统设计；电子商务项目实施方案；电子商务项目评估；电子商务项目预算和电子商务项目运营管理计划。

案例分析

58同城与赶集网的合并之路

1．58同城简介

58同城成立于2005年12月，姚劲波现任企业总裁及CEO。经过十多年发展，58同城已发展成为覆盖全领域的生活服务平台。

2013年10月31日，58同城正式于纽约证券交易所挂牌上市，这标志着58同城成功登陆美国资本市场，成为一家生活服务领域的上市企业。

十多年来，依托于人们飞速发展的日常生活需求，58同城秉承着“人人信赖的生活服务平台”的愿景和“用户第一、主动协作、简单可信、创业精神、学习成长” 的核心价值观，以“人人信赖的生活服务平台”为愿景，孜孜不倦地追求技术的创新以及服务品类的纵深发展，致力于持续为用户提供“本地、免费、真实、高效”的生活服务。

58同城作为覆盖全领域的生活服务平台，业务覆盖招聘、房产、汽车、金融、二手及本地生活服务等各个领域。在用户服务层面，不仅仅是一个信息交互的平台，更是一站式的生活服务平台。同时也逐步为商家建立了全方位的市场营销解决方案。

在本地分类信息和生活服务领域，58同城已经建立了全面与本地商家直接接触的服务网络。截至2016年第一季度，58同城在全国范围内共设立30家分公司，并在465个城市建立网络平台，凸显出58同城本地化、覆盖广、更专业的商业优势，进一步获得客户和用户地认可，季度活跃本地商户达到1 700万家，已认证商户达370万家。

2．赶集网简介

赶集网成立于 2005 年，是为用户提供招聘求职、房屋租售、二手买卖、本地生活服务等各种分类信息服务的网站。

赶集网在为用户提供高质量生活服务信息的同时，更会深入服务环节，依托赶集网积累的丰厚服务资源，运用创新思维优化服务链条，从而推动中国生活服务 O2O 的高速发展。

赶集网智能地整合了生活全领域服务信息，通过 PC 端及移动互联网端的全平台覆盖，为用户提供招聘求职、房屋租售、车辆买卖、二手物品买卖、宠物、票务、教育培训及本地生活等全方位的生活及商务服务类信息，帮助用户安全便捷地找到所需生活服务信息，解决生活难题。

赶集网总部位于北京，并在上海、广州、深圳、天津设有分公司，分站遍布全国近 400 个城市。目前，赶集网每月为超过 4 亿人次提供生活服务信息，月度新增信息量超 4 000 万条，活跃商户数达到 579 万家。作为中国最早一批起步移动化战略的互联网公司，赶集网有近 80%的流量来自移动互联网。

3．58 同城与赶集网的合并

2015 年 4 月 17 日，58 同城发布公告，正式宣布与赶集网合并。58 同城将以现金加股票的方式获得赶集网 43.2%的股份(完全稀释后)，其中包含 3 400 万份普通股(合 1 700 万份 ADS)及 4.122 亿美元现金。58 同城和赶集网两家公司将保持双方品牌独立性，网站及团队均继续保持独立发展与运营。杨浩涌与姚劲波将出任新公司的联合 CEO，并同时担任联席董事长。公告同时显示，腾讯将以 52 美元每 ADS 的价格认购价值 4 亿美元的 58 同城新发股票。这轮追加投资后，腾讯占股比例将达到 25.1%。

4．赶集网为何接受 58 同城的投资

今年以来，不断传出赶集网寻求新一轮融资的消息，而此前于去年 8 月，赶集网 CEO 杨浩涌还曾公开对外宣布，将于 2015 年 6 月左右启动 IPO 计划。赶集网从去年下半年以来，开始在汽车、房产等领域频频试水新的业务模式，这些举动也被视为赶集冲击上市前的准备动作。但知情人士对腾讯科技透露，赶集的投资方对公司上市前景预期并不乐观，因此强力撮合赶集网与 58 同城。此前腾讯科技也曾报道过，推动此次交易的推手很有可能是老虎基金。老虎基金在赶集和 58 同城两边下筹码，积极游说双方合并。

【拓展知识】

按照此次交易条款，58 同城以 1 700 万份 ADS 及 4.122 亿美元现金，换得赶集网 43.2%股份。按照腾讯认购 58 同城新股的 52 美元计算，赶集网在此轮融资中的估值应为 30 亿美元。

赶集网此前共获得五轮融资，包括 2009 年获得蓝驰创投的 A 轮投资 800 万美元；2010 年，获得诺基亚成长伙伴基金和蓝驰创投的 B 轮投资 2 000 万美元；2011 年，获得今日资本和红杉资本的 C 轮 7 000 万美元投资；2012 年，获得来自中信产业基金，OTTP 及麦格理的两轮融资总规模 9 000 万美元 D 轮融资。2014 年 8 月，赶集网获得 E 轮融资，融资总额超过 2 亿美金，投资方为老虎基金和凯雷投资集团。

此次接受 58 同城的战略投资，意味着两家分类信息平台多年的激烈竞争即将告一段落。作为该领域排名第一和第二位的公司，战略合作后将获得分类信息市场的绝对份额。

5．58 同城为什么对赶集网有兴趣

由于分类信息模式护城河较浅，因此不论是 58 同城还是赶集网，在发展上都依赖资本的支持以及在营销上的投入。在过去的激烈竞争中，双方的营销费用都持续大幅上涨。在这种背景下，58 同城积极投资赶集网也在情理之中。58 同城战略投资赶集网后，双方的合作效应将加强，包括降低市场投入，以提升行业利润率水平，以及继续在产业链深化布局，促进商业模式升级。58 同城与赶集网在业务层面上，都依赖在本地市场的口碑和知名度。除去在百度上投放关键词广告，双方都长期在各类本地媒体投放广告，包括电视广播、公交、楼宇广告等。

2011 年，58 同城曾大举投放 7 000 万美元广告，以树立品牌形象。随着业务的稳定，58 同城在随后几年中，市场及销售费用占比逐渐缩减。但进入到 2014 年，分类信息领域的竞争进一步加剧，58 同城及赶集网都加大了广告投放力度。根据财报，2014 年，58 同城全年广告费用为 7 340 万美元，相较于 2013 年的 2 270 万美元增长超过两倍，增长速度远高于当年营收 81.8%的增长率。广告费用的大幅提升，主要是移动端的市场推广以及PC端的流量成本。而58同城CEO姚劲波在2014年四季度电话会议上也表示，将持续加大在市场及销售上的投入。

赶集网在2014年8月获得2亿美元E轮融资后，也开始加大市场营销力度。此前在2014年初，杨浩涌就表示，全年将投放2亿元人民币在市场推广上。当年，赶集网重金邀请谢娜作为代言人并投放巨额电视、户外广告，打出了转型招聘的口号。一年后，赶集的代言人又再一次“升级”为范冰冰。

双方在市场推广上的巨额投入势必拉低利润率水平。2014年全年，58同城总营收为2.65亿美元，净利润2 260万美元，净利率为8.5%，低于2013年的13.4%。

这种情况显然不为58同城所乐见，作为行业排名第一位的分类信息平台，58同城通过战略投资赶集网，势必将降低在市场上的推广费用，有利于提升行业的利润率水平。

6．新成立的58赶集会如何整合

根据协议，两家公司将保持品牌独立性，网站及团队均继续保持独立发展与运营。此前，腾讯科技曾报道，58同城CEO姚劲波、赶集网CEO杨浩涌或将共同担任新成立公司的联席CEO，两人共同决定公司的重大决策。

联席CEO在此前的并购案中鲜有成功案例。参照此前滴滴快的合并，交易达成后，快的管理层也开始套现退出。

如果能够实现顺利过渡和整合，除了将在分类信息业务上发挥协同效应，双方在房产、汽车等产业链的布局也能形成进一步的同盟。

2014年开始，58同城与赶集在产业布局上的脚步都开始加快。不同的是，58同城主要通过投资和收购，而赶集更多的是通过内部孵化来培育一些生活服务相关的O2O项目。

过去一年，58同城公开宣布的投资就接近10起，陆续推出驾考平台驾校一点通、房产信息平台安居客，以及入股装修O2O公司土巴兔等，除此之外公司表示“还有五六起目前不能公布”。另一方面，58同城成立了独立子公司“58到家”，发力上门经济。

赶集网也从去年起开始在汽车、房产等领域试水新的业务模式，包括推出C2C二手车项目“赶集好车”及上门洗车项目“赶集易洗车”，同时在房产也刚刚与房多多宣布达成战略合作。

可以看出，房产、汽车是58同城及赶集网发展的重点领域。不论是通过投资，或内部孵化，双方都试图深化业务模式，打通线下交易服务环节，形成更完整的生态链。

在多年的激烈竞争后，58同城战略投资赶集网，将有利于控制双方成本，提升盈利水平，同时加强协同效应，进一步在O2O方向上进行布局，深化原有的业务模式。

(资料来源：http://news.163.com/16/0425/12/BLGF7AQF00014AED.html)

根据以上材料，请分析：

(1) 为什么在分类信息领域奋斗了十年的赶集网与58同城，在不断的过招中“联姻”了呢？

(2) 赶集网与58同城的合并对于赶集网、58同城以及整个行业分别会有哪些影响？

习　题

1．电子商务项目策划遵循的主要原则有哪些？

2．论述电子商务项目策划的流程。

3．简述电子商务项目策划的主要内容。

4．滴滴和Uber合并后对市场将会产生哪些影响？

5．携程网和去哪儿网合并后对在线旅游行业将会产生哪些影响？

第3章

电子商务项目需求分析

(1) 了解电子商务项目需求调研的含义和流程。
(2) 了解电子商务项目需求产生的因素。
(3) 掌握电子商务项目需求调研的内容。
(4) 掌握企业业务分析的基本方法。
(5) 掌握市场分析的基本方法。
(6) 掌握企业竞争对手分析的方法。

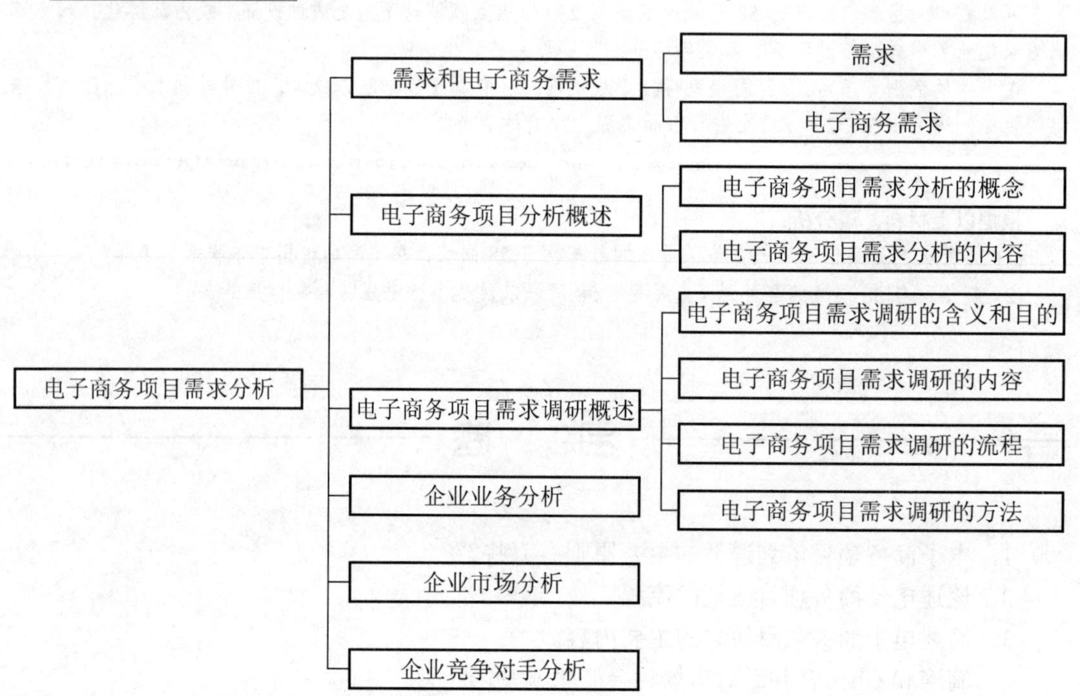

导入案例

农村电子商务发展需求

2017年1月，中共中央、国务院公开发布《关于深入推进农业供给侧结构性改革 加快培育农业农村发展新动能的若干意见》，这是新世纪以来，党中央连续发出的第十四个指导“三农”工作的一号文件，首次直接将农村电商作为一个条目单独陈列出来，指明了农村电商的发展方向。开启了在“互联网+”的大背景下，形成“互联网+农业”与“互联网+扶贫开发”的双向电商推动模式。

【拓展知识】

商务部新闻发言人孙继文在2017年2月9日召开的商务部例行发布会上表示，2017年，商务部将会同有关部门，从推动农村电商公共服务体系建设、提升农村产品电子商务发展水平、深化电商精准扶贫和加强经验总结和推广四个方面采取措施，积极推进农村电子商务发展。

那么，国家之所以政策助推农村电商的发展，一方面是电子商务在拉动经济发展方面的作用明显，另外一方面是当前我国发展农村电子商务的基础已较为充分：一是互联网已进入农村，上网农民日渐增多，农村电商发展需求潜力大。二是“万村千乡”市场工程使农村流通网点密布，为发展农村电子商务提供了实体店基础。三是农村邮政、供销网点的网络优势，为发展农村电子商务提供了方便。四是城乡交通、通信基础建设的巨大进展，为发展农村电子商务提供了技术基础。五是各级政府的重视与政策支持偏好的效应，为发展农村电子商务提供了政策红利。六是新农村建设及特色农业发展，为发展农村电子商务提供了物质基础。此外，经济新常态下国内市场竞争的深化，城市电商主动下乡，实施蓝海战略，争夺农村市场，为发展农村电子商务提供了市场动力。阿里巴巴、苏宁易购、京东商城等几大电商巨头都在挖掘农村市场，一些创业公司也以农村代购点为切入点建设了电商平台。

(资料来源：http://it.jinghua.cn/596827/309616372197b.shtml、http://ldhn.rednet.cn/c/2016/12/06/4155599.htm.)

不同的行业、企业对电子商务的需求存在着较大的差异，甚至同一个企业在不同的发展阶段对电子商务项目的需求也是不同的。一般来说，大型企业外部交易结构相对稳定，而内部供应却比较复杂，而中小企业的外部交易结构则相对脆弱，供应链也相对简单，所以其所开展的电子商务项目的重点会分别放在降低供应链成本、提高企业响应速度和建立网站、依托大型平台寻求商机、拓展业务上。

3.1 电子商务需求的分析

3.1.1 需求

1. 需求的概念

需求在百度百科中的解释是索取、求索，或者是需要，要求。需要是有机体感到某种“缺乏”而力求获得满足的心理倾向，是内外环境的客观要求在头脑中的反应，它源于自然性要求和社会性要求，表现为物质需要和精神需要。需求是指人们在欲望驱动下的一种有条件的、可行的，又是最优的选择，这种选择使欲望达到有限的最大满足。

需求不等于需要。形成需求有三个要素：对物品的偏好、物品的价格和手中的收入。需要只相当于对物品的偏好，并没有考虑支付能力等因素。一个没有支付能力的购买意愿并不构成需求。因此，需求比需要的层次更高，涉及的因素不仅仅是内在的。

2. 马斯洛的需求层次理论

马斯洛需求层次理论是人本主义科学的理论之一，是由美国心理学家亚伯拉罕·马斯洛在1943年在《人类激励理论》论文中提出的。他将人类需求像阶梯一样从低到高按层次分为5种，分别是生理需求、安全需求、社交需求、尊重需求和自我实现需求。从企业经营消费者满意战略的角度来看，每一个需求层次上的消费者对产品的要求都不一样，即不同的产品满足不同的需求层次。将营销方法建立在消费者需求的基础之上考虑，不同的需求也即产生不同的营销手段。

根据5个需求层次，可以划分出5个消费者市场。

(1) 满足最低需求层次的市场(对应生理需求)。消费者只要求产品具有一般功能即可。

(2) 满足对“安全”有要求的市场(对应安全需求)。消费者关注产品对身体的影响。

(3) 满足对“交际”有要求的市场(对应社交需求)。消费者关注产品是否有助于提高自己的交际形象。

(4) 满足对产品有与众不同要求的市场(对应尊重需求)。消费者关注产品的象征意义。

(5) 满足对产品有自己判断标准的市场(对应自我实现需求)。消费者拥有自己固定的品牌，需求层次越高，消费者就越不容易被满足。

在经济学上，“消费者愿意支付的价格≌消费者获得的满意度”，也就是说，同样的产品，满足消费者需求层次越高，消费者能接受的产品定价也越高。

3.1.2 电子商务需求

1. 电子商务需求的概念

基于需求理论的电子商务需求，是指企业为适应生产经营环境的变化，改善或发展业务而产生的开展电子商务的需要，并具有满足这种需要所需的各项条件和资金来源。企业对电子商务的需求，主要是为了采用合适的现代化手段来提高本企业员工的工作效率和企业的竞争力，优化企业的管理模式。项目需求分析阶段要注重分析、识别企业的现状和存在的问题，注重分析企业面临的机会和企业实施电子商务项目的需求因素。发现、识别电子商务的需求是产生电子商务项目的第一步，也是电子商务项目生命周期的第一阶段的首要工作。

2. 电子商务需求产生的动因

企业之所以会产生电子商务需求，一般来说有8个方面的原因。

1) 意外事件产生(或突现)需求

对于很多机构和企业而言，数据备份或远程容灾只是防患于未然的一些措施，世上没有人希望它真正发挥作用。

案例 3-1

2001 年的“9 • 11”至今对美国民众造成的心理影响仍然极为深远，美国民众对经济及政治上的安全感均被严重削弱。在这起严重的恐怖攻击行动中，遇难者总数达 2 996 人，联合国发表报告称此次恐怖袭击对美国造成的经济损失达 2 000 亿美元，相当于当年生产总值的 2%，而对全球经济所造成的损害甚至达到 1 万亿美元。

在世贸大厦的废墟中，深埋着 800 多家公司和机构的重要数据，其中最为世人所关注的，当属金融界巨头 Morgan Stanley 公司。这家执金融业之牛耳的公司，在世贸大厦租有 25 层，惨剧发生时有 2 000 多名员工正在楼内办公。灾难发生后，无数人认为 Morgan Stanley 公司将成为这一恐怖事件的殉葬品之一。然而，正当大家为此扼腕痛惜时，该公司竟然奇迹般地宣布，全球营业部第二天可以照常工作。

那么为什么 Morgan Stanley 公司可以这么快恢复工作？

因为虽然 Morgan Stanley 公司的主要系统中心建在世贸大厦内，但同时在美国新泽西州的提尼克市建有一个容灾中心。其内部配备有与主系统基本一致的硬件和软件系统，与主系统一样具有强大的信息处理能力。最重要的是，该容灾系统时刻复制主系统中产生的数据，这不仅使得灾难发生后公司的关键数据不会丢失，而且还能很快接管主系统的工作任务，向全球营业部提供原来由主系统所提供的服务能力。也正是这个容灾系统的出色表现，把 Morgan Stanley 公司在这次恐怖事件中的损失降到最低，同时也在一定程度上挽救了全球的金融行业。

这次事件之后数据备份和远程容灾系统的重要性也受到了前所未有的关注。

据国外权威机构调查，2002 年全球 2 000 家大型企业用于容灾备份的资金，占企业 IT 支出的 2%～4%，是 2000 年前的 3 倍。而亚太地区容灾备份市场，每年增幅为 20%，中国市场增幅则达到 46%，国家已完全将容灾备份作为信息发展规划中的一个重点。各地方和行业已经建立了一些容灾备份中心，不仅可以为大型企业和部门提供容差服务，也可以为大量的中小企业提供不同需求的容灾服务。

2) 市场竞争产生需求

市场竞争产生需求是企业采用电子商务的原始动力。只有了解竞争对手，才能提升自身竞争力。

在互联网快速颠覆传统的时代里，电子商务领域和产业正处于发展、上升时期，有很好的发展前景，其中蕴藏着许多新的商业机会，激发起去探索、去开拓，从而形成了对电子商务的需求。不论是政府还是企业，目前都对电子商务的发展表现出浓厚的兴趣并进行一些谋划，也取得了一些成效，使传统企业面临着强大的市场竞争压力。

从宏观层面来看，中国的传统企业正在经历前所未有的转型阵痛期，这阵痛既来源于产业链上游的资源垄断，也来源于消费端需求的快速变化。从企业运营的微观角度来看，可把电商比作一座山，有的企业还在山脚下，有的企业已经在山腰，有的企业却早已登上山顶。早已登上山顶的企业已经学会将自己的企业进行电商化改造，享受着互联网的红利；而一部分传统企业知道要走电商，也知道不做电商是死路一条，却不知道登山的路径是哪条，需要准备什么工具；也有一部分是已经爬上山腰的企业，他们虽然在电商的路径上开始摸索，却发现前方荆棘密布，走了不少弯路，迷失了方向。

3) 经济环境的变化产生需求

经济环境的变化产生需求是企业开展电子商务的外部条件之一。随着国家信息化基础建设的步伐加快，企业开展电子商务的基础条件在不断改善，原来制约企业开展电子商务的许多瓶颈问题(如网络带宽、网上支付、物流配送、安全认证等)逐步得到解决，每一个问题的解决，都是产生电子商务需求的契机。

案例 3-2

2003 年，“非典”给全球在此期间经济总损失额达到 590 亿美元。其中，中国经济的总损失额高达 179 亿美元，占中国当年 GDP 的 1.3%；全国社会消费品零售总额、旅游业和航空业等都出现了多年的最低谷。中国香港经济的总损失额为 120 亿美元，占香港 GDP 的 7.6%。

然而，“非典”时期，中国电子商务得到了一次检验和快速发展，速成了一大批电子商务的试验者、感受者、痴迷者。似乎一夜之间，电子商务的概念深入老百姓之中，中国老百姓各年龄阶段、各层次的人零距离地感受了电子商务对工作、学习、生活、娱乐带来的便利；人们足不出户通过网络完成一些工作、生活、学习的事情，在家办公、购物、上学、娱乐……同时，远程教育、网上广交会、网络展览业初现曙光，上海 E-CBD 的前瞻建设，新浪、搜狐、网易三大门户网站的利好、以卓越、当当为代表的 B2C 网站绽放成熟之美，在线金融服务异军突起以及区域性电子商务全面启动等方面都发生了明显的变化。

4) 经营环境的变化产生需求

企业经营环境的变化对电子商务的影响更为直接，如宽带骨干网变化、新一代电子产品问世、支付产品的升级等。企业的经营环境发生了巨大变化，企业要想在市场竞争中寻求机遇，必然会产生开展电子商务的需求。

例如，近年来国家出台政策加速和推动农村电子商务的发展，那么涉农的企业可能就会面临专业化涉农电子商务平台的建设、农村综合信息服务建设、农业农村信息服务的投入等。

5) 企业高层的人事变化产生需求

企业高层人事变动也是实现企业战略和业绩变化的一个重要原因。企业高层管理人员能够有效地预测竞争环境和政府的变化，并能根据这些变化及时调整企业的战略，通过对市场创新、产品创新和制度创新来实现企业的有效发展。企业高层人员对于企业的资源配置拥有较大的决策权，因而对企业的运行效率具有重要的影响作用。

案例 3-3

某食品加工公司是一家生产糕点和月饼的企业，已经建立起自己的网站，但新任总经理对经营状况很不满意。他批示公司网站主管找专业机构对网站进行改造，要求网站从过去的侧重介绍企业，转为在网站上突出产品宣传，美化产品页面，让消费者看了还想看，看了就想买，看了就想拨电话或在网上下订单，并且建立一个有效的电子商务销售服务体系。同时，将网上销售的情况作为考核的一个重要指标。

6) 经营方针的改变产生需求

经营方针的改变会引起企业业务性质的变化和流程的重组，企业客户关系的变化。

案例 3-4

某日用品商场一直以便宜著称，一度非常火爆。但由于对进场的资源管理松散，商场的假冒伪劣产品较多，消费者投诉不断增多，商场决定调整经营方针，加强对货源的管理，树立商场形象。具体做法是，借助电子商务手段建立商品进场登记制度，所有商品必须有条形码，并将条形码读入数据管理系统，一旦有投诉，可以追查到人，而且商场人员预计可减少 1/6，管理成本大大降低。

7) 企业重大活动计划产生需求

企业因重大活动计划产生的电子商务需求多是临时的、一次性的，如举办大型的展会、异地投标项目、举办大型活动等。

例如，举办展会是企业和政府机构经常需要举办的活动，那每次展会的内容，主题，项目都有所不同。因此，每承接一次这样的展会活动，承接的服务公司都必须根据要求设计展会网页、线上广告、线上报名等。

8) 企业业务扩张产生需求

企业业务扩张产生的需求多是企业积累了一些成熟的业务模式和经验，电子商务帮助企业将这些模式和经验规范化，并利用先进的计算机和网络技术，使之在更大的范围内，更便利的推广应用。

案例 3-5

某物业管理公司承担高档住宅小区的物业管理工作。物业管理行业的公司，大多数很难盈利，就经营目标而言，只有保持在微利水平才能使业主满意。因此，只有通过降低成本、增加服务、扩大规模等办法盈利。但传统的管理方式，无法检查小区每个工作人员的具体情况，更难以应答业主投诉。这种压力迫使公司总经理下定决心开发在线管理系统，以此来扩大规模。

经过一年多的努力，该物业公司终于成功开发在线管理系统。系统使用后，可以管辖 100 多个住宅小区，每个小区管理人员的工作状态、业主投诉和处理情况都可以一览无余，大大提高了服务质量。

电子商务项目的需求是电子商务项目发起者根据市场需求并结合环境因素而产生的对电子商务的需要，并且具备满足这种条件的经济支撑能力。电子商务项目需求的认知过程是项目概念阶段的首要工作，是电子商务项目管理的第一步，也是极其关键的一步。它是一个由问题状况的分析过渡到项目目标确认的过程，从本质上看，是一个创造或发现的过程。电子商务项目需求的认知过程的核心内容是讨论用什么程度和方法，使发现和认识系统目标的过程更为有效。

3.2 电子商务项目需求分析概述

3.2.1 电子商务项目需求分析的概念

电子商务项目需求分析就是通过需求调研，了解企业的内、外部环境和条件，分析企业存在的问题，发现电子商务带来的机会，掌握现阶段企业具有哪些电子商务需求，以便确定是否有必要开展电子商务，以及用什么方式开展电子商务的过程。其实质就是要了解企业现阶段具有哪些电子商务需求，以便确定是否有必要开展电子商务。而要准确地发现和识别电子商务的需求，就必须对企业的运行状况、经营环境、竞争态势和市场机遇进行细致的观察和准确的分析。

【拓展知识】

3.2.2 电子商务项目需求分析的内容

1．开展电子商务需求调研

没有调查就没有发言权。要想准确地分析企业的电子商务需求，首先要开展需求调研，掌握大量一手或二手资料，充分了解企业的内部和外部情况，作为后续分析的基础。

电子商务需求调研主要包括行业发展调研、企业业务调研、目标市场调研和竞争对手调研等几个方面的内容。

2．进行需求分析

在需求调研收集到大量信息的基础上，调查者还要进行需求分析，采用科学的方法对收集的资料进行分析整理、归纳综合，全面认识企业存在哪些电子商务需求、需要的迫切性以及这些需求将给企业带来哪些市场机会或多大的市场空间，并提出相应的建议。

电子商务需求分析包括企业业务分析、市场分析和竞争对手分析三个方面的内容。

3.3 电子商务需求调研

3.3.1 电子商务需求调研的含义和目的

电子商务需求调研是指在一定经营环境下进行的系统地搜集、分析和报告有关项目信息的过程。其目的是使项目需求方和承接方对项目有一个共同的理解，使之成为整个项目工作的基础，通过调研，明确项目目标、原则与范围。

一个电子商务项目的确立是建立在各种各样的需求上面的，需求是产生项目的基本前提。这种需求往往来自于项目发起者的实际需求或者出于自身发展的需要，其中项目发起者的实际需求占了绝大部分。总的来说，项目来源于社会生产、分配、消费流通的不断循环。电子商务需求产生的原因有：企业为了自身发展的需要产生了需求；电子商务领域本身处于发展时期，由此产生了需求；社会的发展、经济和经营环境的变化产生了需求等如何在不断变化的环境当中发现电子商务需求产生的源泉，辨析出电子商务项目实施的最佳时机是调查人员必须面对的问题。

要准确地发现和识别一个企业对电子商务有何种需求，就要对企业的运行情况、企业的经营环境、竞争态势和市场机遇进行细致的观察和准确的分析，并对实际需求用较为适当的技术语言来表达以明确项目目的的过程。这个过程也同时包含了对电子商务基本功能和模块的确立和策划活动。在这个工作进程需要执行的活动包括以下几项。

(1) 了解项目的需求、要求和期望，熟知企业类型、宗旨及潜在发展趋势。随着新经济形态的不断成熟，电子商务需求日益呈现出多样性、不确定性及鲜明个性化的特点。项目参与者要在整个项目生命周期中持续保持充分有效的沟通，进行互动式的需求挖掘，充分理解把握表象需求并挖掘潜在需求，真正做到发现与创造。

(2) 对相关人员进行访谈和调研。访谈调研对象的组成应以互补为原则，至少要由技术人员、业务专家和管理者 3 类人员组成。通过会议、电话、电子邮件、小组讨论、模拟演示、面谈、问卷等不同形式进行调研，并做好记录归整，为后续的需求分析做准备。

(3) 项目需求信息的精练，即针对收集到的项目需求以及相关的大量项目信息，对调研的需求进行进一步提炼，并做进一步的分析和整理。重点要考虑项目需求的合理性以及未来发展要求，充分考虑现有电子商务项目的隐含需求。

(4) 项目需求信息的确认。分析人员将调研得来的项目需求以适当的方式呈交给项目发起方和执行方的相关人员，大家共同确认需求分析人员所提交的结果是否真实地反映了电子商务项目发起的意图。

由于电子商务自身就是源自于瞬息万变的网络时代，所以电子商务项目的需求总是不断变化的。而且，由于信息技术的快速更新，项目的开发又总是落后于电子商务需求的变化和增长，如何及时感知需求变化并且系统化地整理也成为确认需求范围的一个重要问题。

3.3.2 电子商务需求调研的内容

作为企业，电子商务需求可能来自管理、研发、生产、营销、市场、服务的各个业务环节当中，要分析电子商务在哪些环节能有所作为，首先就要开展需求调研，获得企业及其所在行业、目标市场和竞争对手的一手和二手资料。企业的需求调研通常使用现有资料分析法和问询法从以下几个方面开展调研。

1. 市场环境需求调研

1) 政治法律环境

(1) 企业政治环境。政治环境是指企业面临的外部政治形势、状况和制度。政治环境的好坏影响着宏观经济形势，从而也影响着企业的生产经营活动。人民安居乐业，市场需要增长，也为企业发展创造了机会。

(2) 企业法律环境。企业在市场经营活动中，必须遵守各项法律、法令、法规、条例等。法律环境的调查，主要是分析研究国家和地区的各项法律、法规，尤其是其中的经济法规。随着买方市场的形成，消费者组织对企业营销活动的影响日益增强，企业管理者在市场活动中必须认真考虑消费者利益，为消费者提供良好的产品和服务。

2) 经济技术环境

(1) 企业经济环境。经济环境是指企业面临的社会经济条件及其运行状况、发展趋势、产业结构、交通运输、资源等情况。经济环境是制约企业生存和发展的重要因素。经济环境调查具体包括社会购买力水平、消费者收支状况，居民储蓄和信贷等情况变化的调查。

(2) 企业技术环境。科学技术的发展，使商品的市场生命周期迅速缩短，生产的增长也越来越多地依赖科技的进步。以电子技术、信息技术、新材料技术、生物技术为主要特征的新技术革命，不断改造着传统产业，使产品的数量、质量、品种和规格有了新的飞跃，同时也使一批新兴产业建立和发展了起来。新兴科技的发展、新兴产业的出现，可能给某些企业带来新的市场机会，也可能给某些企业带来环境威胁。

3) 企业社会文化环境

文化是一个复杂的整体概念，它通常包括价值观念、信仰、兴趣、行为方式、社会群体及相互关系、生活习惯、文化传统和社会风俗等。文化是人类通过后天学习而获得的，并为人类所共同享有。文化使一个社会的规范、观念更为系统化，文化解释着一个社会的全部价值观和规范体系。在不同国家、民族和地区文化之间的区别要比其他生理特征更为深刻，它决定着人们独特的生活方式和行为规范。文化环境不仅建立了人们日常行为的准则，也形成了不同国家和地区消费者态度和购买动机的取向模式。市场社会文化环境调查对企业经营也至关重要。

4) 企业自然地理环境

一个国家或地区的自然地理条件也是影响市场的重要环境因素，与企业经营活动密切相关。自然环境主要包括气候、季节、自然资源、地理位置等，它们从多方面对企业的市场营销活动产生着影响。一个国家和地区的海拔高度、温度、湿度等气候特征，影响着产品的功能与效果。人们的服装、食品也受气候的明显影响。地理因素也影响着人们的消费模式，还会对经济和社会发展、民族性格产生复杂的影响。企业市场营销人员必须熟悉不同市场自然地理环境的差异，才能搞好市场营销。

5) 企业竞争环境

在任何市场上销售产品，企业都面临着竞争。市场上从事同类商品生产经营的企业，其竞争者包括现实的竞争者和潜在的竞争者；同一市场中同类企业数量的多少，决定了竞争强度的不同。企业调查竞争环境，目的是认识市场状况和市场竞争强度，根据本企业的优势，制订正确的竞争策略；通过竞争环境调查，了解竞争对手优势，取长补短，扬长避短，与竞争者在目标市场选择、产品档次、价格、服务策略上有所差别，与竞争对手形成良好的互补经营结构，取得较高的市场占有率。

2．用户需求调研

用户需求调查是对客户提出的电子商务项目的现有用户和潜在用户的调查，主要调查内容包括用户当前的行为状况，核心用户群体对项目的接受程度和了解程度，用户对于项目未来发展的态度，终端用户对项目新发展功能接受能力的期望和期望项目能为他们带来什么利益等； 还包括产品使用量、需求量、用户对产品的指标和功能要求、用户对产品的价格期望、产品的替代、竞争现状与演变趋势等。

3．项目需求调研

项目需求调查的主要目的是获得和描述电子商务项目中所有的要求，对需求方希望实现的功能进行描述。项目需求调研应从项目设立的目的、项目预计包括的功能模块、项目服务的对象、项目进度计划、项目经济目标、项目需要的技术支持、项目质量标准等方面展开调查。通过项目需求调查能够形成一个实现项目开发过程中可参考的开发流程和整体规划，从而实现开发者与需求者的相互理解和沟通。

3.3.3 电子商务需求调研的流程

要想确保需求调研的质量，必须制订周密的调研计划，遵循科学的调研程序。需求调研通常分为制订调研计划、实施需求调研、调研资料的整理分析、调查数据的处理、数据分析及撰写调研报告 6 个基本步骤。

1．制订调研计划

(1) 确定调研目标。明确本次调研要达到什么目的，是了解企业存在什么问题、具有哪些电子商务需求，还是发现电子商务能给企业带来哪些新的商机，又或者是了解企业的经营环境和竞争情况等。明确调研目标是确定后续工作内容的基础。

(2) 选定调研对象。调研对象是指电子商务系统的使用者或者管理者，既可能是企业内部相关人员与部门，也可能是相关的供应商或渠道商，还可能是普通客户。调研对象可以是一个企事业单位，也可以是某个单位的一些部门或某些个人。调研对象应尽量明确，只有通过调研人员与调研对象的直接沟通，才能取得第一手资料。

(3) 确定调研方法。目前常用的调研方法包括现有资料分析法、问询法、座谈会法和观察法。为了达成调研的总体目标，应该根据每次调研的目标、调研对象等因素采用不同的调研方法或不同方法的组合进行调研。在互联网高度发达的今天，有些调研项目可以通过网络来完成。

(4) 确定调研时间、人员、资金预算。调研时间是指根据调研内容的多少和时间的要求，有计划地安排调查研究的进度，以便调研工作有条不紊地进行。调研时间表应包含调研计划的制定、实施需求调研、调研资料整理分析及撰写调研报告等时间安排。

调研人员数量是根据调研工作量与调研时间表安排而确定的。通常，调研人员由领队、调研员、需求分析人员等组成，形成调研小组。在调研过程中，与调研对象协调是极其重要的工作，往往由调研小组的领导人员担任或者专门设立协调机制，以保证尽可能收集到调研对象的信息。

调研资金的预算主要包括调研所需要的交通费、场所使用费、人力资源费用、耗材费等。

2．实施需求调研

(1) 调研准备。在调研计划的基础上，对调研小组的每一个成员进行分工，让每个调研人员了解调研目标及任务，做好实施前的准备。如对于问卷方式，要设计好调查问卷；如为座谈方式，则对每一个调研人员对象要分别列出需要调研的问题，由此制定出有针对性的调研问题列表。

(2) 实施调研。实施调研是将调研计划付诸实践的行为，这一工作就是以调研计划为指导，执行事先设计好的调研表中所列的任务。如座谈方式就要将所有问题与调研对象进行沟通，明确业务流程与调研对象的期望，搜集相关的文字资料与数字资料。

这个环节成本最高、耗时最久，并且由于信息的质量直接影响到对其进行分析所得的报告结果的可靠性，所以在此环节一定要采取各种监管措施，保证能收集到所要的全部信息，并保证信息的准确可靠性。

3．调研资料的整理分析

由于调研过程收集的资料是杂乱的，有的是重复无用的，这就需要按照调研目标进行归类整理，去除与调研目标无关的因素及可信度不高的信息，对余下的信息进行全面，系统的统计和理论分析，使资料系统化与条理化。

在进行该项工作时，首先应审查信息的完整性，如果信息并不完备，需要尽快补齐；其次，应根据本次调研的目的以及对所收集的信息的质量要求，对信息进行取舍，判断信息的真实性；然后，对有效信息进行编码、收录等，建立起数据文件库；最后，依据调研方案规定的要素，按统计清单处理数据，把复杂的原始数据变成易于理解的解释性资料，并应用科学的方法对其进行分析综合从而得出有价值的结论。在分析的过程中，调研人员应严格以原始资料为基础，实事求是，不得随意扩大或缩小调查结果。

4．调查数据的处理

在大量的实地调查之后，调研人员可以获得较多有效的一手资料，但要从这些资料中发现问题、确定需求、明确项目，就需要将资料中反映的信息和数据分类汇总并进行细致分析。调查数据的处理也就是将一大堆原始的数据变成有条理的信息的过程。

(1) 调查数据的检查与校验。对于市场调查收集到的调查表，需要进行数据的检查，确定是否可以作为有效的资料。检查的重点内容包括：①检验所回收的问卷的完整性；②检验访问工作的质量；③检查回收有效问卷的分数是否符合调研方案要求达到的比例。

如果遇到有的资料存在遗漏，要对遗漏项进行处理，一般将遗漏项进行标记，如以空白表示或以其他符号表示。如果遗漏项太多或漏选的关键项太多，可作废处理；对含义模糊的答复，根据情况，要么作废问卷，要么参考前后几个问题的回答来判断。

(2) 数字输入和统计。经过数据的检查和校验后，就可以进行数据的输入和统计。根据原始资料的不同，调研人员可以选用不同的工具来完成这一工作。调查问卷回收数量较少时，可以采用手工统计的方法。如果调查规模较大，回收问卷数量大，就应该使用计算机进行统计，即将原始的数据输入计算机，并做好数据校对工作。数据输入计算机后一般要通过图表的形式表达，以便于后续的分析。

5．数据分析

调研人员要从整理好的数据中充分了解市场的状况并发现需求，还需要进一步对这些数据进行充分的研究和分析。市场调查资料的分析方法主要两种：一种是定性分析方法，另一种是定量分析方法。

(1) 定性分析方法是从事物质的方面入手，利用经验判断、辩证思维、逻辑思维、创造性思维等思维方法对事物的规律性进行判断和推理。定性分析主要是界定事物的大小、变化的方向、发展的快慢、事物的优劣、态度的好坏、问题的性质。定性分析方法主要有辩证思维法、逻辑思维法、创新思维法、经济理论分析法、结构分析法、比较判断法等。

(2) 定量分析方法是从事物的数量方面入手，运用一定的统计分析方法进行对比研究，从而挖掘事物的本质特性和规律性，即从数据对比中得出分析结论和启示。定量分析方法按照研究的目的不同，分为描述性分析和解析性分析。描述性分析着重描述和评价现象的规模、水平、结构、比率、速度、离散程度等基本数量特征。解析性分析着重于推断总体、解释数量关系、检验理论，挖掘数据中隐含的本质和规律性。定量分析方法按涉及变量多少不同，分为单变量数据分析、双变量数据分析和多变量数据分析。单变量数据分析是指一个统计指标或变量的对比研究。双变量数据分析是指两个变量之间数量关系的分析研究。多变量数据分析是指三个或三个以上变量之间的数量关系的分析研究。进行数据分析会采用多种统计和计量方法。

从现有的分析方法来看，数据分布的领域是宽广的。调查研究人员须先选择分析方法，才能对调查结果做出正确的分析和解释。

6．撰写调研报告

调研报告是对调研成果的文字反映，其主要内容包括调研目标、调研过程、调研方法、调研总结，是调研工作的最终成果，应该具有真实性、客观性和可操作性，能切实为企业提供有用的信息和建议，为企业规划电子商务提供各种依据和参考。调研报告除正文外，还应该将调研过程中各种详细记录作为调研报告的附件，供日后参考查阅。

3.3.4　电子商务需求调研的方法

通过市场调查可以收集到来自各种渠道的信息和资料，通过对这些信息和资料的细致分析才能发现市场中存在的需求和有发展前景的电子商务项目。需求调研有多种方法，包括现有资料分析法、访问调查法、座谈会法、观察调查法和实验调查法。

1．现有资料分析法

现有资料分析法也叫文案调查法或二手资料调查法，是调研人员充分了解调研目的后，搜集企业内外部资料，通过衔接、对比、调整、融会等手段，综合分析后得出市场调研报告的方法。

调查资料可能来自于多种渠道，不同的信息资料来源在不同角度上反映了项目的需求，对这些信息的分析处理也具有不同的特征。市场调查资料一般包括两种类型：第一类资料是通过实际市场调研，通过对市场、企业及用户的调查得到的信息资料，又称第一手资料调研；第二类为文献资料，又称第二手资料或现成的资料，主要通过收集一些公开的出版物、报纸、杂志，以及政府和有关行业提供的统计资料，了解有关产品及市场信息。

要想进行电子商务项目的确定，需要将上述两类资料结合起来进行比较、分析、整理，从中发现需求，发现尚未得到满足的市场需求，从调查过程和调查数据中挖掘和寻求可能的市场机会，研究创新模式，最终得出市场调研的结论。

1) 现有资料的来源

现有资料的来源主要有以下几项。

(1) 国家统计资料。国家公开的一些规划、计划、统计报告、统计年鉴。

(2) 行业协会信息资料。行业协会经常公布、发表一些行业销售情况、生产经营情况及专题报告。

(3) 图书资料。从图书馆或者其他渠道获得的一些出版物、专业杂志、报纸所提供的信息资料。

(4) 计算机信息网络。从国际连接数据网络和国内数据库获取有关数据。

(5) 国际组织。国际商业组织定期发布大量市场信息资料。

2) 第二手资料的汇总分析需要注意的问题

第二手资料的收集整理主要用于形式的判断，即从市场发展方向、行业发展趋势等角度判断项目发展的宏观环境及发展前景。因此对这部分资料需注意以下几点：

(1) 注意资料所反映信息的时效性。第二手资料反映的信息一定要能够反映当前及未来可能的动态状况，千万不能用过时的资料替代。

(2) 资料所载信息一定要真实可靠，数据的处理也要依照科学的方法来进行。

(3) 所收集的资料与所调查的内容要有足够的相关性，从而能够有效地针对项目展开研究。

3) 现有资料分析法的优点

(1) 成本低廉而且节省时间。

(2) 提供解决问题的参考方法。

(3) 提供必要的背景或补充材料，可作为一种调研支持手段。

4) 现有资料分析法的不足

(1) 很多问题一般没有现成的资料或资料不充分。

(2) 虽然有现有资料，但缺乏相关性，无法使用。

(3) 现有资料中不可避免地会存在错误或问题。

2. 访问调查法

访问调查法也叫问卷法，是通过直接或间接询问的方式搜集信息的调研方法。通常做法是由调研机构根据调研目的设计调研问卷，选定调研对象，通过调研人员对调研对象的访问得到调研的一手资料，最后经统计分析得出调研结果。

访问调查法的具体形式多种多样，根据调研人员同被调研者接触方式的不同，可以分为访谈法、电话法、邮寄调研法、留置问卷法和网上调查法等。

【拓展案例】

1) 访谈法

访谈法是指调研人员同被调研者直接面谈，询问有关问题，当面听取意见，收集大家反馈的方法。访谈法可采取个别访谈的方式，也可采取小组访谈和集体座谈的方式。

2) 电话法

电话法指调研人员借助电话，依据调研提纲或问卷，向被调研者进行询问以收集信息的一种方法。电话法可以迅速获得有关信息，所以特别适用于调研项目单一、问题相对比较简单且需要及时得到调查结果的调研项目。

3) 邮寄调研法

邮寄调研法是指将印制好的调研问卷通过邮寄的方式送达被调研者，由被调研者根据要求填写后再寄回来的一种调研方法。

4) 留置问卷法

留置问卷法是指访问人员将调研表当面交给被调研者，经说明和解释后留给调研对象自行填写，由调研人员按约定的时间收回的一种调研方法。

5) 网上调查法

【拓展案例】

网上调查法是一种利用因特网作为媒介的调查方式。它充分利用了因特网的互动性、实时性、方便性等优点。网上调查法具体又可分为 E-mail 调查法、WWW 调查法(站点法)、主题调查法(视频会议、新闻组、BBS、聊天室)，以及借助专业的调查网站进行的网上调查。

3．座谈会法

【拓展案例】

座谈会法也叫座谈会调查法、客户沙龙法或焦点小组访谈法，一般是由 8～15 人组成小组，在一名主持人的引导下对某一主题或观点进行深入讨论。座谈会法的关键是使与会者相互激发，引导话题深入进行，使参与者对主题进行充分和详尽的讨论，从而全面、彻底地了解他们对某种产品、观念、组织或者社会现象等的看法和见解。

座谈会法通常用于在进行大规模调研之前所进行的试探性调研中。座谈会能够成功的关键因素有：①合格的受访者。座谈会的受访者应该在大背景上一致，以避免冲突和陌生感。太人的差异会抑制讨论，如主管在场的员工座谈会就很难达到效果。②优秀的主持人。一方面，主持人是调研委托者，要有较高的市场调研能力，充分全面领会调研要求，有强烈的服务意识，可靠、顽强；另一方面，要对人情世故有深刻的理解，在倾听、表达、观察、交流方面的能力缺一不可，还要有耐心、谨慎、灵活。

4．观察调查法

【拓展案例】

观察法是调研人员通过观察被调研者的活动而取得第一手资料的调研方法，一般由调研人员采用耳听、眼看的方式或借助各种摄像、录音器材，在调研现场直接记录正在发生的行为或状况。与访问调查法不同的是，观察调查法主要观察人们的行为、态度和情感。它是不通过提问或者交流而系统地记录人、物体或者事件的行为模式的过程。当事件发生时，运用观察技巧的市场研究员应见证并记录信息，或者根据以前的记录编辑整理证据。

1) 使用观察法的前提条件

(1) 所需要的信息必须是能观察到并能够从观察的行为中推断出来的。

(2) 所观察的行为必须是重复的、频繁的或者是可预测的。

(3) 被调查的行为是短期的、可获得结果的。

2) 观察法的优点

(1) 直接性。由于观察者和被观察者直接接触，中间不需要其他中间环节，观察到的结果，所获得的信息资料，具有真实可靠性，是第一手资料。

(2) 情景性。观察一般在自然状态下实施，对被观察者不产生作用和影响，有利于排除语言或人际交往中可能引起的误差因素，能获得生动朴素的资料，具有一定的客观性。

(3) 及时性。观察及时，能够捕捉到正在发生的现象，因此获得的信息资料及时、新鲜。

(4) 纵贯性。对被观察者可以作较长时间的反复观察和跟踪观察，对被观察对象的行为动态演变可以进行分析。

3) 观察法的缺点

(1) 观察法只能反映客观事实的发生过程，而不能说明其发生的原因和动机。

(2) 只能观察到一些表面现象和行为，不能反映私下的行为。

(3) 虽然观察者本意不想影响被观察者的活动，但是通常情况下，观察者的参与在某种程度上往往会影响被观察者的正常活动；加之个人进行观察，难免带有主观性和片面性，缺乏系统性。

(4) 通常需要大量观察人员，调查时间长，费用高。

5．实验调查法

实验调查法是将自然科学中的实验求证理论移植到市场调查中来，在给定的条件下，对市场经济活动的某些内容及其变化加以实际验证、调查分析，从而获得市场资料。实验调查法的应用范围非常广，凡是某一种商品需改变包装、设计、价格和广告策略时都可应用。

1) 实验法的分类

(1) 事前事后对比实验。这是最简便的一种实验调查形式，具体方法如下：在同一个市场内，实验前在正常的情况下进行测量，收集必要的数据；然后进行现场实验，经过一定的实验时间以后，再测量收集实验过程中(或事后)的资料数据。从而进行事前事后对比，通过对比观察，了解实验变数的效果。

(2) 控制组同实验组对比实验。控制组是指非实验单位(企业、市场)，它是与实验组作对照比较的，故又称对照组；实验组是指实验单位(企业、市场)。控制组同实验组对比实验，就是以实验单位的实验结果同非实验单位的情况进行比较而获取市场信息的一种实验调查方法。采用这种实验调查方法的优点：实验组与控制组在同一时间内进行现场销售对比，不需要按时间顺序分为事前事后，这样可以排除由于实验时间不同而可能出现的外来变数影响。

(3) 有控制组的事前事后对比实验。有控制组的事前事后对比实验是指控制组事前事后实验结果同实验组事前事后实验结果之间进行对比的一种实验调查方法。这种方法不同于单纯地在同一个市场的事前事后对比实验，也不同于在同一时间的控制组同实验组的单纯的事后对比实验。它是在同一时间周期内，在不同的企业、单位之间，选取控制组和实验组，并且对实验结果分别进行事前测量和事后测量，再进行事前事后对比。

这一方法实验的变数多，有利于消除实验期间外来因素的影响，从而可以大大提高实验变数的准确性。

(4) 随机对比实验。随机对比实验是指按随机抽样法选定实验单位所进行的实验调查。随机对比实验有多种形式，如单纯随机抽样、分层随机抽样、分群随机抽样等。而采用何种形式选定实验单位进行对比实验，则必须从实际出发，根据具体条件、具体情况而定，并以能够获得准确的实验效果为原则。

(5) 小规模市场实验法。在开发新产品，选定产品的规格、款式、型号时，通常会通过小规模市场实验、试销，在销售客户和使用对象中听取意见，了解需求，收集市场信息资料。该法有助于提高决策的科学性，明确生产经营方向。

小规模市场实验法的具体做法如下所述。

① 选定一个小规模的实验市场。该市场的条件、特性要与准备进入的市场有较强的相似性。

② 选定新产品或新设计的产品规格、款式、型号，在这个小规模市场上试验销售。

③ 进行销售结果分析。根据结果决定是投产扩大规模，还是放弃新产品，选定某一种款式。

2) 实验调查法的优点

(1) 可以有控制地分析、观察某些市场现象之间是否存在着因果关系，以及相互影响程度。

(2) 通过实验取得的数据比较客观，具有一定的可信度。当然，优点是相对的，实践中影响经济现象的因素很多，可能由于非实验因素不可控制，而在一定程度上影响着实验效果。

3) 实验调查法的缺点

实验调查法具有一定的局限性并且费用较高。首先，实验调查法只适用于对当前市场现象的影响分析，对历史情况和未来变化则影响较小。其次，实验调查法所需的时间较长，又因为实验中要实际销售、使用商品，因而费用也较高。

4) 实验调查法的注意事项

采用这一方法，必须讲究科学性，遵循客观规律。

第一，寻找科学的实验场所。市场调查不能像自然科学一样在实验室中处理各种现象，而要在社会中寻找实验市场。但这个市场的实验条件与实验结果应尽可能符合市场总体的特征。

第二，实验中要正确控制无关因素的影响，减少干扰，使实验接近真实状态。否则，将失去结果的可信度。

实验调查法应用范围较广，一般地讲，改变商品品质、变换商品包装、调整商品价格、推出新产品、广告形式内容变动、商品陈列变动等，部可以采用实验法调查测试其效果。

案例 3-6

美国某公司准备改进咖啡杯的设计，为此公司调研人员进行了市场实验。首先，他们进行咖啡杯选型调查，他们设计了多种咖啡杯子，让500名家庭主妇进行观摩评选，研究主妇们用干手拿杯子时，哪种形状好；用湿手拿杯子时，哪一种不易滑落。然后他们对产品名称、图案等，也同样进行造型调查。

接着，他们利用各种颜色会使人产生不同感觉的特点，通过调查实验，选择了颜色最合适的咖啡杯子。具体方法是，首先请来30多人，让他们每人各喝4杯相同浓度的咖啡，但是咖啡杯的颜色则分别为咖啡色、青色、黄色和红色4种。试饮的结果，使用咖啡色杯子的人认为“太浓了”的占2/3；使用青色杯子的人都异口同声地说“太淡了”；使用黄色杯子的人都说“不浓，正好”；而使用红色杯子的10人中，竟有9个说“太浓了”。根据这一调查，公司咖啡店里的杯子以后一律改用了红色杯子。

该店借助于颜色，既可以节约咖啡原料，又能使绝大多数顾客感到满意。这种咖啡杯投入市场后，与其他公司的产品开展激烈竞争，以销售量比对方多两倍的优势取得了胜利。

3.4 企业业务分析

所谓企业业务分析，就是从企业自身业务角度分析企业存在哪些电子商务的需求，以及采取什么方式可以满足这种需求。

一般企业业务分析包含的内容有以下几项。

(1) 综合分析需求调研获得的第一手和第二手资料，重点分析企业拥有的核心能力是什么，运作中存在哪些主要问题；电子商务能否巩固企业的核心能力，解决存在的问题。在解决问题方面，电子商务能帮助企业提高效率、降低成本，提高客户服务水平、低成本扩大销售范围，增加销售量。

(2) 根据需求调研资料，从业务拓展的角度分析开展电子商务能给企业带来哪些新的商业机会，发现企业的电子商务需求。在业务拓展方面，电子商务主要能帮助企业扩大销售范围、增加销售量、提升品牌知名度、提供伴随互联网诞生的新的产品和服务。

(3) 针对发现的问题和机会，结合企业的发展状况和经济实力，提出需求建议，说明企业存在哪些电子商务需求，以什么方式可以满足这些需求。目前常见的方式包括到阿里巴巴等第三方平台开设商铺，建立企业商务网站，建设包括 ERP(Enterprise Resource Planning，企业资源计划)、CRM(Customer Relation Management，客户关系管理)和 SCM (Supply Chain Management，供应链管理)在内的电子商务综合应用系统等几大类。

(4) 以文字形式表述企业业务分析的内容，大致包括行业发展分析、企业基本情况、企业存在的问题、电子商务需求及建议等几个部分。其中行业发展分析队伍网络创业企业的项目设计是必需的，对于传统企业电子化项目，该项内容在不影响分析结果的情况下可以省略或整合到企业基本情况中。

【拓展案例】

企业业务需求分析需注意的问题：①商机的可达性问题，避免出现伪需求；②需求分析必须紧密结合企业业务进行分析；③必须考虑企业的产品和服务是否适合采用电子商务方式。

案例 3-7

茵曼：推另类线下体验店 渠道融合圈客户

1．行业特点

传统的百货等线下零售店，是单纯的卖货，品牌与客户之间没有交流，客户与客户之间没有交流；此外，尽管移动购物是大势所趋，但越来越多的消费者愿意尝试在网购之后去实体店取货，看得见摸得着的实际体验也需要实体店来补充。未来，谁能真正以消费者体验为中心，调动一切技术手段做到线上与线下资源整合，才能最终从这轮“无缝”零售大战中胜出。

2．企业简介

以“棉麻艺术家”为定位的原创设计网络服饰零售品牌茵曼所在的汇美公司旗下，目前还有包括初语、秋壳等在内的 11 个姐妹品牌。近几年，汇美在运作女装的基础上，先后扩充到鞋子、箱包、配饰、童装、家具等品类，希望把自己打造成一个慢生活方式的品牌。

3．存在问题

(1) 据调查显示电商的客户体验做得再好，也会有 15%左右的退货率，这不是质量问题，而是尺码不合适、颜色有差异，或者身材差异视觉效果差异等。而实体体验店解决了消费者网络购物的痛点。

(2) 经过高速发展后的淘品牌增速逐渐平稳，与此同时，淘宝、天猫等平台的营销费用却与日俱增。优衣库、波司登、欧时力及 ONLY 等传统品牌先后入驻天猫，线上服装品牌的数量与品类也不断增加，导致单品牌的流量会被更多的品牌分散掉。

4．企业的业务需求

为了解决上述问题，电商品牌茵曼创始人方建华表示，其正在全面布局线下零售网络，5 年内计划在中国开设万家实体店。在一线城市，与新世界等百货合作开设直营店；在二、三线城市，招募粉丝开放加盟店，打造新的O2O商业模式。具体优势体现如下：

(1) 全国商业地产快速发展存在过剩现象，同时又受到网络零售的冲击，实体店的租金等费用却在回归下降，根据区域的不同，现在实体店的租金费用占比是15%～30%。

(2) 体验式营销能更好地“圈”到客户，以茵曼+上海的体验店为例，其试穿成交达到65%的转化率，而在网上即便是“双十一”期间，也仅有6%的转化率。倘若线上线下能更好地有机结合，能极大提升客户转化率，而现在其线下体验店还有很多可以改善的地方，比如陈列位置、购物动线、灯光效果等。

【拓展案例】

3.5 企业市场分析

所谓企业市场分析，就是从企业目标客户的角度分析他们是否具有网络使用基础，能否接受电子商务方式以及有什么电子商务需求。与企业业务分析相比，前者研究的是企业自身是否具有开展电子商务的需求，而后者研究的是企业的客户需不需要、能否接受电子商务业务方式，二者分析的出发点是不同的。

企业市场分析的过程如下所述。

(1) 要从企业目标客户的角度分析电子商务的需求，首先就要明确在电子商务方式下，企业的目标客户集中在哪些人群，目标市场在哪里。

确定合适的目标市场是十分重要的：如果目标市场的范围确定得太大，将会耗费大量的人力、物力和财力；如果目标市场的范围确定得太小，又很难找到利润的增长点。企业的目标市场主要是根据企业的产品定位和服务内容来确定，即分析哪些人最喜欢自己的产品和服务，或谁对你的产品感兴趣。确定目标市场的范围的基本原则是巩固现有市场，开拓潜在的新增市场。

(2) 将企业的目标市场细化为可供分析、度量的分组，为分析目标市场的特点提供基础目。标市场可以按照以下特征进行划分。

① 统计特征。主要依据一些特定的客观因素，诸如性别、民族、职业、收入等。

② 地理特征。地理特征主要是客户所在的国家、地区、工作环境、生活环境等。

③ 心理特征。主要包括人格特点、人生观、信仰、阅历、愿望等。

④ 客户特征。客户的上网情况、网上购买频率、网上的购买欲望等。

(3) 根据需求调研资料，结合企业分析中设想的电子商务开展方式，有针对性地总结目标客户有什么特点，能否接受是否需要电子商务。

(4) 分析电子商务能给目标客户带来哪些好处，这里分析的角度很多，比如：

① 从职业需求出发，你的顾客需要什么？你提供的电子商务产品或服务能与顾客所需要的某些职业教育结合在一起吗？

② 从家庭生活需求出发，顾客需要什么？

③ 从利益出发，顾客需要什么？

④ 从生活出发，顾客需要什么？

⑤ 如果顾客使用了你提供的电子商务产品和服务，能够使他们节省钱才或精力面的付出吗？

⑥ 你是否真进了他们的乐趣或社会地位？

(5) 以文字形式表述企业市场分析的内容，大致包括企业的目标市场、目标市场的特点和目标市场的电子商务需求等几个部分。

市场分析需注意的问题：①认识目标市场、目标市场的特点和目标市场的电子商务需求之间存在内在的逻辑关系；②牢牢抓住电子商务能给客户带来实质性的收益进行分析；③不断跟踪 CNNIC 等权威机构的相关报告，使分析能与互联网的快速发展紧密结合。

案例 3-8

大学生交换旅游项目市场和竞争分析

1．企业的目标市场

“大学生交换旅游”项目是基于 O2O 模式的旅游电子商务项目，向那些乐于旅游、体验风景、感悟人生的在校大学生提供旅游信息、交换者基本信息，提供平台让交换者交流、定制自己的旅游计划。平台就相当于媒介为他们建立更便捷更具体更安全的交换基础。扩大知名度后，逐渐有旅游商家和景点等加入。收集和提供旅游地商家以及景点信息优惠政策等，内容逐渐细化、丰富多样化，最终达到旅游交换者、商家、平台的三赢局面。

2．目标市场的特点

经调查发现：①中国互联网普及率将过半，网民数达新高；②互联网向移动端迁移，手机接入持续增高；③在线旅游市场增速强劲；④个性化、定制化旅游兴起：现今旅游方式新式多样，人们出行旅游的方式不再是单一的是跟团游，而是出现了更多的诸如背包客、自行游、交换旅游等一些新型旅游方式，并逐渐吸引了更多的旅游爱好者。那些自己动手设计整个行程的纯休闲度假、深度体验游等自由自在的旅游方式日益受到追捧。

3．目标市场的电子商务需求

大学生交换旅游是以大学生这一特殊的群体为旅游主体，有效利用大学服务经济的一种新兴的旅游方式。项目团队通过在盐城 5 所高校的大学生进行问卷调查，发现大学生普遍对交换旅游充满好奇，愿意接受。大学生的交换旅游具有强大的发展潜力。

(1) 愿意尝试交换旅游。被调查大学生中 61%认为应该支持交换旅游并愿意尝试，6%认为不支持，33%认为无所谓，可见交换旅游在大学生中还是很有发展前景的。

(2) 交换旅游的优点认同度很高。通过交换旅游可以为大学生节省旅游费用，如部分的住宿费、饮食费等；还可以通过交换旅游实现“天下皆友，说走就走”的 90 后大学生的价值观。

4．竞争分析

(1) 当前旅游业基本形成以携程网、去哪儿网为第一阵营，途牛、同程网等为第二阵营的态势，这些品牌正从 PC 端扩张到移动端，不断丰富其产品种类，市场份额也不断提高，这种同质化的现象对于“大学生交换旅游”项目而言是极大的威胁。在品牌知名度和品牌效应方面，这些早期市场份额的霸主使“大学生交换旅游”项目在前进的道路上步履艰难。

(2) 长期以来大部分的用户已形成消费习惯定势，比较倾向于成熟的旅游网站所提供的旅游服务。

(3) 后起的一些“山寨版”的同类型产品的出现，对项目的发展也会造成一定的威胁。

3.6 企业竞争对手分析

企业竞争对手分析，就是从企业竞争对手的角度分析电子商务的需求，了解竞争对手电子商务的开展情况、运作效果如何，是否对本企业的业务构成威胁，是否已成为本企业开展电子商务的障碍，对其中效果良好的内容是否可以借鉴。

对竞争对手的调查与分析是需求分析不可缺少的重要内容。同传统的商务活动一样，竞争对手的产品与服务一直影响着企业的管理、生产与经营，甚至造成很大的威胁。尤其是竞争对手已经在网上开展业务的，竞争对手在网络运营方面的优势可能是后来者进入的强大障碍。

电子商务领域竞争对手分析可以按以下步骤进行。

1．确认竞争对手

竞争对手分析首先要对本行业主要竞争者的类型做一个全面的了解，大致可以分为以下几种类型。

(1) 直接竞争对手。它们的产品或服务与本企业具有极大的相似性，客户很容易转而上这些企业购买产品或接受服务。因此它们是最激烈的竞争对手。

(2) 间接竞争对手。它们提供与本企业相似的替代产品或服务，与本企业具有相同的目标市场，只是提供的产品不同。

(3) 未来竞争对手。它们是一些虽然还没有进入竞争市场但随时都有可能进入的公司。就网上销售而言，一旦间接竞争者看到你的产品在它们的市场上取得成功，它们就会模仿。这样间接竞争者就变成了直接竞争者。

2．分析竞争对手

(1) 建立竞争对手分析等档案并进行系统分析。竞争对手分析档案是一个内容丰富的表格，它的第一列是能反映竞争对手同质性和异质性的一组判别标准，包括从公司咨询到竞争策略的信息。同时将本公司的相关信息也列入表中，这样就可以将本公司与竞争对手进行比较，从而使本公司与其他公司的市场竞争地位等相关情况一目了然。

(2) 了解竞争对手电子商务的战略和所开展的主要网上业务。企业是通过投入资产技术以及发挥自己的竞争优势获取成功的，如可以通过全面浏览测试与研究竞争对手的网站来查找竞争对手的相关资料，进而分析竞争对手的电子商务战略、网上市场定位以及在网上开展的主要业务。除了竞争对手的网站分析资料，还有以下几个了解竞争对手的资料来源。

① 年报。如果竞争对手是一家上市公司，你可以从网上直接获取。

② 证券公司。每家大型的证券公司都有相关的部门负责收集、分类和分析各种经济数据。

③ 政府部门。政府的相关管理部门，如证监会、商务部等。

④ 互联网。除各种公司网站以外还可以通过各种搜索引擎搜索相关的信息。

3．研究竞争对手网站的设计结构与运行效果

企业研究对手的内容主要包括竞争对手网站的功能和信息结构分析、竞争对手网站的设计风格评价、竞争对手提供的产品种类与服务特色分析、竞争对手商务模式和业务流程分析、竞争对手网站的客户服务效率分析、竞争对手网站信息更新频率分析等内容。通过对成功的竞争者进行深入分析，就能发现它们成功的原因，从而帮助本企业构建自己的商业蓝图；对竞争者的弱点进行分析，可以让本企业接受失败的教训，从而发现市场机会。

【拓展案例】

总之，竞争对手调查与分析的目的是了解原来的竞争对手是否上网，洞察已经在网上开展了业务的竞争对手的情况，分析竞争对手的优势与劣势，研究竞争对手电子商务运作的效果。通过竞争分析，可以明确企业在竞争中的地位，以便制定本企业具有竞争力的发展战略。

本章小结

电子商务需求是指企业为适应生产经营环境的变化，改善或发展业务而产生的开展电子商务的需要，并有满足这种需要所需的各项条件和资金来源。企业对电子商务的需求，主要是为了采用合适的现代化手段来提高本企业员工的工作效率和企业的竞争力，优化企业的管理模式。电子商务项目需求分析阶段要注重分析、识别企业的现状和存在的问题，注重分析企业面临的机会和企业实施电子商务项目的需求因素。发现、识别电子商务的需求是产生电子商务项目的第一步，也是电子商务项目生命周期第一阶段的首要工作。

本章系统介绍了电子商务项目需求产生的动因，并针对各个原因进行了分析。在电子商务项目需求分析之前应先开展电子商务需求调研：首先，要开展需求调研，掌握大量一手或二手资料，充分了解企业的内部和外部情况，作为后续分析的基础；其次，进行需求分析采用科学的方法对收集的资料进行分析整理、归纳综合，全面了解企业存在哪些电子商务需求，需要的迫切性以及这些需求将给企业带来哪些市场机会或多大的市场空间，并提出相应的建议。

要准确地分析企业的电子商务需求，开展需求调研是必不可少的一项工作。本章系统介绍了电子商务需求的基本概念及调研的流程及方法，最终对企业的电子商务项目需求有了充分的认识。电子商务需求分析包括企业业务分析、市场分析和竞争对手分析三个方面的内容。

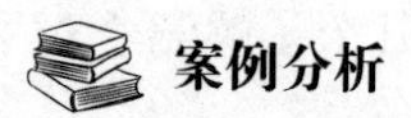

案例分析

百丽电商发展之路

百丽(BELL)集团(以下简称百丽)是中国鞋业规模较大的集团公司，其业务由两大部分构成：鞋类及运动服饰。

百丽拥有庞大的自营连锁销售网络，由东北、华北、西北、鲁豫、华东、华中、华南、西南、广州、云贵、港澳等 11 个区域组成，覆盖中国包括香港、澳门在内的 300 多个城市。截至 2016 年 2 月 29 日，

百丽在内地拥有自营零售店20 873家，在香港及澳门拥有自营零售店近200家。

1．百丽的电商发展之路

百丽从2007年开始做电商，经历了两个阶段，从传统企业典型电子商务到非典型电子商务。一开始，百丽走的是传统企业典型电子商务之路，即拿自己的产品到网上去卖。一年以后百丽走的是非典型电子商务之路，从鞋类电商转变成鞋服类电商，服装品牌也从原来一个品牌增加到四个品牌。回顾百丽的电商发展历程发现，百丽的电商之路经历了五个时期。

第一个时期是调研、探讨、规划期。百丽是在2008年1月经过正式的调研和思考后决定开始试运行电子商务。百丽原电商总经理谢云立说，百丽是被电商的。

第二个时期是筹备、测试期。这个时期百丽主要是思考如何解决线上线下产品差异化的问题以及从哪个电子商务平台开始的问题等。

第三个时期是初步发展期。主要是通过淘宝进行分销，然后进驻天猫。2009年，第一版淘秀网上线，进行B2C分销(开始还是以人工为主，后面的数据导入都是人工的)。这时的百丽形成了三条腿稳健发展的态势。

第四个时期是快速发展期。2009年11月份出现突破性的增长，日销售突破100万元。2010年8月第二版淘秀网上线，同时开发全网营销系统。实现单日销售突破1 000万元。这也被业界公认为比李宁走得更坚实的传统品牌企业进军电商成功案例。

第五个时期是电商化、品牌化、平台化的时期。2011年7月，百丽投资控股优购时尚商城(以优质、时尚为网站定位的大型时尚B2C电子商务平台)。8月份订单突破1 000单，同时原百丽官方的淘秀网与优购网合并，9月份订单突破3 000单，11月份晋升鞋类B2C的前3名，“双11”订单5 000单晋升到B2C行业的前20名。

2．百丽优购网缔造电商新玩法

在这个瞬息万变的互联网时代，5年时间足以见证一个行业的风起云涌。电子商务市场，群雄并起，巨头争霸，企业并购联姻，在腥风血雨的角逐中，电商平台或优雅蜕变，或退出历史舞台。对于优购网，这个在纷繁闹世中寻求一片净土的B2C电商平台，从2011年开始的5年时间里，不忘初心，深耕鞋服垂直领域，以“重品质、优价格、优服务”的立身之本服务始终，拥抱时代变革，不断优化与谋新，赢得了数以千万计的青睐与追随者，如今在电商丛林中优购网已成长为一株卓尔不群、屹立挺拔的劲松。

1) 5年砥砺成为B2C鞋服垂直电商领头羊

回顾优购的5年，手握一把好牌但仍打得低调稳健，在鞋服垂直领域深耕细作，在不断探寻、优化、谋新中健康成长。

也许注定了要成为公众关注的焦点，优购网一“出生”就拥有“自带话题”的体质。2011年7月，由百丽国际投资两亿美元倾力打造“优购网上鞋城”一经上线，就引发业界的关注与猜疑。优购网是否意味着百丽国际在搞大而全的电子商务战略？是否会引入非百丽国际自有和代理品牌？是否能健康持续发展？是不是怀揣复制百丽野心？面对各种声音，优购网用行动做出了答复。

在其他依赖资本投资的垂直电商相继负面缠身、匿迹于市场的过程中，优购网发挥母公司百丽国际强大供应链的绝对优势，专注产品、渠道和服务，在变革中优化谋新，旨在为消费者提供高品质购物体验。

2012年7月，即优购一周年，优购网月峰值订单突破20 000单；2014年全年收订额达20亿人民币，近盈亏平衡；2015年7月，注册用户超2 000万；同时，优购网加入跨境电商行列，成为国内领先的时尚及运动鞋服类垂直电商平台。

2) 拥抱变化优购网正在创造“独立价值”

“物竞天择，适者生存”的自然法则同样适用于电商界。“大投放、大采买”的流量红利时代已结束，“低价竞争，损害毛利”的用户扩张模式已成为过去式，面对巨头跑马圈地，消费者向移动端迁移，电商平台该如何生存？对此，优购网有着自己的解决之道。拥抱变化，以“内容”“场景”“分享”“跨境”为发展方向，向移动端转型，真正创造“独立价值”。

据艾媒咨询发布的《2015—2016中国移动电商市场年度报告》数据显示，截至2015年年底，中国移动购物用户规模达到3.64亿人，同比增长23.8%，预计到2018年中国移动电商用户规模将接近5亿人。对电商平台而言，移动化是大势所趋，移动端的争夺战也将愈演愈烈。而早在平台成立之初，优购网就开始对移动端进行布局。2012年3月“优购商城”App正式上线，上线后销售业绩一直呈成逐年提升态势，订单占比已高达83%以上。

近来，优购网更是将“移动端转型、移动端改造”提上战略高度。在提高订单量的同时，移动端功能不断优化，运作能力不断提升。以“优购商城”App实现数据追踪功能为例，通过用户行为进行数据追踪与分析，可以了解到消费者在哪个模块停留时间长，对哪些内容感兴趣，消费者性别占比是多少，等等。优购网再根据用户喜好进行营销，打造相匹配的消费场景，提供感兴趣的内容，从而赢得消费机会。

2015年，百丽加入跨境电商行列，采用“海外直采/海外直邮+当季新品+闪电发货+人民币支付”的服务模式，与韩国知名品牌的建立深度合作关系，迅速抢占市场，成为国内领先的韩国服装类的跨境电商平台。另外，百丽深入进行探索与创新之举——搭建“微分享”平台，采用红包分享模式，共享福利，更有额外收益，微分享平台自上线以来也是备受网友的喜爱与追捧。

总之，优购网在“拥抱变化、适应变化”的过程中，一直敢为先、力践行。

3) B2C+O2O模式——优购网再推电商新玩法

对于消费者而言，“百丽国际8.1正式启动电商O2O”实在是一则令人兴奋的消息。优购网首当其冲，在平台率先开通体验专区。目前已实现消费者在线上购买专柜同款商品，全国2万家门店供货，28个省级仓库就近发货；消费者亦可选择线上预览线下专柜试穿、提货，大大提升了用户的购物体验。

对于优购网B2C搭载O2O的电商新玩法，不仅可以充分发挥百丽国际实体店铺、强大供应链的独有优势，也拉近了自己与消费者间的距离，加深消费者对优购网品牌印象，提高消费者对商家的信赖。这与优购网一直以来追求的为消费者提供高品质购物体验相一致，也为整个电商市场也带来新思路、新气象。

3．百丽电商成功因素分析

(1) 百丽电商产品策略，解决线上线下渠道冲突问题。百丽线上所有销售产品80%是以自有开发为主，针对网络用户和传统客户在产品消费需求上的不同点，结合自有品牌的产品风格，沿用原有产品的开发能力，开发线上专有开发产品、线下专有产品或线下促销产品。在网上看到SQ占比基本上1：1，基本做到了传统和电子的加法。

(2) 网络定价。传统营销渠道的物流成本非常高，而网上销售的成本可以降低20%左右，把20%的成本让利给消费者。另外，与传统店铺相同的产品，网上渠道较传统渠道价格低30～50元，缘于店铺的销售服务、用户体验好于网上销售。

(3) 渠道策略。传统的销售是开在每个女人走过的地方，网上的销售是把产品展示在每个人点击过的地方，百丽走的是全网营销的路子。

(资料来源：http://it.sohu.com/20130819/n384461908.shtml.)

思考：阅读案例，分析百丽发展电子商务的需求。

习　　题

1．什么是电子商务需求？什么是电子商务项目需求分析？

2．怎样才能及时准确地发现和识别电子商务的市场需求？

3．简述电子商务需求调研的流程。

4．电子商务需求调研应从哪些新方面开展？主要包括哪些内容？

5．需求调研有哪些主要方法？说明各种方法的优缺点及使用场合。

第4章

电子商务项目可行性分析

学习目标

(1) 了解可行性研究的含义、基本要求和内容。
(2) 了解常用的电子商务技术。
(3) 掌握技术可行性分析的内容。
(4) 掌握经济可行性分析的内容。
(5) 掌握财务可行性分析和评价的方法。
(6) 了解其他可行性分析的内容。

知识架构

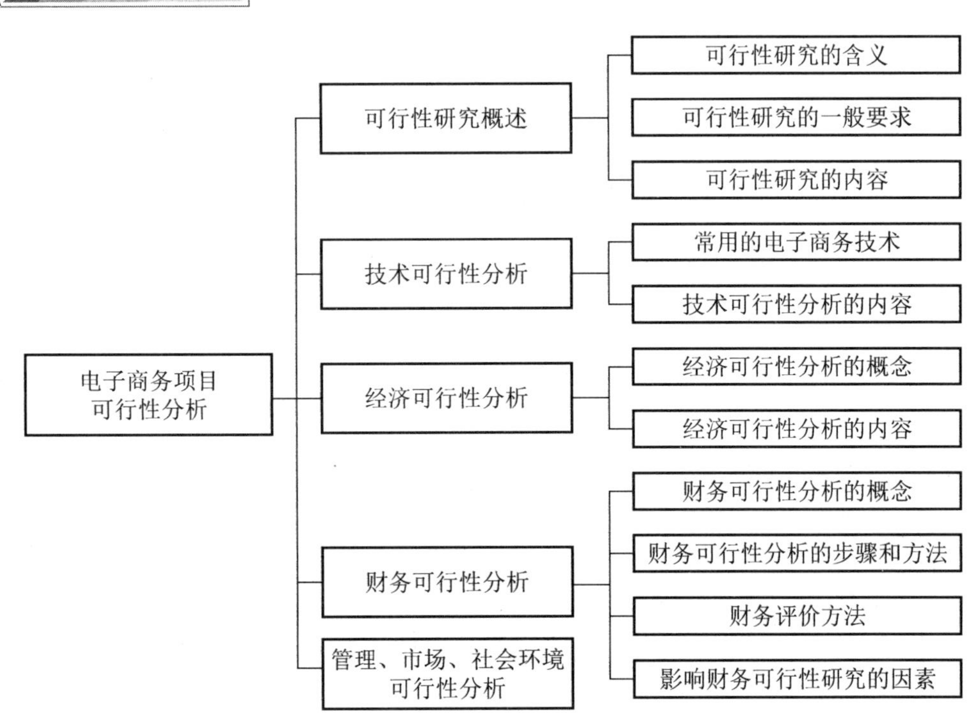

导入案例

"礼物说"线下广告项目

线下广告从来都是创业公司最"烧钱"，又难以估算效果的推广方式，让人又爱又恨。前几年团购网火爆时出现过"烧钱"的广告大战，大部分参战者在"血雨腥风"中"死伤一片"，所剩无几。而就在2015年8月份，北京许多公共场所出现了一个很有意思的广告，广告的主角号称要为自己的创业项目——礼物说——"带盐"。这个年轻人就是礼物说的创始人温城辉，也被业内公认为"90后马云"。很多人担心用这种"烧钱"的自杀式推广方式，会步上当年团购网站的后尘。

温城辉说："我把线下广告放第一个。很多人以为线下广告又烧钱又没效果，那是因为你不懂怎么做线下广告。线下广告中，人们的注意力只有一两秒，你的内容一定要做得非常好，才能瞬间抓住用户，不然都是浪费。礼物说在广告素材上花了非常多的时间，这个素材不是说要花很多钱，找什么明星来拍广告，最重要的是你要了解消费者的心理，要把广告打到他们心里去。这个七夕，我们就投了近千万元在写字楼、电影院、公交等广告上，广告创意是，我一个"90后，CEO因预算不足被迫为自己'带盐'，然后说了一段改编新盖中盖高钙片的广告词：'这人呐，一到过节就头疼，不知道送什么好。现在好了，有了礼物说，它礼物多、选择广、创意好，一天送五个人，都不累。'再配上满屏的吐槽弹幕，就很能抓住我们的目标受众。"

事实上，广告作为一种传播方式，判断它能否成功必须考虑的三大要素，即受众、媒体渠道和内容创意。

受众即广告针对的人群。礼物说定位于年轻人，包括职场白领、90后、大学生人群，广告就必须迎合他们的胃口，符合他们的"画风"。我们看到视频广告上有白领们似曾相识的"大喊品牌名称"段落，也有"90后"喜欢的弹幕，还有自嘲、自黑等网络流行词，因此在迎合受众人群方面，礼物说的广告还是下了一番功夫，品牌定位梳理得不错。

再来看看广告投放的渠道，在写字楼宇、社区、电影院线、公交车等空间和地段，不仅人流量大，且都属于礼物说受众人群——年轻人——经常出没和聚集的场所，曝光度自然无须担心。

在广告的内容和创意方面，除了前面提到的符合年轻人的元素外，为了让"90后"用户多看一眼广告，温城辉亲自上阵为"礼物说"代言，形象辨识度很高，配以有趣的文案，让厌倦了千篇一律明星代言的观众过目不忘。

综上来看，这几则广告无论从受众、渠道还是内容方面，都考虑得比较清楚，算是环环紧扣、有的放矢。有人悄悄替礼物说算了一笔账，这次投入近千万元的广告，可以让"礼物说"收获小几百万的用户和几个亿的销售金额。

(资料来源：http://finance.china.com/fin/sxy/201508/31/9145583.html.)

电子商务项目在需求分析的基础上初步形成项目概念，为了保证项目的顺利开发和成功实施，还需要在项目决策之前对项目进行充分分析、研究、讨论和评价，最终完成对拟实施项目的全面的综合技术经济论证。它既包括了对项目的市场需求和潜力的调查及对未来发展前景的预测，也从经济效益、技术保障和社会因素等角度对项目的可行性做出论证，提出项目可行或不可行的结论，从而回答项目是否要进行的问题，为决策者的最终判断提供科学的依据。

4.1 可行性研究概述

4.1.1 可行性研究的含义

可行性研究是通过对项目的主要内容和配套条件，如市场需求、资源供应、建设规模、工艺路线、设备选型、环境影响、资金筹措、盈利能力等，从技术、经济、工程等方面进行调查研究和分析比较，并对项目建成以后可能取得的财务、经济效益及社会环境影响进行预测，从而提出该项目是否值得投资和如何进行建设的咨询意见，并为项目决策提供依据的一种综合性的系统分析方法。

可行性研究是要求以全面、系统的分析为主要方法，以经济效益为核心，围绕影响项目的各种因素，运用大量的数据资料论证拟建项目是否可行，对整个可行性研究提出综合分析评价，指出优缺点和建议。为了结论的需要，往往还需要加上一些附件，如试验数据、论证材料、计算图表、附图等，以增强可行性报告的说服力。

【拓展知识】

4.1.2 可行性研究的依据

一个拟建项目的可行性研究，必须在国家有关的规划、政策、法规的指导下完成，同时，还必须要有相应的各种技术资料。进行可行性研究工作的主要依据主要包括以下几项。

(1) 国家经济和社会发展的长期规划，部门与地区规划，经济建设的指导方针、任务、产业政策、投资政策和技术经济政策以及国家和地方法规等。

(2) 经过批准的项目建议书和在项目建议书批准后签订的意向性协议等。

(3) 国家批准的资源报告，国土开发整治规划、区域规划和工业基地规划。对于交通运输项目建设要有有关的江河流域规划与路网规划等。

(4) 国家进出口贸易政策和关税政策。

(5) 当地的拟建厂址的自然、经济、社会等基础资料。

(6) 有关国家、地区和行业的工程技术、经济方面的法令、法规、标准定额资料等。

(7) 国家颁布的建设项目可行性研究及经济评价的有关规定。

(8) 包含各种市场信息的市场调研报告。

4.1.3 可行性研究的一般要求

可行性研究工作对于整个项目建设过程乃至整个国民经济都有非常重要的意义。为了保证可行性研究工作的科学性、客观性和公正性，有效地防止错误和遗漏，在可行性研究中应做到以下几点。

(1) 必须站在客观公正的立场进行调查研究，做好基础资料的收集工作。对于收集的基础资料，要按照客观实际情况进行论证评价，如实地反映客观经济规律，从客观数据出发，通过科学分析，得出项目是否可行的结论。

(2) 可行性研究报告的内容深度必须达到国家规定的标准，基本内容要完整，应尽可能多地占有数据资料，避免粗制滥造，搞形式主义。

在做法上要掌握好以下 4 个要点。

① 先论证，后决策。

② 处理好项目建议书、可行性研究、评估这 3 个阶段的关系，哪一个阶段发现不可行都应当停止研究。

③ 要将调查研究贯彻始终。一定要掌握切实可靠的资料，以保证资料选取的全面性、重要性、客观性和连续性。

④ 多方案比较，择优选取。对于涉外项目，或者在加入 WTO 等外在因素的压力下必须与国外接轨的项目，可行性研究的内容及深度还应尽可能与国际接轨。

(3) 为保证可行性研究的工作质量，应保证咨询设计单位足够的工作周期，防止因各种原因的不负责任草率行事。

具体工作周期由委托单位与咨询设计单位在签订合同时协商确定。

4.1.4 可行性研究的内容

各类投资项目可行性研究的内容及侧重点因行业特点而差异很大，但一般应包括以下内容。

(1) 投资必要性。在投资必要性的论证上，一是要做好投资环境的分析，对构成投资环境的各种要素进行全面的分析论证；二是要做好市场研究，包括市场供求预测、竞争力分析、价格分析、市场细分、定位及营销策略论证。

(2) 技术可行性。主要是从项目实施的技术角度，合理设计技术方案，并进行比选和评价。各行业不同项目技术可行性的研究内容及深度差别很大。对于工业项目，可行性研究的技术论证应达到能够比较明确地提出设备清单的深度；对于各种非工业项目，技术方案的论证也应达到工程方案初步设计的深度，以便与国际惯例接轨。

(3) 组织可行性。制定合理的项目实施进度计划、设计合理的组织机构、选择经验丰富的管理人员、建立良好的协作关系、制定合适的培训计划等，保证项目顺利执行。

(4) 财务可行性。主要是从项目及投资者的角度，设计合理财务方案，从企业理财的角度进行资本预算，评价项目的财务盈利能力，进行投资决策，并从融资主体(企业)的角度评价股东投资收益、现金流量计划及债务清偿能力。

(5) 经济可行性。主要是从资源配置的角度衡量项目的价值，评价项目在实现区域经济发展目标、有效配置经济资源、增加供应、创造就业、改善环境、提高人民生活等方面的效益。例如，

从经济效益上讲，某系统的开发，为统计人员工作效率带来了一个质的飞跃：可以代替人工进行许多繁杂的劳动；可以节省许多资源；可以大大提高统计人员的工作效率。

从所需投入来讲，对于一个中小型的图书馆管理系统来说，该系统投资成本十分的低，一般不会超过 5 000 元。所以，此系统在经济上也是可行的。

(6) 社会可行性。主要分析项目对社会的影响，包括政治体制、方针政策、经济结构、法律道德、宗教民族及社会稳定性等。

(7) 风险因素及对策。主要对项目的市场风险、技术风险、财务风险、组织风险、法律风险、经济及社会风险等风险因素进行评价，制定规避风险的对策，为项目全过程的风险管理提供依据。

上述可行性研究的内容，适应于不同行业各种类型的投资项目。

我国缺乏对各类投资项目可行性研究的内容及深度进行统一规范的方法，各地区、各部门制定的各种可行性研究的规定，基本上都是根据工业项目可行性研究的内容为主线制定的，并且基本上是按照联合国工发组织的《工业项目可行性研究报告编制手册》为蓝本来编写的。我国急需一个各行业通用的对可行性研究的内容及深度提出共性要求的统一规定，以规范整个可行性研究工作，避免各种非工业项目可行性研究都要参照工业项目的尴尬局面。

4.1.5 可行性研究报告的类型

可行性研究报告的种类繁多，不同的划分原则，有不同的种类。

(1) 从内容上分，可行性研究报告大致可以分为科技类(如研究高新技术引进方面的问题)、生产类(如改扩建项目、基础设施建设等问题)和经营类(如申请合资经营、设立分公司办事处等问题)的研究报告。

(2) 从阶段分，可行性研究报告大致可分为机会可行性研究报告、预可行性研究报告和详细研究报告等。其中机会可行性研究报告最基本，预可行性研究报告是详细研究报告的基础框架，而详细可行性研究报告则是最终方案。

【拓展知识】

(3) 从项目的大小来分，可行性研究报告可分为一般可行性研究报告和大中型可行性研究报告；此外从写作的结构要求来看，又可分成复杂型可行性研究报告和简单型可行性研究报告。

4.2 技术可行性分析

4.2.1 常用的电子商务技术

1. 网络技术

电子商务的应用中计算机是通过网络连接起来的，网络技术是电子商务技术中最底层、最基础的技术，包括 TCP/IP 等协议和路由器、交换机等相应的网络互联设备等。随着网络的普及，计算机之间的通信在商务活动中发挥了重要的作用。

2. 数据库技术

电子商务作为新型的商务模式，从底层的数据基础到上层的应用都涉及数据库技术。

1) Web 数据库技术

Web 数据库访问技术通常是通过三层结构来实现的。目前建立与 Web 数据库连接访问的技术方法可归纳为 CGI 技术、ODBC 技术，以及 ASP、JSP、PHP 技术。

(1) CGI 技术。CGI(Common Gateway Interface，通用网关界面)是一种 Web 服务器上运行的基于 Web 浏览器输入程序的方法，是最早的访问数据库的解决方案。CGI 程序可以建立网页与数据库之间的连接，将用户的查询要求转换成数据库的查询命令，然后将查询结果通过网页返回给用户。

CGI 程序需要通过一个接口才能访问数据库。这种接口多种多样，数据库系统对 CGI 程序提供了各种数据库接口(如 Perl、C/C++、VB 等)。为了使用各种数据库系统，CGI 程序支持 ODBC 方式，通过 ODBC 接口访问数据库。

(2) ODBC 技术。ODBC(Open Database Connectivity，开放数据库互接)是一种使用 SQL 的应用程序接口(API)。ODBC 最显著的优点就是它生成的程序与数据库系统无关，为程序员方便地编写访问各种 DBMS 的数据库应用程序提供了一个统一接口，使应用程序和数据库源之间完成数据交换。ODBC 的内部结构分为 4 层：应用程序层、驱动程序管理器层、驱动程序层、数据源层。由于 ODBC 适用于不同的数据库产品，因此许多服务器扩展程序都使用了包含 ODBC 层的系统结构。

Web 服务器通过 ODBC 数据库驱动程序向数据库系统发出 SQL 请求，数据库系统接收到的是标准 SQL 查询语句，并将执行后的查询结果再通过 ODBC 传回 Web 服务器，Web 服务器将结果以 HTML 网页传给 Web 浏览器。

(3) ASP、JSP、PHP 技术。ASP(Active Server Pages，动态服务器页面)是 Microsoft 开发的动态网页技术，主要应用于 Windows NT+IIS 或 Windows 9×+PWS 平台。确切地说 ASP 不是一种语言，而是 Web 服务器端的开发环境。利用 ASP 可以产生和运行动态的、交互的、高性能的 Web 服务应用程序。ASP 支持多种脚本语言，除了 VBScript 和 Pscript，也支持 Perl 语言，并且可以在同一 ASP 文件中使用多种脚本语言以发挥各种脚本语言的最大优势。但 ASP 默认只支持 VBScript 和 Pscript，若要使用其他脚本语言，必须安装相应的脚本引擎。ASP 支持在服务器端调用 ActiveX 组件 ADO 对象实现对数据库的操作。在具体的应用中，若脚本语言中有访问数据库的请求，可通过 ODBC 与后台数据库相连，并通过 ADO 执行访问库的操作。

JSP(Java Server Pages，Java 服务器页面)是 Sun 公司推出的新一代 Web 开发技术。作为 Java 家族的一员，几乎可以运行在所有的操作系统平台和 Web 服务器上，因此 JSP 的运行平台更为广泛。目前，JSP 支持的脚本语言只有 Java。JSP 使用 JDBC 实现对数据库的访问，而目标数据库必须有一个 JDBC 的驱动程序，即一个从数据库到 Java 的接口，该接口提供了标准的方法使 Java 应用程序能够连接到数据库并执行对数据库的操作。JDBC 不需要在服务器上创建数据源，通过 JDBC、JSP 就可以实现 SQL 语句的执行。

PHP(Hypertext Preprocessor，超文本预处理器)是由被誉为 PHP 之父的拉斯姆斯·勒多夫推出的一种跨平台的嵌入式脚本语言，可以在 Windows、UNIX、Linux 等流行的操作系统和 IIS、Apache、Netscape 等 Web 服务器上运行，用户更换平台时，无须变换 PHP 代码。PHP 是通过 Internet 合作开发的开放源代码软件，它借用了 C、Java、Perl 语言的语法并结合 PHP 自身的特性，能够快速写出动态生成页面。PHP 可以通过 ODBC 访问各种数据库，但主要通过函数直接访问数据库。PHP 支持目前绝大多数的数据库，提供许多与各类数据库直接互联的函数，包括 Sybase、Oracle、SQL Server 等，其中与 SQL Server 数据库互连是最佳组合。

2) 数据仓库技术

数据仓库(Date Ware House，DW/DWH)由数据仓库之父比尔·恩门于 1990 年提出，主要功能是将组织透过资讯系统之联机交易处理经年累月所累积的大量资料，透过数据仓库理论所特有的资料储存架构，进行有系统的分析整理，以利于各种分析方法如线上分析处理、数据挖掘的进行，并进而支持如决策支持系统、主管资讯系统的创建，帮助决策者能快速有效地从大量资料中分析出有价值的资讯，以利决策拟定及快速回应外在环境变动，帮助建构商业智能(图 4-1)。

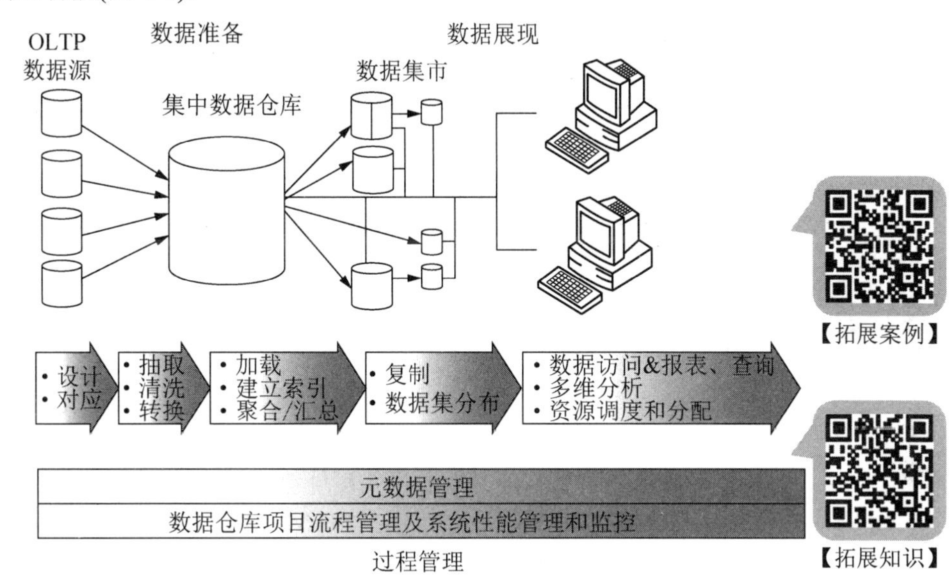

图 4-1　数据仓库处理流程图

数据仓库是决策支持系统和联机分析应用数据源的结构化数据环境。数据仓库研究和解决从数据库中获取信息的问题。数据仓库的特征在于面向主题性、集成性、稳定性和时变性。

3) 数据挖掘技术

数据挖掘(Data Mining，DM)是从大量的、不完全的、有噪声的、模糊的、随机的数据中提取隐含在其中的、人们事先不知道的，但又是潜在有用的信息和知识的过程。随着信息技术的高速发展，人们积累的数据量急剧增长，动辄以 TB 计，如何从海量的数据中提取有用的知识成为当务之急。数据挖掘就是为顺应这种需要应运而生发展起来的数据处理技术。

【拓展知识】

数据挖掘技术源于商业的直接需求，因此它在各种商业领域都存在广泛的使用价值。电子商务是指利用电子信息技术开展一切商务活动，是商业领域的一种新兴商务模式。当电子商务在企业中得到应用时，企业信息系统将产生大量数据，这些海量数据使数据挖掘有了丰富的数据基础，同时高性能计算机和高传输速率网络的使用也给数据挖掘技术提供了坚实的保障。因此，数据挖掘技术在电子商务活动中有了更大的用武之地。数据挖掘在电子商务领域具有以下几个方面的作用。

(1) 客户细分。随着“以客户为中心”的经营理念的不断深入人心，分析客户、了解客户并引导客户的需求已成为企业经营的重要课题。通过对电子商务系统收集的交易数据进行分析，可以按各种客户指标(如自然属性、收入贡献、交易额、价值度等)对客户分类，然后确定不同类型客户的行为模式，以便采取相应的营销措施，促使企业利润的最大化。

(2) 客户获得。利用数据挖掘可以有效地获得客户。例如，通过数据挖掘可以发现购买某种商品的消费者是男性还是女性，学历、收入如何，有什么爱好，从事什么职业，等等；甚至可以发现不同的人在购买该种商品的相关商品后多长时间有可能购买该种商品，以及什么样的人会购买什么型号的该种商品，等等。也许很多因素表面上看起来和购买该种商品不存在任何联系，但数据挖掘的结果却证明它们之间有联系。在采用了数据挖掘后，针对目标客户发送的广告的有效性和回应率将得到大幅度的提高，推销的成本将大大降低。

(3) 客户保持。数据挖掘可以把大量的客户分成不同的类，每个类里的客户拥有相似的属性，而不同类里的客户的属性也不同。企业完全可以做到给不同类的客户提供完全不同的服务来提高客户的满意度。数据挖掘还可以发现具有哪些特征的客户有可能流失，这样挽留客户的措施将具有针对性，挽留客户的费用将下降。

【拓展案例】

(4) 交叉销售。交叉销售可以使企业比较容易地得到关于客户的丰富的信息，而这些大量的数据对于数据挖掘的准确性来说是有很大帮助的。在企业所掌握的客户信息，尤其是以前购买行为的信息中，可能正包含着这个客户决定其下一个购买行为的关键，甚至决定因素。这个时候数据挖掘的作用就会体现出来，它可以帮助企业寻找到这些影响他购买行为的因素。

(5) 个性服务。当客户在电子商务网站注册时，客户将会看到带有客户姓名的欢迎词。根据客户的订单记录，系统可以向客户显示那些可能引起客户特殊兴趣的新商品。当客户注意到一件特殊的商品时，系统会推荐一些在购买中可以增加的其他商品。普通的产品目录手册常常简单地按类型对商品进行分组，以简化客户挑选商品的步骤。然而对于在线商店，商品分组可能是完全不同的，它常常以针对客户的商品补充条目为基础，不仅考虑客户看到的条目，而且还考虑客户购物篮中的商品，使用数据挖掘技术可以使推荐更加个性化。

(6) 资源优化。节约成本是企业盈利的关键。通过分析历史的财务数据、库存数据和交易数据，可以发现企业资源消耗的关键点和主要活动的投入产出比例，从而为企业资源优化配置提供决策依据，如降低库存、提高库存周转率、提高资金使用率等。

(7) 异常事件的确定。在许多商业领域中，异常事件具有显著的商业价值，如客户流失、银行的信用卡欺诈、电信中移动话费拖欠等。通过数据挖掘中的奇异点分析可以迅速、准确地甄别这些异常事件。

4) 商业智能技术

商业智能(Business Intelligence，BI)，又称商业智慧或商务智能，指用现代数据仓库技术、线上分析处理技术、数据挖掘和数据展现技术进行数据分析以实现商业价值。

确切地讲，商业智能并不是一项新技术，它是将数据仓库、联机分析处理、数据挖掘等技术与资源管理系统(Enterprise Resource Planning，ERP)结合起来应用于商业活动实际过程当中，实现了技术服务于决策的目的。

商业智能一直存在于企业的日常工作当中，如对数据的简单整理、对报表的分析，以及通过这些分析做出未来若干时间内的工作规划等。随着企业信息化的发展，在应用 ERP 过程中，大量的数据积累，大量的信息涌现，造成了企业对 ERP 数据信息的困惑，从而引发了企业对于专业商业智能软件产品的需求。商业智能不再仅仅是一种概念、一种技术，它更多的成为一种业务层面的需求，为企业应用服务。商业智能产品在制造业领域应用的核心就是通过数据提取、整理、分析，最终通过分析结果制定有关策略、规划，达到资源的合理配置，节约成本提高效益。商业智能在制造业信息化领域大有可为。

3．电子商务安全技术

信息安全技术在电子商务系统中的作用非常重要，它守护着商家和客户的重要机密，维护着商务系统的信誉和财产，同时为服务方和被服务方提供极大的方便，因此，只有采取了必要和恰当的技术手段才能充分提高电子商务系统的可用性和可推广性。电子商务系统中使用的安全技术包括网络安全技术、加密技术、数字签名、密钥管理技术、认证技术、防火墙技术以及相关的一些安全协议标准等。

【拓展案例】

1) 加密技术

加密技术是电子商务安全技术的核心，具体包括以下几种技术。

(1) 对称加密/对称密钥加密/专用密钥加密。该方法对信息的加密和解密都使用相同的密钥。使用对称加密方法将简化加密的处理，每个交易方都不必彼此研究和交换专用的加密算法而是采用相同的加密算法并只交换共享的专用密钥。如果进行通信的交易方能够确保专用密钥在密钥交换阶段未曾泄露，那么机密性和报文完整性就可以通过对称加密方法加密机密信息，或通过随报文一起发送报文摘要或报文散列值来实现。

(2) 非对称加密/公开密钥加密。

这种加密体系中，密钥被分解为一对。这对密钥中的任何一把都可作为公开密钥通过非保密方式向他人公开，而另一把则作为专用密钥加以保存。公开密钥用于对机密性的加密，专用密钥则用于对加密信息的解密。专用密钥只能由生成密钥对的贸易方掌握，公开密钥可广泛发布，但它只对应于生成该密钥的贸易方。

(3) 数字摘要。该方法亦称安全 Hash 编码法或 MD5，采用单向 Hash 函数将需加密的明文“摘要”成一串 128bit 的密文，即数字指纹，它有固定的长度，且不同的明文摘要成密文，其结果总是不同的，而同样的明文其摘要必定一致。这摘要便可作为验证明文是否是“真身”的“指纹”。

(4) 数字签名。信息是由签名者发送的，信息在传输过程中未曾作过任何修改。这样数字签名就可用来防止电子信息因易被修改而有人作伪，或冒用别人名义发送信息，或发出(收到)信件后又加以否认等情况发生。

(5) 数字时间戳。它是一个经加密后形成的凭证文档，包括 3 个部分：需加时间戳的文件的摘要、DTS 收到文件的日期和时间、DTS 的数字签名。

(6) 数字凭证。数字凭证又称为数字证书，是用电子手段来证实一个用户的身份和对网络资源的访问的权限。在网上的电子交易中，如双方出示了各自的数字凭证，并用它来进行交易操作，那么双方都可不必为对方身份的真伪担心。数字凭证包含：凭证拥有者的姓名、凭证拥有者的公共密钥、公共密钥的有效期、颁发数字凭证的单位、数字凭证的序列号、颁发数字凭证单位的数字签名。

数字凭证有 3 种类型：个人凭证、企业(服务器)凭证、软件(开发者)凭证。

2) Internet 电子邮件的安全协议

(1) PEM：是增强 Internet 电子邮件隐秘性的标准草案，它在 Internet 电子邮件的标准格式上增加了加密、鉴别和密钥管理的功能，允许使用公开密钥和专用密钥的加密方式，并能够支持多种加密工具。对于每个电子邮件报文可以在报文头中规定特定的加密算法、数字鉴别算法、散列功能等安全措施。

(2) S/MIME：是在 RFC1521 所描述的多功能 Internet 电子邮件扩充报文基础上添加数字签名和加密技术的一种协议，目的是在 MIME 上定义安全服务措施的实施方式。

(3) PEM-MIME：将 PEM 和 MIME 两者的特性进行了结合。

3) Internet 主要的安全协议

(1) SSL：向基于 TCP/IP 的客户/服务器应用程序提供了客户端和服务器的鉴别、数据完整性及信息机密性等安全措施。该协议通过在应用程序进行数据交换前交换 SSL 初始握手信息来实现有关安全特性的审查。在 SSL 握手信息中采用了 DES、MD5 等加密技术来实现机密性和数据完整性，并采用 X.509 的数字证书实现鉴别。

(2) S-HTTP：基于 SSL 技术，对 HTTP 扩充安全特性、增加了报文的安全性。该协议向 WWW 的应用提供完整性、鉴别、不可抵赖性及机密性等安全措施。

(3) STT：将认证和解密在浏览器中分离开，用以提高安全控制能力。

(4) SET：主要文件是 SET 业务描述、SET 程序员指南和 SET 协议描述。SET1.0 版已经公布并可应用于任何银行支付服务，它涵盖了信用卡在电子商务交易中的交易协定、信息保密、资料完整及数据认证、数据签名等。SET 规范明确的主要目标是保障付款安全，确定应用之互通性，并使全球市场接受。

4) UN/EDIFACT 的安全

UN/EDIFACT 报文是唯一的国际通用的 EDI(Electronic Date Interchange，电子数据交换)标准。利用 Internet 进行 EDI 已成为人们日益关注的领域，保证 EDI 的安全成为主要解决的问题。

5) 虚拟专用网络

虚拟专用网络(Virtual Private Network)可以在两个系统之间建立安全的信道(或隧道)，用于电子数据交换。它与信用卡交易和客户发送订单交易不同，因为在 VPN 中，双方的数据通信量要大得多，而且通信的双方彼此都很熟悉。这意味着可以使用复杂的专用加密和认证技术，只要通信的双方默认即可，没有必要为所有的 VPN 进行统一的加密和认证。

6) 数字认证

数字认证是指用电子方式证明信息发送者和接收者的身份、文件的完整性(如一张发票未被修改过)，甚至数据媒体的有效性(如录音、照片等)。目前，数字认证一般都通过单向 Hash 函数来实现，它可以验证交易双方数据的完整性。

7) 认证中心

论证中心(Certificate Authority，CA)具有以下基本功能。

(1) 生成和保管符合安全认证协议要求的公共和私有密钥、数字证书及其数字签名。

(2) 对数字证书和数字签名进行验证。

(3) 对数字证书进行管理，重点是证书的撤销管理，同时追求实施自动管理。

(4) 建立应用接口，特别是支付接口。CA 是否具有支付接口是能否支持电子商务的关键。

8) 防火墙技术

防火墙具有以下五大基本功能：①过滤进、出网络的数据；②管理进、出网络的访问行为；③封堵某些禁止行为；④记录通过防火墙的信息内容和活动；⑤对网络攻击进行检测和告警。

目前的防火墙主要有两种类型，一种是包过滤型防火墙，另一种是应用级防火墙。

9) 入侵检测技术

入侵检测技术是防火墙技术的合理补充，其主要内容有入侵手段与技术、分布式入侵检测技术、智能入侵检测技术以及集成安全防御方案等。

4．物流技术

物流技术一般是指与物流要素活动有关的所有专业技术的总称，具体包括各种操作方法、管理技能等(如流通加工技术、物品包装技术、物品标识技术、物品实时跟踪技术等)，还包括物流规划、物流评价、物流设计、物流策略等。随着计算机网络技术的应用普及，物流技术中综合了许多现代技术，如 GIS(地理信息系统)、GPS(全球卫星定位系统)、Bar Code(条码)技术、射频技术等。

1) 条码技术

【拓展知识】

条码技术广泛应用于商业、邮政、图书管理、仓储、工业生产过程控制、交通等领域，它是在计算机应用中产生并发展起来的，具有输入快、准确度高、成本低、可靠性强等优点。条码技术是实现 POS 系统、EDI、电子商务、供应链管理的技术基础，也是物流管理现代化的重要技术手段。

条码技术包括条码的编码技术、条码标识符号的设计、快速识别技术和计算机管理技术，它是实现计算机管理和电子数据交换不可少的前端采集技术。

(1) 条码检测的目的。条码是一种数据载体，它在信息传输过程中起着重要作用，如果条码出问题，物品信息的通信将被中断。因此必须对条码质量进行有效控制，确保条码符号在供应链上能够被正确识读，而条码检测是实现此目标的一个有效工具。条码检测的目标就是要核查条码符号是否能起到其应有的作用。

条码检测的主要任务有：①使得符号印刷者对产品进行检查，以便根据检查的结果调整和控制生产过程。②预测条码的扫描识读性能。通过条码检测，人们可以对条码符号满足符号标准的程度进行评价，而这种程度和条码符号的识读性能有着紧密的联系。

(2) 条码技术在备件物流中应用。

① 条码技术与信息系统的强大接口技术。备件物流中心信息系统在规划实施时就已经考虑到了条码的需要，条码系统与仓储管理系统实现了无缝链接，即便是以后条码与 SAP 链接，也可以借助 SAP 提供的 RFC 接口或相应的 DCOM 组件来加入条码支持。

② 条码技术对备件物流管理产生的独特作用。条码具有易操作、易维护的特点，对于室外场合，使用计算机登记信息非常不方便，通过使用条码采集器，可以在操作现场将采集的条码信息保存在采集器中，然后传输到计算机。条码采集器外形轻便，操作简便，不需要安装配置软件系统，极大地提高了系统的使用性。

条码除了其技术特点外，在物流系统中还可以完成许多传统物流无法实现的工作。例如，通过给每个物品一个唯一的条码，可以对该物品的流转进行完全的跟踪，从而实现：货物丢失后，可以在销售和客户服务环节及时发现；防止销售中的地区串货现象；提高商品售后服务的质量；建立起和生产相联系的质量反馈体系。

2) 射频技术

射频技术的基本原理是电磁理论。射频系统的优点是不局限于视线，识别距离比光学系统远，射频识别卡具有读写能力，可携带大量数据，难以伪造，且具有智能。射频适用于物料跟踪、运载工具和货架识别等要求非接触数据采集和交换的场合；同时由于射频标签具有可读写能力，对于需要频繁改变数据内容的场合尤为适用。

近年来，便携式数据终端的应用多了起来，便携式数据终端一般包括一个扫描器、一台体积小但功能很强并带有存储器的计算机、一个显示器和供人工输入的键盘。在只读存储器中装有常驻内存的操作系统，用于控制数据的采集和传送，存储器中的数据可随时通过射频通信技术传送到主计算机，可以得到客户产品清单、发票、发运标签、该地所存产品代码和数量等。

射频技术在物流中的应用：①用于物流过程中货物的库存管理；②用于物流过程中货物的运输管理；③用于物流过程中货物的分拣管理。

无论货物是在订购还是在运途中，各级物流管理人员和物流的作业人员都可通过射频技术以及由其所组成的系统实时掌握所有的信息，避免货物的重复运输。该系统的运输功能就是靠贴在集装箱和装备上的射频识别标签实现的。

射频接收转发装置通常安装在运输线的一些检查点上(如门柱上、桥墩旁等)以及仓库、车站、码头和机场等关键地点。接收装置收到射频标签信息后，连同接收地的位置信息上传至通信卫星，再由卫星传送给运输调度中心，送入中心信息数据库中。对于库存管理来说，也可以通过射频技术以及由其所组成的系统，及时掌握和了解各种货物的库存数量，通过网络系统传输给管理中心，以便及时进行决策。由此可见，射频技术在物流过程中的应用不但可以大大提高物流的效率，而且也可以大大降低物流的作业成本。

【拓展案例】

3) GPS 技术

GPS 即全球定位系统，具有在海、陆、空进行全方位实时三维导航与定位能力。

GPS 技术在物流中的应用如下所述。

首先，在汽车自动定位、跟踪调度方面的应用。利用 GPS 的计算机管理信息系统，可以通过 GPS 和计算机网络实时收集全路汽车所运货物的动态信息，实现汽车、货物追踪管理，并及时进行汽车的调度管理。

【拓展案例】

其次，在铁路运输方面的管理。利用 GPS 的计算机管理信息系统，可以通过 GPS 和计算机网络实时收集全路列车、机车、车辆、集装箱及所运货物的动态信息，实现列车及货物的追踪管理。只要知道货车的车种、车型和车号，就可以立即从近 10 万公里的铁路网上流动着的几十万辆货车中找到该货车，还能得知这辆货车现在何处运行或停在何处，以及所有的车载货物发货信息。铁路部门运用这项技术可大大提高其路网及其运营的透明度，为货主提供更高质量的服务。

最后用于军事物流。全球卫星定位系统首先是因为军事目的而建立的，在军事物流中应用相当普遍，如后勤装备的保障等方面。通过 GPS 技术及系统，可以准确地掌握和了解各地驻军的数量和要求，无论在战时还是在平时都能及时地进行准确的后勤补给。

4) GIS 技术

GIS(地理信息系统)，是 20 世纪 60 年代开始迅速发展起来的地理学研究新成果，是多种学科交叉的产物。

GIS 技术以地理空间数据为基础，采用地理模型分析方法，适时地提供多种空间的和动态的地理信息，是一种为地理研究和地理决策服务的计算机系统。其基本功能是将表格型数据(无论它来自数据库、电子表格文件或直接在程序中输入)转换为地理图形显示，然后对显示结果浏览、操作和分析。其显示范围可以从洲际地图到非常详细的街区地图，显示对象包括人口、销售情况、运输线路以及其他内容。

GIS 技术主要应用于物流分析，即利用 GIS 强大的地理数据功能来完善物流分析技术。目前一些国外公司已经开发出利用 GIS 为物流分析提供专门分析的工具软件。

完整的 GIS 物流分析软件集成了车辆路线模型、最短路径模型、网络物流模型、分配集合模型和设施定位模型等。

(1) 车辆路线模型。主要用于解决一个起始点、多个终点的货物运输中，如何降低物流作业费用并保证服务质量的问题，包括决定使用多少辆车以及每辆车的路线等。

(2) 网络物流模型。主要用于解决最有效地分配货物路径问题，也就是物流网点布局问题。如将货物从 N 个仓库运往 M 个商店，每个商店都有固定的需求量，因此，需要确定由哪个仓库提货送给那个商店，所耗的运输代价最小。

(3) 分配集合模型。是根据各个要素的相似点把同一层上的所有或部分要素分为几个组，主要用以解决和确定服务范围、销售市场范围等问题。如某一公司要设立 X 个分销点，要求这些分销点要覆盖某一地区，而且要使每个分销点的顾客数目大致相等。

(4) 设施定位模型。主要用于确定一个或多个物流设施的位置。在物流系统中，物流中心、仓库和运输线共同组成了物流网络，物流中心和仓库处于网络的节点上，节点决定着线路，如何根据供求的实际需要并结合经济效益等原则，在既定区域内设立多少个物流中心和仓库，每个物流中心和仓库的位置、规模以及物流中心和仓库之间的物流关系等，运用此模型均能很容易地得到解决。

电子商务技术的飞速发展，不仅给物流发展带来了新的机遇，也使物流具备了信息化、网络化、智能化、柔性化等一系列新特点。这些特点要求物流向系统化、社会化和高效化的方向发展，因此传统的物流技术只有与现代的电子商务技术紧密地结合，才能得到发展，才能发挥更大的作用，电子商务物流也才能得到有效的发展。

4.2.2 技术可行性分析的内容

电子商务项目对技术具有更高的要求，鉴别、选择和分析技术成为可行性研究中重要的一个内容。项目开发所采用的技术应考虑以下几方面的因素。

1. 技术先进性和成熟性(适用性)分析

所谓技术的先进性是指电子商务项目设计和开发应当立足先进的技术，采用最新的技术成果，使项目具有一个较高的技术起点。一方面是为了应对快速发展的电子商务实现技术；另一方面是因为电子商务项目的建设通常需要一定的时间，如果在设计的开始阶段，技术已经不够领先，将对企业电子商务的竞争能力产生不利的影响。

虽然电子商务项目采用的技术在应对推动生产、推广应用、拓展视察、满足需要等方面具有适应能力，但也不是越先进越好。一方面技术相对于项目本身的需求过于超前会导致费用升高，造成浪费，另一方面过于超前的技术未必稳定成熟。因此，电子商务项目在注重先进性的同时还要注重技术的成熟性。

所谓技术的成熟性是指电子商务项目开发选用的技术应选用符合标准的或者是受到市场欢迎并广泛认同的技术。因为，电子商务项目实施是一项复杂的工程，如果选用的技术尚未得到普遍的推广和应用，将难以保证系统运行的稳定可靠，可能给企业带来损失，对企业的服务、形象等方面带来不利的影响。

总之，企业的电子商务在技术上应坚持先进性和成熟性并举的原则，一方面要选择先进的技术，在满足需求的基础上要适度超前并具备良好的可扩展性，以保证系统建设后的性能和应用周期；另一方面要选择一些比较成熟的技术，以确保采用技术的可实现性以及日后系统运行的可靠性。

为了保障系统的稳定性和可靠性，通常在选用成熟技术的前提下，充分地利用新的技术和方法。本项目中所采用技术既要符合当代信息技术发展趋势又有已成功的经验，并且是各个领域公认的、技术领先且功能完备的成熟技术和理念。

2．设备和软件选择的建议与说明

收集有关 IT 企业的产品(或服务)说明书，参考其中技术产品(或服务)和价格，结合企业的实际需要给予企业进行选择。

例如国内几款知名企业管理软件(用友、金蝶、浪潮、智邦国际、八百客等)，可以从每款软件的产品核心以及用户评价上面进行分析比较，以供企业进行选择。

企业为了提高生产和管理的需要，通常会根据自身原有的商业或技术基础进行选择。例如从操作系统的体现结构上看，目前主流的产品有 Unix 和 Windows，产品所要求的硬件环境、开发手段和维护都有所不同。如果企业原有的系统是基于 Windows 的，考虑衔接性和兼容性以及成本，企业肯定会首选 Windows 系统，方便日后的系统集成。

3．技术对操作者的要求和本企业对技术的接受能力

企业要避免技术水平过高而造成功能冗余，浪费建设资金。还要考虑技术对于企业的操作人员产生过高的要求或产生较大的困难，日常的操作受到影响。

4．企业业务流程和信息流程变化的可行性

新的电子商务系统必然会对企业现有的业务流程产生影响甚至包括人员的调整等，因此需要得到企业管理者的认同和支持，通过充分论证并宣传流程变化的好处，增进员工对项目和新技术的理解，争取支持和配合。

5．技术支持度分析

电子商务项目开发的目标决定了其功能，不同的功能需求所需要的技术支持程度也不相同。技术对项目的支持度体现在项目建设和项目运行两个阶段。

1) 项目建设阶段

首先，在技术的选择上要充分考虑对功能实现的支持程度，要选择能够充分支持功能需求的技术。

其次，在满足需求的基础上，选择市场支持程度充分、企业能够得到而且容易得到的技术。

案例 4-1

某企业为了提升各级部门的办公效率，在当前信息化管理平台的基础上，为相关职能部门及工作人员提供手机移动办公，将办公信息化延伸至使用人员的手机上，实现随时、随地办公，以便能够推动各级部

门的精确化、高效化管理。需要定制开发移动办公系统，包括以下具体内容：定制开发移动办公手机客户端系统，包括安卓、iOS 等手机操作系统的手机客户端软件；搭建中间件服务器。

1．功能要求

(1) 手机客户端登录账户、界面风格等需与现有办公系统一致。

(2) 保证访问速度。

(3) 具体功能要求按照当前办公系统有选择的定制。

(4) 页面的局部内容维护灵活。

(5) 支持手机附件下载打开功能。

2．解决方案

移动中间件系统的开发，通过中间件平台快速建立移动数据查询应用(C/S 架构)，快速将现有的企事业单位数据通过移动网络显示到智能手机、PDA 等无线智能终端设备上。中间件平台实现各种(智能)手机和 PDA 等掌上设备，便捷访问本地局域网络的所有资源，包括数据库查询、办公文件批阅、邮件收发、文档浏览、文件上传和下载，让用户快速建立个性化的移动应用，系统采用智能客户端技术，一次部署终身免维护。

通过移动中间件服务器来实现对业务数据的衔接，响应智能客户端程序，主要依靠移动网络等作为数据传输方式，通过安全连接将客户应用服务器上的内容(数据)请求推送到客户手机端，使得用户可以随时随地实现移动办公和移动应用。

另外，移动办公系统要在现有办公系统上开发，不影响现有的办公自动化系统正常工作。中间件可在 Linux 或 windows 等操作系统上部署；为了保证现有系统的安全性，移动客户端开发时无需访问目前系统的底层数据；为了保证访问的安全性，手机客户端的安装使用需要一定的认证措施；采用目前主流开发技术开发，如.NET、Java 等开发平台或工具都可以实现。

2) 项目运行阶段

项目开发完成之后，企业是否具备足够的技术力量维持系统的正常运行。如果没有就要调整系统技术及运行平台，或者投资资金进行培训或服务外包。

4.3 经济可行性分析

4.3.1 经济可行性分析的概念

经济效益因素是实施任何项目都必须考虑的因素，电子商务项目的经济可行性分析主要是进行投入成本估算和产出效益评估，并根据上述成本、收益分析，确定项目建设的经济可行性，同时也可以估算出整个项目的投资回收期。

4.3.2 经济可行性分析的内容

1．项目投入成本估算

电子商务项目在整个生命周期的概念、规划、实施和收尾各个阶段以及项目建成后的运营过程需要投入大量的人力、物力和财力，期间人员、技术、设备和材料等的投入构成了电子商务的成本。

按照经济学中成本的分类原理，电子商务模式下企业开展经济业务的成本可分为固定成本和可变成本两大类。固定成本具有金额较大、短期回本难、波动性较小的特点；可变成本则具有一定的灵活性，数量较小，一般随着电子商务在企业经济活动中应用程度而发生变化。对这两类成本进行具体分析如表 4-1 所示。

表 4-1 电子商务项目成本构成

固定成本	硬件购置成本	服务器
	软件购置成本	操作系统、数据库、
	网络安全成本	杀毒软件、防火墙
	人员培训及投入成本	准备、开发、试运营、正式运营
	系统开发成本	应用系统开发
	ISP 服务成本	主机托管、域名、通信线路
可变成本	调查分析	市场调查、资料收集整理
	方案设计	项目规划、设计
	运营管理成本	人员管理、安全管理、
	网站/应用推广	线上、线下推广
	其他费用	风险费用

2．项目产出效益估算

电子商务对经济的影响远远超出了其本身活动的价值。虽然企业开展电子商务需要花费不小的成本，但电子商务给企业提供了公平竞争的平台，提供了大量的市场机会，也由此为企业带来了直接、间接和潜在的经济效益。

1) 直接经济效益

直接经济效益是指电子商务项目完成运营后所产生的经济效益，一般指具体的生产经营和管理效益，如生产效率的提高或成本的降低等。

(1) 建立企业网站，利用网络宣传树立企业形象、发布广告、传递产品信息；利用网络，进行网上市场调研、信息交换和网络营销等；利用互联网可以增加企业的销售机会和消费者的购买机会。

(2) 利用网络加强与上下游厂商的联系，改变采购与销售的互动模式，改善供应链管理，从而降低供应链耗费的运营成本；通过网络看样品、谈价格、签合同、付货款，降低交易成本，提高营销效率；依靠网络与客户进行双向互动的沟通，提高客户的忠诚度与购买力。

(3) 利用网络和计算机传送文件，大大加速文件的处理速度，降低文件处理的成本。研究表明，应用网络传输可以使文件处理成本降低近 40%；用电子文件替代大量的纸质文件，使纸张的成本显著降低。

(4) 利用电子商务采购系统，企业可以加强与供应商之间的合作，将原材料采购与产品制造有机结合起来，形成一体化信息传递和处理系统，从而降低了采购成本。另外，利用电子商务采购系统可以合理地安排原材料进货和按订单生产，从而减少库存，加快了资金周转。如一家小型生产型企业在采购生产用原材料时，按单采购，根据生产车间的生产进度合理制定每期原材料的采购量，并结合订单状况做可控范围内的合理浮动，进而减少企业库存，也加强了资金的流转。

(5) 利用电子商务销售系统，企业可以将自有商品售出进而获取营业收入。企业应尽量压缩销售环节的费用支出，使销售收入达到最大化。其中，在销售环节，可以考虑商品的综合物流配送和运输，优化销售的前后环节，缩减固定支出，避免不必要的费用化支出。例如，某电器生产企业在网上与某大型企业签订了电器供销合同，其中物流配送由销售方负责。此时，销售企业将合理规划配送时点，路线以及配送组合，尽可能在保证合同顺利履行的情况下缩减运输费用。

(6) 利用网络迅速了解产品的市场反馈和最新的需求，随时改进开发中的产品；利用网络了解竞争对手的新情况，从而适当调整自己的产品；减少中间环节，节省信息成本，为企业及时地获取准确的信息创造了条件。

2) 间接经济效益

间接经济效益是指那些不容易被具体量化的利益，相对来说这些效益并不那么直接和明显。电子商务项目给企业带来的间接效益主要表现在以下几方面。

(1) 提高企业的管理效率和服务水平，从而提高企业的竞争力。

(2) 扩大业务范围与规模，从而取得规模经济效益。据统计，这种间接的效益能达到其全部贸易额的3%～5%。

(3) 加强与客户的沟通，从而扩大市场规模，获取更大的经济效益。据统计，这种间接的效益能使企业的市场份额提高15%左右。

(4) 提高企业员工综合素质，从而促进企业服务质量和水平的提高。

(5) 以先进的交易模式和管理模式获得社会和交易商的认同，从而提高社会效益和经济效益。

案例 4-2

某旅游咨询有限公司，利用网络环境推出的“旅游行业信息在线管理与营销 DIMOS 系统”，已覆盖其所在区旅游管理部门及旅行社，实现了全区旅游行业的信息化管理，有效提升了旅游行业的信息化水平，从而使旅游行业的业务量也得到了快速提高。

从企业和社会的总体效益看，这些效益可以说是层次更高、目标更远的企业利益，它通常是策略性、导向性的，因此在某种程度上具有更大的价值。

3) 潜在效益分析

电子商务给企业带来的某些利益有时是暂时看不到的，但却存在潜移默化的效果及强大的后劲，这就是潜在效益。电子商务项目给企业带来的潜在效益主要表现在以下几方面。

(1) 使企业的传统经营理念及经营模式逐渐转向先进、科学的经营理念和经营模式。

(2) 使传统的商业结构模式发生变化，使其更加适应网络经济的环境。

(3) 使企业以团队合作的方式进行符合电子商务特性的运作工作架构，直接与市场接轨，并以市场的最终效果来衡量流程的组织状况。

(4) 提升企业文化，提高员工知识水平和综合素质等。

潜在效益对于中小企业的竞争能力、长期目标、长远利益具有深刻的意义。

案例 4-3

全力服务于中国—东盟自贸区的“南博网”，是为从事中国—东盟双边贸易的企业提供专业化的信息服务、营销服务及交易服务的贸易门户网站。南宁利用南博网这一特殊的电子商务平台，以其崭新的理念，精心的设计，为广大客户提供真诚、周到、高效、优质的服务，因此正在树立企业的良好形象，不断扩大影响，逐渐赢得客户的信任，不久的将来会获得预期的效益。

从长远利益看，电子商务是企业未来发展的趋势，是一种特殊的交易方式和商务环境，因而不能完全按一个市场化项目的评估标准来衡量它的投入与产出，而应当把它的经济效益和社会效益结合起来综合考虑。作为市场竞争弱者的传统中小企业，在很大程度上要依靠电子商务来降低交易成本，提升专业服务水平，提高企业的核心竞争力。

4.4 项目的财务可行性

4.4.1 财务可行性分析的概念

财务可行性分析是从项目及投资者的角度，设计合理的财务方案；从企业理财的角度进行资本预算来评价项目的财务盈利能力，进行投资决策，并从融资主体(企业)的角度评价股东投资收益；从债权人角度评价项目的债务清偿能力。

企业是项目投资后果的直接承担者，因此项目财务可行性分析的目的主要是从项目投资者或企业的角度考察项目的盈利能力，为企业或投资者的项目决策提供信息支持，同时也要兼顾项目相关利益主体各方的利益要求，因而项目财务可行性分析的作用主要体现在以下 3 个方面。

(1) 反映项目的盈利能力和偿债能力，判明企业投资所获得的收益和投资人投入资金的安全性，为投资者(所有者和债权人)的投资决策提供信息支持。

(2) 为项目的成本管理提供信息和数据。如项目所需投资规模、用款的计划安排与筹款方案等，这些都是财务评估的重要内容。

(3) 分析和确定项目投资的风险及其应对措施，任何项目都会有一定的财务风险，包括项目风险成本和项目风险收益，这些同样要通过项目财务评估来分析确定和评价。

4.4.2 财务可行性分析的步骤和方法

我国企业目前的投资项目财务评价与国外相比仍存在着一定的差距，突出表现在进行财务评价时将项目与企业割裂开来，将项目的财务评价从整个企业的资本预算、理财活动中分离出来，仍然沿用计划经济时代的理财思路，按照投资估算、资金筹措、盈利能力分析、债务清偿能力分析的逻辑顺序进行分析。要想提高我国企业的财务分析能力，必须采用新的科学分析方法。

1. 财务可行性分析的步骤

项目财务可行性分析的方法应是以定量分析方法为主，同时结合定性分析。首先，通过识别项目的财务费用和经营效益，使用一定的预测方法来预测和分析项目将来的财务费用和效益，进一步得出中肯的项目建设期和经营期的财务成本与收益数据；然后，编制项目财务报表，计算项目主要的财务评价指标，并对这些数据进行整理和分析；最后，做出项目财务可行与否的判断。由此可见，项目财务可行性分析主要是一个定量分析的过程，这一过程具体包括以下步骤。

1) 项目财务数据收集

根据项目财务可行性分析的需要，收集相关的各种数据和参数，包括项目的造价、运营与设备维护的成本数据，以及国家有关的财务和税收规定等。

2) 项目财务数据预测

项目财务分析是在投资前期进行的，其数据预测的准确性，将直接影响财务评价投资决策的准确性。

(1) 项目总投资预测。

项目总投资额=固定资产投资+固定资产投资贷款利息+流动资金

其中，固定资产投资：各项建设费用支出，不计入交付使用财产价值内的应核销投资支出(停、缓建维护费)；

流动资金：储备资金+产成品资金+结算及货币资金。

(2) 项目总成本费用预测。

总成本费用=外购材料+职工工资+职工福利费+固定资产折旧+修理费

+租赁费+财务费+摊销费+税金+其他费用

(3) 销售收入和税金的预测。

销售收入=产品销售量×产品销售价格

其中，税金：销售税金及附加、所得税；

销售税金及附加：增值税、营业税、资源税、消费税、城市建设维护费及教育费附加，不计入成本直接从销售收入扣除。

所得税：直接从利润中扣除。

(4) 利润的预测。

利润总额=产品销售收入-总成本费用-销售税金及附加

税后利润=利润总额-所得税

税后利润需提取 10%作为法定盈余公积金后向投资者分配利润。

3) 编制项目财务报表

对收集和预测的项目财务数据进行全面的汇总和整理，使这些数据之间形成某种内在联系，就可以编制出项目财务可行性分析报表。项目财务可行性分析报表根据其作用的不同，可以分为基本报表和辅助报表，其中基本报表包括项目资金来源与运用表、项目现金流量表、项目损益表、项目负债及偿还表和项目资产负债表。

4) 进行项目全面财务可行性分析

这主要是在项目基本财务报表和相关数据的基础上，计算项目的各种财务指标，对指标进行横向、纵向对比，最终得出项目财务可行与否的结论。

由于项目财务可行性分析主要是通过编制和计算动态财务指标进行项目财务可行性评价的，因而在进行财务可行性分析时，必须考虑资金的时间价值。对于不同时间点上发生的项目现金流量，要采用折现的方法将其换算为现在或者某一等同时点上的现金流量值，以保证不同项目方案或不同项目的财务评价具有同等的价值基础。当然，项目财务评价也可以使用一些静态评估的方法(不考虑时间价值的评估方法)，但是最终的项目财务可行性分析一定要有动态的评估。

5) 给出项目财务可行性分析报告

财务可行性分析最终的工作是根据前面所做的分析，编写有关项目财务可行性的最终分析报告。这一报告是整个项目可行性研究报告的组成部分之一，并且是最重要的一个组成部分，因为如果某个项目的财务方面有问题的话，不会有企业愿意开展和实施该项目的。

4.4.3 财务评价方法

项目的财务评价是根据国家有关财务、金融政策，分析计算项目发生的费用和产生的效益，编制财务报表，考察项目的盈利能力和投资效果，以判断项目是否可行的一种经济评价方法。项目的财务评价方法是经济可行性分析的基本方法。项目的财务评价方法包括静态评价方法和动态评价方法，有投资回收期、投资利润率、净现值、内部收益率等多个指标。

1. 静态评价方法

静态评价方法是利用项目正常生产年份的财务数据对项目财务效益进行分析，而不考虑资金的时间价值和项目的经济寿命期，这种方法计算简便、指标直观、容易理解，但结论不够准确、全面。

1) 投资收益率

投资收益率又称投资利润率是指投资方案在达到设计一定生产能力后一个正常年份的年净收益总额与方案投资总额的比率。它是评价投资方案盈利能力的静态指标，表明投资方案正常生产年份中，单位投资每年所创造的年净收益额。对运营期内各年的净收益额变化幅度较大的方案，可计算运营期年均净收益额与投资总额的比率。

(1) 特点。

投资收益率的优点：指标的经济意义明确、直观，计算简便，在一定程度上反映了投资效果的优劣，可适用于各种投资规模。

投资收益率的缺点：没有考虑资金时间价值因素，忽视了资金具有时间价值的重要性；只有投资收益率指标大于或等于无风险投资收益率的投资项目才具有财务可行性。因此，以投资收益率指标作为主要的决策依据不太可靠。

(2) 计算公式。

投资收益率=年平均利润总额/投资总额

年平均利润总额=年均产品收入-年均总成本-年均销售税金及附加

(3) 作用。投资收益率反映投资的收益能力。当该比率明显低于公司净资产收益率时，说明其对外投资是失败的，应改善对外投资结构和投资项目；而当该比率远高于一般企业净资产收益率时，则存在操纵利润的嫌疑，应进一步分析各项收益的合理性。

2) 投资回收期

投资回收期是指从项目的投建之日起，用项目所得的净收益偿还原始投资所需要的年限。

(1) 计算公式。

项目建成投产后各年的净收益(即净现金流量)均相同，则

静态投资回收期=投资总额/年平均利润总额

(2) 评价准则。计算出的静态投资回收期越短，经济效益越好。

通常不同部门的投资收益率和投资回收期都有一个规定的标准，比如房地产的投资收益率在6%～10%；商铺投资在8%左右，而基金为10%～15%。只有计算出的投资回收期比行业的标准投资回收期短，项目才是可行的。

在两个以上项目方案的经济比较中，不能简单地认为投资回收期短的方案就好。这时要考虑两个方案的相对投资(投资差额)和相对收益(成本节约额)，才能做出全面的正确的评价。

例如，已知两个方案都投资10万元，年平均净增收益2.5万元，投资回收期4年。但两个方案在项目期各年净增收益的数目不一样，如表4-2所示。

表4-2　项目各年净增收益

单位：元

项目	第一年	第二年	第三年	第四年
甲方案	40 000	30 000	20 000	10 000
乙方案	10 000	20 000	30 000	40 000

甲方案大部分投资在前2年，乙方案在后2年；实行甲方案可以提前将资金用于其他方面的周转，更好地发挥资金的效益，显然优于乙方案。

2．动态评价方法

1) 资金的时间价值的概念

资金的时间价值是指同等数量的资金处于不同的时间而产生的价值差异。例如，今年项目投资的10万元，到明年就达到了10.4万元，那么0.4万元就是一年当中产生的时间价值。

电子商务项目的财务可行性研究或论证时，通常采用动态的财务评价方法，即考虑资金的时间价值，运用资金的时间价值理论将不同时点的资金折算成相同时点的资金价值，可以科学全面地判断方案的优劣。

2) 资金时间价值的计算方法

(1) 单利法。本金计算利息，利息不再计算利息的方法。计算若干年后的本利和，成为单利终值。其计算公式为

$$F=P(1+i \cdot n)$$

式中：F——单利终值；

P——本金；

i——利率；

n——计息期数，与年利率相应的为年数。

由公式可知，单利法的利息与时间是线性函数关系。

(2) 复利法。本金和利息都计算利息的方法。其计算公式为

$$F=P(1+i)^n$$

单利法不考虑利息再投入生产或流通中参与资金周转，不符合资金的实际运动规律，也不能完全反映资金的时间价值，所以项目进行可行性研究或论证时通常采用复利的计算方法。

3) 资金时间价值的表现形式

(1) 复利终值是指一笔收支经过若干期后再到期时的金额，这个金额和最初的收支额事实上具有相同的支付能力。

(2) 现值：未来资金在现在的价值，是终值的逆运算，通常把经过一定时间间隔后的资金折算成现在时刻的价值成为贴现，计算现值所用的利率成为贴现率(折现率)。

例如，某企业从银行中以8%的利率贷款800万元进行大型电子商务系统的投资，根据预测，这个项目使企业5年后可得纯利1 200万元，那么这项投资是否可行？

计算1 200万元的现值：P=1 200/(1+8%)5=816.7(万元)。

比较：816.7>100。

结论：这项投资在正常情况是可行的。

(3) 年金终值：在一定时间内每间隔相同时间收入或支出一笔相同数额的款项A。

$$F=A[(1+i)^n-1]/i$$

例如，某小型企业网站预计在今后5年内每年需要支出10 000元维护费用，年率8%，那么5年累计维护费用为多少？

$F=10\,000\times(1.08^5-1)/0.08\approx 58\,666$，即未来5年的维护费用累计达58 666元。

(4) 年金现值：是指将在一定时期内按相同时间间隔在每期期末收入，或支付的相等金额折算到第一期初的现值之和。

普通年金现值是指一定时期内每期期末收付款项复利现值之和。年金现值(P)是年金终值的逆计算，公式为

$$P=A[(1+i)^n-1]/[i(1+i)^n]$$

例如，某小型企业网站预计在今后5年内每年需要支出10 000元维护费用，年率8%，那么5年累计维护费用和起来，相当于现在投资多少？

$P=10\,000\times(1.08^5-1)/(0.08\times1.085)\approx 39\,930$，即未来5年的维护费用和相当于现在投资39 930元。

(5) 资金存储年金：已知终值求年金，即已知若干年后需要的资金数额，求每年应等额存款的数额。其计算公式为

$$A=F\times(i/[(1+i)^n-1])$$

例如，某小型企业网站预计在今后5年内累计投入维护费用58 666元，如果年率8%，那么未来5年每年需要投入多少维护费用？

$A=58\,666\times(0.08/1.08^5-1)\approx 10\,000$，即未来5年每年需要投入10 000元维护费用。

(6) 投资回收年金：已知现值求年金，即指在固定贴现率和期数的情况下，对一笔投资现值，每年回收的等额年金值。其计算公式为

$$A=P\times(i(1+i)^n/[(1+i)^n-1])$$

例如，某小型企业网站投入39 930元用于今后5年得维护费，如果年率8%，那么未来5年每年可以使用的维护费用有多少？

$A = 39\,930 \times (0.08 \times 1.08^5/(1.08^5 - 1)) \approx 10\,000$，即未来 5 年每年可以使用的维护费用有 10 000 元。

4) 净现值

净现值(NPV)：指净现金流入的现值之和，反映项目计算期内获利能力的动态指标。其计算公式为

$$\text{NPV}=\sum A_t\,(1/(1+i)^n)=\sum (B_t-C_t)\,(1/(1+i)^n)$$

式中：A_t——第 t 年的净现金流量；

B_t——第 t 年的收入额；

C_t——第 t 年的支出额；

i——贴现率；

n——项目寿命期。

计算净现值的步骤如下：第一步，确定一个适当的贴现率。第二步，计算各年的净现金流入。第三步，计算项目期限内各年净现金流入折成现值之和。

NPV 指标的评价标准是：当折现率取标准值时，若 NPV≥0，则该项目是可行的，反之是不经济的。

5) 内部收益率

内部收益率(IRR)：项目计算期内各年净现金流量现值累计等于零时的折现率 i。

评价准则：IRR≥i_0 时，项目可以接受；IRR≤i_0 时，项目不经济(i_0 是行业或部门的基准收益率)。

若两个方案进行比较，则 IRR 大的方案可取。

6) 动态投资回收期：考虑时间价值后，投入资金回收的时间(T_d)。其计算公式为

$$T_d=-\lg(1-P\times i/A)/\lg(1+i)$$

式中：P——投资额；

A——投资后的年收益。

$E_d = 1/T_d$。

评价准则：$T_d \leqslant T_0$，$E_d \geqslant E_0$，投资可行。

4.4.4 影响项目财务可行性研究的主要要素

正如进行其他方面的可行性分析一样，项目财务可行性研究也涉及一些基本的影响要素，它们直接影响到项目财务结果的可信度与效度，其中最主要的有以下几个要素。

1．项目范围的界定

项目范围就是项目所包括的工作和经济活动内容，它是计算项目收益与费用的主要依据，一个项目的投资大小取决于项目的范围，而且项目的运营维护费用的大小也取决于项目的范围。例如，项目投资和运营费必须考虑厂外运输、能源供应等设施建设或使用的成本。项目财务的可行性是以项目业主最终能够实现盈利为判断标准的，因此在计算项目收益与费用的过程中必须充分考虑项目范围的规定。

2．项目折现计算的规定选用

在计算项目现金流量时，所选用的折现方法不同，会导致计算所得的财务数据和指标

也不同，从而影响项目财务可行性评价的结果。例如，现金流量是一个存量，在进行折现时，考查点(期初或期末)不同则数值也不同，导致采用年末法(即项目各年现金收支均按照年末发生计算)还是年初法(即项目各年现金收支均按照年初发生计算)会直接影响项目财务可行性的评价。又如，对项目建设期以前发生的费用，因占项目总费用的比例不大，通常我国企业只在年序中对这部分费用予以反映。这些都会影响项目财务可行性评价的结果。

3．项目计算期

项目计算期一般分为建设期和运营期两个阶段，其中项目的运营期又包括试产期和达产期。由于项目计算期的长短主要取决于项目本身的特性，一般无法对其做出一个统一的规定，但是一般计算期不宜超过20年。这样做一方面是因为，时间越长，预测数据就会越不准确；另一方面是因为，按照现金流量折现的原理，将20年以后的成本和收益折算为现值，所得到的现金流量额很小，难以对项目财务评估的结论产生有决定性的影响。

4.5 管理可行性分析

电子商务项目实施过程中，需要具有专业管理能力、能及时应对商务发展变化、方向判断准确、项目管理经验丰富的决策团队和先进的管理机制。进行电子商务项目的管理可行性研究主要考虑对项目的实施所能获得的管理资源和所能具备的管理能力，主要从决策机构、管理人员、管理机制等方面进行分析研究。在进行管理可行性分析时，可考虑的因素包括以下几项。

(1) 企业领导、部门主管对电子商务项目的支持程度，态度是否坚决。

(2) 业务管理基础工作如何，企业现行业务流程是否规范。

(3) 电子商务项目实施可能导致企业部门利益调整问题，如它降低了某个部门的贡献，而目前的激励制度是基于部门的，那么这些部门能否接受，是否配合，会产生多大的阻力。

(4) 管理人员和业务人员对电子商务的应用能力和认可程度如何。

(5) 对新的业务模式、数据处理、工作习惯变化能否接受。

4.6 市场可行性分析

电子商务项目的市场可行性研究主要是结合企业的信息化现状和企业发展计划对项目的现时需求和应用前景进行预测分析。需求预测是项目可行性研究的基础工作，也是一项复杂的工作，在任何一个特定时间，需求大小都是若干可变因素的函数。对于电子商务项目来说这些可变因素主要包括市场构成，同行企业电子商务技术采用的状况，来自相同产品和代用品的其他供应来源的竞争，上下游供应链上的企业电子商务技术采用状况，需求的收入弹性与价格弹性，市场对社会经济形式产生的反应，经销渠道和消费增长水平等。

具体来说，电子商务项目市场可行性研究主要内容有分析国内市场需求规模和产品的发展前景、在国内市场的竞争优势和市场占有率；国际市场状况及该产品未来增长趋势、在国际市场的竞争能力、产品替代进口或出口的可能性；产品的风险因素分析及对策。

4.7 社会环境可行性分析

电子商务项目应该满足社会发展的需要，同时电子商务项目的发展也会受到社会环境发展变化状况的影响。社会文化的发展变化、消费者的心理状态、社会法律法规的保障等各种社会环境的变化和发展都会对项目的实施绩效目标的实现产生重要影响。社会环境可行性研究就是要通过对社会文化、政治、法律、经济、技术、自然条件等环境的发展变化趋势进行准确的把握和预测，使电子商务项目的发展顺应时代的潮流、引领时代的潮流，从而展现出旺盛的生命力。

电子商务项目的社会环境可行性分析需要考虑这些因素。

(1) 项目是否可能违反法律，比如有些商务活动在一个国家是合法的，但在另一个国家就可能是非法的，在不同的国家开展电子商务时，需要考虑不同国家的法律。

(2) 项目是否符合政府法规或行业规范要求。

(3) 外部环境的变化可能对项目产生怎样的影响。

(4) 网上客户对系统提供的功能、性能和内容等诸多方面是否满意。

(5) 企业合作伙伴(供应商、代理商)对本企业开展电子商务是否支持，合作伙伴的利益是否受到影响，是正面还是负面影响，程度如何？如果是负面影响，他们可能采取什么行动，反过来又会对本企业产生哪些副作用，怎样避免或减低这些副作用。例如，企业开展网上销售，不可避免会面临网上渠道和网下渠道的价格冲突问题：互联网面向全国，而线下渠道中的不同区域代理商的价格可能有差异，线下的代理商本来就有“串货”现象，互联网加剧了这个过程。

案例 4-4

H 学院是由省人社厅和 H 市人民政府以“省市共建”的办学模式，双方共同努力打造的以培养高技能人才为目的的技师学院。H 学院服装电子商务项目的主要内容是进行以市场为导向的教学内容设计，充分发挥学生的积极性和主动性，提供学生作品展示平台，构建一个集学习、展示和销售的电子商务平台。项目包括线上+线下的运营管理，线下需要完成服装的生产制作等；线上通过平台完成服装资讯分享、创意设计展示以及服装的销售。其社会环境可行性分析包括以下几方面

(1) 从社会发展的角度看，校园电子商务虽然刚起步但是发展势头良好。

(2) 学生作为网购队伍中的骨干力量，各种类型的校园电子商务平台也在各地出现，并取得良好效果。

(3) 随着学生电脑、智能手机的普及，加上网购本身的优势，学生网购现象越来越多，各大高校每天都有大量的快递派送件，网购俨然已经成为学生购买物品的主要方式之一，而且呈现出日趋赶超传统实体店购买习惯的发展势头。

(4) 针对学生群体的生活习惯和群体特点，校园电子商务发展迅猛。

电子商务项目的可行性分析是一个精细而复杂的过程，经过针对各方面因素的可行性分析研究，项目的发展脉络应该更加清晰可见，项目策划着对项目的发展的优劣势及项目实施后可能遇到的这种情况有了

更为详尽的把握。在此基础上，项目策划者应该对前期项目策划方案进行修改完善并编制可行性研究报告。通过分析和研究得到的可行性研究报告是进行项目方案选择的重要参考，优秀的可行性报告应该是规范、客观、有说服力的和易于比较的。

本章小结

电子商务项目的可行性分析，是建立在项目规划的基础上通过充分分析、研究、讨论和评价对所实施的项目进行全面的综合技术经济论证的过程。它包括对项目的市场需求、潜力的调查及对未来发展前景的预测，也从经济效益、技术保障和社会因素等角度对项目的可行性做出论证，提出项目可行或不可行的结论，从而回答项目是否要进行的问题，为决策者的最终判断提供科学的依据。根据电子商务项目的特征，电子商务项目可行性研究的内容概括起来主要有经济可行性研究、技术可行性研究、管理可行性研究、市场可行性研究和社会环境可行性研究等。

技术可行性分析是从技术角度出发，确定产品的技术指标、结构方案、工艺方案与现有生产技术基础的差距，并评价其先进或适应程度，开发的规模及实现的可能性，使项目得到可靠的技术保证。电子商务项目对技术具有更高的要求，鉴别、选择和分析技术成为可行性研究中重要的一个内容。项目开发通常在选用成熟技术的前提下，充分地利用新的技术和方法，同时考虑技术的寿命，保持市场的成熟性。

电子商务项目的经济可行性分析主要是进行投入成本估算和产出效益评估，并根据上述成本、收益分析，确定项目建设的经济可行性，同时也可以估算出整个项目的投资回收期。经济可行性分析的内容包括项目投入成本估算、项目产出效益估算，从直接、间接和潜在的经济效益3个方面进行分析。

财务可行性分析是从项目及投资者的角度，设计合理的财务方案；从企业理财的角度进行资本预算来评价项目的财务盈利能力，进行投资决策，并从融资主体(企业)的角度评价股东投资收益；从债权人角度评价项目的债务清偿能力。其作用主要是3个方面：反映项目的盈利能力和偿债能力，判明企业投资所获得的收益和投资人投入资金的安全性，为投资者(所有者和债权人)的投资决策提供信息支持；为项目的成本管理提供信息和数据，包括项目所需投资规模、用款的计划安排与筹款方案等，这些都是财务评估的重要内容；分析和确定项目投资的风险及其应对措施，任何项目都会有一定的财务风险，包括项目风险成本和项目风险收益，这些同样要通过项目财务评估来分析确定和评价。

因而可行性分析是决定项目能否立项，立项后大致按什么规模、以什么模式进行开发的依据，也是保证实现或超越企业的需求或愿望、保证项目发挥投资效果，实现经济效益的关键。

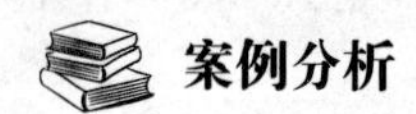

案例分析

逐梦路上，“衣生戎马”

陈浩，男，1987年12月出生，共青团员，盐城工学院国际贸易专业学生，2015年6月毕业。2011

年 3 月，成立“衣生戎马”创业团队，注册上海巨尚电子商务有限公司并成功入驻天猫商城，2011 年年销售额突破 500 万元，2012 年年销售额突破 2 000 万元，2013 年年销售额突破 3 000 万元，2014 年 1 月成功入驻京东商城。2014 年 11 月，在“创青春”全国大学生创业大赛创业实践赛总决赛中荣获金奖。2015 年 4 月，陈浩的创业项目荣获江苏省优秀大学生创业项目。2015 年 12 月，陈浩荣获“全国大学生创业年度人物”称号。

1．萌动的创业意识

陈浩在高中时候就已经对创业产生了浓厚的兴趣，他在高考后的暑假期间到深圳做了前期的调研，上大学的第一年就将自己的兴趣转变成了实际行动。

2008 年春，大一下学期，通过做互联网广告竞价项目，陈浩认识了一些同行，他们敏锐地发现做软件很有前景，这对于充满梦想的年轻创业人来说，无疑是一针兴奋剂，再也坐不住的他们，感觉机遇来了就一定要抓住。于是，他决定大一结束后就休学去广州创业。

陈浩的决定令老师感到很诧异，他们认为这样做太冒险，想法不成熟，也很唐突。毕竟那时候在学校里休学创业的学生几乎没有，他算得上是第一个吃螃蟹的人了，经历一番努力之后，他说服了老师和家长。

到广州之后，陈浩将之前挣的 10 万元拿出来投资，成为一家科技公司的最小股东。一开始公司利润不错，后来广州开始试点 3G 网络，公司团队一致看好移动互联网的发展，决定“转战”手机终端市场，开发手机软件，但开发手机软件“烧钱”烧得让人出乎意料，他们的资金很快被耗尽。不得已，2009 年 6 月，陈浩选择退出。

2．执着的创业坚持

返校后，失败没有让陈浩的创业激情受挫。他开始不断地反思，“理想很丰满，现实很骨感”，创业再也不是励志书中描述的“心灵鸡汤”……但是这些经历，并没有让他退缩，他感受到自己在挫折中开始逐渐成长起来。

一个学期之后，陈浩时常问自己一个问题，“好好学习也得要与实际相结合啊”。于是，寒假里他又开始“倒腾”。这次他把目光投向了电子商务，研究起了淘宝。

2010 年 3 月，他和班级的几个同学一起在淘宝上开网店做男装代购代发，目标群体锁定在“80 后“。每天早上天一亮就起床，晚上 11 点宿舍熄灯了，他也要等到笔记本电脑的电池用完才休息。创业的辛苦可想而知，但“那个时候都不困的，因为有奔头，有动力，推着你去奋斗”。

有了之前创业积累的知识和经验，男装销售进展得比较顺利。短短几个月，每天的销售额就能达到近千元。创业挤占掉了他大部分的学习时间，这时候，陈浩再次决定休学，一心一意做生意，但这一次遭到家长的反对和同学质疑。一个月后，当陈浩带领着家长和老师参观了他的仓库、运营部、工作室、摄影棚后，他们选择了支持。

3．求新的创业思维

2010 年冬天，陈浩品尝到了成功的喜悦——最好的时候，一天可以销售近两万元。然而，凭借着敏锐的商业嗅觉，他意识到随着电商的不断增多，自己要想走得长远，就必须转向正规化和品牌化。2011 年 3 月 15 日，陈浩成立上海巨尚电子商务有限公司，创办“马奇菲尔”男装品牌。

公司成立后，陈浩很快就组建起自己的团队，并随着顾客需求的多样化和对衣服品质的重视，公司还专门成立设计团队，不断研究潮流变化，及时调整款式。

得益于科学的团队管理及独特的经营方式，陈浩的公司在强大的竞争压力下保持着强劲的发展势头。2012 年，公司销售额突破 2 000 万元。2013 年 9 月，盐城市召开全民创业大会，全市上下支持创业、服务创业、鼓励创业的氛围特别浓厚，当地团组织主动找到陈浩，定期派人和他对接，帮助解决了很多实际难题，当年公司销售额再上台阶达到 3 000 万元。2014 年，公司销售额达到近 4 000 万元。

如今，公司已有 40 多名员工，男装品牌“马奇菲尔”已经在淘宝、天猫、京东开了 5 家网店，2015 年，陈浩为了继续扩大规模，选择在原来专注为 30～45 岁商务休闲男装的“马奇菲尔”的品牌之上，新增一个专门针对 18～30 岁的休闲男装品牌，新品牌在线上引起广泛关注。盐城市政府积极扶持当地大学生创业项目，为陈浩提供了五年免租金的800平方米办公场所和仓储中心。

4．理性的创业趋向

2014年，陈浩的“衣生戎马”创业团队以“马奇菲尔”创业项目，参加了由共青团中央、教育部等部门联合主办的“创青春”全国大学生创业大赛，并获得金奖。2015年4月，陈浩的创业项目获得江苏省优秀大学生创业项目。2015年，陈浩荣获全国大学生创业年度人物。

经历了前两次的休学，创业小有成绩的陈浩却感觉自己在知识、能力等方面还需继续提升，参照同行业的其他朋辈，仍需不断学习，于是他选择继续回到学校完成学业。他积极参加学校和当地政府举办的创业沙龙、典型宣讲会等活动，一方面通过这个平台结识盐城本地优秀的创业青年，有效地拓展了公司人脉资源和市场渠道，同时，作为回馈，通过分享自己的创业经历和经验，带动更多的胸怀梦想的青年投身创业实践。重新返回校园的他每天都尽量抽时间学习功课，有时候还要去图书馆翻阅资料，跟比他小好几岁的学弟学妹“抢座位”。功夫不负有心人，他终于在自己入校的第8年顺利毕业，参赛的创业项目报告就是他最好的毕业论文。

为了回馈母校，陈浩选择与母校的经济学院、纺织服装学院、设计艺术学院的教授专家合作，与学校签订了就业实习基地协议，长期吸收学弟学妹到公司实习就业，不仅解决了公司发展中的技术瓶颈问题，也为学弟学妹提供了理论与实践相结合的平台。

问题：请分析陈浩同学创立上海巨尚电子商务有限公司并创业成功的项目可行性。

1．电子商务项目可行性研究的目的和内容是什么？
2．可行性研究一般要经过哪几个步骤？每个步骤具体要做哪些工作？
3．电子商务项目技术可行性分析的主要任务是什么？应从哪几个方面进行分析？
4．电子商务项目经济可行性分析的主要内容是哪些？
5．电子商务项目财务可行性分析的作用是什么？
6．项目财务评价的方法有几种？有哪些关键的指标？各表示什么意思？

第5章

电子商务项目总体规划

学习目标

(1) 了解电子商务项目总体规划的含义和内容。
(2) 了解常见的电子商务盈利模式和产品和服务的内容。
(3) 了解业务流程重组的概念和基本原则。
(4) 掌握电子商务项目定位和目标制定的内容。
(5) 掌握电子商务项目盈利模式的设计方法。
(6) 掌握业务流程优化和流程图绘制的方法。
(7) 掌握域名的设计和申请流程。

知识架构

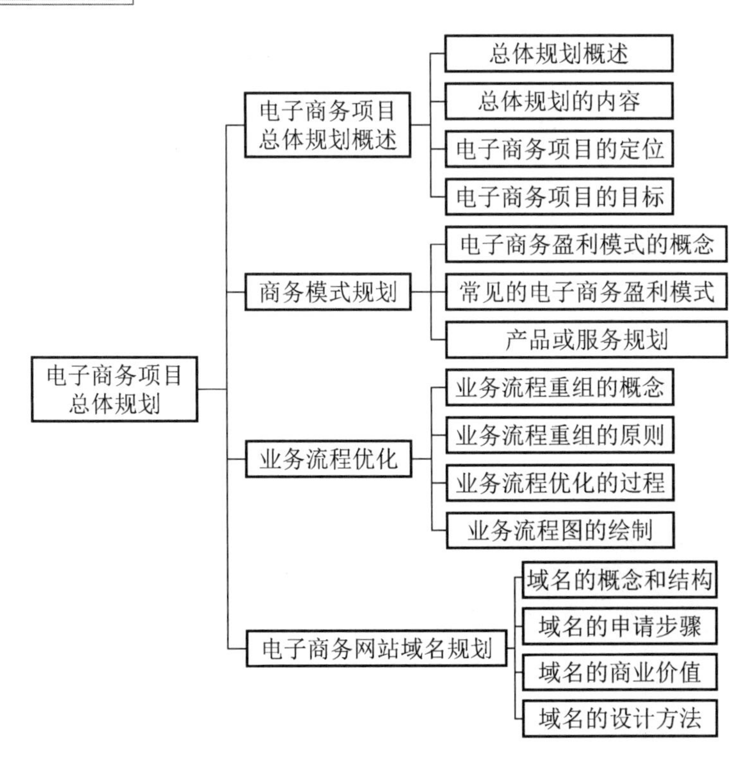

导入案例

某餐饮公司网上系统规划

某餐饮公司自20世纪90年代成立以来，一直经营中式快餐和庆典宴席等餐饮业务，从1995年开设第一家连锁分店，到目前为止，公司已经建成了上百家连锁中式快餐餐厅及多家高级酒楼，业务分布在全国十几个城市，多数店面设在北京。在传统餐馆领域，该公司已打开了市场，有很高的知名度。作为少数几家可与“洋快餐“抗衡的中式快餐店，该公司也已感受到了不小的压力，进一步发展、拓展业务已成为当务之急。

公司管理层看到电子商务在中国的发展前景，决定建立网上营销业务，希望通过开展网上业务提升企业的客户服务能力，服务于企业发展战略，为企业增加效益，进而满足顾客的不同需求，挖掘子市场的销售潜力，扩大市场占有率，以提高企业竞争力、树立企业形象，增强用户的信赖，有利于新产品打开市场，降低企业经营风险。为了更好地开展网络营销计划，达到以上目的，开发一套性能优良、功能强大的电子商务系统自然必不可少。

1．系统目标与定位

公司以推广订餐连锁网络化发展模式的先进管理为主旨，扩大行业的服务对象范围及领域，建立与传统餐饮相适应的专业化、网络化中式快餐的特许经营服务体系，使其在中国有序地发展。

2．目标顾客

按用户是否注册将用户分为两大类：一类是普通用户，即没有注册的用户。普通用户只能查询快餐信息，不能订餐或者发布快餐信息。另一类是注册用户，即在本网站已注册的用户。注册用户又分为个人用户、单位用户、快餐店加盟商用户(企业用户)、代理商。注册用户可以订餐、发布快餐信息以及公司提供的其他服务。

3．网上订餐目标顾客细分

订快餐的主要是写字楼中的打工族和IT从业人员，他们具备上网条件，网上订餐对于他们来说，只是网络生活的一部分。商务活动频繁的公司非常喜欢网上订宴席，点几下鼠标，即可看到图文并茂的菜单，提前预知你的客人将吃到些什么，保证了宴会的质量，更重要的是避免了在饭店点菜后为等候而浪费时间。网上订宴席对旅游者用处很大，他们来到一个陌生的城市，不可能跑遍全城去寻找特色店，而在网上，他们则能像当地人一样道出各家店的特色，并根据口味选择是否订餐。

4．主要业务模块

(1) 网上订餐订位。对客户进行管理，对客户消费记录提供准确的数据资料。这是系统功能的最大亮点之一。

(2) 具备网上多种支付手段。如货到付款，购买餐券和在线支付等功能。

(3) 具备内容查询功能：顾客通过内容查询，可以以最快的速度查询到自己想知道的各种信息，如各地美食、本地餐馆信息、行车路线、价位查询等。

电子商务项目在完成可行性论证之后，决策者也做出了立项决策之后，便开始进入项目的规划阶段。项目规划是预测项目未来，确定项目要达到的目标，估计项目在实施中会碰到的问题，并提出实现目标和解决问题的有效方案、方针、措施和手段的过程。

5.1 电子商务项目总体规划概述

5.1.1 电子商务项目总体规划的概念和特点

电子商务项目总体规划是指从企业战略目标分析出发，以支持企业核心业务向电子商务转型为关键，明确电子商务的目标定位，分析构建企业电子商务的模式、业务流程、盈利方式、产品服务和规划设计支持这种转变的电子商务系统的总体方案、实施步骤及资源配置方案。

电子商务项目规划应该包括两个主要阶段，即规划电子商务的商业模式和规划电子商务系统建设。其中第一阶段属于电子商务项目战略规划的层面，而第二阶段属于电子商务系统战术规划的层面。

电子商务项目规划具有以下特点。

(1) 项目规划工作是面向长远的、未来的、全局性和关键性的问题，因此它具有较强的不确定性，且非结构化程度较高。

(2) 项目规划是从战略层面做出的，不在于解决项目开发中的具体业务问题，不涉及系统实现的细节和技术手段，而是为整个项目建设确定目标、系统总体结构方案和资源计划的，因而整个工作过程是一个管理决策过程。同时，项目规划也是商务、技术与管理相结合的过程，它确定利用现代信息技术有效地支持管理决策的总体方案。

(3) 项目规划人员对管理与技术环境的理解程度、对管理与技术发展的见识，以及开创精神与务实态度是规划工作的决定因素。

(4) 电子商务项目规划必须纳入整个企业的发展规划，并应定期滚动。项目商业规划概括起来讲是企业未来做生意的模式，包括企业未来的市场定位、盈利方式、服务对象、服务内容及实施问题。这一规划是构造电子商务系统的基本依据。

(5) 项目规划是一个企业业务流程再造的过程。重在从电子商务的本质出发考察企业商务活动的合理性，重新设计、再造电子商务环境下企业的业务流程，使企业与合作伙伴、企业与客户之间形成一个新的、互助的整体，以提升供应链的整体价值。

5.1.2 电子商务项目总体规划的内容

由于各个企业所处的行业差异很大，竞争能力不同，很难说某种电子商务项目总体规划一定适用于某个企业，但是在确定企业的电子商务战略规划或者商务模式时，一般可以参照以下方式。

1. 分析、确定企业电子商务的目标

企业电子商务的目标就是企业通过电子商务可以达到的可度量的目的，这一目标的确定，实际上也就为未来的电子商务系统建设目标提供了最初的、也是最基本的起点。

企业长期商务目标可以分解为企业的盈利能力、生产效率、市场竞争地位、产品结构、财务状况、企业的建设和发展、企业的技术水平、人力资源、职工福利和社会责任等子目标。

选择完全电子商务模式的企业应该认真分析企业面对的外部环境与内部条件，制定正确的经营目标。企业对核心竞争力的追求贯穿于企业经营的始终，决定着企业发展的方向，是企业共同价值观形成的基石。企业的商务目标必须存在于企业的共同价值观、职员的行为、企业的制度、企业的组织结构中。

实践中，企业所设定的商务目标主要有两种，即市场导向商务目标和管理导向商务目标。

2．根据企业的核心商务模式，分析企业所在的行业和竞争力

所谓商务模式就是指盈利的方式，主要涉及企业经营的基本盈利方式、服务对象和服务内容，不同的商务模式直接关系到企业构造电子商务系统所采取的策略。随着科学技术的发展，原来用于限制管理者做出决策及采取行动的商业逻辑已经发生变化。传统行业的运作模式已经为人们所熟知，可以用简单的语言来描述其业务活动及盈利方式；而当Internet 以及随之而来的网络经济技术创造了新的商务模式后似乎用简单的方式无法清晰的表达其盈利方式。因此，在进行电子商务系统战术规划时，在可行性分析之前，还要确定企业的核心业务所适用的商务模式。

3．分析、优化企业的业务流程

分析、优化企业业务流程的方法：以流程再造为线，对企业核心商务过程进行分析，讨论电子商务环境对企业基本商务流程的影响，从缩短企业的产品供应链、加速客户服务响应、提高客户个性化服务、提高企业信息资源的共享和增值为主线，抽象企业电子商务的基本逻辑组成单元，界定其相互关系，同时确定企业的外部环境(明确与哪些合作伙伴发生关联)，最后明确企业信息流、资金流和商品流的关系。

4．进行技术规划

技术规划是实现企业商务规划的重要手段，在商务规划之后完成。

5.1.3 电子商务项目的定位

定位理论是美国著名营销专家艾·里斯与杰克·特劳特 20 世纪 70 年代提出。里斯和特劳特认为，定位要从一个产品开始。产品可能是一种商品、一项服务、一个机构甚至是一个人，也许就是你自己。但是，定位不是你对产品要做的事。定位是你对预期客户要做的事。换句话说，你要在预期客户的头脑里给产品定位，确保产品在预期客户头脑里占据一个真正有价值的地位。

定位理论的核心是“一个中心两个基本点”(以“打造品牌”为中心，以“竞争导向”和“消费者心智”为基本点)。定位理论认为，品牌就是某个品类的代表或者说是代表某个品类的名字。建立品牌就是要实现品牌对某个品类的主导，成为某个品类的第一。当消费者一想到要消费某个品类时，会立即想到这个品牌，才是真正意义上建立了品牌。

【拓展案例】

随着定位理论应用范围的扩大和理论的深化以及影响力的扩大，越来越多的企业开始将定位理论运用到自己的企业战略当中。电子商务项目的定位就是企业要根据需求分析的结果，结合企业自身的优势、目标客户的需要以及市场竞争状况来确定企业转向电子商务后将经营什么产品或从事什么服务，以及服务对象是谁(通俗地说就是企业的电子商务做什么、为谁做)。

一旦项目的定位确定后，一系列的策划活动就可以在此基础上展开。

案例 5-1

王老吉的定位

王老吉作为中国知名的凉茶品牌，将定位理论用到了极致，并助力其走向世界品牌。其定位理论有以下 5 个要点。

1．让品牌成为品类的代表

创建品牌的第一步是选择一个有前景的品类，并确认要创建的品牌有机会成为此品类的代表。成功的品牌往往都是某个品类的代表，如红牛代表能量饮料，星巴克代表高档咖啡店等。从消费的本质来说，人们购买的是品类而非品牌，顾客之所以选择某品牌，首先是因为它代表了品类。没有成为品类代表的品牌，很难获得消费者选择。因此，王老吉进行定位的第一步就是要让它代表一个品类。王老吉有一个很好的基础——100 多年来它至少已在广东一带成为凉茶的代表。

2．为新品类重新定位

品牌成为品类的代表之后，确保了消费者购买品类时会首先选购这个品牌，然而这样还不够。对于王老吉来说，虽然它代表了凉茶这个品类，但带有广东地方特色的凉茶很难为全国消费者认识和接受。此外，人们一直把凉茶当成药饮，这必然导致王老吉在销量上无法取得更大的突破。

因此，王老吉定位工作的第二步，是做大凉茶这个品类市场，让更多人想到喝凉茶，并且让人们把王老吉当成茶而非药。而要达到这一目的，必须为凉茶品类重新定位，使之成为一种像茶一样能被人们广泛认可和接受的主流品类。

王老吉把从“清热解毒祛暑湿”的药饮产品重新定位为“预防上火的饮料”，消除了中国人心目中“是药三分毒”这样的顾虑，进一步拓展消费群和消费量。

3．采用单一产品

既然品牌代表一个品类，就要让这个品类的产品明确化，不能既是这样又是那样。

王老吉定位工作的第三步就是形成有加多宝的红色罐装产品，一方面有羊城药业的药材煲剂、冲剂和纸包装之分等多种形态的同一种产品。

4．不要依赖品牌形象和文化塑造

打造饮料品牌有一个最大的陷阱，就是企图从品牌形象与文化塑造入手。有的企业认为，可口可乐之所以强大，是因为代表了美国精神和文化；百事可乐之所以成功，是因为它代表着年青和激情。

实际上，品牌形象与文化不是企业塑造出来的，而是品牌拥有的顾客带来的，是品牌成功后具有的光环效应。如果一个品牌很成功，它会赢得众多的特定顾客，有可能形成某种社会或文化现象，品牌也因此会被赋予某些象征性意义。

王老吉定位工作的第四步，是把企业活动纳入到营销“预防上火的饮料”上来，加强餐饮销售渠道建设和定位概念推广，完全摒弃华而不实的品牌形象塑造。

王老吉从餐饮领域突破，成为华人喝得最多的饮料，并在全球通行的可乐、咖啡、乳品和水饮料之外，为世界增添源自中国的凉茶品类，人们自然会赋予它带有东方色彩的形象。

5．不排斥竞争

把品类朝着主流的方向重新定位后，将引来众多跟随品牌。这些跟随品牌的到来，可以使新品类做得更大，正是这种协同效应能够将整个品类打造成众所周知的主流产品。王老吉在初步成功的基础上，从推广品牌有意识地转向推广品类，带动凉茶品类的成长。

5.1.4 电子商务项目的目标

电子商务项目的目标是指企业实施电子商务后可以达到的可度量的目的，即项目建成运行后要达到什么样的目的和效果。

目标管理中，有一项原则叫作 SMART 原则，具体是指明确具体(Specific)、可度量(Measurable)、可实现(Attainable)、相关性(Relevant)和时限性(Time-based)。SMART 原则是确定关键绩效指标的一个重要的原则，这个原则同样适用于电子商务项目的目标制定。

(1) 明确具体，就是要用具体的语言清楚地说明项目要达成的工作指标，不能笼统。明确的目标几乎是所有成功团队的一致特点。很多团队不成功的重要原因之一就因为目标定的模棱两可，或没有将目标有效地传达给相关成员。

例如，某项目设定的目标为“增强客户意识”。这种对目标的描述就很不明确，因为增强客户意识有许多具体做法，如减少客户投诉，提升服务速度，规范服务流程等，到底“增强客户意识”是指哪一块却没有明确下来。而不明确就没有办法评判、衡量。如果表达为“在一个月内把客户投诉率降低到 1.5%，过去是 3%”，这样就很明确具体。

实施要求：目标设置要有项目衡量标准、达成措施、完成期限及资源要求，使考核人能够很清晰地看到要做哪些事情，计划完成到什么样的程度。

(2) 可度量，是指项目目标应该是数量化或者行为化的，验证这些绩效指标的数据或者信息是可以获得的，能作为衡量是否达成目标的依据。

实施要求：目标的衡量标准遵循“能量化的量化，不能量化的质化”。制定人与考核人应有一个统一的、标准的、清晰的可度量的标尺，杜绝在目标设置中使用形容词等概念模糊、无法衡量的描述。如果制定的目标没有办法衡量，就无法判断这个目标是否实现。

例如，某目标定位为“为所有的员工安排后期的系统培训”。后期是一个既不明确也不容易衡量的概念，到底指后面的多长时间？还是系统上线运营的后期？如果改为“系统正式上线运营之前一个月完成所有员工的培训工作，培训结束后的课程考核都要在 85 分以上”。低于 85 分就认为效果不理想，高于 85 分就是所期待的结果，这样目标变得可以衡量。

(3) 可实现，指项目目标要设定在付出努力的情况下可以实现，避免设立过高或过低的目标。

实施要求：目标设置要坚持在组织及个人之间达成一致，既要使工作内容饱满，也要具有可实现性。

例如，一个小企业的网站运营初期每天的访客数目标，如果设定为 100 万人次，显然很难达到；如果设定为 1 万人次，使用一些推广方法是可以达到的。

(4) 相关性是指实现此目标与其他目标的关联情况。如果实现了这个目标，但对其他的目标完全不相关，或者相关度很低，那这个目标即使达到了，意义也不是很大。

实施要求：项目目标的设定要与项目直接相关。

例如，要求一个外贸网站的所有客服人员英语水平都达到国家英语四级的标准，那么这个目标就是和岗位职责相关联的，目的是为了提升客服的服务质量。但如果你要求客服都要学会使用 Photoshop 软件则是没有相关性的。

(5) 时限性，是指项目目标的设定是有时间限制的。

实施要求：项目目标设置要具有时间限制，根据工作任务的权重、事情的轻重缓急，拟定出完成目标项目的时间要求，定期检查项目的完成进度，及时掌握项目进展的变化情况，以方便进行及时的工作指导，以及根据工作计划的异常情况变化及时地调整工作计划。

例如，某企业销售网站推广期结束后一年内为发展期，主要目标是发展和稳固本地市场，提升其品牌知名度，利用多种销售手段，实现销售收入增长 50%。这里就有一年期的时间限定，也有销售增长的具体数字要求。

总之，所有电子商务项目的目标制定都必须符合上述原则，5 个原则缺一不可。

注意：对于规模较大、建设周期较长的项目，应首先制定一个总体目标，然后将这个总体目标分解为若干个阶段性的分期目标，以便于项目的控制与管理。

【拓展案例】

案例 5-2

90 后手工 DIY 制作网站的定位

“DIY”是时下比较流行的字眼，在追求个性的时代，年轻人喜欢标新立异，他们不满足于大众化商品，于是，DIY 产品逐渐升温，成为年轻人新的淘金地，与一般小店不同，DIY 产品提倡“Do It Yourself”的新消费理念，其卖点不是产品本身，而是制作产品的过程。对消费者来说，DIY 是将自己的创意变为现实，体验创造的快乐；对创业者来说，DIY 则是全新的创业方式。

某大学生创业团队通过对在校大学生进行抽样调查，发现 DIY 手工制品在大学生中有很大的市场需求。调查发现 58.8%的被调查者喜欢购买 DIY 手工制成品，而选择购买成品的购买者占 41.2%，这说明 DIY 手工制作品有其市场前景。于是该团队决定开发一个“创意 DIY 手工制作平台”的项目。

“创意 DIY 手工制作平台”主要为爱好自己制作和购买 DIY 作品的人提供 DIY 手工作品的制作、购买服务，主要服务对象是年轻的大学生群体。

“创意 DIY 手工制作平台”的总体目标是成为当地大学生中有影响力的手工制作平台，为实现这一目标，他们又确定了三个阶段目标。

(1) 第一阶段。从平台运营起半年内为推广期，主要是在团队所在学校利用多种宣传手段以及优惠措施，实现访问量 500 人次/天，用户注册量 3 000 人，销售收入增长 10%。

(2) 第二阶段。推广期结束后一年内为发展期，主要目标是发展和稳固本地市场，提升平台的品牌知名度，利用多种销售手段，实现花店销售收入增长 50%。

(3) 第三阶段。发展期结束后，网站运营方式稳定，主要目标是将销售范围扩展到当地的其他高校，利用品牌效应，邀请其他大学的学生加盟加入，使网上销售稳步上升，最终成为当地大学生中有影响力的创意 DIY 手工制作团队。

5.2 商务模式规划

所谓商务模式就是在一定电子商务模式下的企业的盈利模式。电子商务模式是企业运用网络信息技术，与价值链上的各合作成员整合相关的流程，最终满足客户的需要，并给企业带来利润的方式。研究和分析电子商务模式的分类体系，有助于挖掘新的电子商务模式，为电子商务模式创新提供途径，也有助于企业制定特定的电子商务策略和实施步骤。

电子商务模式除了常见的 B2B、B2C 和 C2C 模式，还有 O2O、C2F、C2M、C2B、B2Q、B2G 等模式，在各种商务模式下，企业采用什么样的模式盈利变得更加重要。

5.2.1 电子商务盈利模式的概念

盈利模式是管理学的重要研究对象之一，是指按照利益相关者划分的企业的收入结构、成本结构以及相应的目标利润。盈利模式是对企业经营要素进行价值识别和管理，在经营要素(经营资源和经营手段)中找到盈利机会，即探求企业利润来源、生产过程以及产出方式的系统方法。还有观点认为，盈利模式是企业通过自身以及相关利益者资源的整合并形成的一种实现价值创造、价值获取、利益分配的组织机制及商业架构。

1．盈利模式的类型

盈利模式分为自发的盈利模式和自觉的盈利模式两种。自发的盈利模式是自发形成的，企业对如何盈利，未来能否盈利缺乏清醒的认识，企业虽然盈利，但盈利模式不明确不清晰，其盈利模式具有隐蔽性、模糊性、缺乏灵活性的特点；自觉的盈利模式，是企业通过对盈利实践的总结，对盈利模式加以自觉调整和设计而成的，它具有清晰性、针对性、相对稳定性、环境适应性和灵活性的特征。

在市场竞争的初期和企业成长的不成熟阶段，企业的盈利模式大多是自发的，随着市场竞争的加剧和企业的不断成熟，企业开始重视对市场竞争和自身盈利模式的研究。

2．电子商务盈利模式

对于电子商务项目而言，企业更多的是关注企业的利润来源、生成过程及产出形式。一般认为：以盈利模式设计的企业非常重视现金流和利润实现方式，这样的企业产品结构通常是简单的，而且盈利能力比较强；不断推出产品、依靠促销产生的“伪规模”销量，企业越做越难，甚至“越卖越亏”。其最主要的原因是盈利模式的同化(“规模盈利模式”和“产品盈利模式)，这些创新带来的优势都是暂时的(因为原来的同化问题解决了，新的同化问题甚至更复杂的同化问题随之同时产生了，企业和市场人员疲惫不堪)。

【拓展知识】

5.2.2 常见的电子商务盈利模式

1．网络广告收费

盈利模式是商业模式的本质，互联网有其普惠、免费的一面，在面向 C 端(个人)用户付费还很艰难的情况下，互联网公司要摆脱毛利低、靠融资输血的弊端，走广告模式向 B 端(大客户)收费不失为明智的选择，国内外很多巨头都是以广告为主要盈利模式，也是变现最直接、有效的方式。

1) 阿里巴巴、腾讯、百度均靠广告盈利

阿里巴巴的数字广告业务直接服务于店铺销售，商户为了获得较好的展露位置需开通“钻展”(按照曝光率付费)、“淘宝直通车”(按点击付费)、麻吉宝(按照互动付费)。每年的“双11”之所以能在网上形成铺天盖地的势能，是因为各大流量平台、草根站长与电商成交形成了广告返佣的利益绑定。根据阿里巴巴 2015 年财报，针对商户的营销类收入占据 48%。

随着腾讯加大社交广告业务的扶持，“游戏公司”开始被淡化，也就是，从 C 端筛选用户付费到向 B 端广告主收费。2015 财年腾讯营收为 1 029 亿元，其中为广告收入为 175 亿元，游戏收入比重下降与广告收入上升的势头愈发明显。在国外，Facebook 90%的收入来自于社交广告，可以预见掌握社交大数据的腾讯“广点通”平台会加大对公众号、朋友圈和 QQ 空间的广告投放密度。

而百度早在 PC 时代各大浏览器都依靠百度搜索为其他网站导流，百度基于关键词推广、竞价排名、品牌推广等广告业务，在全国均有代理商。虽然在移动互联网时代，网站可变成一个 App 或者公众号，百度的入口位置有被替代的风险，而转型做 O2O 服务、人工智能等战略单元在很长一段时间内仍需搜索业务补给。

2) 手机广告与 PC 广告的运作机制完全不同

智能手机相对于电脑，屏幕尺寸较小，并未制约移动广告向精细化、体验化方向爆发，并显示出了迥异的运作机制。

(1) 广告目标不同。PC 端是贴片、弹窗、静默等，其目的是推广官网或商城信息；移动广告则是图文、App 开屏、信息流、原生植入广告等，跳转到下载 App 或者关注公众号。因而广告的 KBI(Key Performance Indicator，着急业绩指标)指标发生了明显变化。例如，在朋友圈投放广告一般除了达到品牌曝光以外，就是吸粉。

(2) 广告体验改善。以往在 PC 端广告曝光讲究简单粗暴，更多插入硬广告；移动广告越来越不像广告，更多都是植入式的原生广告，以至于发现是广告也不影响上网体验。这点在视频营销表现较为突出，以前网络视频是前贴片、后贴片，中间可能还有插播，而现在的视频讲究的是第三方植入广告，广告平台比如爱奇艺的“闪植”等，在网络电视剧中还有剧中演员出演的情景剧广告。

(3) 广告红利享受者不同。PC 时代的广告红利让一些加工内容的“草根站长”广告联盟合作获得了大量的投放机会，走的是“流量变现”模式。而手机时代的广告红利则是“自媒体”包括微博“大 V”、公众号、网红自媒体、KOL(Key Opinion Leader，着急意见领袖)等。以微信公众号为例，广告变现途径主要有接软文模式、开通微信流量主、加入自媒体联盟、第三方自媒体投放平台等，走的是“知名度变现”模式。

据 eMarketer 的统计，在 2015 年中国广告业实现产值 5 973.41 亿元，同比增长仅 0.5%，其中移动互联网广告总值达 1 589 亿元，同比增长达 35.3%。因此，未来关注移动互联网的广告盈利方式将更加明显。

2．通过增值服务向C端用户收费

增值服务的核心内容是指根据客户需要，为客户提供的超出常规服务范围的服务，或者采用超出常规的服务方法提供的服务。电子商务增值服务往往是电子商务交易平台针对买卖双方的交易行为中，所提供的一系列促进交易的增值服务。例如，针对卖家的广告推介服务、针对买家的优秀商品推送服务和物流的增值服务等均为增值服务。

增值服务在页面游戏或者手机游戏产业中较比较适外，在其他服务产品中比较艰难，因为增值服务都是针对会员开设的，但是很多用户不一定会购买会员。

案例 5-3

开心网的增值服务

据了解，开心网自 2012 年涉足手机游戏领域以来，已经具备了较强的资金、运营以及推广能力，足够为中小开发商(CP)提供强有力的支持。其中手机游戏《一统天下》的成功便是一个很好的例子，到 2014 年，《一统天下》月流水已经超过 2 000 万元。

2014 年开心网在自研、投资、代理发行三条业务线上齐头并进，其中投资与代理发行业务的目标是通过为开发者提供更多的增值服务，来寻求双方共赢。为什么开心网要给开发者提供更多的增值服务呢？

开心网副总裁郭巍接受采访时曾表示，国内手游市场发展势头凶猛，但竞争也非常激烈。手游市场上数量众多且分散的开发者与把控着大量用户资源的渠道商难以形成平等话语权，因此具备较强运营推广能力的发行商成为手游市场中的重要一环。发行商是开发者与渠道商之间的桥梁，一个好的产品，一半靠产品本身，一半靠发行推广，因此发行商的选择是关乎产品成败的大事。但在手游发行领域，开心网既非老牌也不是巨头，怎样吸引开发者呢？郭巍表示："我们希望能给开发者带来更多增值服务。"

开发商选择发行商有的只能给你带来资金，有的则带来更多的增值服务。郭巍认为，开心网是手游代理发行的后来者，在与开发者的合作中，在技术上会提供全方位建议并帮助修改，在市场上会提供整套运营推广计划，用开心网自身的传播、推广经验为游戏做更多大手笔的宣传投入，在资源上会尽量提供给开发者所需要的各方面资源，在管理上会全面分享公司创业所积累的经验。事实证明，开心网在技术支持、资源整合、整合营销及行业经验四个方面，打造出了不同于一般发行商的特色。

3．向B端的供应商收取会费或交易佣金

一般来说，只有大平台才会收取会员费或交易佣金。

案例 5-4

阿里巴巴小额外贸平台"速卖通"

2009 年 9 月 9 日起，阿里巴巴小额外贸批发及零售平台全球速卖通正式进入试运行阶段，该平台目前依附于阿里巴巴国际站，为阿里巴巴国际站的一部分，目前只向已付费中国供应商会员开放。

全球速卖通是阿里巴巴帮助中小企业接触终端批发零售商，是阿里巴巴为小批量多批次快速销售、拓展利润空间而全力打造的融合订单、支付、物流于一体的外贸在线交易平台。此平台适合体积较小、附加值较高的产品，如首饰、数码产品、电脑硬件、手机及配件、服饰、化妆品、工艺品、体育与旅游用品等相关产品。

调查发现，要入驻全球速卖通平台需交纳 19 800 元年费先成为中国供应商，已付费的中国供应商可免费入驻此平台，此平台暂不对中国供应商以外的卖家开放。除 19 800 元年费之外，阿里巴巴还会向该平台上每笔成功交易根据不同的支付方式收取交易总额 3%～9.15%的交易佣金。此平台目前支持电汇、支付宝以及其他跨国在线支付方式。其中，若卖家采用支付宝进行交易，在优惠期内，阿里巴巴只收取 3%的佣金。

调查表明，该平台提供的服务与 eBay 以及敦煌网等无本质差别，只在卖家准入、收费方式、交易流程上有细微差别，全球速卖通平台实质上可认为是外贸版的淘宝，已成为阿里巴巴新的利润增长点，并与敦煌网、eBay 等形成竞争。

4．网上销售

网上销售时企业或个人转向电子商务最基本的盈利方式。1 号店、淘宝网、当当网等都是通过网上销售盈利的。

不管是传统还是以销售盈利模式为主的商业模式，其核心都是商品。网络商品销售具有传统商品销售无可比拟的优势：①零库存；②便于把握利基市场；③可有效获取用户需求反馈；④不依赖中间商；⑤可过滤无用信息；⑥能够有效推荐产品等。

网络商品销售所面临的网上交易风险问题如今已逐步得到改善，如淘宝网将商品交易借助阿里旺旺及时聊天工具，帮助买卖双方充分沟通，降低交易风险；还开发了支付宝作为支付工具，同时将支付宝所记录的交易质量与诚信体系捆绑，再加上交易评价的导入，从理论和实践上有效缓解了网上交易的风险问题。

除此之外，还有一些诸如提供信息内容的收费、软件(或者音乐等)下载类的收费以及互联网上网的一些服务等都是可行的盈利方式。

5.2.3 产品或服务规划

1．产品的概念

产品是指能够供给市场，被人们使用和消费，并能满足人们某种需求的任何东西，包括有形的物品、无形的服务、组织、观念或它们的组合。产品不仅要对产品的使用者，也要给产品的创造者产生价值。

20 世纪 90 年代以来，菲利普·科特勒等学者倾向于用 5 个层次来表述产品整体概念，他们认为 5 个层次的表述方式能够更深刻、准确地表述产品整体概念的含义。产品整体概念要求营销人员进行规划时，要考虑到能提供给顾客的价值的 5 个层次。产品整体概念的 5 个基本层次如下所述。

(1) 核心产品。核心产品是指向顾客提供的产品的基本效用或利益。从根本上说，每一种产品都是为解决问题而产生的。因此，销售人员向顾客销售任何产品，都必须具有反应顾客核心需求的基本效用或利益。

(2) 形式产品。形式产品是指核心产品借以实现的形式，由 5 个特征构成，即品质、式样、特征、商标及包装。即便是纯粹的服务，也具有相类似的形式上的特点。

(3) 期望产品。期望产品是指购买者在购买产品时期望得到的与产品密切相关的一整套属性和条件。

(4) 延伸产品。延伸产品是指顾客购买形式产品和期望产品时附带获得的各种利益的总和，包括产品说明书、保证、安装、维修、送货、技术培训等。国内外很多企业的成功，在一定程度上应归功于他们认识到服务的重要性。

(5) 潜在产品。潜在产品是指现有产品包括所有附加产品在内的，可能发展成为未来最终产品的潜在状态的产品。潜在产品指出了现有产品可能的演变趋势和前景。

2．电子商务项目产品概念的演变

在互联网和软件技术不断发展的今天，产品的概念较之，产品概念的演变如表 5-1 所示。

表 5-1　产品概念演变

对比项	传统行业	互联网、IT 行业
产业形态	成熟行业	新兴行业
产品形态与成本结构	实物	虚拟物品
生命周期	长(几年)	短(几个月)
盈利模式	单一卖产品赚钱	多元化的模式
消费模式	付费	免费+付费
创新要求	不高	高
关注点	赚钱	用户体验

1) 产业形态

传统行业不论是市场还是用户都已经成熟，产品设计也基本定型，很难突破；而互联

网、IT 行业是新兴的行业，面临新兴的市场，用户需求在不断变化，所以产品需要不断推陈出新，创新要求更高，产品设计也要从无到有、从有到优。

2) 产品形态与成本结构

传统行业的产品多为实物，所以才会有采购、仓储、物流等分工，产品研发出来以后，还要有大量的制造成本，这也使得传统行业的产品，有相当多的工作是考虑如何把整个供应链打通，怎样销售、分销、促销等；而互联网软件产品多为虚拟产品，公司相对而言显得较“轻”，不管是团队还是成本，都更加集中在产品研发中。

一个常见的互联网产品，研发(维护)团队很可能只几个人或十几个人、几十个人，而用户却是上百万、上千万甚至亿量级，这在传统行业不可想象。虚拟物品的复制成本极低，所以重点资源会投入在产品本身，较少考虑实体经济领域供应链上下游的事情。对产品经理来说，需求分析设计的细节尤为重要，必须亲自把握，因为可能一个细节的改进，就能增加上万的用户，杠杆效果也十分明显。

3) 生命周期不同

传统行业中产品的研发生命周期一般是几年，甚至更长，所以需要比较复杂精细的流程来支撑。例如汽车行业，做一款新车的整个过程，有不下 300 个评审点，这样复杂的过程显然必须由经过训练的专人负责。而互联网软件行业产品的研发周期一般只有几个月，所以研发管理过程会更精简，一个典型的产品研发过程一般只有 10 个不到的评审点。

4) 盈利模式不同

传统行业的盈利模式多为通过卖产品赚钱，或是直销或是通过渠道分销，总之是靠产品本身的价值来赚取利润。而互联网软件产品有很多产品本身是免费的，一部分产品甚至几年内都不考虑赚钱的问题；而能赚钱的产品，也有着更多元的盈利模式，如免费给用户使用，但可以利用用户的关注赚取第三方的广告费。

5) 用户体验不同

【拓展案例】

传统行业产品的用户一般比较注重买来的产品能不能用，即使用的不好也能凑合着用，不至于把产品直接扔了，当然也可以去再买个新的。而互联网软件产品不同，大多数都是免费的，每类产品的雷同度又很高。所以用户只要这个产品用的稍稍有些不舒服，马上就能很方便地找到另外一个产品而抛弃原来的产品。因此，互联网软件产品，更重视用户体验。因此，互联网软件行业的产品经理涉及的工作内容也包括了交互设计、视觉设计、网站设计、文案设计等。例如，他们有时候可能为了确定用户界面两个按钮是上下分好，还是左右分好，都可能要做大量的用户实验。

【拓展案例】

总之，以上五点相互之间也是紧密联系、相辅相成的，共同造就了传统行业与互联网软件行业的产品经理的差异。

3．互联网产品设计流程

【拓展案例】

互联网产品开发时，通常要经历以下几个阶段：确定用户需求和产品目标、概念设计、原型设计、界面设计、信息设计、视觉设计、前端开发、用户体验测试、产品完善、产品发布等。当然，这些阶段的划分有时是模糊的，并且有可能根据具体项目进行增减，修改阶段名称及工作内容。

1) 明确用户需求，确定产品目标

这个阶段通常需要产品经理把关。为了尽快明确用户需求，必须使用快速有效的方法。例如，可以通过用户访问和问卷调查，可以通过用户操作习惯统计、网络流量统计等来掌握用户的行为特征。在这个阶段，产品经理起着为产品定位初始方向的作用。

要明确用户需求，确定产品目标，企业可以从以下 4 个方面入手。

(1) 做好目标人群定位。可以参考人口统计学标准、价值观标准、用户对技术及网站本身的观点来划分用户。一般可以使用按人群属性、人群需求来定位，同时辅以问卷调查、用户访谈等方法来分析用户需求。

通过做市场调查、走访用户，在设计产品时总是会收集到很多的用户诉求。但是，初期每个产品都是感性的。例如，有的用户希望实现手机还款，有的用户希望提供更多消费场景，还有的用户希望额度限制不要那么大，等等诸如此类的需求。显然一个产品不可能满足所有人的需求，这就需要产品经理在客户需求与产品功能之间找到平衡点。在这种权衡之间，最重要的是找准目标用户，并且使产品功能满足目标客户最核心的需求。

(2) 了解行业竞争现状。企业必须时刻关注行业内的竞争情况，并且理解掌握竞争对手的核心竞争力。避免闭门造车，不了解市场出现的新需求，陷入狭隘的思维怪圈中。到最后，很可能花费了很多精力，客户却对你的产品不买单。

(3) 有清晰的盈利模式。赚钱是绕不开的门槛，除非这个产品是纯公益的，企业要生存就必须有清晰的盈利模式。

2) 概念设计阶段

概念设计的目的是生成概念产品，它是一系列有序的、可组织的、有目标的设计活动，表现为一个由粗到精、由模糊到清晰不断进化的过程。

在概念设计中，产品的设计经常采用头脑风暴法进行方案创意，将用户体验更好地融于其中。这时需要特别关注产品使用者的感受，而不是将重点放在产品上面。

在这个阶段产品经理需要集思广益，对用户及市场资料进行总结梳理，把总结出的产品功能模块及亮点做好记录。通过白板或思维导图理出产品思路，这里的设计思路包括产品整体架构、功能模块规划等，也就是从概念上给出一个完整的产品雏形，可以通过文字或图示的方式来表达。

3) 原型设计阶段

经过概念设计之后，如果产品的功能和亮点得到了认可，就可以进入产品原型的设计阶段了。

产品原型设计最基础的工作就是结合批注、大量的说明以及流程框架图，将自己的产品原型完整而准确地表述给 UI(用户界面设计)、UE(用户体验)、程序开发人员、市场营销人员，并通过沟通，反复修改并最终确认，然后执行。

在这个阶段，工具是次要的，关键在于设计人员的想法。这是因为，不同的公司情况不同，人员组织不同，产品研发流程不同，交付物的表现形式也不同。每个公司都会在不同的发展阶段，调整企业文化、组织结构甚至战略目标。因此，在原型的表达方式上也会有一些差异。

4) 界面设计阶段

用户界面就如同一张脸，在人机互动过程中起着十分重要的作用。界面设计极具挑战性，因为它不仅仅是一次页面的体现，它需要设计学、语言学，还需要研究心理学。设计页面的时候，要遵循一些基本的原则。例如，要保持页面颜色的统一，保持界面风格的一致性，尽量减少用户的审美负担、记忆负担。

【拓展案例】

产品的设计过程中，UI负责首页风格设计，形成解决方案提交给需求部门，并和需求部门经过多次协商调整后，最终形成定稿。接着UE开始针对原型进行操作上的优化调整，手机各类交互及用户体验方面的改善建议。在这个过程中，一定要保证与需求部门沟通到位。

5) 视觉设计阶段

人们常常认为，关于产品主要关注的是技术和所提供的功能。而视觉设计首先需要考虑产品给人的整体感觉，即视觉设计的风格。

在生活中，随处可见各种视觉作品，带给人们不同的心理感受。优秀的视觉设计师能充分理解产品，然后用一种独特的方式展现出来，让你感觉眼前一亮。

视觉设计的风格是否准确，关系着整个设计的成败。

6) 前端设计、后台开发阶段

这个阶段，前端设计师最需要的就是和视觉设计师一起将草图制作成相应的页面，并且把制作好的高质量的PSD、PNG图片构思成DIV+CSS代码，与后台程序配合，高效率、高质量地完成前台页面的效果实现。

与此同时，前端设计还要善于选择合适的框架，做到代码效率最高、用户体验最好、代码下载量最小，并且可以在单独甚至让更多产品线中最大限度地重用代码。

7) 产品测试阶段

在测试上线阶段，产品经理主要起验证作用，严格把好产品上线前的最后一关，让产品能完美上线。为了保证产品的良好体验，除了需要有优秀的测试人员之外，还要与测试人员保持良好沟通。

产品测试，其目标就是确定最终的产品做成什么样子，并且实现以下目标：①找到产品的不足之处；②了解产品真正的目标市场在哪里；③基于样品或者原型，开始全面思考后续的营销策略；④进一步评估商业价值。

4．产品设计的原则

1) 用户界面的设计应该是基于用户的行为方式

设计者应通过设计使产品的用户界面符合用户的浏览或操作习惯。产品设计师应把生活中的细节和数据结合起来，产品用户界面设计越符合用户的行为习惯，界面就会越优秀。图5-1(a)是大众点评新版的搜索界面，图5-1(b)是食神摇摇的摇动手机找餐厅的界面，两者都比较符合用户的行为习惯。

2) 培养从用户的角度做设计

从用户的角度设计产品需要长期的实战经验才能做到。微信就是一个很成功的例子。对于一个社交即时通信产品，添加好友的功能是好友汇聚的来源，添加好友是引导用户去发现好友、找好友、碰好友的一扇门。所以“添加好友”的功能放置在应用程序的哪个位置非常重要。微信经过多年的发展，始终重视添加好友功能，将“+”按钮始终放置在右上角的位置，方便用户很快地添加好友，更为自己坐稳即时通信的第一做出了巨大贡献。

(a)　　　　　　　　(b)

图 5-1　用户设计界面

3) 尽量减少用户界面输入

例如，移动端的虚拟键盘一直是科技界无法解决的一个难题，虚拟键盘的主要缺点：一是输入定位无法反馈，所以无法形成高效的盲打；二是虚拟键盘的空间限制，手指的点击经常造成误按。这两点就让虚拟键盘在输入上大打折扣，所以在设计应用程序时，只要遇到 Input Box 的控件时，首先就要想到尽量让用户少输入，或者智能的多给出参考供用户选择。

4) 全局导航需要一直存在，最好还能预览其他模块的动态

【拓展案例】

全局导航的价值在于可以让用户在使用过程中不会丢失信息，减少主页面和次级页面之间的跳转次数。当然全局导航中的任务信息要能在当前页面完成，如果需要跳转到新界面，就会失去全局导航的意义，因为当出现多个任务信息的时候，就需要用户不停地进入全局导航页面来完成。

5) 提供非模态的反馈，不打断任务流

模态是指界面中只有提醒弹出框才具有可交互行为，其他一切都不可操作；非模态不会把提醒做成弹框，可能会处理成通知列表等方式来提醒用户。

移动端的模态弹出框的书面名称在 iOS 中称作 Alert-box，在安卓系统中称作 Pop-up box。既然模态弹出框会打断任务流，所以在有限的屏幕上怎样让这些弹框弱化，或者说优雅、绅士的提醒用户，这个需要产品设计师来规划。

6) 不要让用户等待任务完成

互联网的核心就是给用户带来方便和高效的体验，这是设计 App 时需要考虑的。因为用户在很多情况下都是用碎片时间在使用产品，所以在设计上尽量让用户在短时间内熟悉产品，感受到这个产品的诚意，特别是某些等待界面需要设计，不能把一个很枯燥的等待界面呈现在用户的面前，那用户很快就会换其他 App。

例如，在拍完照片后，用户点击上传，正确的处理方式是回到首页的位置，告诉用户他的照片正在提交，并不是显示一个上传进度的界面，让用户看到上传百分比。目前比较

好的设计只是告知用户后台正在帮你上传，叫用户放心，不要让用户焦虑地等待，等上传完毕时，系统再通知用户已经上传成功，这样把查看上传结果的主动权交给用户。

7) 自动保存用户的输入成果

在移动端，由于触摸输入没有物理按键的反馈自然，特别是在手机上去输入一段文字或者信息，对用户而言是很麻烦的，因此技术人员应在程序中设置自动保存输入结果。

如今比较普遍的做法是：①在用户输入信息后，让用户确认是否要放弃，或者保存为草稿；②断网时，用户依然可以发布照片和文字，联网成功后，系统会自动上传，只是发表时间是联网后发布的时间点；③在断网或者网络情况不稳定的情况下，用户输入的评论被保存下来，后面会有一个叹号提醒用户稍后发布或者重试，提升了用户参与的积极性，同时活跃了社区。

8) 为了程序响应的速度，设计有时候需要担任掩护的作用

科技不是万能的，技术依然是应用程序中最需要优化和完善的，作为技术人员的盟友，设计人员也需要辅佐他们，让用户觉得程序原本就是这样运行的。特别是程序的响应速度很多时候不仅是技术的问题，与网络环境也有很大的关系，这时候设计人员需要考虑这些客观存在的情况，帮助技术人员掩盖这些瑕疵，让用户感觉到使用时是流畅的。

例如，音乐软件把伴奏和用户的歌声合成为一首音乐时需要后台处理大量的数据，如果分步做就要让用户等待比较长的合成时间，为了让用户不用枯燥地等待，设计者需要后台在用户唱歌的同时，后台就已经开始合成演唱和伴奏。

5.3 业务流程优化

电子商务系统项目优化的首要问题是要梳理企业业务流程，解决问题流程，同时也是降低成本、提高效率的关键解决方案。一般来说业务流程管理中存在的问题为：有流程，无执行；流程与实际运作脱节；流程与流程之间割裂；业务流程管理混乱；业务流程管理僵化和流程层次分层分级管理达不到对业务目标的实现等。解决的办法就是业务流程重组(Business Process Reengineering，BPR)。

5.3.1 业务流程重组的概念

业务流程重组最早由美国的迈克尔·哈默和詹姆斯·钱皮提出，该管理思想在20世纪90年代达到了全盛。业务流程重组通常定义为通过对企业战略、增值运营流程以及支撑它们的系统、政策、组织和结构的重组与优化，达到工作流程和生产力最优化的目的。强调以业务流程为改造对象和中心、以关心客户的需求和满意度为目标，对现有的业务流程进行根本的再思考和彻底的再设计，利用先进的制造技术、信息技术及现代的管理手段最大限度地实现技术上的功能集成和管理上的职能集成，以打破传统的职能型组织结构，建立全新的过程型组织结构，从而实现企业经营在成本、质量、服务和速度等方面的突破性的改善。

关于 BPR 的定义有较多的提法，如有的观点认为 BPR 就是对组织中及组织间的工作流程与程序的分析和设计；有的观点认为 BPR 是使用信息技术从根本上改变企业流程以达成主要企业目标的方法性程序；也有的观点认为BPR是对企业流程的基本分析与重新设计，以获取绩效上的重大改变。BPR 的奠基人迈克尔·哈默和詹姆斯·钱皮的定义："BPR 是对企业的业务流程作根本性的思考和彻底重建，其目的是在成本、质量、服务和速度等方面取得显著的改善，使得企业能最大限度地适应以顾客、竞争、变化为特征的现代企业经营环境。"尽管观点的描述不尽相同，但它们的内涵是相似的，即 BPR 的实质是一个全新的企业经营过程(这里的企业经营过程是指为了达到某一经营目标而实施的一系列逻辑)，这个过程不受现有部门和工序分割的限制，以一种最简单、最直接的方式来设计企业经营过程，要根据经营过程设置企业的组织结构，以实现企业的重组。中国协同软件博士后导师付勇领导的协达软件研究团队认为，业务流程重组关注的要点是企业的业务流程管理，并围绕业务流程展开重组工作，业务流程管理是指一组共同为顾客创造价值而又相互关联的活动。哈佛商学院的 Michael Porter 教授将企业的业务流程描绘为一个价值链，认为竞争不是发生在企业与企业之间，而是发生在企业各自的价值链之间，只有对价值链的各个环节——业务流程进行有效管理的企业，才有可能真正获得市场上的竞争优势。

因此，较全面的 BPR 定义应是指通过资源整合、资源优化，最大限度地满足企业和供应链管理体系高速发展需要的一种方法，它更多地体现为一种管理思想，已经远远超出了管理工具的价值，其目的是在成本、质量、服务和速度等方面取得显著的改善，使得企业能最大限度地适应以顾客、竞争、变化为特征的现代经营环境。

5.3.2 业务流程重组的原则

1. 实现从职能管理到流程管理的转变

BPR 强调管理要面向业务流程，因为为顾客创造价值(最终为企业创造价值)的是流程，而不是互相割裂的部门。面向流程就是要打破部门之间的界限，以流程的产出和顾客(包括内部顾客)为中心，协调相关部门的资源和活动，减少无效劳动和重复劳动，降低无效支出，提高效率和对顾客的响应速度。

2. 着眼于整体流程最优

在传统的职能管理模式下，业务流程被分割为各种简单的任务，各职能部门只负责本部门相应的任务，势必造成职能经理们只关心本部门的局部效率，而忽视了流程的整体效率。BPR 强调的是流程全局最优，以及整个企业范围内核心业务流程的综合最优。

3. 实施BPR伴随着组织的调整

BPR 要求流程适应"3C"(顾客、竞争和变化)的需求，而不是适应原有组织运作的需求，组织只是流程有效运作的保证。因此，流程的建立或重建通常会引起组织的重新设计或调整。

4．员工的评价体系是使流程高效的保障

再完美的流程也需要人来操作，充分发挥个人的能动性和创造性是至关重要的。流程管理需要落实到考评体系上，将员工为整个流程的效率负责，而不是局限于传统职能部门有限的职责范围内。

5．流程应涵盖客户和供应商

企业的活动总括起来就是整合内外部资源，通过高效的流程满足客户的需求。因此，准确了解并定义客户的需求是流程的出发点。另外，企业的资源都是有限的，外部资源必不可少，同时，相对于内部资源来说，外部资源(包括供应商、分包商及其他外部资源)是不可控的，更需要在流程中充分重视、重点控制。

6．重视IT/IS支持

流程运作离不开信息的及时传递。高效的信息系统(Information System，IS)保证信息的及时采集、加工、传递，实现信息的合理、及时共享，提高流程的运行效率和对外部变化的响应速度。

5.3.3 业务流程优化的过程

不管是哪一种对 BPR 的理解，都离不开围绕企业的业务流程进行的分析和管理，具体分析如下所述。

(1) 了解企业存在的问题，确定要实现的目标。成立专门的流程再造小组展开系统调研，可与一线工作人员进行访谈，从而了解企业经营所面临的问题，提出流程再造要求，确定流程重组后要达到的目标，并选择需要重组的业务流程。

选择适宜的流程，需考虑影响企业效率、成本或利润的关键流程；需考虑对用户最重要的流程，可根据用户最关心的内容来拟定优先重组的业务流程名单；需考虑最易实施成功的流程，做到先易后难，以较小的风险获得相对可观的效益。

(2) 分析现有流程，发现症结所在。对需要重组的业务流程进行细致、准确的流程分析，弄清楚现有流程的核心环节，优缺点及存在的突出问题，并考查重组可能涉及的部门，做初步影响分析。这个环节是对原流程进行诊断，发现问题的重要过程，这个过程中需要绘制各部门的业务流程图，与各部门业务人员讨论业务流程图是否符合实际情况；分析业务流程中存在的问题(有无不合理流程/环节)。

(3) 设计新的业务流程。根据设定的目标及重组原则，改进现有流程的不足，重新设计新的流程，识别核心流程，简化或合并非增值流程，减少或剔除重复、不必要流程，从而构建新的业务流程模型。这是对原流程进行改造，解决问题的关键步骤。将新业务流程图提交决策者，以便确定合理的、切合实际的业务流程。

(4) 评价新的业务流程。根据企业既定目标与现实条件，对新流程进行评估，评估其是否可行，效益如何及能否有效实现原定目标。

(5) 实施、修正新流程。

5.3.4 业务流程图的绘制

业务流程图是一种描述企业内各部门之间业务关系、作业顺序和管理信息流向的图表。利用它可以帮助分析人员找出业务流程中的不合理流向。业务流程图主要是描述完整的业务流程，以业务处理过程为中心，一般没有数据的概念。

业务流程图的图例如图 5-2 所示。

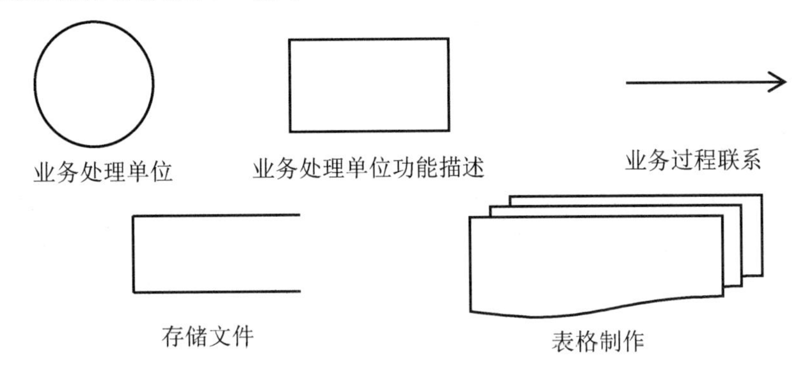

图 5-2 业务流程图图例

业务流程中各项目的含义如下所述。

(1) 业务处理单位，表示某项业务发自或交由处理的部门或单位。

(2) 业务处理功能描述，表示该环节处理的业务内容。

(3) 业务过程联系，表示连接业务处理过程，箭头表示业务处理的顺序或管理信息的流向。

(4) 存储文件，表示存储信息的内容。

(5) 表格制作，表示输出的各种表，在电子商务系统中指的是各种数据表，如用户信息表、各类业务报表、文件或图形等。

某 P2P 平台会员借款业务的流程图如图 5-3 所示。

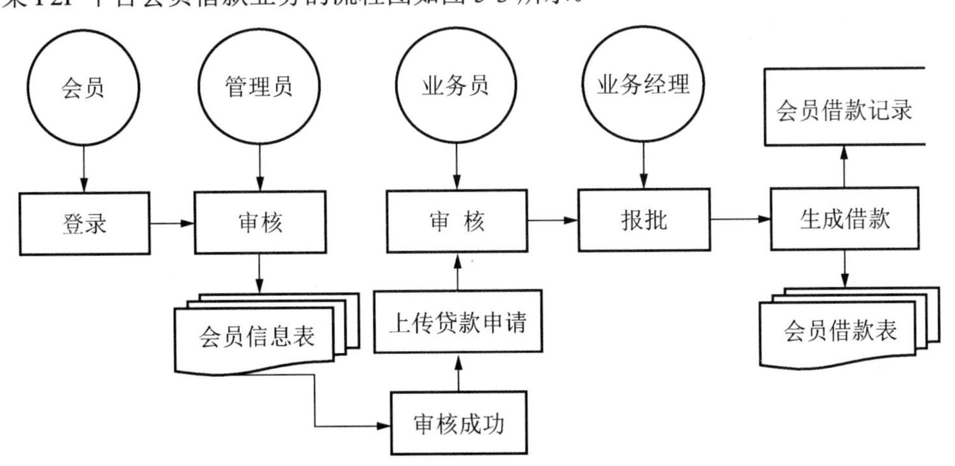

图 5-3 会员借款业务流程图

5.4 电子商务网站域名规划

电子商务网站作为电子商务项目的重要的载体之一，在项目规划初期需要规划网站的体系结构、软硬件选择、网站域名规划等。

5.4.1 域名的概念和结构

1．域名的概念

域名是由一串用点分隔的名字组成的 Internet 上某一台计算机或计算机组的名称，用于在数据传输时标识计算机的电子方位(有时也指地理位置、地理上的域名)。域名是一个 IP 地址上有“面具”。一个域名的目的是便于记忆和沟通的一组服务器的地址(网站、电子邮件、FTP 等)。

2．域名的结构

域名由两个或两个以上的词构成，中间由点号分隔开，最右边的那个词称为顶级域名。以下是几个常见的顶级域名及其用法。

.com——用于商业机构，是最常见的顶级域名。任何人都可以注册.com 形式的域名。

.top——用于所有公司组织个人，任何人都可以注册.top 形式的域名。

.net——最初是用于网络组织，如互联网服务商和维修商。任何人都可以注册以.net 结尾的域名。

.org——是为各种组织包括非营利组织而定的，任何人都可以注册以.org 结尾的域名。

国家代码由两个字母组成的顶级域名如.cn、.uk、.de 和.jp 称为国家代码顶级域名，其中.cn 是中国专用的顶级域名，其注册归 CNNIC 管理，以.cn 结尾的二级域名简称为国内域名。注册国家代码顶级域名下的二级域名的规则和政策与不同的国家的政策有关。

5.4.2 域名的申请步骤

(1) 准备申请资料。注册.com 域名无须提供身份证、营业执照等资料；2012 年 6 月 3 日.cn 域名已开放个人申请注册，目前申请需要提供身份证或企业营业执照。

(2) 寻找域名注册网站。由于.com、.cn 域名等不同后缀均属于不同注册管理机构所管理，如要注册不同后缀域名则需要从注册管理机构寻找经其授权的顶级域名注册查询服务机构。

(3) 查询域名。在注册商网站注册用户名成功后并查询域名，选择您要注册的域名，并点击域名注册查询。

(4) 正式申请。查到想要注册的域名，并且确认域名为可申请的状态后，提交注册，并缴纳年费。

(5) 申请成功。正式申请成功后，即可开始进入 DNS 解析管理、设置解析记录等操作。

5.4.3 域名的商业价值

域名的原本功能是发挥技术参数的作用，即供计算机及其操作者使用的一种网络导航符号，使联网的计算机得以相互建立特定且唯一的联系，是计算机 IP 地址的外部代码。但是，域名在今天已经突破了这一原始功能，电子商务的飞速发展造就了域名的商业价值。

1. 提高企业的知名度，增加贸易机会

企业建立自己的网站、网页，并综合运用文字、图形和声音，形象、生动地在互联网上向全世界展示企业形象，发布企业最新消息，宣传企业的产品和服务，供互联网上潜在的贸易伙伴浏览、查询，依靠网络迅速提高企业的知名度，增加贸易机会。可以说，在现实世界与网络世界并存的时代，越来越多的企业不仅关注现实世界中的产品市场，也纷纷在网络中建立平台，拓展电子商务，域名便是他们“敲开网络大门的那一块砖”。

2. 增加点击率，提高利润

电子商务的发展，创造出了与之相呼应的眼球经济。眼球经济又被称为注意力经济，通常点击率与利润成正比。一个易记、有趣、有特色的域名可以使企业的投资和努力事半功倍。

3. 将商标、商号注册为域名成本低，效果直接

不少企业纷纷将自己知名度较高的商标或商号注册为域名，使域名成为商标或商号在互联网上的延伸，还有积极将自己知名的域名注册为商标、商号的。由此使域名与商标、商号不断转化、互生，其功能也日益强化。被使用在商业或服务业中的域名，其商业价值被一再强化。

总之，互联网发展到今天，域名已经不仅仅是互联网用户用以登录网站的定位器了。它是企业互联网品牌的主要载体，是一种拥有相应的法律权利，受法律保护的知识产权，具有比商标更强的唯一性，是网站推广的重要手段，更可作为企业的成长大事记载。

【拓展案例】

案例 5-5

淘鞋网的域名优化

2008 年 11 月由淘鞋团队自主技术研发的平台——淘鞋网(taoxie.cn)正式宣布上线运营。

2011 年 8 月，淘鞋网正式启用 www.taoxie.com 作为网站主域名；域名原是国内一个知名的球鞋资讯网站，淘鞋网从最初谈判到确定交易历时 2 年，最终于 2010 年以七位数的高价将该网站和域名一起收购。

淘鞋网成功实现了全套域名(taoxie.com/.cn/.com.cn)的保护，也成为鞋类 B2C 乃至电商业界域名保护最全、最完整的网站之一。

5.4.4 域名的设计方法

一般来说，一个易记、逻辑性强，从字面意思上能够反映网站服务内容或宗旨的域名更能提升网站的形象，让人们记住这个网站，愿意向朋友介绍这个网站。因而域名设计对

【拓展案例】

网站策划者来说是很重要的一项工作，是网站形象识别设计中的重要一步。

域名设计的一般原则包括以下几方面。

1．简洁，以4～8个英文字符为宜

中国人习惯认知和记忆汉字，但由于技术问题，目前域名只能使用字母、数字和一些特殊符号，因此在设计域名时，特别是当网站主要面对国内市场的时候，英文字符一定不宜多，控制在4～8个为宜。

2．逻辑性字母组合便于记忆

为了便于记忆和传播，设计域名一般应选用逻辑字母组合，主要分为英文单词组合(如asiafriendfinder.com)、汉语拼音组合(如 liujia.com)和其他逻辑性字母组合三种(如纯数字组合 8888.com，字母+数字组合 google123.net，英文+拼音的组合 chinaren.com，逻辑意义组合 e-plastic.cn 等)。

(1) 如果网站主要面对的是对英文单词认知能力稍差客户，那么在设计的时候应尽量选用后两种组合。

(2) 如果网站同时对国外和国内提供服务，最好采用一些简短并且为国内客户熟知的英文单词例如，e-plastic.cn 这是一个塑料行业的专业网站，plastic 只有 6 个字符而且对于塑料行业的用户来说，这个词属于出现频率较高的词，比较容易认知。

(3) 如果企业已经在目标市场有些名气，建议采用企业名称的汉语拼音或缩写(如，yuanfang.com，当然如果企业的名字为音译那就另当别论了)。

3．字母+数字组合是区分域名的最佳方法

域名具有唯一性，全球有大小网站数百万家，而英文字母只有 26 个，因此想用 4～8 个英文字母解决域名问题(而且必须要有一定的逻辑性)并不容易。

阿拉伯数字有 10 个，让字母大大避免了重复性，而且一般人都对数字比对字母要敏感，因此采用字母+数字的组合较能区分于其他近似域名，便于记忆(如 google123.net，google168.com、google888.com 等)。但提醒大家注意的是“1”“2”“7”，这些容易与英文字母或其他数字在书写和发音上混淆的数字，不利于传播，一般不宜采用(“1”和字母“l”在书写上很容易混淆，“2”和“r”谐音，“1”和“7”谐音)。当然有些域名采用的是逻辑数字组合就另当别论(如 google123.net 中的 123、135～139.com 等)

4．慎用“-”和“_”

这两个字符一般用于逻辑字母组合中，但由于在书写时容易混淆，而且不便于病毒式的口口相传，因此除非有特殊逻辑含义，一般也不建议使用。

5．慎选后缀

在域名选择上，尽可能采用国际顶级域名.com，因为它规范易记，也是最常见的域名而且很大程度上已经抢占了网民的首要意念，多半人在记不清某域名后缀的时候都会先试用.com。如果必须选择其他后缀的话，也建议选择如.net、.org、.com.cn 等比较常见的域名。

本章小结

电子商务总体规划是指从企业战略目标分析出发，以支持企业核心业务向电子商务转型为关键，明确电子商务的目标定位，分析构建企业电子商务的模式、业务流程、盈利方式、产品服务和规划设计支持这种转变的电子商务系统的总体方案、实施步骤及资源配置方案。电子商务项目规划包括电子商务项目战略规划和电子商务技术战术规划。

首先要进行电子商务项目的定位和目标设定。电子商务项目的定位就是企业要根据需求分析的结果，结合企业自身的优势、目标客户的需要及市场竞争状况来确定企业转向电子商务后将经营什么产品或从事什么服务、服务对象是谁。通俗地说就是企业的电子商务做什么、为谁做。电子商务项目目标制定是指企业实施电子商务后可以达到的可度量的目的，即项目建成运行后要达到什么样的目的和效果，目标的制定要遵守 SMART 原则。

电子商务模式随着电子商务的深入发展，已经出现了各种各样的新的模式，在各种商务模式下，企业采用什么样的模式盈利变得更加重要。电子商务项目的盈利更多的是关注企业的利润来源、生成过程及产出形式。常见的电子商务盈利模式有网络广告收费、通过增值服务向 C 端用户收费，以及向 B 端的供应商收取会费或交易佣金、网上销售和渠道盈利。产品概念在互联网和软件技术不断发展的今天，其含义与传统的产品概念已经有所变化。电子商务项目中的产品设计应遵循一定的原则。电子商务系统项目优化的首要问题是要梳理企业业务流程，解决问题流程，同时也是降低成本、提高效率的关键解决方案。了解业务流程重组的方法和流程对于优化项目具有重要的意义。

电子商务网站作为电子商务项目的重要的载体之一，在项目规划初期需要规划网站的体系结构、软硬件选择、网站域名规划等。互联网发展到今天，域名已经不仅仅是互联网用户用以登录网站的定位器了。它是企业互联网品牌的主要载体，是一种拥有相应的法律权利，受法律保护的知识产权，具有比商标更强的唯一性，是网站推广的重要手段，更作为企业的成长大事记载。一般来说，域名的设计要易记、逻辑性强，从字面意思上能够反映网站服务内容或宗旨的域名更能提升网站的形象因而域名设计对网站策划者来说是很重要的一项工作，是网站形象识别设计中的重要一步。

案例分析

阿里巴巴 O2O 布局

1．阿里巴巴的 O2O 战略构想

2014 年初，阿里巴巴组建了 O2O 事业群，并对外公布“千军万马”和“四通八达”的 O2O 战略构想。在阿里巴巴内部的项目启动会议上，明确提出将 O2O 提升至集团的战略层面。

所谓“千军”即今年将有近 5 000 家品牌商进入到整个阿里巴巴 O2O 战略范围中，包括线下 10 亿元以上销售额、100 家以上门店的公司，都在阿里巴巴 O2O 考虑范围之内。而这些传统门店都将面临商务电子化的全面改造。所谓“万马(码)”则指的是二维码计划。阿里巴巴相信未来所有场景里面都会有二维码，品牌、店铺、导购员、会员、支付都有二维码身影，而所有人借助二维码分账功能变成淘宝客。

“四通八达”是阿里巴巴将“千军万马”连接起来的手段。所谓“四通”是指流量的打通、会员体系及数据的打通、商品数据的打通、支付环节的打通。而“八达”是指O2O项目所实现的八个核心业务场景，包括线下缺货时线上成交、线上支付线下成交、线上导流领券线下浏览与消费、优惠券线上线下通用、发货快递微淘进包、搭配套餐导购员推荐搭配、线上服务全国线下营销、品牌营销全线互动。

例如，一个人周末早上起来，接收到某品牌发送的优惠信息，决定去逛一下，拿出手机搜一下最近的门店。到达之后，选择合适的款式试穿，扫描二维码付款，免去排队付款的麻烦。如果刚巧喜欢的款式断码，那就直接在手机上搜旗舰店，下订单后利用支付宝钱包声波支付功能付款，就可以直接在家坐等衣服快递上门。

上述的是一个最为简单的情景描述，用户获得的是流畅快速的体验，当然阿里巴巴自己对于O2O场景更加多样化。尤其阿里巴巴注资银泰之后，在银泰当中的一些场景都被当作案例，供各类品牌商家以及资本市场学习。

2．步步推进O2O战略

阿里巴巴本身凭借淘宝网的业务聚合了中国互联网上绝大多数数字消费者，并且凭借丰富的用户资源不断拓展业务体系，拥有丰富的信息资源，包括实体商品及虚拟商品两部分。商品信息和消费者数据的聚合为阿里巴巴的O2O之路提供了强有力的保证，使得信息平台的整合收口有了支撑点，同时依靠支付宝对于消费过程的满足，完成闭环。

2006年，阿里巴巴收购口碑网，整合为“淘宝本地生活”，阿里巴巴开始布局本地生活搜索服务。淘宝本地生活为消费者提供评论分享、消费指南，是商家发布促销信息、进行口碑营销、实施电子商务的平台。本地生活化的导购服务是阿里巴巴进行整体O2O发展最基础的一步，简单地说有地域特色的市场一经占有就可能具有相当强大的能量，在此基础上培养用户其他消费需求就水到渠成。

2010年，淘宝手机客户端上线，具有商品搜索、浏览、购买、收藏、物流查询、旺旺在线沟通等在线功能。2012年1月，淘宝商城更名为天猫后，同年4月天猫手机客户端上线。阿里巴巴开始移动互联网战略布局。随着移动互联网的发展，移动购物人群逐渐壮大，由于移动终端不受地域限制，其使用的优越性逐渐形成，也为阿里巴巴整体O2O的场景实现架设了终端基础。

2010年3月，阿里巴巴推出团购聚划算，为用户提供服饰、时尚、鞋包、电器、食品、母婴、居家、其他、聚名品、聚家装、聚家电等团购服务。同年5月，淘宝旅行上线，为用户提供国内机票、国际机票、酒店客栈、景点门票、国内国际度假旅游、签证(通行证)等旅游产品的信息搜索、购买、售后服务的一站式解决方案。同年11月，阿里巴巴携手微软推出一淘网，立足淘宝网丰富的商品基础，放眼全网的导购资讯，为消费者提供一站式的购物搜索。阿里巴巴生活服务布局全面展开。

2011年，一淘网、聚划算、淘宝旅行的手机客户端陆续推出，阿里巴巴的移动生活服务战略开始全面走向市场。

同时，阿里巴巴上线社交软件“湖畔”“来往”，进军社交网络。2011年7月，阿里巴巴正式推出阿里巴巴云OS操作系统，同时推出首款搭载此系统的云智能手机，此为阿里巴巴近年在移动互联网产业上最大规模的拓展。终端入口在移动互联网的时代显得尤为重要，作为操作系统以及终端设备的推出，成为阿里巴巴云化战略的第一步。

2012年10月，淘宝本地生活悄然推出“地图搜”Beta版，用户可以通过地图搜索优惠信息和商户。淘宝地图具有定位、找周边团购优惠、找本地商户等功能，其中团购优惠由聚划算提供，商家来自淘宝本地生活，地图由阿里巴巴云提供。

2013年1月，支付宝推出“支付宝钱包”，试水移动商务，强化移动布局。支付宝钱包不仅提供声波付钱、转账、扫码、条码支付等支付方式，还可以绑定多张银行卡，进行个人账单管理，同时具有收集和管理优惠券功能。支付宝虽然处于整个交易的最后一环，但却是阿里巴巴整体O2O战略实现的最重要环节，虽然目前由于政策的相关限制，导致一些功能暂时关闭，但是支付宝的多样性功能在交易过程中带给用户的体验，及战略上的占领意义更为重要。

整体来看，阿里巴巴的优势在于以线上购物带动全产业链的扩张，其中涉及生活类 O2O 市场同样以商品信息为核心，横向扩展交易当中所涉及的地理信息、实时交流、反馈服务等相关应用。

3．阿里 O2O 布局

O2O 是个大概念，因为它不仅局限于零售领域，还可以运用于衣食住行各个不同细分市场中去，因此很难有一家企业独立将 O2O 概念转化为实际。所以，对于阿里巴巴来说，O2O 的实现之路也是投资并购的布局之路。

从战略布局来看，目前阿里巴巴的 O2O 市场布局主要集中在地图和本地化生活服务。

1) 地图

作为生活服务的入口，地图是必争之地。它所承载的是基于地理位置构建商家与用户之间的关联，衍生其他众多应用的 O2O 平台。阿里巴巴通过收购高德，将旗下的淘点点、淘宝本地生活的服务平台与高德的地图导航应用整合，这是阿里巴巴利用地图在 O2O 层面布局的重点。高德补充了阿里巴巴在移动端的短板，在商铺信息、地理位置、商品信息、销售支付、物流配送等各个环节形成的完整链条，给阿里巴巴的 O2O 版图带来无尽想象的可能，因此不能不争。

2) 本地化生活服务

随着移动互联网用户的快速增长，庞大的生活化需求带动了 O2O 市场的巨大上升空间。美食、娱乐、酒店、家政等都是关系用户日常生活的主要范畴，亦是阿里巴巴等巨头的必争之地。阿里巴巴收购高德之后，公布了阿里巴巴“百亿补贴淘点点地面推进”的新计划，目的在于快速普及基于本地生活的用户服务市场；2014 年初，在打车领域更是与腾讯进行着“血肉模糊的近身厮杀”。这些都是阿里巴巴在抢占本地生活服务市场的试水，也代表了此处必争的决心。

对于 O2O 各个领域的布局越深入、越多样，就意味着这个市场的空间越大，提供给企业的机会越多。

4．阿里面临四大难题

O2O 作为电子商务的模式之一，其本质是协同线下商家电子化地深入目前用户的生活，提供更为便利的服务，并非是对传统行业的颠覆。基于这点，可以得出一个结论：阿里巴巴无论在任何市场、以何种形式进行布局，其本质都是要解决现在线下商家的痛点。线下资源才是未来 O2O 竞争的核心。由此，阿里巴巴想要构建 O2O 的“帝国”就要解决以下问题。

(1) 商户的商务电子化问题。作为平台企业，聚拢商户资源才能够吸引用户，利用用户消费扩大线下进展。这是 O2O 能够顺利发展的一个循环。目前的情况是，国内的商户电子化水平参差不齐，商铺的后台信息管理就显得尤为重要。聚合仅为前期扩展的手段，面临发展时，应该同时提高商务电子化的进程，方能统一协调发展。

(2) 货品的管理。这个问题对于零售类企业尤为重要。后台的打通不仅局限于品牌之间，更存在于商圈之间。货品的管理需解决的层面有两个：一是解决断码断货的问题，需要供应系统整体数据的打通；二是基于对用户数据的分析得出商圈之间、相同品牌不同门店之间消费者的喜好、购买倾向等数据，在配货时有效调配，最大限度地降低库存。

(3) 引流的问题。O2O 的发展过程中，最艰难的环节是线下的拓展，而能够吸引线下商家的最核心卖点就是通过线上引流增加线下的客流量。但是通过线上吸引至线下的客户数量究竟有多少很难控制，购买转化率有多高、推广成本有多大，都是线下商家最关心的问题。单点推广的成功不代表在更广阔的市场内能够复制，毕竟如果都以线上交付预订、线下服务或提货这种形式推进的话，并不能够带来更实质性的效益，线下商家很难主动寻求突破，积极推进互联网化进程。

(4) 体验一致。在 O2O 的健康发展中，利用优惠快捷的形式将用户引导至商铺是前提保证，但是完整的用户体验需要线下提供。门店商家甚至专柜品牌所提供的服务是多种多样的，无法量化成统一制式。线上渠道引流来的客户能否得到相同的服务，是消费者在整个消费过程中最关心的问题之一。解决这个问题，需要阿里巴巴对线下商户、对互联网或者 O2O 本质重新认识，即电子商务并非颠覆者，而是援助者。

问题：通过以上材料分析，阿里巴巴的 O2O 模式中，其盈利模式是什么？

1．请使用 SMART 原则为一个即将上线的二手车平台制定一个推广目标。

2．分析滴滴打车的盈利模式。

3．简述域名的商业价值。

4．简述互联网、IT 行业的产品含义，并说明它与传统行业产品含义的不同。

5．简述业务流程分析对于电子商务项目的意义。

第6章

电子商务项目系统设计

学习目标

(1) 了解电子商务项目系统设计的基本概念。
(2) 了解电子商务项目系统设计工作的主要内容和工作任务。
(3) 掌握电子商务项目系统总体结构设计的方法。
(4) 掌握电子商务项目系统设计的工作步骤和主要方法。

知识架构

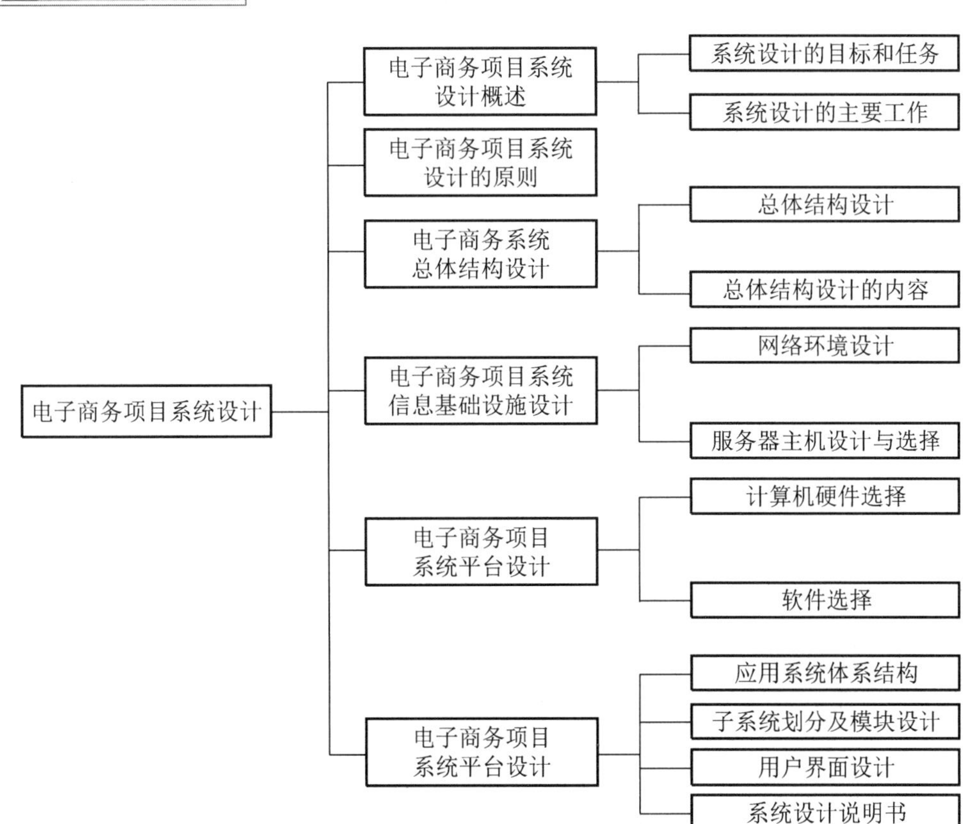

导入案例

旅游电子商务系统的设计

电子商务以互联网技术发展为依托，是重要的互联网应用领域。对旅游服务和商品售卖体系的分析表明，旅游行业的电子商务化转变蕴含着极大的潜力。

从旅游行业实际运作过程的角度定义，旅游的过程就是消费者通过购买旅游服务或者旅游商品的方式，实现个人满足的一系列行为或者活动。传统旅游行业存在很多弊端：旅游者希望从旅游平台获取更多、更新和更有价值的旅游信息，这些信息是旅游者决策旅游目的地和进行旅游路线私人订制的重要依据。传统旅游企业提供的信息不是太过陈旧，就是效率低下，旅游者需要多次地进行咨询、考证，才能获得更多有用的信息资源。在收集旅游信息上耗费大量的劳力显然并不是想要寻求休闲与享受的旅游消费者的初衷。相应地，对于旅游行业从业者而言，即使是业务十分熟练的人，也需要投入大量的精力去进行海量咨询应答、收银等高重复性、低技术含量的工作。这大大引起了企业资源的浪费，也不利于服务的优化升级和企业效益提升。针对旅游电子商务行业发展现状，构建高效旅游信息处理的旅游电子商务系统刻不容缓。构建旅游电子商务系统首先进行系统的整体需求设计，包括系统设计原则和系统功能需求。根据系统分析基础进行系统设计，主要包括旅游电子商务系统的数据库设计与实现、关键模块设计与实现和系统安全设计。

1．系统数据库设计与实现

依据业务需求，通过操作相关类实现数据表记录的增、删、改、查。对于数据库设计，主要从逻辑模型设计和物理模型设计两个方面着手。

(1) 数据库表结构设计。旅游电子商务系统数据库包含用户信息表、用户角色表、用户权限表、角色权限关系表、景点信息表、订单信息表和支付信息表等。

(2) 数据接口实现。

2．Web 客户端的设计与实现

(1) MVC 详细设计。

(2) 在线支付模块的设计与实现。在线支付是旅游电子商务的关键模块，本课题所实现的在线支付，通过两种途径完成，一种是通过网上银行的方式，另一种是通过第三方(支付宝)的方式。在线支付依托 Web 服务技术的基础，实现对支付服务的发现和调用。作为支付服务的请求者，旅游电子商务系统并不再需要耗用大量自身资源去考虑整个支付流程的业务逻辑表示与实现。取而代之的是，Web 服务端将支付业务逻辑实现交给处理支付结算业务更为专业的金融机构，如银行和第三方等，由送些机构通过 WSDL 文件对在线支付服务进行描述，再通过 UDDI 协议将支付服务注册在网上 W 供调用，而系统自身只需要在 Web 服务目录中寻找需要的服务，与之进行接口对接，调用支付服务即可。更为形象地说，这里支付服务是由银行和第三方支付机构售卖的一种“商品”，只是这种商品是没有物理实体，而是放置在互联网、可供调用的服务而已。服务商品化是 Web 服务一个十分重要的技术特点，是对互联网资源的优化配置。

3．移动客户端的设计与实现

从技术实现角度考虑，移动客户端的设计目标是实现移动客户端与 Web 应用服务器之间的异构平台通信。

在移动客户端模块实现中，Web 服务端属于 Web 服务提供者，移动客户端属于 Web 服务调用者。移动客户端向 Web 服务端请求经过 Web 平台处理过的数据，移动客户端界面对数据进行展示。举例而言，在移动客户端登录时，用户输入的用户名及密码信息传送至 Web 服务端数据库，与数据库中的用户信息数据相匹配－匹配通过，则用户可 W 进行登录。此外，用户还可以查询已下订单信息，或者单纯查看有哪些有意思的旅游景点。

电子商务系统设计的主要任务是从电子商务系统的总体目标出发，根据系统规划阶段和系统分析阶段产生的文档，并考虑到经济、技术和系统所实现的内外环境和主客观等方面的条件，确定电子商务系统的总体结构和系统各组成部分的技术方案，合理选择软件和硬件设备，确保总体目标的实现。

6.1 电子商务项目系统设计概述

所谓电子商务项目系统设计是指根据系统规划的内容，界定系统的外部边界，说明系统的组成及其功能和相互关系，描述系统的处理流程，目标是给出未来系统的结构。换句话说，完成电子商务系统的设计后，对未来电子商务系统的整体构成能够有一个清晰的理解，为后续的系统开发工作奠定基础。

系统设计的重点是描述清楚系统由哪些部分构成，说明系统各个部分的相互关系。所以，在系统设计阶段所关心的重点是，一个系统中的各个组成部分是如何相互配合、共同完成企业的电子商务需求。

对于系统设计阶段的基本步骤，目前没有统一的定论。系统设计阶段的最终目标是确定电子商务系统的逻辑结构和应用功能。一般将系统的设计阶段划分为系统需求分析、系统技术方案比选和系统结构确认 3 个基本步骤，如图 6-1 所示。

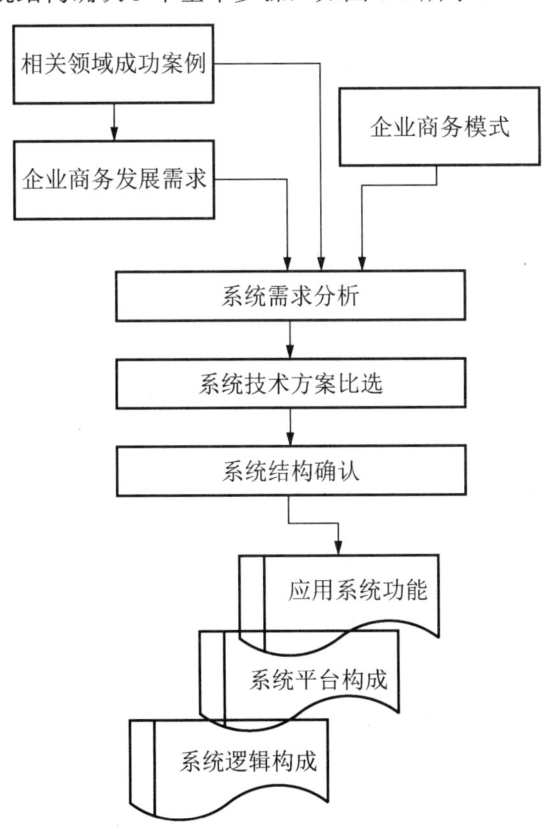

图 6-1 电子商务设计阶段示意图

(1) 系统需求分析。首先需要对企业的需求进行调查，了解企业的需求，吸取相关领域电子商务实施的成功经验，明确电子商务系统需要满足的基本要求，为系统技术方案比选提供参考依据。

(2) 系统技术方案比选。电子商务系统一般可以有多种技术平台可以采用，而且其体系结构中所定义的各个层次也可利用不同的工具实现。这样在系统设计过程中，需要对多种候选技术及产品有针对性地比较。此外，由于不同的技术产品都有一定的针对性，各具特色，所以在方案比选的过程中，可能会提出一些新的问题，也可能会从技术产品当中吸收很多有价值的内容，丰富企业的需求，使企业的需求更为清晰。经历这一阶段后，对企业需求的理解就不是简单停留在企业需要做什么这样一个层面上，而是进一步升华到企业怎样才能将商务运转得更好这样更高的层次上，这对于确定企业电子商务系统的最终技术方案是很有益的。

(3) 系统结构确认。确定哪种技术方案是最适合于企业的要求的。要达到这一目标就需要确定企业未来电子商务系统需要完成的完整的功能，各种技术方案与企业所要求的功能的距离究竟有多远，是否与最终的需求相吻合。

系统设计阶段可遵循软件工程的基本思路，首先简要设计说明系统的逻辑特征，然后详细设计说明具体的实现方式。由于电子商务系统仍然是信息系统，所以软件工程中的设计方法仍可采用。

6.1.1 系统设计的目标和任务

电子商务项目系统设计阶段的主要目的是将系统分析阶段提出的、反映用户信息需求的系统逻辑方案，转换为可以实施的、基于计算机与通信系统的物理(技术)方案，并且能够比较容易地将方案转化成程序代码。本阶段要对分析阶段得到的模型做进一步的扩展，细化分析类，同时还需要定义新的类来处理技术方面的问题，如数据库、用户接口、通信和硬件设备等。

电子商务系统设计阶段的主要任务是从电子商务系统的总体目标出发，根据系统分析阶段对系统功能的逻辑要求，确定系统构架和运行方式，明确系统体系结构，并考虑到经济、技术和运行环境等方面的条件，确定系统的网络总体结构和系统各组成部分的技术方案，合理选择计算机和通信的软、硬件设备，提出系统的实施计划，确保总体目标的实现。电子商务系统设计是在系统分析的基础上由抽象到具体、从逻辑到物理的过程，在该过程中应考虑到系统实现的内外环境和主客观条件。

系统设计的主要工作是设计系统的技术方案，并获得系统需求(功能需求和非功能需求)的实现方式和整个系统的组织方式(系统构架)。与分析阶段的工作相比，设计阶段的工作有以下几点不同。

(1) 设计阶段解决的是“如何做”的问题，而分析阶段解决的是“做什么”的问题。

(2) 设计阶段的成果是物理模型，是实现的蓝图。

(3) 分析阶段脱离技术细节，可针对不同的设计来进行，而设计工作针对特定的实现来进行，通用性差。

(4) 设计工作的工作量更大，直接影响系统成败。

(5) 通过代码生成工具，设计可以直接支持系统实现，生成系统框架代码。

6.1.2　系统设计的主要工作

系统设计阶段要细化系统规划阶段给出的系统体系结构中的层次内容，所要完成的主要工作是：①系统总体结构设计；②系统信息基础设施设计；③支持平台的设计；④应用系统设计。

由于企业电子商务的内容不同，规模大小不一，在设计阶段所要做的工作详尽程度可能不同，但是所做的工作内容是大同小异的。例如，一个企业的电子商务系统采取租用形式建设，那么其信息基础设施部分的设计可能会内容相对较少，而在应用系统设计方面辅助的笔墨较多。

6.2　电子商务项目系统设计的原则

电子商务项目系统设计的结果是后续开发实施的基础，所以系统设计是非常重要的。电子商务项目系统设计受到很多因素的影响，如技术条件、业务的规模、设计人员对系统的理解程度等。西方有句谚语“条条大路通罗马”，说明在目标确定的情况下，可能存在达到统一目的的不同手段。同样，对于电子商务系统而言，即使是系统规划明确了系统的目标、规模的前提下，由于不同的考虑，设计人员给出的系统结构可能也是有所差异的。

一般而言，电子商务项目系统设计应当注意以下原则。

1．保持技术的先进性

电子商务既然是利用现代信息技术开展的商务活动，那么技术因素在电子商务中所占有的地位是非常重要的。所谓先进性是指系统设计应当立足先进的技术，采用最新的技术成果，从而使系统具有一个较高的技术起点。

之所以要求系统设计具有先进性，原因在于电子商务系统的实现技术发展很快，而系统的建造过程则需要一定时间，当技术成为企业保持竞争优势的一个重要因素时，如果在设计伊始没有在技术方面领先，那将对企业电子商务的竞争能力产生不利影响。

此外，应当注意的是电子商务技术发展得很快，人们对所用的技术是否先进的评判依据可能不一样，这时应当注意从是否满足标准、是否是未来发展的方向加以判定。考察时如果没有国际标准，那么就要考察是否有实际的工业标准，可选择的技术或产品是否符合未来技术的发展方向。例如，当考察一个产品是否易于集成、是否具有可重用的特征时，在这一方面的确没有国际标准，但是却发现至少现在 J2EE、CORBA 和 COM 是这一方面比较流行的，它们也被公认为未来产品发展的方向。所以，在选择时可以采取的策略就是尽可能地选择主流的、有代表性的产品，这样才可能保证未来构造的系统有生命力。

2．符合企业信息化的整体技术战略

假设企业为了提高生产和管理的需要，已经制定或者建立了信息技术政策，并建立了

相关的信息系统。由于这样的背景，在进行系统设计时，企业需要考虑到未来的系统应作为企业信息化的一部分，符合企业的整体技术战略。

3．满足开放、可扩充的要求

如果希望系统满足开放性的要求，不仅意味着电子商务系统可以独立于硬件、操作系统，系统开发建设中能够获得更多的技术支持，也容易升级，而且开放的系统结构易于和企业已有的信息资源集成。

产品的可扩充性好则意味着设计开发的电子商务系统投产后，一旦需求发生变化，那么系统能够尽快得到扩充，原有的投入得到有效保护，从而在整体上得到良好的投入产出效益。

例如，在选择 Web 服务器时，如果候选的产品支持服务器集群，那么当计算机资源不足以满足性能要求时，仅仅需要扩充硬件资源，而 Web 及 Web 上的应用不需要变化，这样可以免去应用上的升级开销。

4．与现行的应用具有良好的兼容性

兼容现行的应用意味着电子商务系统可以有效利用已有的信息资源，节约投资，并更大程度上实现信息的增值。

例如，企业内部通过 Lotus Notes 建立了工作流(Work Flows)系统，而在实现电子商务系统的过程中，又需要进一步将原有的基于工作流的应用扩充到 Web 平台上，而选择的平台能够和已经建立的系统兼容，共享已有的数据，那么在两者之间就不需要进行数据的转换，从而节省了数据共享方面的开销。

5．成熟性

所谓成熟性是指设计中选用的技术、工具、平台应当是符合标准的或者是受到市场欢迎并得到广泛认同的。

由于电子商务系统建设是一个复杂的工程，而工程建设则强调成熟的技术满足企业的实际需要。如果不注重技术的标准化、成熟程度，那么带来的后果可能造成企业的损失，为企业的服务、形象等方面带来不利影响。

6．安全性

安全性是指保证系统物理实体(主机、网络、存储等)及交易过程具有抗攻击、不受侵害的能力。

电子商务系统不仅直接关系到企业商务活动中的交易、营销等关键的敏感数据，而且关系到企业能否为客户、合作伙伴所信任，所以系统的安全非常重要。在系统设计时，至少要从两个方面考虑系统的安全，即从物理实体安全方面考虑主机系统、操作系统、网络、数据存储与备份等安全问题，另一方面从电子交易方面考虑身份认证、数据加密等安全措施。在系统设计时，企业应注意将电子商务带来的效益与系统不安全可能带来的风险做比较，一些大的企业(如银行、证券公司)可能往往更关心后者。

6.3 电子商务系统总体结构设计

6.3.1 总体结构设计

电子商务系统的总体结构设计是系统设计的一个重要部分，是在系统体系结构的基础上，针对企业电子商务的目标，界定系统的外部边界和接口，刻画系统的内部组成及其相互关系，确定未来电子商务系统的逻辑结构。

电子商务系统的体系结构包括较多的内容，既有网络、主机设备，也有支持平台软件和应用软件，这些内容居于不同的层次，并对系统有不同的贡献；而系统的总体结构则进一步明确目标系统的各个组成部分是什么，都有什么样的作用，以及其相互关系是什么。如果说系统规划中给出的体系结构是一个宏观的战略层次上的说明，那么系统的总体结构设计则是一个战术层次上的描述。

系统总体结构设计完成后，要给出系统总体结构设计方案，这一方案需要明确构成整个电子商务系统的外部接口和内部组成，是后续细化设计(基础设施设计、系统平台设计、应用软件设计等)的基础。所以，有了系统总体结构设计后，我们不仅可以对系统的结构能够较为清晰地把握，而且可以进一步对系统的各个部分进一步有所侧重地设计。从项目管理的角度看，完成系统总体结构设计也使后续的设计工作的分工安排有了依据。

6.3.2 总体结构设计的内容

系统总体结构设计不强调系统的细节，但是需要阐述清楚系统的组成情况，其主要内容包括以下几方面。

【拓展案例】

1. 外部环境

企业商务活动发生于企业及其客户、合作伙伴之间，所以电子商务系统不是一个封闭系统，而是开放的，并且与其他系统之间存在数据交换和接口。在总体结构设计中，首先应当确定的是系统的外部边界，即通过分析，将电子商务系统与其外部环境区分开来，从而使总体设计有一个明确的范围。

1) 与企业合作伙伴之间的接口

该类接口主要存在于企业与其商务合作、业务往来的商务伙伴之间，目标系统将与这些企业之间发生数据交换。

这类接口一部分可能是标准化的(如企业之间采用 EDI 方式实现票据交换，或者利用 eb-XML 的形式来开展交易)，也有相当一部分是不标准的，需要企业与其伙伴之间进行协商确定。

2) 与企业内部既有信息系统的接口

该类接口存在于电子商务系统与企业内部既有的信息系统之间。这类接口一般可以由企业单方面界定。

3) 与交易相关的公共信息基础设施之间的接口

该类接口主要指企业电子交易过程中，介于企业与商务中介和公共信息环境(如 CA 机构、银行)之间的接口。

这类接口一般具有标准化的形式，常常由对方(如 CA 机构、银行)来提供标准，企业需要满足相关标准的要求，同时接口的数据交换时序、流程等也具有标准的规范要求。

4) 其他接口

其他接口主要是企业与政府或其他机构之间的接口，如企业与政府的电子政务之间实现网络保税、网络通关等。这一类接口一般遵循政府机构实施电子政务时确定的规范。

系统总体结构设计阶段需要确定企业外部环境时，一般有以下三种方法。

(1) 将系统作为一个“黑箱(Black Box)”，不关心系统内部，而只关心系统与外部哪些实体发生数据交换。

(2) 针对每个外部实体，考察它和系统之间的数据交换方式，确定这些数据与目标系统之间是输入关系还是输出关系。

(3) 针对每一个外部实体，考察它和系统之间发生交换的数据的内容、格式、频度，以及交换时遵循的规范或者标准。

2．系统组成结构

如果说外部环境界定的是电子商务系统的外部边界，那么，系统组成结构则主要说明目标系统内部的组成部分，以及系统内部与外部环境的相互关系。

3．信息基础设施

信息基础设施主要指支撑目标系统运行的计算机系统、网络，以及保障网络交易顺利进行的认证中心等。在系统总体结构设计中，应当说明整个系统中计算机系统分成哪些部分，系统的网络由哪些部分组成，以及采用什么样的联机交易认证方式和认证机构。

4．应用软件结构

应用软件是电子商务系统的核心。在系统总体结构设计中，应当给出应用软件的主要功能，并说明系统应用软件的构成，即应用软件由哪些子系统组成，以及各个子系统的主要功能和相互之间的关系。

需要注意的是，在系统总体结构设计中，对应用软件系统的子系统的划分，以及其所要完成的核心功能进行描述是非常重要的，而在应用软件系统设计部分则需要进一步描述每个子系统具体由哪些模块组成。

5．系统软件平台

在电子商务系统的体系结构中，系统的核心业务逻辑最终由电子商务应用软件实现，而应用软件是在诸如商务支持平台、服务平台等基础上构造的。这些平台物理上表现为系统软件、组件软件等形式。在系统总体结构设计中，应当明确说明支持电子商务应用软件运行的平台软件主要包括的内容。

6.4 电子商务项目系统信息基础设施设计

系统信息基础设施设计主要包括计算机网络环境、计算机系统、系统集成及开发方面的有关标准，以及产品的设计与选择。

6.4.1 网络环境设计

1．PC端网络环境设计

一个良好的电子商务系统的网络环境应当满足以下要求：①支持网络的互联和应用的互操作；②能够隔离和控制对系统的访问，保证网络设备的安全；③网络环境是可以管理的。电子商务系统的网络环境包括 Internet、Intranet 和 Extranet 3 个组成部分，其基本的网络逻辑结构如图 6-2 所示。

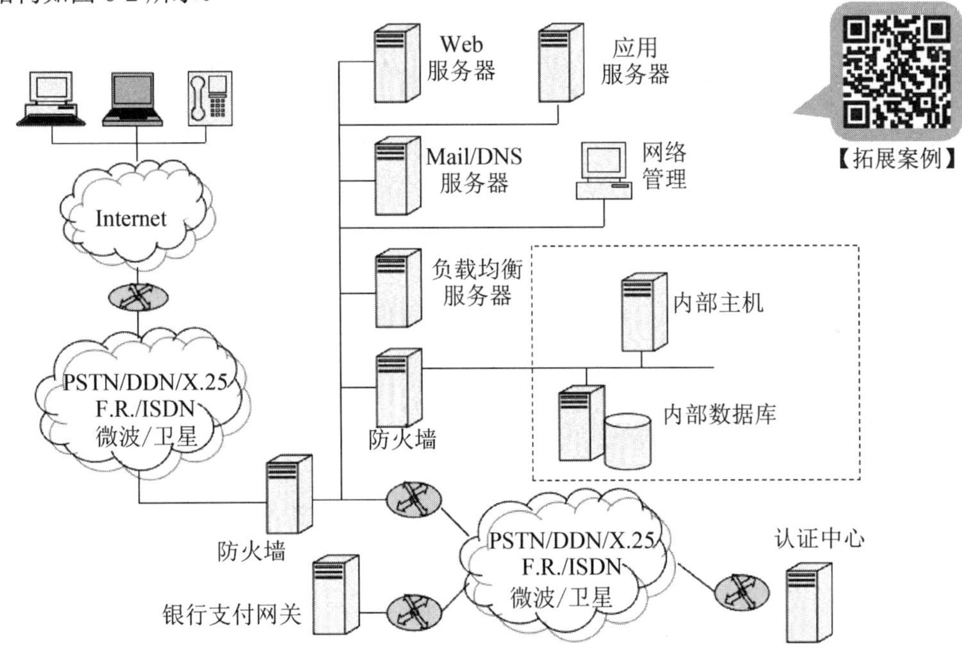

图 6-2 电子商务系统网络结构示意图

1) Internet 部分

Internet 部分是企业电子商务系统的用户访问接口，换句话说，Internet 是企业与客户之间相互交流的通道。

建设电子商务系统 Internet 部分的主要目的是实现企业 Intranet 和 Internet 之间的互联，它的主要内容是完成接口方式、接口规格的设计，实现两个部分的连接。因此，Internet 部分涉及的主要技术是网络互联技术和网络互联设备。

电子商务系统接入 Internet 有多种方式，应该根据企业自身的具体的情况进行选择。

(1) 专线接入。通过专门的线路将企业的工作环境接入到 Internet。这里的专线是指所有能够连接 Internet 的连接线路方式，包括 DDN 专线、帧中继及光纤等形式。不管采用哪一种方式，专线方式是所有的接入方式中最昂贵的，除了连接线路的费用之外，还需要有自己的路由器和服务器。此外，根据网站访问量的大小，专线对服务器的要求也大不一样，从几万元到几百万元不等。专线接入方式虽然昂贵，但在很多方面也最有优势，因为服务器在企业自己的工作环境中，所以开发和维护非常方便。同时，一条专线可以连接多种服务，也就是说可以同时拥有自己的 E-mail 服务器、Telnet 服务器及代理服务器等，整个企业的计算机都可以通过一条专线上网。因此，对于某些内部上网需求量大的企业，专线接入应该是一种最节约的方式。

(2) 服务器托管。将 Web 服务器放到电信局或其他提供这项服务的网络公司进行托管，就是服务器托管方式。这种服务的收费一般与专线的费用比较起来要低得多，而且能提供这种服务的地方一般都有较高的网络带宽，可以提供很好的访问速度。服务器托管的缺点就是，系统对服务器需要进行远程维护，技术难度比较大。不过随着服务器性能的稳定、网络带宽的提高和应用软件的丰富，这种情况正大为改观。许多大型电子商务系统就是利用服务器托管的形式来建立自己的站点，包括其在各地的镜像站点。

(3) 虚拟主机。许多互联网服务提供商(Internet Service Provider，ISP)不仅有富余的网络带宽，而且还有剩余的磁盘空间租用给用户。采用这种方式可以省去自己购买服务器的开支，并且同样可以获得较高的访问速度，但是由于没有对服务器的自主权，所受的限制也就特别多，如远程管理有限、软件不便安装等。租用空间也还可以分为两种方式：一种不能拥有自己的域名，空间的网络地址只能是一串奇怪的 URL，一般是个人网站使用这种方式；另一种形式是租用的空间可以拥有自己独立的域名，有的甚至可以拥有自己独立的 IP 地址，这种方式又称作“虚拟主机”，是网上专门进行建站服务的公司主推的形式，也是中、小型企业在投入较低的情况下一种很好的选择。

(4) 数据中心。为了更好地支持主机托管和虚拟中心服务，网络服务接入商建立起环境更为优越的数据中心。数据中心拥有更大的机房面积，可以存放上千台主机，不仅提供普通市电，还提供不间断电源甚至发电机组，大功率的空调保证机房内恒温恒湿，另外还提供消防和保安防护系统。网络接入方面，数据中心提供高带宽(100M 以上) 接入到互联主干网。为了保证全国用户的访问速度，可以在各地分别设立分数据中心或者各个数据中心进行合作，互为对方用户主机建立镜像，最大限度地提高服务质量。为了保证网络安全，数据中心还设立了防火墙及防病毒系统，最大限度地保证用户网络软件平台的安全。

企业在选择接入方式时，应该按照系统自身的特点，从有利于企业发展的角度出发，选择最为适合的一种或几种，不可一味地图省钱，也不可只图排场。对于较小企业的电子商务系统，可以考虑服务器托管或租用空间两种形式，这样不仅可以用较低的开销得到较高的访问速度，而且这两种服务的提供商一般还会提供一些免费的宣传服务，使企业电子商务系统更快地获得较多的访问量。而对于规模比较大或者对于安全要求比较高的电子商务系统，为了保证整个系统的安全，不宜采用远程管理，应该采用专线接入方式。

2) 支持电子商务系统的局域网

除了与 Internet 连接外，由于电子商务系统本身的 Web 服务、邮件服务等都是在一个分布环境下运行的信息系统，所以其本身也还需要有自身运行的网络环境。支持电子商务系统的 Web 服务器、应用服务器等运行的网络环境一般是局域网。该局域网一般需要满足以下要求。

① 由于在局域网中的计算机主机设备的用户访问流量是难以估计的，而且用户透过 Internet 访问服务器上的服务时，要求比较高的响应速度，除配置高性能的服务器外，网络能够具备较高的带宽是非常必要的。因此，该局域网一般通过 LAN Switch 构造，以实现较高的速度。

② 电子商务系统的局域网必须具备隔离措施，提供可靠和安全的网络由于电子商务系统的局域网不仅和 Internet 互联，而且为了存取企业内部数据，该局域网还和企业的内部网络连接。这种情况下，局域网上的主机设备、应用系统和企业内部信息系统在理论上都存在被非法用户入侵的可能，而且商务应用系统一旦遭到恶意攻击，那么企业的商务活动就可能受到影响，所以强化网络的安全是非常必要的。

从网络安全的角度看，如果试图减少系统遭受破坏的可能，那么可以通过以下两种措施来实现。

(1) 设置防火墙，将网络隔离成敏感程度不同的区域。一般来说，对于企业的电子商务系统局域网和 Internet、局域网和企业内部网络之间可以划分为两个信任程度不同的区域。局域网上的应用允许 Internet 用户访问，而企业内部的信息资源仅得到授权的内部用户可以访问。因此，可以设置两道防火墙，分别隔离电子商务系统与 Internet、电子商务系统与企业内部信息系统。

由于防火墙基本上都需要通过对 IP 报文进行地址过滤来实现授权访问，所以防火墙虽然增加了系统安全性，但是防火墙设置的层次越多，系统响应时间就越长。因此，为保证系统的安全应当设置防火墙，但是至于网络需要划分多少区域则需要在安全和效率之间求得平衡。

(2) 将网络划分为信任等级不同的网段，通过路由设备隔离。由于电子商务系统的基础网络及应用是以 TCP/IP 为核心协议的，同时局域网上的各类设备的访问者是不同的，如 Web 服务器主要由用户访问，应用服务器、数据库服务器则主要由系统中的应用来访问，所以可以将必须直接面对用户的设备及应用作为一个网段，而将其他的设备配置在其他的网段上，在两个不同的网段之间设置路由设备来实现不同安全级别主机的隔离。事实上，可以将需要保护的 IP 主机设备的 IP 配置为虚拟 IP，使 Internet 用户无法直接访问，这样也对提高网络的安全性有所帮助。

3) Intranet 和 Extranet

Intranet 和 Extranet 都不是指具体的物理网络，Intranet 是企业内部需要和电子商务系统局域网互联的计算机网络的总称，而 Extranet 则是企业外部需要与电子商务系统进行互联的其他网络的集合。Intranet 和 Extranet 设计的关键都是互联问题，但这种互联体现在低层互联和高层互联两个方面。

所谓低层互联是指企业内部信息系统或者外部信息系统与电子商务系统之间通信子网的连通。Extranet 互联的通信子网是一个 VPN(Virtual Private Network 虚拟专用网络)，可以在多种数据通信网的基础上构造。

高层互联是指 Intranet 或 Extranet 上的应用系统和电子商务系统的应用之间能够相互通信、交换数据，所以这方面主要涉及的是应用的互操作及数据共享问题。

对于 Extranet 而言，高层互联至少需要解决以下 3 个方面的问题。

(1) 银行支付网关接口。利用该支付网关接口，电子商务系统完成在线支付请求。

(2) 认证中心接口。利用该接口，电子商务系统与认证中心之间完成电子证书及认证结果的传递。

(3) 企业合作伙伴的接口。该接口主要实现电子商务系统的应用程序和企业重要客户(VIP)、企业供货商等的电子数据交换。传统的 EDI 部分也属于这样一类接口。

企业之所以在这里使用网络环境设计而不是计算机网络的建造，是因为尽管电子商务系统各个层次的逻辑结构需要设计开发者独立建造，但是对于网络的物理实现来讲，不见得必须从零开始，电子商务的网络环境很多情况下是通过租用的方式或者以 VPN 的方式实现的。正是基于这样的一种理念，所以基础网络的运营服务商才提出了所谓主机托管、数据中心等模式来帮助企业实现电子商务基础网络环境保护的建造。

主机托管是企业电子商务环境外包建设的最原始的形式，它的主要特征是电子商务系统的拥有者将主机系统安装在数据通信网络运营商提供的环境中，由网络运营商提供高速网络及维护接口，并由其负责进行硬件维护。

数据中心或者智能数据中心(Intelligent Data Center，IDC)可以说是主机托管业务之后，网络运营商为企业提供的一种新的基础网络环境。数据中心将宽带网络、高性能设备及系统运行管理软件等集成在一起，为需要将基础网络环境进行外包建设的电子商务系统经营者提供一揽子服务。

总之，对于电子商务系统的设计来讲，其基础网络环境设计有两种方案可以选择：一种是依靠自身的力量建立自己的完整的计算机网络环境；另一种就是利用数据中心实现外包建设。

2．移动端网络环境设计

(1) 无线应用协议：(Wireless Application Protocol，WAP)，即通过把 Internet 网上 HTML(标准通用标记语言下的一个应用)的信息转换成用 WML(Wireless Markup Language)描述的信息，使其可以显示在手机的显示屏上。

(2) 通用分组无线业务(General Packet Radio Service，GPRS)，是 GSM 移动电话用户可用的一种移动数据业务。GPRS 和以往连续在频道传输的方式不同，它是以封包(Packet)式来传输，因此使用者所负担的费用是以其传输数据单位计算，其传输速率可提升至 56Kb/s 甚至 114Kb/s。

(3) 移动 IP 技术，是移动通信和 IP 的深层融合，也是对现有移动通信方式的深刻变革，它将真正实现话音和数据的业务融合，它的目标是将无线话音和无线数据综合到一个技术平台上传输，这一平台就是 IP 协议。

(4) 蓝牙(Bluetooth)技术，是一种支持设备短距离通信(一般 10 米内)的无线电技术，能在包括手机、PDA、无线耳机、笔记本电脑等相关外设之间进行无线信息交换。

(5) GPS 移动定位系统技术(Global Positioning System，全球定位系统)，其基本原理是测量出已知位置的卫星到用户接收机之间的距离，然后综合多颗卫星的数据就可知道接收机的具体位置。

(6) 第三代移动通信系统(3G)：也称 IMT 2000，其最基本的特征是智能信号处理技术。智能信号处理单元将成为基本功能模块，支持话音和多媒体数据通信，它可以提供前两代产品不能提供的各种宽带信息业务，如高速数据、慢速图像与电视图像等。

(7) 第四代移动通信系统(4G)：是集 3G 与 WLAN 于一体并能够传输高质量视频图像

以及图像传输质量与高清晰度电视不相上下的技术产品。4G 系统能够以 100Mb/s 的速度下载，比拨号上网快 2000 倍，上传的速度也能达到 20Mb/s，并能够满足几乎所有用户对于无线服务的要求。此外，4G 可以在 DSL 和有线电视调制解调器没有覆盖的地方部署，然后再扩展到整个地区。

【拓展视频】

6.4.2 服务器主机设计与选择

电子商务系统的服务器主机是应用系统运行的主要环境。对传统的信息系统而言，主要根据系统未来支持的应用、负荷及运行环境等基本参数来选择服务器主机的配置参数。但是，对于电子商务系统而言，它所面临的是用户对系统响应时间的苛刻要求、动态变化和难以预估的未来负荷、未知的升级周期等特殊的问题。所以在服务器主机的选择时，一般除了遵循高性能、网络吞吐量大、可靠性和可用性好这样一些基本原则外，还应当注意以下问题。

【拓展知识】

1．可靠性高、安全性好

电子商务系统所支持的企业商务活动要求 7×24 小时不间断地工作，而且系统处理的数据很多是企业敏感的商务数据。为此，电子商务系统的服务器必须具备非常良好的安全性。所以，应当注意服务器是否支持诸如自动系统恢复(Auto Recover)、动态系统重新配置(Dynamic Re-configuration)、模块化结构、冗余或可热更换关键部件、在线升级等特性。各阶段移动通信系统的速度对比如图 6-3 所示。

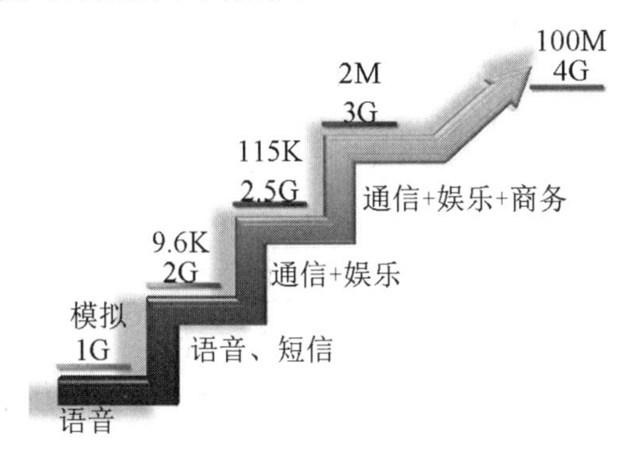

图 6-3 各阶段移动通信系统的速度对比

2．可扩展性

当系统的负荷增大到一定程度时，可能需要对系统进行扩展。这种扩展可以通过两类方式实现：一种方式是增加系统的配置，如增加内存、更换 CPU、增加系统外部存储设备等；另一种方式是通过增加服务器，建立服务器集群来满足需求增长的要求。不管是哪种方式都需要硬件本身具有可扩展的结构(如冗余插槽、托架、电源等)。

3．网络吞吐量及网络接口能力

服务器的计算能力和网络吞吐能力不一定成线性关系，如应用于计算机仿真领域的某些高性能计算机的 CPU 运算性能、图形处理能力很强，但其网络接口及网络吞吐量却非常有限。

由于支持电子商务系统的服务器必须在大量用户访问的情况下仍能具备良好的响应时间，所以在选择服务器时，对其吞吐能力的要求甚至比对其计算速度要求可能更高。

此外，服务器的网络适配器类型及插槽的数量差别也很大，在选择过程中，需要注意选择网络适配器类型和接口都较多的产品。

4．开放的体系结构

服务器是否具有开放的体系结构会直接影响到系统日后的升级换代和维护问题。专用体系结构的计算机设备并不是不好，这些系统具有良好的整体性能，但是专有的结构本身意味着在系统升级时，用户只能选择生产商提供支持，而且在另一方面由于熟悉专用结构的人员是有限的，所以系统维护也就有一定风险。

6.5 电子商务项目系统平台设计

开发人员在系统分析阶段通过调查所搜集到的资料、新系统的逻辑模型、技术需求、企业已有的信息系统、企业的信息技术环境、系统总体设计、系统开发能获取的最大投资是系统运行平台的设计依据。

电子商务系统平台设计的基本原则：①计算机软件、硬件配置应能满足系统的要求；②系统硬件的选择应服从于系统软件的选择；③系统软件、硬件的选择在技术上应具有一定的先进性；④系统的软件和硬件应尽量符合国际标准或某些开放系统标准，使系统便于扩充或与其他系统集成；⑤系统的软件和硬件应尽量选用成熟的产品，保证系统运行的安全性和可靠性；⑥系统的软件和硬件的供应厂家应具有较好的信誉和技术服务，以便能获得及时、有效的技术支持；⑦系统设计力争做到最佳的性能价格比；⑧设计方案应能保护现有计算机系统的资源的利用。

6.5.1 计算机硬件选择

1．服务器设备

1) 服务器设备概述

长期以来，电子商务系统中的服务器市场主要由PC服务器，即IA架构(Intel Architecture)服务器和小型计算机所占领。从目前看来，尽管随 PC 服务器得到了飞速发展，但是单从性能上来说，还是和小型计算机有着巨大的差距；小型计算机无论是在 SMP 技术、总线技术、还是 I/O 等方面，都占有绝对的优势，是高端系统的首选。

在具体实施中，一方面，由于小型计算机在稳定性、可扩展性、高性能、海量数据管理、联机事务处理等方面所具有的卓越性能，许多电子商务系统，特别是大型电子商务系统核心部分都采用了小型计算机；另一方面，PC 服务器在可管理性、易用性、模块化和应用软件丰富等方面的突出特点，使 PC 服务器在低端市场和非关键性业务中仍具有较大的优势。

目前在系统中比较流行的搭配形式为，将少量小型计算机作为数据库服务器，PC 服务器则主要承担 Web 服务等其他任务，连接到运行小型计算机上，PC 服务器和小型计算机在大型系统中优势互补，在此基础上形成服务器、工作站、台式 PC 所组成的完整的计算机服务系统。

2) 服务器的选择原则

一般而言，企业选择服务器的过程中通常要考虑以下几个方面的性能指标，即可管理性(Manageability)、可用性(Availability)、可扩展(Extendibility)、安全性(Security)、高性能(Performance)、模块化(Modularity)和售后服务等方面。

服务器的可管理性是指服务器的管理是否方便、快捷，界面是否友好，应用软件是否丰富等方面的问题。

(1) 服务器的可用性是指在一段时间内，服务器可供用户正常使用时间的百分比。服务器的故障处理技术越成熟，向用户提供的可用性就越高。提高服务器可用性的方法有两个，即减少硬件的平均故障间隔时间和利用专用功能机制，该机制可在出现故障时自动执行系统或部件切换以免或减少意外停机。然而不管采用哪种方式，都离不开系统或部件冗余，当然这要提高系统成本。

(2) 服务器的可扩展性是 PC 服务器的重要性能之一。PC 服务器在工作中的升级特点是工作站或客户数量的随机增加，为了保持服务器工作的稳定性和安全性，就必须充分考虑服务器的可扩展性能。首先，在机架上要为硬盘和电源的增加留有充分余地；其次，在主机板上的插槽不但种类齐全，而且要有一定数量。

(3) 安全性是网络的生命，而服务器的安全是网络安全的重要组成部分。为了提高服务器的安全性，服务器部件冗余就显得非常重要了，因为服务器冗余性是消除系统错误、保证系统安全和维护系统稳定的有效方法。由此可见，冗余是衡量服务器安全性的重要标准。某些服务器在电源、网卡、SCSI 卡、硬盘、PCI 通道都实现设备完全冗余，同时还支持 PCI 网卡的自动切换功能，大大优化了服务器的安全性能。当然，设备部件冗余需要两套完全相同的部件，也提高了系统的造价。

(4) 服务器的高性能是指服务器综合性能指标高。服务器基本性能主要表现在运行速度、磁盘空间、容错能力、扩展能力、稳定性、持续性、监测功能，以及电源等方面。需要强调的是一定要关注硬盘和电源的热插拔性能，网卡的自适应能力，以及相关部件的冗余设计和纠错功能。这些基本性能将为保证服务器作为网络心脏能够安全、稳定、快速工作起到重要作用。

(5) 服务器的模块化设计是指电源、网卡、SCSI 卡、硬盘、风扇等部件为模块结构，且都具有热插拔功能，可以在线维护，使系统的停机的可能性大大减少。特别是分布式电源技术，使每个重要部件都有自己的能源系统，不会因一个部件电源损坏而危及整个系统的安全与持续工作。

(6) 售后服务和技术支持体系必须完善。不同的厂商有不同的服务机构和技术支持能力，在选择低端 PC 服务器时一定选择能满足要求的厂商的售后服务机构和技术支持能力，如服务机构的远近与方便，服务机构的承诺与实力，服务机构的信誉程度等。

此外，如果要进行主机托管，在服务器选型时，则要注意一些厂商专门提供的适合主机托管的机型，这种机型符合标准尺寸，机内组装更紧密，高度更低，可以有效降低托管费用。

3) 服务器群集技术

服务器群集技术是近几年来兴起的发展高性能计算机的一项技术，它实际上是一组相互独立的计算机，由网络互联，组成一个单一的计算机系统，并以单一系统的模式加以管理，为各个客户工作站提供高可用性的服务。在大多数模式下，群集中所有的计算机拥有一个共同的名称，群集内的任何一台计算机运行的服务都可以为所有的网络客户所使用。服务器群集技术的优势主要有以下几点。

【拓展案例】

(1) 通过功能整合和故障过渡提高了系统的可用性和可靠性在。这个结构中，每台服务器都分担了一部分计算任务，尽管在群集系统中的服务器并不一定是高档产品，但是由于集合了多台服务器的性能，整体的计算实力被大大增强了。与此同时，每台服务器还承担一些容错任务，当其中一台服务器出现故障时，系统会在软件的支持下将这台服务器从系统中隔离出去，通过各服务器之间的负载转嫁机制完成新的负载分担，同时向系统管理人员发出警报。

再者，在某个应用软件的峰值处理期间内，对该应用的需求会变得过高，那么使用简单的操作命令就可以把同一节点的应用包转移到其他节点从而减轻该节点的工作负荷，来满足已增加的需求。

(2) 群集技术可提高系统的可扩展性。群集的方式是非常多样的，一方面，一个群集可以是由一个由多台标准的 PC 服务器的以太网络组成；另一方面，硬件结构也可能是由基于高性能的 SMP 系统通信和 I/O 总线相互连接在一起的。对于一个客户应用来说，群集扮演着一个服务器或单一系统的角色，尽管实际上它可能是多个系统的组合。随着处理信息的复杂程度或请求数量的增加，新的服务器可以不断地加入到群集中，如果群集中一台服务器因故停运，它的工作流可以被自动地分散到仍在运行的其他服务器，这一转移对用户来说是完全不可见的。

(3) 群集技术具有良好的管理能力。群集以单一系统映射的形式来面向最终用户、应用程序及网络。系统管理员可以从远程管理一个、甚至一组集群，就好像在单机系统中一样。电子商务网站的高可用要求，每个应用至少部署两台服务器进行集群部署，集群部署后架构图如图 6-4 所示。

2．数据存储设备

在当今的信息社会，特别是对于从事电子商务的企业来说，数据存储量急剧膨胀，因此对于数据存储设备的容量、性能、安全性以及灾难恢复能力也提出了更高的要求。从计算机出现至今，数据存储设备经历了早期的主机内置的形式，发展到外挂到主机的存储子系统，一直到目前的网络存储结构。

1) 内置存储设备

内置存储设备是各种工作站和低端服务器普遍采用的存储形式，主要的存储介质包括硬盘驱动器、磁光盘驱动器、U 盘等。由于主机内空间的限制，设备内的存储设备不会很多，工作站一般配 1～2 块硬盘，服务器最多可以配置 10 块硬盘，为了保证数据的安全，有时还安装一台内置磁光盘机等慢速大容量存储设备进行备份。

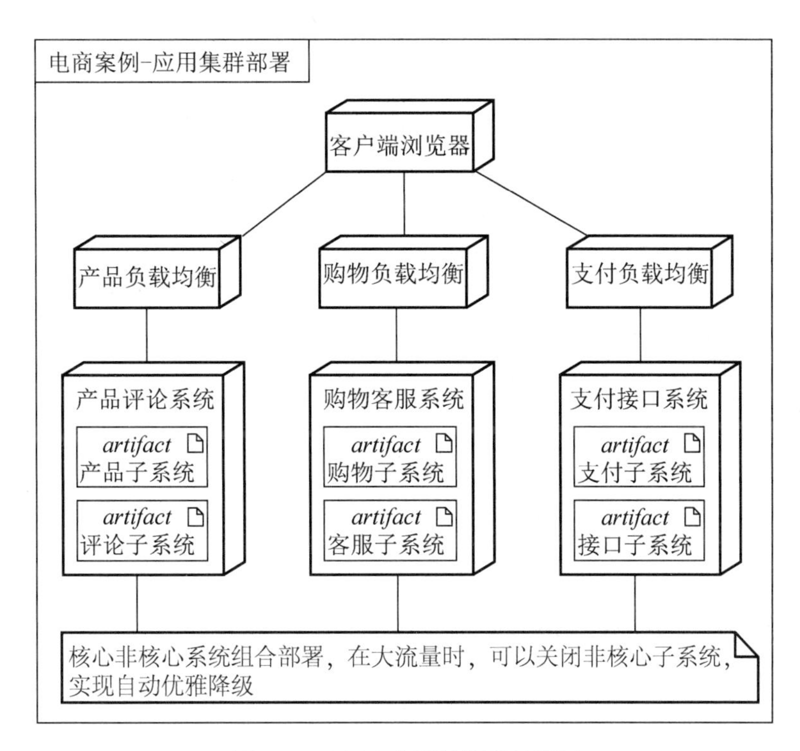

图 6-4 电子商务网站集群部署图

2) 外置存储子系统

在单机运行环境中，由于数据量有限，因此数据存储相对简单。但是，一方面随着网络的普及和数据量的激增，简单的备份已经无法满足需求；另一方面，为了避免主机的体积过于庞大，人们将存储设备和主机分离，并用高速专用 I/O 线路连接，由于存储设备仍然不能脱离主机单独工作，所以仍称为主机的一个子系统。存储子系统使存储有了充分扩展的余地，在保证主机系统不变的情况下动态增加存储系统以满足不断增长的数据空间。存储子系统主要包括磁盘子系统、磁光盘库等，磁盘库内配置多个驱动器和大量盘片，并以自动伺服机械装置代替人工操作。

对于外置存储子系统的管理一般称为分级存储管理(Hierarchical Storage Management，HSM)，它是将硬盘驱动器和光驱组合起来的自动存储系统。其基本原理是把绝大部分最常用到的数据保存到硬盘上，而将很少用到的数据存储到数据库中或光盘上，系统随时监视文件和数据的使用情况，并且根据卷、目录对其进行实时跟踪。当某部分数据使用效率较低时，系统自动将其转移到中间存储介质，然后存放到专用的存储介质中进行长期保存。一般情况下，直接访问硬盘上的数据文件所需时间不超过几微秒，而从磁盘中读取数据大约需要 1 分钟。HSM 系统不仅使数据的存储备份更加容易，而且也将数据检索的时间减少到最低限度。

3) 网络存储子系统

(1) SAN 的定义。

存储区域网络(Storage Area Network，SAN)是随着光纤通道技术的出现而产生的新一代磁盘共享系统，它是类似于普通局域网的一种高速存储网络，可以在存储单元和服务器或客户机之间建立直接连接，互联时能够使用类似局域网或广域网的互联技术。SAN 可以是本地的或是远程的、共享的或是专用的，还可以只包括外部的和集中的存储器。SAN 提供的存储器集成方法对网络来说是具有革命性的，因为其可用性和性能都有极大的改善。此外，SAN 使存储资源能够被构建于服务器之外，这样多个主机服务器就能够在不影响系统性能或主网络的情况下分享这些存储资源，故 SAN 常被称作“服务器背后的网络”，它代表了共享式主机连接企业存储模式的最新发展。

除了 SAN 的基本连接性优势外，该联网方法带来的一些新能力同时也加强了其自身的价值，并使之成为一种长期的基础设施，这些能力将进一步提高 SAN 处理数据密集型的关键任务应用程序的能力。另外，SAN 环境还可以通过将性能改进和能力优势扩展到客户机、主干网、服务器和存储器来实现局域网和广域网的技术改进。

(2) SAN 的物理结构。

从物理角度上来看，典型的 SAN 环境应包括 4 个主要组成部分：最终用户平台(如桌面或瘦客户机)、服务器、存储设备以及存储子系统和互联设备。在 SAN 中，最终用户平台也可以通过和光纤连接直接访问存储设备。

特别值得注意的是，SAN 的互联设备是通过高带宽光纤通道连接的。光纤通道连接是为满足 SAN 中共享存储环境所需的高带宽主干网，光纤通道已经成为当今主干网首选，是 SAN 接口的工业标准。与传统的 SCSI 相比，光纤通道技术具有 SCSI 连接所无法比拟的优点：光纤通道总线可将 RAID 连接到后端服务器，从而提供更高的带宽和传输速率；光纤通道所创立的单独的网络系统，只用于磁盘子系统而不用于 LAN 上的通信，这使得老设备有可能通过一个接口或控制器接到 SAN 上，节省了大量的投资；光纤通道作为存储设备中的连接线路还大大增加了传输距离，传统的 SCSI 协议允许的存储设备之间最大的传输距离为 25 米，而光纤通道支持最长达 10 公里(不是用扩展设备)的传输距离；SCSI 协议最多可连接 15 个设备，而光纤设备最多允许连接 126 个设备。

SAN 系统除了需要具有光纤通道连接性以外，还有一些对存储子系统的特别要求。首先是高可靠性，由于存储是集中式的，这些存储系统必须具备极高的可靠性。虽然良好的设计可以保证系统具有高可靠性，但是部件仍然可能不时地发生故障，而冗余部件则可确保高可获性；系统设计也应允许故障部件的热插拔，这样在进行维护的时候就不会影响系统的正常运行。其次是远程管理性，理想情况下，通过支持标准网络管理协议如 SNMP 以及可以提供运行在网络上的管理工具，设备应可提供远程管理。有一种专用管理端口称为“带外”管理，是大多数网络设备比较倾向的方法；利用带外管理，在存储系统运行同时与其通信不会产生问题，数据接口的故障也不会影响管理工具访问该系统。最后是可扩展性，SAN 应在容量和性能方面具有可扩展性，以配合企业内域网络上日益增加的数据量。

(3) SAN 的优势。

与传统的存储方式相比，SAN 的优势主要体现在以下几个方面：①更强的数据传输和设备接入能力。访问速度和带宽通常是数据存储设备的性能瓶颈，SAN 专用的 100Mbps 的数据传输带宽可满足大多数用户的数据传输需求，而传统的 SCSI 连接仅可提供 40Mbps，而且 SAN 还在很大程度上减轻客户机网络的负担。②更大的灵活性。灵活性是用户关心的技术要点，SAN 的出现可改变系统管理人员为服务器分配存储设备的方式，所有的服务器将共享 SAN 系统中所有存储设备上的数据，而这些设备与 SAN 系统之间的关系可以非常灵活，用户可以根据使用情况来变换设备的组成。此外，SAN 的灵活性还降低用户的总成本，并可根据自身的实力购买适合的产品。③更低的网络复杂性。通常网络的复杂程度往往随功能的增强而加大，而 SAN 却在功能增强的同时减少了网络的复杂性。例如，SAN 可以腾出服务器的扩展插槽，允许用户不断地向其添加存储设备；服务器仅需要管理与SAN 的单一连接，不必为文件服务分配资源，故拥有更长的使用寿命。此外，在 SAN 内部实现数据传输，大大减轻了广域网的负担，并延长设备的使用寿命，使用户有能力根据自己的需求对 SAN 进行升级。

(4) SAN 存在的问题。对于 SAN 来说，目前最大的问题是尚无统一的标准来支持不同厂商的多种交换机和服务器在 SAN 中的完全互操作。正是由于标准的缺乏，导致 SAN 相关产品价格的居高不下。此外，目前也没有任何软件可以很好地管理 SAN 中的所有的硬件设备，SAN 所使用的大多数管理软件均来自存储设备供应商，具有很强的专用性，因而在管理其他供应商所提供的设备时还存在一些问题。

6.5.2 软件选择

1．PC端操作系统

1) 操作系统概述

人们对操作系统的功能有着各种不同的认识，一般来说是把操作系统看成计算机系统资源的管理者，也就是说操作系统主要负责系统资源，并调度对系统中各类资源的使用。具体来说，操作系统的主要功能有以下几个方面。

(1) 处理机管理。对系统中的各处理机及其状态进行登记、管理各程序对处理机的要求，并按照一定的策略将系统中的各台处理机分给要求的用户作业(进程) 使用。

(2) 存储器管理。用合理的数据结构形式记录系统中主存储器的使用情况，并按照一定的策略在提出存储请求的各作业(进程) 间分配主存空间，保护主存储器的信息不被其他人员的程序有意或无意的破坏或偷窃。

(3) 输入、输出设备管理。记录系统中各类输入输出设备及其状态，按各类设备的特点和不同的策略把设备分给要求的作业(进程)使用。许多系统还十分注意优化输入输出设备的调度，以提高设备有效使用率。

(4) 信息管理。操作系统中的信息管理功能主要涉及文件的逻辑结构和物理组织、目录结构以及对文件的操作，近年来尤其注意对文件中的信息保护和保密措施。

以上是操作系统的 4 个主要功能，除此以外，操作系统一般还提供：①中断管理系统。它与中断硬件一起处理系统中的各种中断事件。②输入输出系统。系统提供的标准输入输出功能，以方便用户调用。③错误处理功能。分析并处理系统中出现的有关错误。

2) 网络操作系统

由于网络上计算机的硬件特性不同、数据表示格式及其他方面要求的不同，在相互通信时为能正确进行并相互理解通信内容，相互之间应用许多协议或规程。因此通常将网络操作系统定义为：使网络上各计算机能方便而有效的共享网络资源，为网络用户提供所需的各种服务的软件和有关规程的集合。

网络操作系统除了具有通常操作系统应具有的处理机管理、存储器管理、设备管理和文件管理以外，还应具有以下两大功能：一是提供高效、可靠的网络通信能力；二是提供多种网络服务功能，如远程作业录入并进行处理的服务功能、文件传输服务功能、电子邮件服务功能、远程打印服务功能。

总而言之，网络操作系统就是要为用户提供访问网络中计算机的各种资源的服务。目前市场上主要的网络操作系统有 Windows 7、Windows 10 等。

2．移动端操作系统

1) Android 平台技术

Android 是基于 Linux 内核的软件平台和操作系统，以其特有的开放性在智能手机、平板电脑等领域广泛应用。Android 平台应源代码完全开放，便于开发人员更清楚地把握实现细节，便于提高开发人员的技术水平，有利于开发出更具差异性的应用。Android 平台有先进的应用程序框架，支持组件的重用与替换，不仅集成相关网页浏览器，同时也采用开源 Web Kit 作为引擎，支持各类通信技术，发挥积极应用优势。

2) iOS 平台技术

iOS 是一款被广泛应用于 iPhone、iPad 等苹果设备中强大的智能手机操作系统。iOS 通过这些苹果设备，向使用者展现了一个可始终在线、多点触摸、视频及内置众多传感器的界面。

目前，iOS 的生态圈非常成熟，只要开发者具有良好的创意，并将该创意实现为 iOS 应用程序，接下来就可以把这个应用程序发布到苹果提供的 App Store 中，然后就可能从苹果庞大的电子设备用户群中获取利润。事实上，现在已经有大量的团队、个人通过苹果的 App Store 取得了成功。

3．Web服务器软件

简单地说，Web 服务器软件就是传送文档(包括文件、图像、语言等) 给远程访问者的平台。在 Internet 或 Intranet 上的计算机通过 TCP/IP 协议连接，其中某些机器运行了 Web 服务器软件以后，成为 Web 服务器，然后通过 Web 页面创作工具(最简单和最原始的工具就是文本编辑器) 将各类信息按 HTML 的规范保存在 Web 服务器的各个文件中，其他机器只要运行浏览器，输入正确的 IP 地址，就能访问任何一台 Web 服务器提供的主页，并且可以通过超链接访问其他的页面或者 Web 服务器。

在选择 Web 服务器的过程中，企业不仅要考虑目前的需求，还要考虑到将来可能需要的功能，这是因为更换 Web 服务器通常要比安装标准软件困难得多，会带来一系列的问题，如页面脚本是否需要更改，应用服务器是否需要更改等。一般来讲，Web 服务器主要是为了操作系统进行优化的，并且某些 Web 服务器软件只能运行在一种操作系统上，所以企业在进行 Web 服务器的选择时，必须和操作系统结合起来考虑。至于 Web 服务器性能，一般来说，需要考虑以下几个方面。

(1) 响应能力。响应能力即 Web 服务器对多个用户浏览信息的响应速度，响应速度越快，单位时间内就可以支持越多的访问量，对于用户要求的响应就越快。

(2) 与后端服务器的集成。Web 服务器除了直接向用户提供 Web 信息以外，还肩负着服务器集成的任务，这样客户机就只需要用一种界面来浏览所有后端服务器的信息。Web 服务器可以说是 Internet 中的信息中转站，它将不同来源、不同格式的信息转换成统一的格式，供具有统一界面的客户机浏览器浏览。

(3) 管理的难易程度。Web 服务器的管理包括两种含义：一是管理 Web 服务器是否简单易行；二是利用 Web 界面进行网络管理是否方便。

(4) 信息开发难易程度。信息服务是 Web 服务器的核心，信息内容是否丰富直接影响到整个系统的性能，而信息开发是否简单对 Web 信息是否丰富影响很大。

(5) 稳定可靠性。Web 服务器的性能和运行都需要非常稳定，如果 Web 服务器经常发生故障，将对整个系统产生非常严重的影响。

(6) 安全性。Web 服务器要从两方面考虑安全：一是防止 Web 服务器的机密信息泄露，二是要防止黑客的攻击。

Web 服务器产品种类众多，目前市场上比较常见的 Web 服务器软件有 Apache、IIS、iPlanet Webserver 等。

4. 数据库管理系统的选择

电子商务系统处理的数据一般包括两种类型：一种是结构化的数据，这类数据可以选择数据库管理系统进行管理；另一种是非结构化的数据，如各种网页、声音、图像等，在电子商务系统中这一类数据占有的比重很大。该类数据一般以文件等形式进行管理，目前一些关系数据库也能够对这类数据进行管理。

在电子商务系统设计时，对数据进行管理可以采取以下方式。

1) 关系数据库

关系数据库管理系统具有易于管理结构化数据，数据冗余度较低，具有比较丰富的开发工具等特点。此外，关系数据库一般还支持联机事务处理、联机事务分析等，部分关系数据库还支持数据挖掘、数据仓库和数据集市等。

目前主流的关系数据库管理系统产品主要包括 Oracle、Sybase、IBM 公司的 DB2、Microsoft SQL Server 等。除了这些商业应用的数据库管理系统外，电子商务系统的数据管理还可以利用一些共享的数据库管理系统，如 MySQL 等。

2) 多媒体数据库

电子商务系统处理的数据还包括一些多媒体数据，如声音、图像等。尤其是电子商务系统向客户提供服务时，充分利用了计算机网络、电视网、无线广播等网络技术融合的特点，开展视频点播、远程教育、视频会议等形式的服务。这种情况下，多媒体数据库就是比较适用的一种数据管理工具。

目前，多媒体数据库根据其数据模型的不同大致可以分成 3 类，即基于关系模型的多媒体数据库、基于面向对象技术的多媒体数据库和超媒体数据库。

(1) 基于关系模型的多媒体数据库以传统的关系模型为基础，在数据类型方面进行了扩充，增加了诸如语音、图像等新的数据类型，如 Oracle 8i、DB2 等。该类多媒体数据库和传统的适应关系型结构化管理数据库兼容，所以在开发方式、开发工具等方面相对较为成熟。目前构造电子商务系统时，如果需要多媒体数据库，那么这种 DBMS 是一种相对较为实用的选择。

(2) 面向对象的多媒体数据库将各种数据抽象为不同的数据对象，由于利用了面向对象的建模和管理工具，所以在多媒体数据的表达方面比较好。

(3) 超媒体数据库的基本特点是利用所谓的关系链来表示多媒体数据片段。尽管这种数据库在理论方面有了很大的发展，但是目前在产品方面还不是很成熟。

3) 非结构的数据管理方式

在电子商务系统中除了结构化的数据外，还存在许多非结构化的数据，如网页、声音、图像、图形或脚本。这些数据一般是采用文件方式进行存储和管理。在设计这类数据的管理方式时，应当注意其检索问题。一般电子商务系统中都大量采用全文检索或者全文数据库的方式处理这类数据的查询、检索。

5．应用服务器

电子商务系统是一个多层结构的系统，应用软件需要一定的系统软件平台支持，除了数据库、操作系统外，还有一个重要的部分就是应用服务器。

应用服务器是一个系统软件平台，该软件在操作系统之上将一些通用的、与企业核心商务应用无关的环境和软件包集成在一起作为一个软件包向开发者提供，这样，在软件包中可以预装部分功能，从而简化用户的接口，减少开发的难度。

1) 应用服务器基本结构

应用服务器实际上是支持商务应用的一个运行、支持和开发环境，它为商务系统的核心——应用软件提供服务。应用服务器为应用软件提供的服务主要包括以下几个方面：首先是预先安装部分商务功能。预装的一些服务能使应用开发减少工作量。其次是系统管理的部分，如服务器管理用以提高系统的效率。最后是集成与开发工具，用以与其他系统进行集成。从目前应用服务器产品的基本结构看，应用服务器软件包包括两部分：一部分是增强功能的Web服务器，另一部分是专门为应用提供服务的应用服务器。这两部分在某些产品中是合并在一起提供的，例如IBM Websphere、BEA的Weblogic；也有些公司将这两部分作为两个独立的产品分开提供，例如iPlanet。

2) 增强型Web服务器

应用服务器软件包中的Web Server尽管也是以HTTPD为核心的，但是基本上可以说它是一种增强的Web服务器。它向系统开发者提供以下功能。

(1) 静态Web页面(包括HTML和DHTML)发布。

(2) 动态页面脚本(如JSP、ASP、Servlet和Java Applet等)。

(3) 用户自定义的MIME类型信息的发布。

(4) Java虚拟机(JVM)。

(5) 传统的HTTPD服务。

(6) 服务器管理功能(如页面访问控制、Web访问统计、Web服务器配置等)。

(7) Web开发接口(如NSAPI、ISAPI等)。

3) 应用服务器

从逻辑角度看，应用服务器与Web服务器相互配合共同完成商务逻辑。Web服务器向应用服务器提供用户的请求，并表达处理的结果；而应用服务器及其上层的应用负责完成商务逻辑的处理，并反馈处理的结果。

应用服务器和Web服务器有很大的差别，具体体现在以下4个方面。

(1) Web服务器只能帮助将应用程序处理结果以HTML页面的形式发布给用户，它对于应用程序不能提供更多的帮助。例如，如果应用程序需要和IBM的MainFrame(如3270)交互，从IBM 3270这样的专用系统中提取数据，那么Web服务器是无能为力的，而应用服务器则不然，它可能提供与 IBM 的中间件接口，这样用户应用可以很容易地存取数据。

(2) 应用服务器一般可以为企业级的应用提供一种可靠的、高性能的运行环境，而 Web 服务器是无法做到这一点的。

(3) 应用服务器和 Web 服务器的另外一个差异在于应用服务器可以提供很多预先安装的(或者预置)服务，如搜索引擎、内容管理等，这样应用逻辑的处理可以提高效率，而不必额外开发类似的功能。

(4) 这两者之间还有一个非常重要的一个差异：很多应用服务器是预先配置和快速构造商务模型的组件，企业可以迅速地建立商务逻辑。例如 Oracle 的 iExchange，利用这些功能企业仅需要通过定义角色和相关规则，就可以快速地建立起一个电子交易市场，而不再需要进行开发。

6.6 电子商务应用系统设计

应用系统设计阶段要根据新系统逻辑模型建立应用系统的物理模型，即根据新系统逻辑功能的要求，根据实际的技术条件、经济条件和社会条件，以及系统的规模和复杂程度等实际条件，进行若干具体设计，确定应用系统的实施方案，解决系统“怎么做”的问题。

【拓展案例】

应用系统设计基本任务大体包括总体(概要)设计和详细设计两大部分。

(1) 总体设计是描述应用系统的总体结构，其内容包括：①将系统划分成子系统，子系统进一步划分成模块；②确定每个模块的功能；③确定模块间调用关系。

(2) 详细设计是为各个具体任务选择适当的技术手段和处理方法，其内容包括：①代码设计；②数据库设计；③用户界面设计；④处理流程设计。

6.6.1 应用系统体系结构

软件体系结构定义了软件的局部和总体计算部件的构成，以及这些部件之间的相互作用关系。对于电子商务应用系统这样复杂的具有分布式应用处理特点的系统，在进行具体设计之前，首先需要确定应用系统的体系结构。

1．MVC体系结构

模型-视图-控制(Model-View-Control，MVC)结构是目前最常见的 J2EE 应用所基于的体系结构，MVC 主要适用于交互式的 Web 应用，视图(View)显示模型(Model)的数据，提交由控制器(Controller)提供的数据。

Model维护应用程序的状态和数据，可以接受来自View的查询并做出响应。同时当Model的数据发生变化时，它把变化通知给 View，View 根据 Model 的数据发生来更新自己。

Controller 定义了抽象的业务逻辑，用于控制业务流程，并描述 Model 如何对用户的动作做出反应，即处理事件。MVC 三部分组成关系如图 6-5 所示。

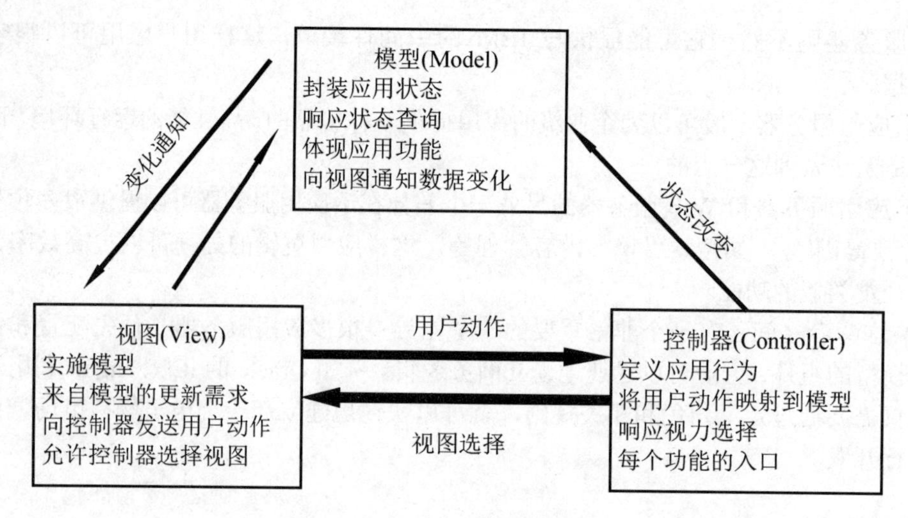

图 6-5　MVC 设计模式的结构

1) MVC 在 Web 系统中的应用

电子商务系统适合采用 MVC 体系结构，可以将一个应用的对象分为 3 类：第一类就是负责显示的对象，第二类对象包含商业规则和数据，第三类就是接收请求，控制商业对象去完成请求。

电子商务系统是在分布式环境下的一个典型应用系统，通过网络通信，在客户、商家、生产商、银行等元素间实现商业数据交换和交易事务。在使用面向对象技术进行系统设计的过程中，企业面临着各种不同的类以及对象的设计和创建工作，同时，如何组织这些系统的元素，直接关系到我们最终系统的性能。企业引入设计模式来帮助进行系统的创建工作。由于整个电子商务的应用系统比较大并且可以被分割为多个子系统，可以运用多种设计模式来解决不同场景下类及对象的组合结构。这里只讨论用户和商家发生购物交易行为的应用场景以及 MVC 设计模式在其中的运用。

案例 6-1

一个普通的用户购物流程(以在超市为例)可以由图 6-6 所示的几个状态构成。

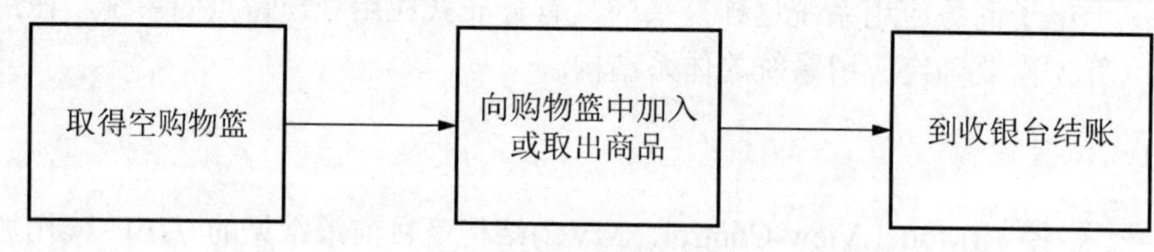

图 6-6　用户购物主要流程

对这个流程进行分析可以发现，用户需要随时了解的信息是放入购物篮里的商品的品名、数量及价格，在挑选商品阶段关注的是商品的品名、单价和数量，在结账时关注的是商品的总计价格，这些信息与购物篮中的物品有直接相关。一个购物流程包括开始挑选商品、放入或取出商品、结账。同时伴随着这个流程的是空购物篮的取得、购物篮内商品的增减、购物篮在结账后被清空这样几个状态。可以发现，购物篮是整个购物交易过程中用户关注信息和购物流程状态变化的重要组成部分。我们可以用模型来表示购物篮，这个类设计中应包含商品信息、价格和数量属性，同时还要定义附加在属性上的商品加入、删除、价格计算等方法。用户的购物动作导向触发不同的方法以确定购物篮模型的不同的状态，而购物篮模型的状态变化应该能及时反映到用户界面，透过用户界面，可以了解到购物篮的信息，同时发出用户的动作指令。我们可以采用多个不同的类，以视图的方式来定义用户界面，以控制器的方式定义用户购物流程控制。图 6-7 所示为 MVC 三者之间的关系。

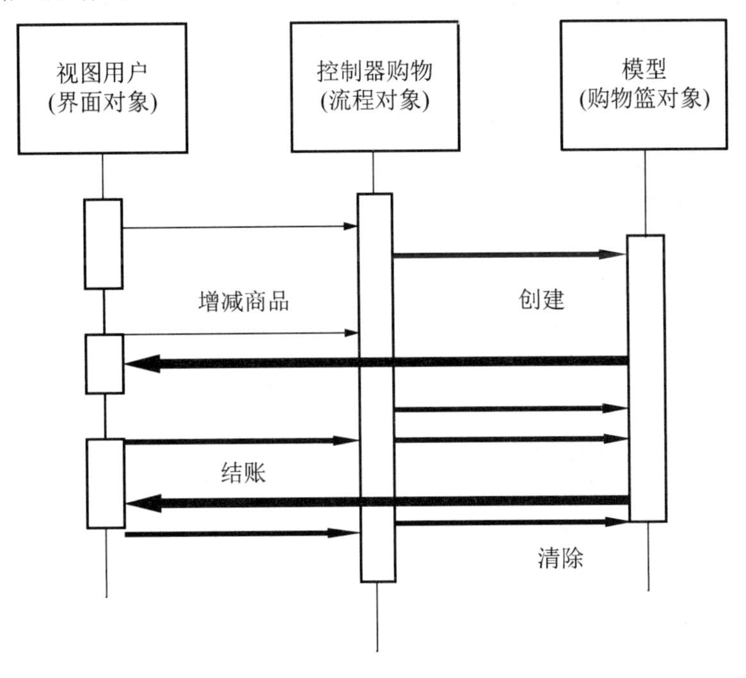

图 6-7 购物过程 MVC 对象交互关系

利用 MVC 设计模式，可以方便地设计出用于购物过程的相应的类和对象，并以比较合理的方式将它们组织起来。在电子商务系统的研究中，实现系统代码时，我们采用 JSP 实现用户视图，JSP 和 Java Bean 作为模型，Servlet 实现控制器，得到了比较满意的效果，如图 6-8 所示。

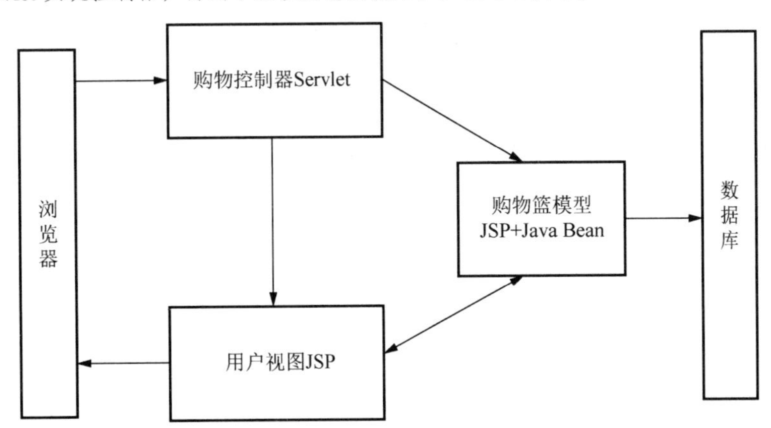

图 6-8 用 JAVA 实现的 MVC 设计模式购物系统

另外，在分布式的环境下，MVC 设计模式也存在通信量控制、应用程序接口设计平衡等一些有待改进的问题。但作为指导面向对象系统设计的重要手段，设计模式将发挥越来越大的作用，同时自身也将不断得到创新和完善。

2) MVC 的优点

(1) 将数据建模、数据显示和用户交互三者分开，使得程序设计的过程更清晰，提高了可复用程度。

(2) 当接口设计完成以后，可以开展并行开发，从而提高了开发效率。

(3) 可以很方便地用多个视图来显示多套数据，从而使系统能方便地支持其他新的客户端类型。

(4) 各部分的责任划分得很清楚，后台开发人员可以专注业务的处理，前台开发人员专注于用户交互的界面。

(5) 提高了系统灵活性，数据模型、用户交互和数据显示等部分都可以设计为可接插构件。

(6) 将系统分解为三部分，除了对开发带来相当的好处之外，还对系统的测试及维护带来了相当的便利，因为三部分之间的接口通常都是确定的，所以即使修改也只需在很小的范围内进行。

3) MVC 体系结构的缺点

MVC 体系结构的缺点主要体现在以下三方面。

(1) 增加了系统结构和实现的复杂性。对于简单的界面来说，严格遵循 MVC，使模型、视图与控制器分离，会增加结构的复杂性，并可能产生过多的更新操作，降低运行效率。

(2) 实施 MVC 体系结构过程会产生开销。设计 MVC 体系结构需要有经验的分析人员对系统进行分析；类的数量及文件数量会增加(像 C++这样的编程语言，一个类对应两个文件)。

(3) 视图对模型数据的低效率访问。依据模型操作接口的不同，视图可能需要多次调用才能获得足够的显示数据。对未变化数据的不必要的频繁访问，也将损害操作性能。

2．二层体系结构

常见的信息系统的体系结构包括 Client/Server 结构(简称 C/S 结构)和 Browser/Server(简称 B/S 结构)。其中 C/S 主要是指由客户端和后台服务器组成的两层结构，在传统的企业内部应用中使用非常广泛。在 C/S 模式下，整个系统的信息处理工作分解为两部分：一部分由服务器来实现(如数据库的安全控制、复杂的计算方法等)，另一部分由客户机本身来完成(如数据的校验、数据的基本转换等)，通过合理分配服务器和客户机的信息处理工作，可以大大减少网上数据传送的负担，也可以充分发挥服务器的优势和作用。B/S 模式是随着 Internet 的发展而兴起的一种新的系统体系结构，整个系统由 Web 客户端(即浏览器)、Web 服务器和后台服务器组成，其中 Web 客户端提供了界面的显示和数据输入输出的接口，Web 服务器和后台服务器承担了系统的大多数功能。这种三层的系统结构适应了 Internet 技术的发展，在网络环境下有着广泛的应用前景。

除此之外，随着计算机技术的发展，不管是 C/S 结构或是 B/S 结构，都已经在逐步向多层体系结构发展，而不仅仅是局限在两层或者三层。随着应用系统功能的日益庞大和复杂以及网络的日益完善，服务器承担的工作在不断地分担到许多其他的服务器上，从而形成了整个体系结构的多层化。如在 C/S 结构下，可以有多个应用服务器或中间件服务器的存在，而在 B/S 结构下也可以存在多个不同的应用服务器来满足庞大的 Internet 用户群的不同需求，这些都使得体系结构走向多层化。

不管是 C/S 结构、B/S 结构或是多层结构，整个应用系统都可以从系统的逻辑功能的实现来划分为 3 个层次：表示层、应用逻辑层、数据存储层。只不过在不同的结构中，有些层次被集中在一起来实现，有些层又被分解为多块来实现。

如在 C/S 中，如果把表示层和应用逻辑层一起放在客户端来实现就形成了两层的 C/S 结构；同样，如果在中 B/S 中把应用逻辑层根据划分并分解到几个不服务器上来实现就可以形成多层的 B/S 结构。

3．三层体系结构

经典的系统三层体系结构(Three-tier Architecture)如下所述。

(1) 表示层(Presentation)，用于与用户的交互，包括窗口、界面、报表等。

(2) 应用逻辑层(Application logic)，企业业务过程和相关规则的集合，是系统的核心层，表示层在应用逻辑层的支配进行各种交互活动。

(3) 数据存储层(Storage)，存储系统数据和信息，可以使用不同的数据存储设备或系统。

三层体系结构的主要特征是将应用逻辑从软件系统中分离出来并形成一个单独的逻辑中间层，该层集成了应用系统的业务逻辑和业务规则，是构成整个系统的核心内容，也是系统设计的重点所在。应用逻辑层的内容设计和分布将直接影响系统成败。根据具体应用系统的不同，应用逻辑层可以进一步分解，并可被设计在不同的应用服务器上完成和实施。

表示层将用于与最终用户的交互，只负责数据的输入输出、界面显示等接口工作，完全或基本不承担任何的业务处理工作，所有的任务在表示层提交后都会转给应用逻辑层中的合适实体来完成。同时，中间的应用逻辑层在处理表示层提交的任务时还会与后台的数据存储层进行交互，实现数据的提取、保存、修改等操作。

在最早的 C/S 结构中，实质上是将表示层与应用逻辑层混在一起的两层结构，企业的业务逻辑和业务规则直接嵌入到用户界面，或者将部分的应用逻辑放置在数据存储层端来实现，这样应用逻辑层与表示层和数据存储层的界限都非常不清晰，因此很难将企业的业务规则和业务逻辑抽象出来，也就很难保证应用软件的逻辑独立性，使得应用不能轻易地进行修改和调整，从而导致了系统的可维护性非常差，系统重用性受到了极大的限制。同样，在随后发展起来的 B/S 结构中，最初的情况也仅仅是将整个系统划分为 Web 客户层、Web 服务器层和数据库服务器层，在这样的结构中，应用逻辑层一般会被分别嵌入到 Web 客户层和数据库服务器层中，尤其是第一种方式非常常见，这样的结构同样也是无法抽象应用逻辑层，无法实现软件重用的。

4．多层结构

三层体系结构能够较好地将经常需要调整的图形界面和比较稳定的企业应用逻辑和数据存储进行分离，在一定程度上能够保证整个系统的可维护性和可重用性。然而，在面对一些较为大型和复杂的应用系统时，仅仅划分为三层已不能达到提高系统可重用性和系统开发效率的目的，需要对系统的结构在三层的基础上做进一步的调整和优化，以保证软件系统的可重构性。因此，在三层体系结构的基础上又出现了多层体系结构(Multi-tiered Architecture)的概念，在多层体系结构中，应用逻辑层可被分解成一些更细的子层，各个子层由一些功能相似或相近的软件类组成。

多层体系结构能够将应用逻辑分解为一些单独的构件，这些单独的构件面向一个功能组或特定的系统，构件的独立使得这些构件有可能在其他系统中重用或者是经过简单的调整或修改就能够继续使用，这种构件的独立性极大地提高了软件系统的可重用性。同时，在多层体系结构中，可以将不同构件的实施或运行分布到网络环境中的不同物理节点，或者分配给不同的进程来完成，这样可以改善系统性能、更好地支持客户和服务器系统中的信息共享和协调。将应用逻辑分解为不同的层，也就可以把不同的开发任务分配到不同的开发者，可根据个人对业务的熟悉程度和个人技能的不同来选择最佳的开发人员，这样可以更好地发挥不同开发组的专长和技能，并提高整个系统的并行开发速度。

在一个面向对象的设计中，通常可以将应用逻辑层分解为以下的层：领域对象层和服务层，其中领域对象层代表系统领域中的概念或类，如客户、订单等；服务层主要是为系统的其他部分提供服务，如提供数据库交互、打印报表、安全性等功能的服务对象。

事实上，应用逻辑层中的两个子层还可以进一步细分为子层，如服务层可以细分为高层服务层和低层服务层两层，服务层中的数据库交互层可以进一步分为面向对象数据库交互层、关系数据交互层两层。

多层结构的优点：①可实现高度的可伸缩性。Web 服务层、应用服务层、数据库服务层的每一层次都可以由多台计算机组成，通过计算机系统集群(Cluster)技术，实现自动的负载均衡，以提高系统的处理能力和对客户端的响应速度。②通过将系统划分成不同的层次，可增强整个系统的模块化程度，提高系统的灵活性。③通过对电子商务系统进行分层，可以使开发工作在具有不同专长的人员之间进行合理分工，便于分配适合的开发人员以完成相应的开发任务。④通过采用基于构件的开发方法，将电子商务系统的业务逻辑封装在应用服务层的业务构件之中，可以实现高度的代码重用。

给出了图 6-9 所示为一个多层体系结构的例子。

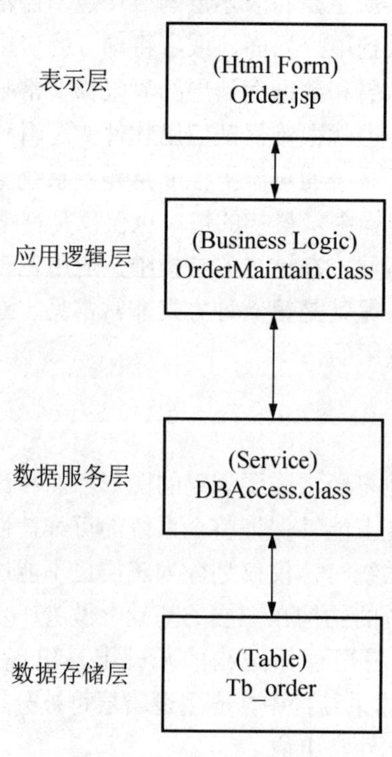

图 6-9　多层体系结构

在多层体系结构中，各个层次和子系统的物理部署可以采取多种方式，可根据表示层与应用逻辑层的分离、应用逻辑层的各子层的分离、数据库服务器的分布等多种方式来部署整个应用系统。随着分布式计算语言和网络技术的日益发展，多层系统体系结构的部署方式有多种选择，可以根据企业和系统的实际需求进行最佳的配置。

5．体系结构的选择

选择上述体系结构时应考虑以下 4 个因素。

(1) 被开发的系统特点。如系统类型、用户需求、系统规模和使用方式等。

(2) 网络协议。不同的体系结构需要不同的网络协议支持。

(3) 可用的软件产品。包括网络软件、操作系统、数据库管理系统和服务器软件等。

(4) 建设成本等。包括硬件和软件的购买成本、软件开发成本、系统安装与维护成本等。

6.6.2 子系统划分及模块设计

1．结构化设计原理

结构化方法设计思想基于以下几个方面。

(1) 自顶向下把一个大系统划分成若干子系统，再把子系统分解成规模比较小的被称为模块的一些成分。

(2) 系统划分模块是按层次进行，划分工作进行到模块功能都十分简单，并易于修改。

(3) 模块应尽可能独立，应尽可能减少模块间的调用关系和数据交换关系。

(4) 模块间的关系应阐明，以便追踪和控制。

(5) 通过分别实现这些模块的设计，而最终实现整个系统的设计。

2．子系统的划分

1) 子系统划分应遵循的一般原则

(1) 系统要具有相对独立性。子系统的划分必须使得子系统内部功能、信息等各方面的凝聚性较好。在实际中人们都希望每个子系统或模块相对独立，尽量减少各种不必要的数据调用和控制联系，并将联系比较密切、功能近似的模块相对集中，从而方便以后的搜索、查询、调试、调用。

(2) 要使子系统之间数据的依赖性尽量小。子系统之间的联系要尽量减少，接口要简单、明确。一个内部联系强的子系统对外部的联系必然很少，所以划分时应将联系较多者列入子系统内部。相对集中的部分均已划入各个子系统的内部，剩余的一些分散、跨度比较大的联系，就成为这些子系统之间的联系和接口。这样划分的子系统便于将来调试、维护和运行。

(3) 子系统划分的结果应使数据冗余较小。如果我们忽视这个问题，则可能会使相关的功能数据分布到各个不同的子系统中，大量的原始数据需要调用，大量的中间结果需要保存和传递，大量计算工作将要重复进行，从而使得程序结构紊乱、数据冗余，不但给软件编制工作带来很大的困难，而且系统的工作效率也会大大降低。

(4) 子系统的设置应考虑今后管理发展的需要。子系统的设置光靠上述系统分析的结果是不够的，因为现存的系统由于这样或那样的原因，很可能没有考虑到一些高层次管理决策的要求。

(5) 子系统的划分应便于系统分阶段实现。电子商务系统的开发是一项较大的工程，它的实现一般都要分期分步进行，所以子系统的划分应能适应这种分期分步的实施。另外，子系统的划分还必须兼顾组织机构的要求(但又不能完全依赖于组织)，以便系统实现后能够符合现有的情况和人们的习惯，更好地运行。

(6) 子系统的划分应考虑到各类资源的充分利用。各类资源的合理利用也是系统划分时应该注意到的。一个适当的系统划分应该既考虑有利于各种设备资源在开发过程中的搭配使用，又考虑到各类信息资源的合理分布和充分使用，以减少系统对网络资源的过分依赖，减少输入、输出、通信等设备压力。

2) 划分子系统的方法

(1) 按功能划分。是目前最常用的一种划分方法。

(2) 按业务处理顺序划分。划分的依据是业务流程分析的结果。在一些时间和处理过程顺序特别强的系统中，这种划分方法常常被采用。

(3) 按数据拟合程度来划分。由于每个子系统内部数据相对集中，这种划分方法的子系统内部聚合力强，外部通信压力小。

(4) 按业务处理过程划分子系统。当整个系统要分段实现开发时，常常采用这种方法。

案例 6-2

大学生交换旅游网站功能比订阅号更详尽，信息的展示更新更方便，交互性更强，系统展示了大学生交换游的形象，提高了项目的知名度，树立了良好的口碑。网站前期更多是信息的展示，包括加盟大学的信息、旅游景点信息及达成交换游的体验分享等。但随着项目的不断深入发展，后期是期望盈利的，所以网站要具备良好的扩充能力，最终能实现网上交易，如图 6-10 所示。

【拓展案例】

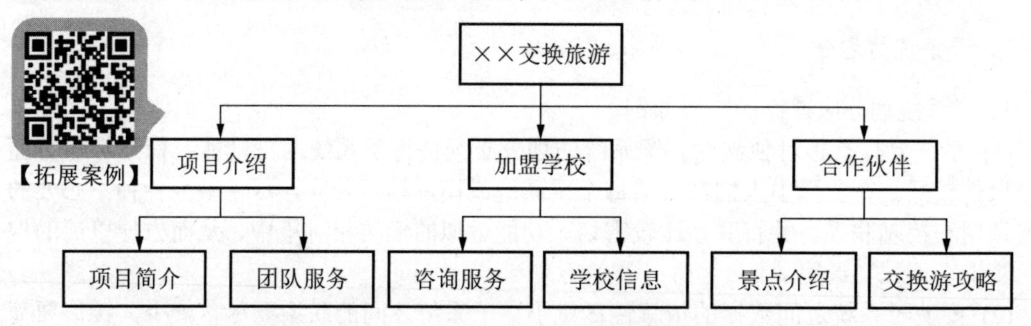

图 6-10 大学生交换游子系统划分图

大学生交换旅游网站前台子系统划分：

(1) 注册、登录：会员的注册及登录。

(2) 加盟学校：当前已加盟的大学的基本信息及介绍。

(3) 旅游分享：分为两个部分一个是交换旅游的体验者在旅游过程中的心情分享，另一个旅游过程中拍摄的照片分享。

(4) 旅游论坛：所有会员交流探讨的平台。

(5) 业务咨询：对交换旅游过程中所遇到的问题提供在线解答及电话咨询；交换游的具体操作过程的介绍。

(6) 景点介绍：已加盟高校所在地的景点介绍。

案例 6-3

本例基于 iOS 系统购物型 App 的设计。该系统开发的总体任务是实现系统前端浏览商品、订单购物、查询和修改相关信息、后台数据的加载、数据更换与统计。

系统整体功能图如图 6-11 所示。

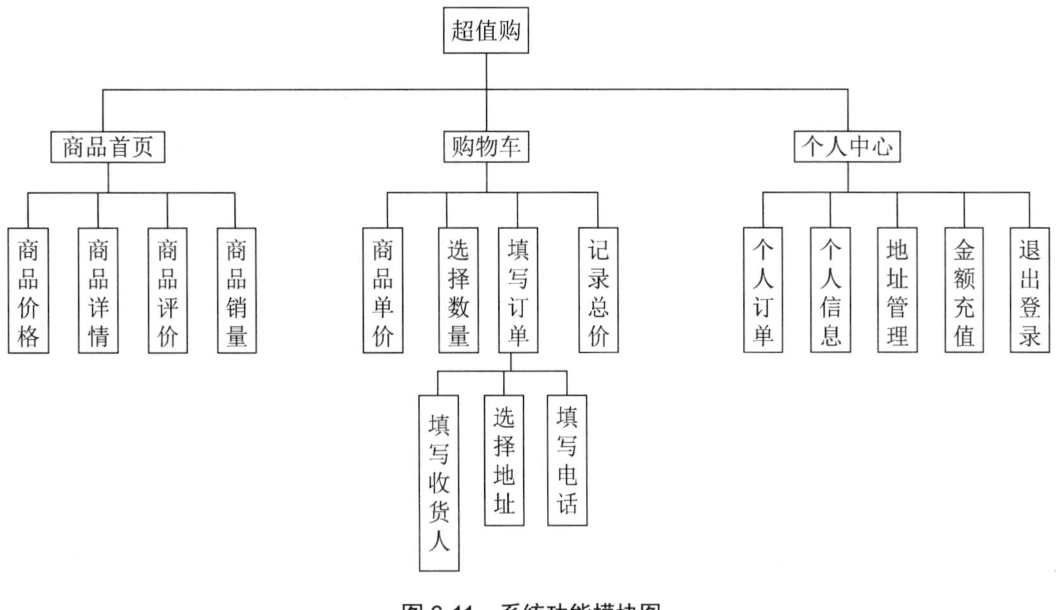

图 6-11　系统功能模块图

该系统主要功能包括以下几项。

(1) 展示物品简略信息，查看详情信息，商品大图，商品评价。

(2) 商品数据的客户端保存，便于未完成交易的商品的查看。

(3) 个人登录，查看订单信息，用户个人评论，地址管理，修改密码，余额管理，退出登录。

(4) 处理用户加入购物车的商品。

(5) 管理员登录，添加、修改、删除商品、保存用户信息等功能。

6.6.3 用户界面设计

用户界面设计是系统详细设计中的重要部分，它既关系到数据的输入、输出，也关系到用户对于系统的印象。人与计算机进行信息交流就是人机交互，从这个意义上讲，输入、输出都是人机交互。这里讲的人机交互是指人通过屏幕、键盘等设备与计算机进行信息交换。

用户界面设计的基本要求有以下几方面。

(1) 输入、输出对用户友好，操作简单容易。设计人机交互的一个原则是必须让用户容易学会使用。应使用户不需要记忆很多信息。设计人机交互应尽可能地仿照现实作业的工作方式。

人机交互过程中必须给用户以简明易懂的反馈信息。例如，当系统工作可能费时较多时，系统应显示反馈信息(如在传送文件时需要有一段时间，系统可以显示出一个画面，告诉用户系统正在做什么)。

(2) 提供的表现形式和术语符合用户的接受能力。

(3) 表示的合理性。

(4) 提供学习功能。

(5) 表示的一致性。

(6) 对输入的容错性。首先，系统应具有较强的容错性，对于用户的输入表现为，无论输入怎样的错误，系统能够保护自己不受致命错误的破坏。其次，应根据系统的需要对输入进行必要的检查，如去掉无意义的空格、对数据格式进行校验等。

1．用户界面设计原则

1) 系统响应时间

一般来说，系统响应时间指从用户完成某个控制动作(如按 Enter 键或单击鼠标)，到软件给出预期的响应(输出或做动作)之间的这段时间。

系统响应时间有两个重要属性，分别是长度和易变性。如果系统响应时间过长，用户就会感到失望和沮丧。易变性指系统响应时间相对于平均响应时间的偏差，在许多情况下，这是系统响应时间的更重要的属性。即使系统响应时间较长，响应时间易变性低也有助于用户建立起稳定的工作节奏。例如，稳定在 1 秒的响应时间比从 0.1～2.0 秒变化的响应时间要好。用户往往比较敏感，他们总是担心响应时间变化暗示系统工作出现异常。

2) 信息显示

用户界面显示的信息应是完整的、清楚的或易于理解的，信息显示的设计原则一般包括：

(1) 只显示与当前工作内容有关的信息。

(2) 不要用数据淹没用户，应该用便于用户迅速地吸取信息的方式来表示数据。

(3) 使用一致的标记、标准的缩写和可预知的颜色。

(4) 允许用户保持可视化的语境。

(5) 产生有意义的出错信息。

(6) 使用大小写、缩进和文本分组以帮助理解。

(7) 使用窗口以帮助用户分隔“保存”不同类型的信息。

(8) 使用“模拟”显示方式表示信息，以使信息更容易被用户吸取。

(9) 高效率地使用显示屏。

3) 数据输入

数据输入设计的基本原则是为用户操作着想，输入操作应简单容易。数据输入的一般设计原则包括以下几项。

(1) 尽量减少用户的输入动作。

(2) 保持信息显示和数据输入之间的一致性。

(3) 允许用户自定义输入。

(4) 交互应该是灵活的，并且可调整成用户最喜欢的输入方式。

(5) 使在当前动作语境中不适用的命令不起作用。

(6) 让用户控制交互流。

(7) 对所有输入动作都提供帮助。

(8) 消除冗余的输入。

4) 用户帮助

具体设计帮助时，必须解决下述一系列问题。

(1) 在用户与系统交互期间，应保证用户在任何时间都能获得关于系统任何功能的帮助信息。此时有两种选择，即提供部分功能的帮助信息和提供全部功能的帮助信息。

(2) 用户如何请求帮助有 3 种选择：①帮助菜单；②特殊功能键；③HELP 按钮。

(3) 如何向用户提供帮助信息有 3 种选择：①在独立的窗口中；②指出参考某个文档(不理想)；③屏幕固定位置显示简短提示。

(4) 用户如何返回到正常的交互方式有两种选择：屏幕上的返回按钮和功能键。

(5) 帮助信息的组织有 3 种选择：①平面结构(所有信息都通过关键字访问)；②信息的层次结构(用户可在该结构中查到更详细的信息)；③超文本结构。

5) 出错信息处理

一般来说，一个好的错误提示信息设计给出的出错提示信息或警告信息，应该具有以下属性。

(1) 信息应该以用户可以理解的术语描述出现的问题。

(2) 信息应该提供有助于从错误中恢复的建设性意见。

(3) 信息应该指出错误可能导致哪些负面后果(如破坏数据文件)，以便用户认识到错误的严重性，以便采取相应措施，并在确实出现问题时予以改正。

(4) 信息应该伴随着听觉上或视觉上的提示，即在显示信息时应该同时发出警告声，或者信息用闪烁方式显示，或者信息用明显表示出错的颜色显示。

(5) 信息不能带有指责色彩，即不能责怪用户，用词应当友善。

2. 网站用户界面设计原则

1) 统一的风格(Uniform Style)

风格有抽象性、独特性和人性化三大特点。抽象性指网站的整体形象给浏览者的综合感受。独特性指一个网站不同于其他网站的地方。人性化是通过网站的外表、内容、文字和交流可以概括出一个站点的个性、情操，可以用人的性格来比喻网站。

一个网站是由许许多多的网页组成的，如果每个网页都有自己的风格，那么网页和网页之间的反差会非常强烈，整个网站就会显得非常凌乱，容易让浏览者感到迷惑，不知道自己是不是处在一个网站中浏览。因此，要让自己的网站区别于其他网站，有一个整体感的话，一定要让整个网站保持统一的风格。

由于网站平台只提供了一个网站框架，虽然网站的版面布局已经设计好了，但网站的标志(Logo)、标语、文字、内容需要网站管理员按照本单位的要求来进行添加和管理，这就要求网站管理员有较高的组织和管理技巧，通过网站平台的二次开发，设计出具有本单位网站的风格。

2) 良好的交互(Good Interaction)

对于网站的多维超链接空间，一般应注意以下原则。

(1) 用最少的链接，提高浏览效率。

(2) 对于图形超链接应提供替换文本。

(3) 要抓住能传达主要信息的字眼作为超链接。

(4) 超链接的文本颜色应该与单纯叙述文本的颜色有所区别，并且要求对未访问链接、活动链接和已访问链接采用不同的颜色，以示区别。

3) 视觉效果(Vision Effect)

(1) 网页色彩。网页的色彩是树立网站形象的关键之一，它包括网页的背景、文字、图标、边框、超链接等的色彩。

(2) 网页的字体设置。网页的字体设置包括字体的样式、效果和大小。而选择贴切的字体，有助于表达网站的内涵。

(3) 网站的排版结构。网站的排版结构即网页的版面布局。版面是浏览器看到的完整页面，而布局指以最适合浏览的方式将图片和文字等内容排放在页面的不同位置。

4) 网页简洁(Simplicity)

简洁是网页界面设计的原则之一，也是最重要的原则。设计网页的主要目的是进行信息交流，因此使信息更易于被浏览者浏览显得非常重要，除此之外的其他东西都处于从属的地位。尽管浏览者会被精美的动画和花哨的图片所吸引，但是只有当网页的内容易于访问且有价值时，他们才会经常性地访问。很难想象一个只有精美的外表，而访问速度极慢且无实质内容的网站能够留住浏览者的眼光。

5) 传输速度(Transfer Speed)

传输速度是网页设计中一个需要着重考虑的问题，它对于网站的首页显得尤为重要。一般来说，首页的传输时间不能超过 3 秒，超过这个时间，大多数用户都会失去耐心。为了提高网页的传输速度，可采用了以下几种方法。

(1) 尽量减小首页的数据量。

(2) 页面在采用图片时，应尽量采用较小的图片，如果图片太大，可以采用分割图片的方法，将太大的图片分割成多个较小的图片。在网站开发平台中，都采用较小的图片，并且采用储存量较小的 GIF 和 JPEG 格式的图像文件。

(3) 整个页面不要都套在一个表格里，应尽量拆分成多个表格；表格嵌套层次尽量要少，越复杂、嵌套层次越多的表格下载速度越慢。

3．用户界面设计过程

在创建了界面的设计模型之后，可以运用下述评估标准对设计进行早期复审。

(1) 系统及其界面规格说明的长度和复杂程度，表明用户学习使用该系统所需的工作量。

(2) 命令或动作的数量、命令的平均参数个数或动作中单个操作的个数，表明系统的交互时间和总体效率。

(3) 设计模型中给出的动作、命令和系统状态的数量，表明用户学习使用系统时需要记忆的内容的多少。

(4) 界面风格、帮助和出错处理的设计说明，表明界面的复杂程度和用户接受该界面的程度。

6.6.4 系统设计说明书

系统设计说明书是系统设计阶段的产物，系统设计说明书是在系统分析的基础上形成的物理方案，其对系统建设中各主要技术方面的设计进行了说明，是系统实施的依据。

1．编写系统设计说明书的具体要求

系统设计说明书应全面、准确和清楚地阐明系统实施过程中应采取的手段、方法和技术标准，以及相应的环境要求。另外，系统建设的标准化问题也是系统设计说明书中应阐明的一项重要内容。

所谓全面就是对系统所有的功能模块以及相应的运行环境要求都应进行技术上的说明。准确是指对各功能模块的内部规定、外部说明、接口设计以及相互之间的逻辑关系等从技术上必须给予正确的无二异性的描述。清楚是指在编写系统设计说明书时，文字上的描述应清晰、简洁、可读性好，便于系统开发人员的阅读和理解。

2．系统总体技术方案

系统总体技术方案包括：①电子商务系统的总体结构；②网络基础设施；③系统平台选择；④应用系统方案；⑤实施方案。

本章小结

本章对于电子商务系统设计的主要内容和方法进行了说明。

本章说明了电子商务系统设计的目的、系统设计的基本原则，并分别就电子商务系统的总体设计的内容、系统网络环境设计、系统软件平台的设计进行了说明。针对电子商务系统的重要组成部分，阐述了电子商务系统应用服务器的基本结构、功能，并介绍了主流的电子商务系统应用服务器的产品。

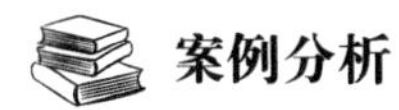

案例分析

中国铁路物资总公司电子商务系统设计

铁路物资总公司是铁道部(中国铁路总公司)确定的铁路集采专供物资主要服务商和铁路基本建设项目部物资代理公司。

铁路物资总公司在实施电子商务前，其业务范围主要是物资采购、物资仓储管理、物资配送。每年在物资采购、仓储配送费用方面的开销较大。铁路物资总公司的业务规模庞大，且拥有比较好的资源，下设27家全资子公司等，分布于全国的仓储系统及铁路专用线。该公司除了负责完成铁路物资的采购、供应外，还利用这些资源为国内外一些大的制造企业开展第三方物流业务。

为了进一步降低成本，整合企业的资源，增强企业的竞争能力，铁路物资总公司从2000年起开始实施其电子商务系统的建设。在实施前，物资总公司面临的问题是：①如何应用电子商务整合企业资源优势？实现怎样的电子商务？②企业电子商务系统如何设计和开发？③企业电子商务系统与企业内部既有的管理系统如何整合？

面对这些问题，铁路物资总公司开始了以下工作：

(1) 在铁路物资总公司领导层的大力支持下，公司业务人员与铁道部信息技术中心、北方交通大学的技术研究人员组成了项目小组开展系统研发设计工作。

(2) 项目开发小组对企业的各个业务部门进行了详细的调查，分析企业的机构组织、业务处理流程，归纳整理目标系统的需求。

(3) 项目开发小组与 IBM、i2 公司的系统分析人员进行了广泛的讨论，进行目标系统的战略规划，确定了铁路物资总公司的电子商务目标应立足于企业的资源优势，在电子贸易、物流、企业内部的集采专供三个部分实施。

(4) 针对系统设计，项目开发小组采用了三层结构电子商务系统的设计思想，最终选择了 BEA Weblogic、IBM e-Marketplace(MPE)、i2 公司的 Freight Matrix、Oracle 数据库管理系统作为系统软件平台，利用 JSP 进行系统开发。

(5) 经过开发调试，该系统投产使用并被中国计算机协会评选为当年 10 个最佳电子商务系统之一。

思考题：

(1) 分析铁路物资总公司电子商务系统的设计思想和总体结构。

(2) 分析铁路物资总公司网上贸易系统的结构特点和基本功能。

1．为什么要进行电子商务系统设计？其主要内容是什么？

2．电子商务系统总体设计的原则是什么？包括哪些内容？

3．电子商务系统信息基础设计都包括什么内容？在网络环境设计中应当注意什么问题？

4．选择电子系统运行的服务器主机时应当注意哪些问题？

5．应用软件设计包括哪些内容？

第7章

电子商务项目管理过程

学习目标

(1) 掌握电子商务项目启动的定义与过程。
(2) 掌握电子商务项目计划的定义、方法和具体活动。
(3) 掌握电子商务项目执行与控制的定义、内容、活动及准则。
(4) 掌握电子商务项目收尾的内容与过程。
(5) 掌握电子商务项目评价的内容。
(6) 掌握电子商务项目的整体管理与控制。

知识架构

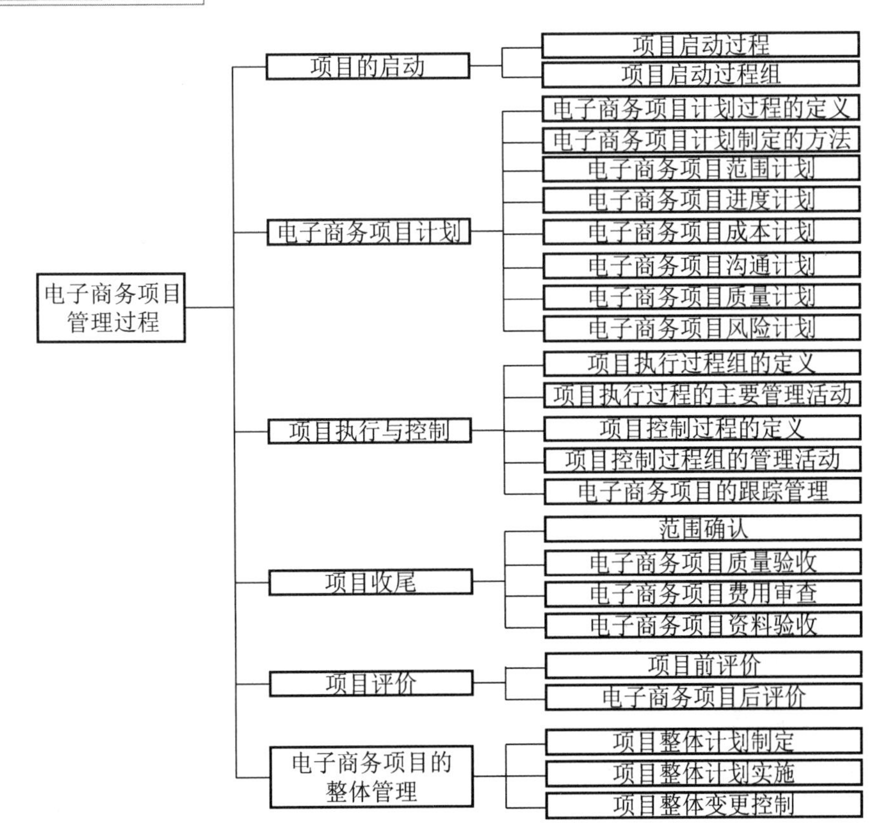

导入案例

当项目开始出现混乱

A集团下属信息技术有限公司新接到一个有关电子政务公文流转系统的软件项目，王工作为公司派出的项目经理，带领项目组开始进行项目的研发工作。

王工以前是一名老技术人员，从事Java开发多年，是个细心而又技术扎实的老工程师。在项目的初期，王工制定了非常详细的项目计划，项目组人员的工作都被排得满满的，为加快项目的进度，王工制定项目计划后即分发到项目组成员手中开始实施。然而，随着项目的进展，由于项目需求不断变更，项目组人员也有变动，项目组已经没有再按照计划来进行工作，大家都是在当天早上才安排当天的工作事项，王工每天都要被工作安排搞得焦头烂额，项目开始出现混乱的局面。

项目组中的一名技术人员甚至在拿到项目计划的第一天就说“计划没有变化快，要计划有什么用”，然后只顾埋头编写自己手头的程序。

一边是客户在催着快点将项目完工，要尽快将系统投入生产；另一边是分公司管电子政务项目的张总在批评王工开发任务没有落实好。

之所以会出现这种情况主要是因为王工在制定项目计划时，存在如下问题：①初期的项目计划力度过小，没有把握好项目计划的层次性；②制定项目计划时没有和客户、公司高层领导及项目团队成员进行及时沟通；③制定的项目计划不切实际。

面对这样的情况，王工采取了如下措施：

(1) 重新制定一份较粗力度的、切实可行的整体项目计划，而且由项目组成员根据整体项目计划来制定个人的项目计划。

(2) 将项目计划与项目组人员、公司高层领导、客户进行沟通，并及时修正，必要时还要开会讨论。

(3) 对项目计划组织相关人员进行评审和确认，切实把握项目计划的质量保证和质量控制。

(4) 在项目组中建立整体变更控制系统并使用配置管理系统。

经过一段时间的调整与执行，该项目最终得以顺利完成。

对电子商务项目进行过程管理既是电子商务项目管理思想的重要部分也是电子商务项目取得成功的关键所在，这阶段的主要工作包括项目的启动过程、项目的计划过程、项目的执行过程、项目的控制过程及收尾过程。

7.1 项目的启动

项目启动是获得授权，定义一个新项目或现有项目的一个新阶段，正式开始该项目或阶段的一组过程。在每一个阶段开始时进行启动过程，有助于保证项目符合其预定的业务需要，验证成功标准，审查项目干系人的影响和目标。然后，决定该项目是否继续、推迟或中止。

7.1.1 项目启动过程

启动过程的一个输出就是项目章程，项目章程主要是一个粗略地规定项目的范围的重要文档，也是项目范围管理后续工作的重要依据。项目章程中还将规定项目经理的权利以及项目组中各成员的职责，还有项目其他干系人的职责，这也是在以后的项目范围管理工作中各个角色如何做好本职工作有一个明确的规定，保障后续工作可以更加有序地进行。项目章程主要是正式承认项目的存在并对项目提供一个概览。

【拓展案例】

7.1.2 项目启动过程组

当启动一个电子商务项目或者项目阶段的时候，一定要有人阐明该电子商务项目的需求，发起该项目并承担项目经理的角色。启动过程发生在一个电子商务项目的每一个阶段。不同的电子商务可能有不同的项目阶段，但所有的电子商务项目都应该包括(启动过程、计划过程、执行过程、控制过程、收尾过程)这五个过程组，如图 7-1 所示。举例来说，项目经理和团队应在电子商务项目生命周期的每一个阶段重新审视项目的业务需求，以确定该项目是否值得继续进行。结束一个电子商务项目也需要启动过程。一定要有人发起活动，以确定该项目小组是否完成了所有工作，总结经验教训，进行项目资源再分配，并且确定客户已经接受了工作成果。启动过程在整个电子商务项目阶段中是比较短的，要求的资源和时间也比较少，一般占整个电子商务项目资源和时间的 5%～10%。

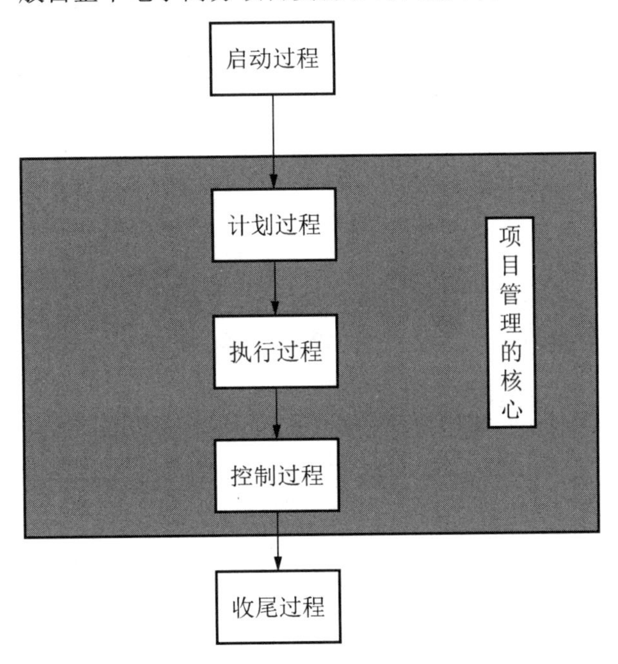

图 7-1 电子商务项目管理的五个过程

项目启动是电子商务项目生命周期的第一个过程，主要是针对该电子商务项目的可行性、项目章程以及项目干系人进行深入的研究，是一个相当重要的决策阶段，通常，项目启动阶段包括几个方面的工作：①项目识别与构思；②可行性研究；③项目评估；④制定项目章程；⑤识别干系人。

7.2 电子商务项目计划

项目计划作为项目管理的重要阶段，在项目中起承上启下的作用，是用于协调项目编制、指导项目执行和描述项目控制的文件。在电子商务项目计划阶段，最重要的事情就是界定电子商务项目范围和制定项目计划。只有清晰地界定了电子商务项目的范围，并进行有效的范围变更管理，才能使项目不会偏离合同的要求，而详细的项目计划是电子商务项目实施指南，同时也为项目绩效评价提供参考依据。

7.2.1 电子商务项目计划过程的定义

电子商务项目计划是一个电子商务项目管理过程循环中的第二种具体管理阶段或者活动，是项目或项目阶段的计划过程，建立一份连贯性、一致性的文档，以指导项目实施和项目控制。项目计划过程是一个反复的过程。一个详细的项目计划过程主要包括以下几方面。

(1) 项目计划定义。确定项目的工作范围。

(2) 确定为执行项目而需要的工作范围内的特定活动，明确每项活动的职责。

(3) 确定这些活动的逻辑关系和完成顺序。

(4) 估算每项活动需要的时间和资源。

(5) 制订项目计划及其辅助计划。

这是由一系列项目计划性工作所构成的项目管理具体过程。通常没有一个单一的“项目计划”，而是会有很多计划，例如范围管理计划、进度管理计划、成本管理计划、采购管理计划等。我们需要确定各个知识领域与该电子商务项目之间的结合点来制订计划。例如，一个电子商务项目小组需要制订计划来定义完成该项目需要完成的工作，并为这些工作的相关行动制定进度，以及决定需要获取哪些资源来完成相应的工作等。

7.2.2 电子商务项目计划制订的方法

制订项目计划的目的在于建立并维护项目各项活动的计划，项目计划其实就是一个用来协调电子商务项目中的其他所有计划，指导项目组对项目进行执行和控制的文件。一个好的项目计划可为项目的成功实施打下坚实的基础。

项目计划具有层次性，项目计划的层次及其关系如图 7-2 所示。

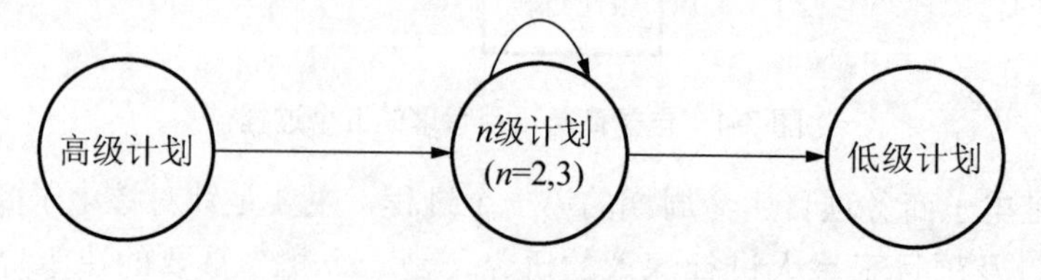

图 7-2 项目计划的层次及其关系

高级计划，是项目的早期计划。高级计划应当是粗力度的，主要是进行项目的阶段划分，确定重大的里程碑、所需相关的资源，包括人力资源、设备资源和资金资源，即所谓的人、财、物三个要素。在大的阶段交替之前，应做好下一阶段的详细计划，即二级计划。

详细计划要确定各项任务的负责人、开始时间、结束时间、任务之间的依赖关系、设备资源和项目里程碑。项目组成员的个人计划是低级计划，由项目组成员根据自己的任务自行制定，个人计划要尽量细化到工作单元和时间单元。通常，电子商务项目计划有 4 级就够用了，过多的等级将会引发效率的瓶颈。合理地划分小组，减少组织的层次，有利于项目计划的制定和实施。较小的电子商务项目由于工期不长、人员较少，一般只有两级计划(高级计划与低级计划)。

1．该详细的详细，该简略的简略

项目计划就如同电子商务项目本身一样有它自己的特殊性，一个小型的电子商务项目，可能项目计划就只有四五页纸，包括一个 WBS 和一个甘特图。一个需要五六十个人甚至上百人，要花半年或更长时间完成的大型电子商务项目则会有更多的项目计划内容。项目经理要按照项目的选定情况量体裁衣，要强调项目计划的指导性。项目中的工作安排一定要责任到人，如果是由多个人共同完成的任务，则要指定一个主要负责人，否则工作人员会操作不便，甚至互相推卸责任。

2．制订的项目计划要切合实际

制订项目计划仅靠“个人经验”是不够的，应当充分鼓励、积极接纳项目干系人(包括客户、公司高层领导、项目组成员)来参与项目计划的制定。另外，要充分利用历史数据。历史数据是宝贵的财富，是可重复使用的资源。不仅要注意积累这些数据，也要学会从中提炼出可以为己所用的数据，例如项目计划模板、计划的资源数据等。成熟的项目开发组织会将历史数据保留并做一些分析，形成一些经验计算公式、实用的文档模板等，因为失败的电子商务项目对新电子商务项目的研发具有重要的参考价值。

3．重视与客户的沟通

与客户的沟通是很重要的，不必害怕客户知道项目组的执行计划，特别是项目进度情况，应当和客户共享这些信息。这么做有两方面原因。

(1) 客户会提出一些对项目时间、进度、效果上的要求，这些要求往往经不起推敲，有的还带有较强的政策性。例如，某单位领导开会集体决定并形成文件的，但是，经过认真的需求调研，做出项目进度的粗略计划和部分二级计划后，发现按客户要求的时间是很难完成的。这就需要“说服”客户，可以利用所做的调研文档和项目计划与客户讨论，并最终使项目的时间适当延长。

(2) 项目组有义务要让客户知道项目的计划，这样才能让客户主动、积极地参与项目，达到项目的最终目标。

7.2.3 电子商务项目范围计划

电子商务项目范围是指为了交付具有规定特征和功能的产品或服务所必须完成的工作，是产生项目产品所包括的所有工作及产生这些产品所用的过程。项目干系人必须在项目要产生什么样的产品方面达成共识，也要在如何生产这些产品方面达成一定的共识。范围管理保证项目包含了所有要做的工作而且只包含要求的工作，它主要涉及定义并控制哪些是项目范畴内的，哪些不是项目范畴内的。

1．电子商务项目范围管理过程

1) 项目范围计划编制过程

范围计划编制是将完成项目所需的项目工作(项目范围)渐进明细和归档的过程。编制项目范围计划需要参考很多信息，比如产品描述，首先要清楚最终产品的定义才能规划要做的工作。最终范围计划过程输出的是一个范围说明书和范围管理计划。

范围说明是在项目参与人之间确认或建立了一个项目范围的共识，作为未来项目决策的文档基准。范围说明中至少要说明项目论证、项目产品、项目可交付成果和项目目标。项目论证是商家的既定目标，要为估算未来的得失提供基础；项目产品是产品说明的简要概况；项目可交付成果一般要列一个子产品级别概括表，如为一个软件开发项目设置的主要可交付成果可能包括程序代码、工作手册、人机交互学习程序等；项目目标需要考虑项目的成功性，至少要包括成本、进度表和质量检测，项目目标应该有标志并尽可能的量化。

范围管理计划是描述项目范围如何进行管理，项目范围怎样变化才能与项目要求相一致等问题。一般来说，范围管理计划包括项目范围预期的稳定性的评估，如范围变化方式、变化频率和变化数量等。范围管理计划也包括对变化范围怎样确定，以及变化应归为哪一类等问题的清楚描述。

2) 项目范围定义过程

范围定义是指将项目主要的可交付成果细分成较小的和更易管理的子项目或者是项目工作要素，直到将项目的可交付成果定义分解到具体明确为止。恰当的范围定义对项目成功十分关键，范围定义不明确时，变更就不可避免地出现，很可能造成返工、延长工期、降低团队士气等一系列不利的后果。

电子商务项目范围定义的难度与电子商务项目类型和规模有关。比如，对于时间较短的电子商务运营项目的范围定义，就相对简单一些；而对于电子商务系统设计开发项目，由于其跨度大、涉及因素多，范围定义就相对困难。同时，对于同种类型但不同规模的电子商务项目范围定义，其难度也不完全相同。一般来讲，范围定义过程主要包括范围规划、项目范围界定与审核。

3) 项目范围核实过程

范围核实是项目客户和项目发起人等项目各利益相关者正式认定项目范围并正式接受项目可交付成果的定义的过程。

这个过程是范围确定之后，执行实施之前各方相关人员的承诺问题。一旦承诺则表明你已经接受该事实，那么你就必须根据你的承诺去实现它。这也是确保项目范围能得到很好的管理和控制的有效措施。

4) 项目范围变更控制过程

范围变更控制是指对有关项目范围的变更实施控制。再好的计划在执行时也不可能是一成不变的，因此变更是不可避免的，关键问题是如何对变更进行有效的控制。范围变更的原因是多方面的，比如用户要求增加产品功能、环保问题导致设计方案修改而增加施工内容。控制好变更必须有一套规范的变更管理过程，在发生变更时遵循规范的变更程序来管理变更。通常对发生的变更，需要识别是否在既定的项目范围之内。如果是在项目范围之内，那么就需要评估变更所造成的影响，以及应对措施，受影响的各方都应该清楚自己所受的影响；如果变更是在项目范围之外，那么就需要开发人员与用户方进行谈判，看是否增加费用，还是放弃变更。

2．电子商务项目范围确定的方法

电子商务项目范围确定的最常见的有效方法是编制工作分解结构。工作分解结构(Work Breakdown Structure，WBS)是根据树形图将一个功能实体(项目)先分解为子项目，再逐级分解成若干个相对独立的工作单元，并确定每个工作单元的任务及其从属的工作。WBS 总是处于计划过程的中心，是制定进度计划、资源需求、成本预算、风险管理计划和采购计划等的重要基础。

1) WBS 的作用

明确和准确说明项目的范围为各独立单元分派人员，规定这些人员的相应职责针对各独立单元，进行时间、费用和资源需要量的估算，提高时间、费用和资源估算的准确度为计划、预算、进度计划和费用控制奠定共同基础，确定项目进度测量和控制的基准将项目工作与项目的财务联系起来便于划分和分派责任确定工作内容和工作顺序估算项目整体和全过程的费用。

2) WBS 的方法

编制工作分解结构的方法多种多样，主要包括类比法、自上而下法、自下而上法和使用指导方针等。类比法就是以一个类似项目的 WBS 为基础，制定本项目的工作分解结构。一般来讲，在电子商务应用领域，经常有标准化或者半标准化的工作分解结构作为新项目的模板，可以通过对工作分解结构模板进行相应的增删来制定新项目的工作分解结构。自上而下法常常被视为构建工作分解结构 WBS 的常规方法，即从项目最大的单位开始，逐步将它们分解成下一级的子项目工作单元。这个过程就是要不断增加级数，细化工作任务。自下而上法，是要让项目团队成员从一开始就尽可能的确定项目有关的各项具体任务，然后将各项具体任务进行整合，并归总到一个整体活动或 WBS 的上一级内容当中去。指导方针法是指拟建的电子商务项目若存在相关的 WBS 指导方针，那就必须遵循这些方针。

3) 编制 WBS 的要点

编制工作分解结构的要点有：子层次的要素之和必须等于母层次的相应要素。工作分解结构的每一个要素都是一个可交付物，工作分解结构必须要编号，每一个要素都有一个独一无二的编号。工作分解结构中不能出现名称完全相同的两个要素。工作分解结构中的要素必须有利于指定责任人。工作分解结构中的要素必须有利于针对它们制定进度、成本、质量等计划，有利于这些方面的相应考核。工作分解结构中的各要素必须是相对独立的，不要有太多的相互交叉。如果项目的某一部分需要外包出去，通常可以把整个部分作为工作包列在工作分解结构中，没有必要继续往下细分。工作分解结构较为合适的层次一般为4～6 层。任何没有下属子要素的要素都是被称为“工作包”的要素，也就是通常所说的“工作分解结构底层的要素”，如图 7-3 所示。

4) WBS 图的绘制

项目工作分解结构的表现形式主要有树形图和缩进表两种。

(1) 树形图类似于组织结构图。它是由项目各部分构成的、面向成果的树形结构，是项目所有工作单元的等级树。树顶上是项目的总目标，下面是第一级子项目工作单元，在每一个子项目工作单元的工作下面是对应的第二级工作任务或细目，依次类推。

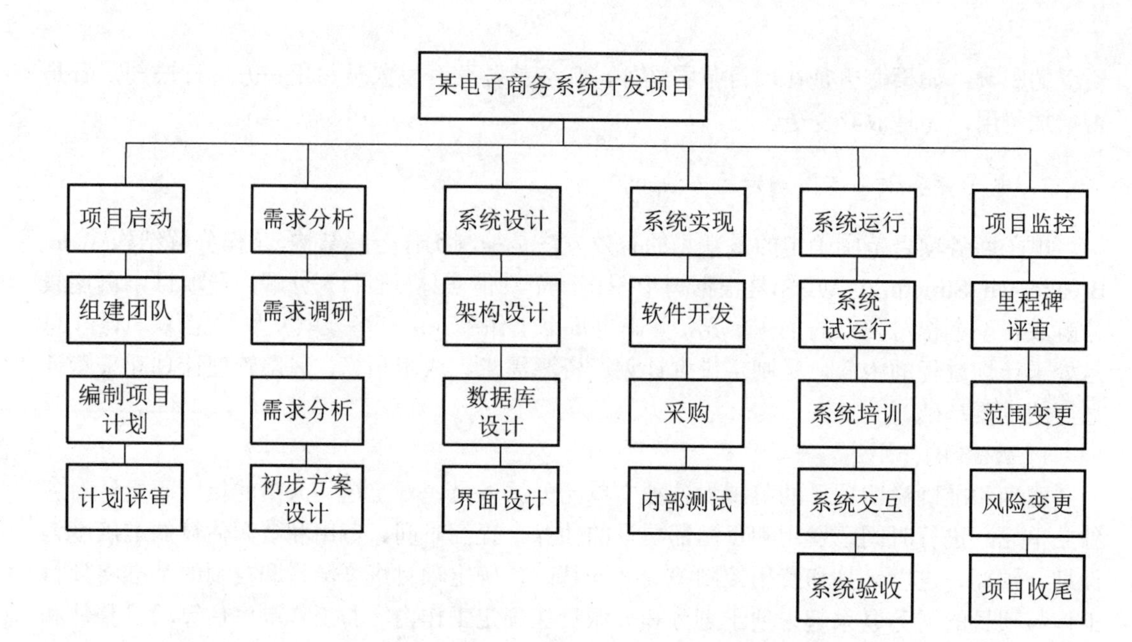

图 7-3　某电子商务系统开发项目的 WBS 树形图

(2) 缩进表。类似于分组的图书目录，如表 7-1 所示。缩进表可以反映项目所有的工作要素，但是直观性较差。对于大型的、复杂的项目而言，内容分类较多、容量较大，用缩进表表示细节比较方便，还可以装订成手册，称为 WBS 手册或 WBS 字典。

表 7-1　某电子商务策划项目的 WBS 缩进表

工作编号	工作名称	负责人	资源描述
1.1.0	启动策划		
1.1.1	召开项目启动会		
1.1.2	行业市场调研分析		
1.2.0	进行策划		
1.2.1	盈利模式设计		
1.2.2	筹划资金来源		
1.3.0	策划评审		
1.3.1	召开评审会		
1.3.2	策划总结		

7.2.4　电子商务项目进度计划

【拓展案例】

项目进度计划是根据项目范围定义的项目工作排序，各项工作所需资源和延续时间来确定项目起始和完成时间，安排项目的时间进度。安排进度计划的目的是控制时间和节约时间，而项目的主要特点之一即是有严格的时间期限要求，由此决定了进度计划在项目生命周期中的重要性。电子商务项目进度计划制定的主要过程包括活动定义、活动排序、活动历时估计、进度计划编制和进度谋划控制。

1．电子商务项目进度计划的过程

电子商务项目进度计划的过程主要包括项目工作排序、项目工作时间预算和编制项目进度计划。

1) 项目工作排序

项目的工作排序是根据项目实施过程中的工作顺序的先后以及依赖、耦合关系对项目进行科学的顺序安排。在对电子商务项目进行工作排序时，对于每项工作都必须考虑如下几个问题：①每项工作开始之前，哪些工作必须结束；②哪些工作可以同时进行并界定其并发状态；③哪些工作只有在该工作完成后才能开始以及辨析串行工作线路上的耦合关联程度。

(1) 项目工作排序需要完成的工作包括以下几方面。

① 项目工作列表。是工作排序确定的基础。

② 项目产品描述。分析项目产品的特性可以有助于确定项目工作的顺序，参考项目产出物的描述有助于审查项目工作排序是否正确。

③ 强制性逻辑关系的确定。强制性逻辑关系是工作之间本质上的内在联系，是客观存在无法改变的依赖关系。例如，项目实施中的数据库建模必须在总体框架确定以及系统设计完成的基础上进行。

④ 组织关系的确定。由项目管理人员根据实际情况确定项目工作之间的关系。这种关系是根据主观意志去调整和确定的。对于这种无逻辑关系的工作，由于其工作排序具有随意性，从而直接影响到项目计划的总体水平。

⑤ 外部制约关系的确定。外部制约关系主要是指项目工作与非项目工作之间的关系，在项目计划的安排过程中要考虑到外部工作对项目工作的一些制约及影响，这样才能充分把握项目的发展。

⑥ 实施过程中的限制和假设。必须考虑项目实施过程中受到的各种限制和项目计划制定所依赖的假设条件，才能制定高质量的项目计划。

⑦ 里程碑。里程碑时间是工作排序的一部分，项目活动的进行需要确保达到里程碑的要求。例如，一个网站软件开发项目已确定在某一时间进行调试，那么软件开发任务就必须保证调试时间的要求。

(2) 项目工作排序的成果。

工作排序的成果是获得描述项目各工作关系的项目网络图。项目网络图是项目各项工作排序的图解表示，一方面描述了项目各工作的相互关系，另一方面也包括整个项目的详细工作流程。根据绘图符号的不同，网络图一般分为单代号网络图和双代号网络图。

① 单代号网络图。单代号网络图是以节点及其编号表示工作，以箭线表示工作之间逻辑关系的网络图。在单代号网络图中加注工作的持续时间，以便形成单代号网络计划，具体是指以下 4 种情况。

结束—开始：紧后工作的开始依赖于紧前工作的结束。

结束—结束：紧后工作的结束依赖于紧前工作的结束，即一项工作不能在另一项工作之前完成。

开始—开始：紧后工作的开始依赖于紧前工作的开始。

开始—结束：紧后工作的结束依赖于紧前工作的开始，这种关系一般很少采用。

单代号网络图应画成水平直线、折线或斜线，箭头水平投影的方向应自左向右，表示活动的进行方向。节点所表示的活动名称、持续时间和活动代号等应标注在节点内。单代号网络图中的节点必须编号，如图 7-4 所示。

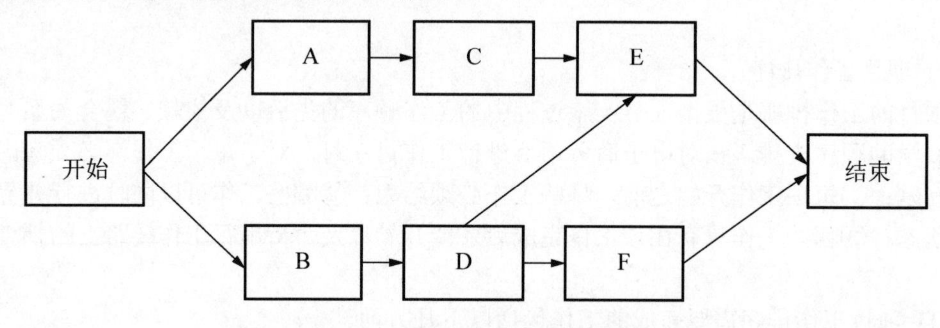

图 7-4　某项目的单代号网络图

② 双代号网络图。双代号网络图，又称箭线图法，是指组成网络的各项工作用箭头表示，节点表示工作的开始或结束。通常把工作的名称写在箭线上，工作的持续时间写在箭线下，箭尾表示工作的开始，箭头表示工作的结束，在双代号网络图中只使用结束—开始的依赖关系。图 7-4 就是图 7-5 所对应的双代号网络图，每一条箭线应表示一项活动；节点应该用圆圈表示；虚箭线表示一项虚工作，其表示形式可垂直方向向上或向下，也可水平方向向右。如图 7-6 所示的就是一个网站建设项目的双代号网络图。

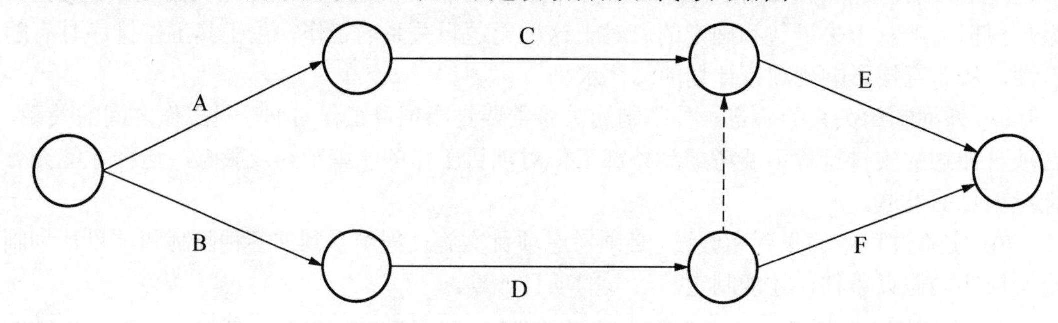

图 7-5　某项目的双代号网络图

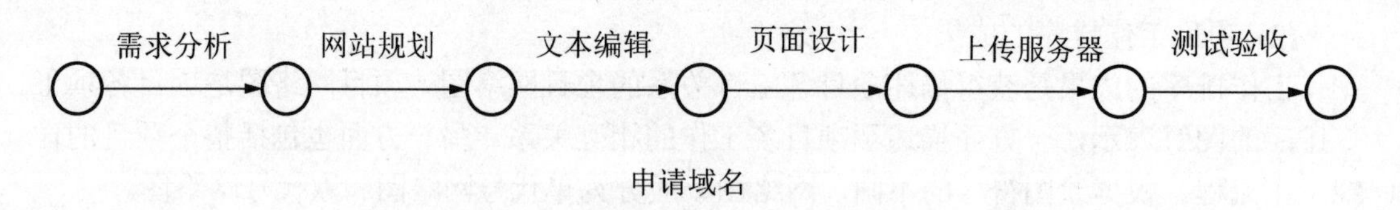

图 7-6　网站建设项目的双代号网络图

2) 项目工作时间预算

工作时间预算是项目计划制定的一项重要基础工作，它直接关系到项目各项工作的网络时间参数的计算和完成整个项目任务所需要的总时间。工作延续时间的估算，必须要考虑各种资源、人力、物力和财力，把工作置于正常状态下通盘考虑，避免顾此失彼。电子商务项目的工作延续时间一般是个可变的因素。例如，在技术难关的攻克难易程度是由不同研发人员的技术储备状态决定的。因此，电子商务项目工作延续时间估计通常由项目团队中对要开展项目各项工作的特点熟悉的人尤其是对关键工作十分熟悉的人来完成。

时间预算需要参考的主要参数包括：工作详细列表、环境约束条件、项目假设前提、完成项目所需资源、历史相关数据、项目参与人员的技术知识储备等。在最先进的项目时间预算中组织的学习曲线也成为极为重要的相关参数。

工作延续时间估计一般形成工作详细列表和项目网络图。前者是项目工作关系的基本描述；后者是用网络图的形式直观地将项目工作关系表达出来。

3) 编制项目进度计划

项目进度计划主要包括项目进度、细节说明、进度管理计划和资源需求更新等内容。项目进度计划可以以提要的形式(称为主进度)或者以详细描述的形式表示，也可以用多种形式的图形方式加以描述。项目进度常用的图形表示方式有甘特图、里程碑事件图、项目网络图和时间坐标网络图等。甘特图又称条形图或棒图，是一种最原始的表示工作进度的方法，它可以清楚明确地表示项目各项工作的开始时间、先后顺序、持续时间、结束时间和总工期等情况。里程碑计划图同条形图有所类似，但是识别进度开始和完成的主要是项目主要事件和关键点的情况。带有日历的项目网络图可以表示各工作的开始和结束时间，还可以充分反映项目中各工作的逻辑关系及关键工作。

2．编制电子商务项目进度计划的方法

在电子商务项目中编制进度计划常采用网络计划技术。网络计划技术是利用网络计划对任务的工作进度进行安排和控制，以保证实现预定目标的科学计划管理技术。网络计划的基本形式是关键路径法(Critical Path Method，CPM)和计划评审技术(Program Evaluation and Review Technique，PERT)，而电子商务项目计划常采用关键路径法。关键路径法最早出现于20世纪50年代，它是通过分析项目过程中哪个活动序列进度安排的总时差最少来预测项目工期的网络分析。

项目进度计划要说明哪些工作必须于何时完成和完成每一任务所需要的时间，并且同时必须能表示出每项活动所需要的资源。常用的制定进度计划的方法有以下几种。

1) 关键日期表

这是最简单的一种进度计划表，它只列出项目的一些关键任务和进度的日期。在项目计划中，通过关注这些关键任务，可以使项目管理者能随时监控项目进度，及时发现问题，并迅速进行处理。一个项目的关键日期表如表7-2所示。

表7-2　一个项目的关键日期表

任务名称	任务计划日期
任务1	8月8日
任务2	8月9日
任务3	8月24日

2) 甘特图

甘特图(Gantt Chart)又称为横道图、条状图(Bar Chart)。其通过条状图来显示项目进度，和其他时间相关的系统进展的内在关系随着时间进展的情况。该图以提出者亨利·L.甘特的名字命名。甘特图把项目埋单和实施进度安排两种职能组合在一起。项目活动纵向排列

在图的左侧，横轴则表示活动与工期时间。每项活动预计的时间用线段或贺横棒的长短表示。另外，在图中也可以加入一些表明每项活动负责人等方面的信息。它直观地表明项目各项任务的开始时间、先后顺序、持续时间、结束时间、总工期等情况。项目管理者由此可以非常便利地弄清每一项任务的实施情况，并可评估任务是提前还是滞后，或者是正常进行。简单项目的甘特图如图 7-7 所示。

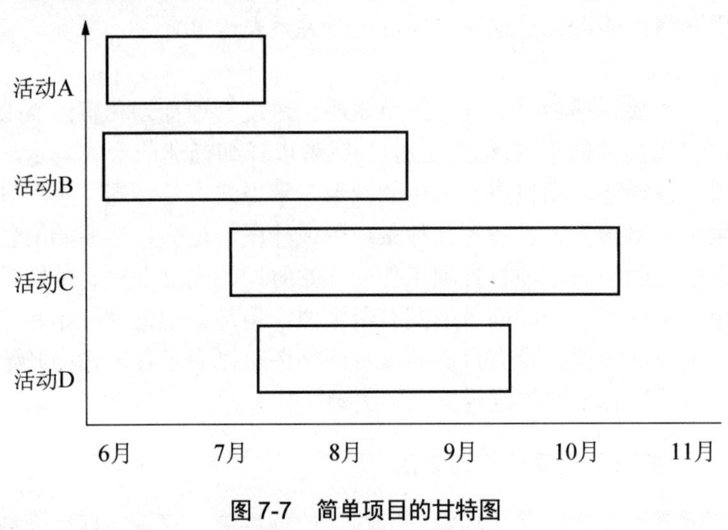

图 7-7　简单项目的甘特图

3) 关键路线法

对于电子商务项目而言，项目网络中最长的或耗时最多的活动完成之后，项目才能结束，这条最长的活动路线就叫关键路径(Critical Path)，组成关键路径的活动称为关键活动。

(1) 绘制关键路径的步骤为：①将项目中的各项活动视为有一个时间属性的结点，从项目起点到终点进行排列；②用有方向的线段标出各节点的紧前活动和紧后活动的关系，使之成为一个有方向的网络图；③用正推法和逆推法计算出各个活动的最早开始时间、最晚开始时间、最早完工时间和最迟完工时间，并计算出各个活动的时差；④找出所有时差为零的活动所组成的路线(即关键路径)；⑤识别出关键路径，为网络优化提供约束条件。

(2) 关键路径具有以下特点：①关键路径上的活动持续时间决定了项目的工期，关键路径上所有活动的持续时间总和就是项目的工期。②关键路径上的任何一个活动都是关键活动，其中任何一个活动的延迟都会导致整个项目完工时间的延迟。③关键路径上的耗时是可以完工的最短时间量，若缩短关键路径的总耗时，会缩短项目工期；反之，则会延长整个项目的总工期。但是如果缩短非关键路径上的各个活动所需要的时间也不会影响工程的完工时间。④关键路径上活动是总时差最小的活动，改变其中某个活动的耗时，可能使关键路径发生变化。⑤可以存在多条关键路径，它们各自的时间总量肯定相等，即可完工的总工期。⑥关键路径是相对的，是可以变化的。在采取一定的技术组织措施之后，关键路径有可能变为非关键路径，而非关键路径也有可能变为关键路径。

在电子商务项目进度计划中，重要的是从一个庞大的网络图中找出关键路径，并对各关键活动优先安排资源、挖掘潜力，采取相应措施，尽量压缩需要的时间。而对非关键路径的各个活动，只要在不影响工程完工时间的条件下，抽出适当的人力、物力和财力等资源，用在关键路径上，以达到缩短工程工期，合理利用资源等目的。

4) 计划评审技术

计划评审技术最早是由美国海军在计划和控制北极星导弹的研制时发展起来的。该技术使原先估计的、研制北极星潜艇的时间缩短了两年。

简单地说，计划评审技术是利用网络分析制定计划以及对计划予以评价的技术。它能协调整个计划的各道工序，合理安排人力、物力、时间、资金，加速计划的完成。在现代计划的编制和分析手段上，计划评审技术被广泛使用，是现代化管理的重要手段和方法。

计划评审技术网络是一种类似流程图的箭线图。它描绘出项目包含的各种活动的先后次序，标明每项活动的时间或相关的成本。对于计划评审技术网络，项目管理者必须考虑要做哪些工作，确定时间之间的依赖关系，辨认出潜在的可能出问题的环节，借助计划评审技术还可以方便地比较不同行动方案在进度和成本方面的效果。

构造计划评审技术图，需要明确 3 个概念：①事件(Events)，表示主要活动结束的那一点；②活动(Activities)，表示从一个事件到另一个事件之间的过程；③关键路线，是计划评审技术网络中花费时间最长的事件和活动的序列。

7.2.5 电子商务项目成本计划

电子商务项目成本计划的规划分为估算成本和制定预算两个部分。

1. 估算成本

估算成本是对完成项目活动所需资金进行近似估算的过程。任何项目的完成都需要一定的资源和成本，一旦决定要开展某电子商务项目，就必须为整个项目的进度和资金投入做出安排。电子商务项目的成本估算是对完成项目所需的各种资源(包括人员、设备、材料等)的费用进行合理估算的过程。

【拓展案例】

通过项目资源计划，可基本确定项目要使用的资源，接下来就是估算各活动的成本。成本估算要考虑直接费用和间接费用。直接费用是与最后的产品或服务没有直接关系的，如电子商务开发项目中的设计费用；间接费用是与最后的产品或服务没有直接关系的，如各种管理费用。项目成本估算方法也可采用项目活动历时估算里的方法，对于电子商务项目，还可以采用功能点算法和软件代码行方法。

1) 功能点算法

例如，某电子商务系统待开发的软件按功能点估算得到期望值为 320 个功能点，假设已知以前完成项目的软件开发平均生产率 P_f 为 5 个功能点(人/月)，每个功能点的开发成本 C_f 为 0.3 万元，于是有：

工作量 E 根据公式可以估算为

$$E = FP / P_f = 320 / 5 = 64\ (\text{人/月})$$

软件开发成本 C 根据公式可以估算为

$$C = FP \cdot C_f = 320 \times 0.3 = 96\ (\text{万元})$$

如果当前估算的电子商务项目比以前完成的项目复杂，那么所用的生产率值低于平均生产率值；反之，则高于平均生产率值。有了 P_f 和 C_f 的历史数据，就可以实现快速估算和报价。

2) 软件代码行方法

代码行把开发的每个软件功能的成本和实现这个功能需要用的源代码行数联系起来。组织可以根据历史项目的审计来核算组织的单位代码价值。代码行估算的一般步骤如下所述

(1) 确定功能。

(2) 算出各子功能代码行数的平均值。

(3) 确定各子功能的代码行成本和生产率，生产率指每个人每个月所能生产的有效源代码行数。

(4) 计算各子功能的成本和人力，每个子功能的成本等于其代码行平均值乘以其代码行成本。

(5) 计算该项目的总代码行数、总成本和总工作量。

2. 制定预算

制定预算是汇总所有单个活动或工作包的估算成本，建立一个经批准的成本基准的过程。制定项目预算是一项制定项目成本控制标准的项目管理工作，它涉及根据项目的成本估算为项目各项具体工作分配和确定预算、成本定额，以及确定整个项目总预算的管理工作。项目预算制定的依据是项目成本估算文件、项目的工作结构分解、项目的工期进度计划、项目风险管理计划。项目成本预算要得出确定项目的总预算(估算加储备)。

制定预算的方法有以下两种。

(1) 成本预算方法。分摊预算成本到工作包，工作包分配得到的成本再二次分配到工作包所包含的各项工作；为每一个工作包和各项工作建立了总预算成本后，估计每个工期的成本，确定各项成本预算支出的时间计划以及每一时间点对应的累计预算成本，制定出项目预算计划。项目预算成果是项目各项工作的预算。项目各项工作的预算给出了实施某项工作的成本定量，在项目的实施过程中，将以此为标准监控各项工作的实际资源消耗量。

(2) 成本基准计划。成本基准计划也称费用基准线，它刻画了项目进展时间同项目花费的累计预算之间的关系，它将作为度量和监控项目实施过程中费用支出的主要依据。成本预算不但可用于成本管理，还可以用于进度控制。

7.2.6 电子商务项目沟通计划

电子商务项目沟通管理是指对项目实施过程中的各种形式和各种内容的沟通行为进行管理的过程，从而保证项目的有关信息能够及时并适当地创建、收集、发送、处理、储存和交流。电子商务项目的具体实施，会遇到来自方方面面的阻力，因此对项目进行有效的沟通管理对于项目的成功至关重要。电子商务项目是开放的复杂系统，项目的确立会或全部或局部涉及社会政治、经济、文化等诸多方面，对生态环境产生影响，这就决定了电子商务的项目沟通管理应从整体利益出发，运用系统的思想和分析方法，全过程、全方位地进行有效的管理。

【拓展案例】

编制项目沟通计划就是确定、记录并分析项目的相关利益者所需要的信息和沟通需求，确定谁需要信息，需要何种信息，何时需要以及如何将信息交到他们手中。项目沟通计划一般是在项目的初期阶段制订，应该根据项目实施的实际情况进行定期检查和适时的修改，具体内容如下所述。

(1) 详细说明信息收集渠道，即采用何种方法，从何处收集各种各样的信息。例如，一个电子商务的信息收集系统就存放了沟通列表，它包括项目相关利益者的联系方式和关键人员的标注等相关信息内容。

(2) 详细说明信息分发渠道，即采用什么方法分发信息，把信息传递给何人。

(3) 说明信息分发的形式，包括信息的格式、内容、详细程度、采用的符号规定和图标说明等。

(4) 制定出信息发生的日程表。在表中列出每种信息发生的时间，或者以里程碑为标准说明项目在何时将在什么人之间进行何种沟通。

(5) 制定随着项目的进展而对沟通计划更新和细化的方法和程序。

(6) 制订项目沟通计划要分析项目利害相关者的沟通要求，确定沟通所用的信息内容、信息形式和信息类型。同时项目沟通管理还要根据具体情况，确定合适的沟通方式，例如正式沟通还是非正式沟通，是口头沟通还是书面沟通。

7.2.7 电子商务项目质量计划

项目质量管理是为了满足项目相关利益者的需要，开展的对项目产出物的质量和项目工作质量的全面管理工作。电子商务项目质量计划是指构建包括质量方针、质量目标和质量责任在内的质量管理体系。编制电子商务项目质量计划要求电子商务项目团队要认识到 3 个方面的质量管理理念：①用户满意是检验和衡量质量优劣的基本尺度；②保证项目质量的基本前提是保证工作质量；③必须坚持全面的质量管理。

【拓展案例】

1. 电子商务质量计划的要点

制定电子商务项目质量计划主要是为了确保项目能够达到客户要求的质量标准，其关键是在项目的计划期内确保项目保质保量按期完成，这就要求电子商务项目团队一方面要充分理解客户的要求，特别是客户的隐性要求，另一方面要具备良好的技术能力。编制电子商务质量计划要重点考虑注意以下几个问题。

(1) 制订质量计划时，应正确处理好质量计划与管理质量体系，质量计划与质量保证之间的关系。

(2) 为满足顾客期望，应对项目或产品的质量特性功能等分级进行识别、分类衡量，以便明确目标值。

(3) 应明确质量计划所涉及的工作，并对其责任和权限进行分配。

(4) 质量计划应由项目组织的技术负责人主持，由质量、设计、工艺和采购等相关人员参与制定，由供需双方领导批准。

(5) 质量计划的编制格式及繁简程度等应该与用户需求，以及项目组织的操作方法和活动的复杂性相适应。

(6) 质量计划编制应该包括确认与项目有关的质量标准以及实现方式。

2. 电子商务质量计划的步骤

1) 确定质量标准

根据电子商务项目的不同类型、规模和特点等具体情况，搜集相关资料，确定项目的质量目标，并制定项目的质量方针，确定项目质量标准。在确定电子商务项目质量标准的时候，必须参考国家或者政府关于相应领域质量的标准或者规范。

2) 确定质量实现方式

将项目的总目标进行逐级分解，建立项目目标树，在每个质量节点上配备各级质量管理人员并确定各级人员的质量责任，建立项目的质量管理机构，绘制项目质量管理组织机构图。建立质量控制系统计划，以监督保障电子商务项目的质量水平。

3) 确定质量检验方式

质量控制是一个全程全员的过程，电子商务项目团队的每个成员都要树立质量意识，并且在电子商务项目实施的每个阶段都要运用恰当的方法进行项目质量检验。质量规划过程如图 7-8 所示。

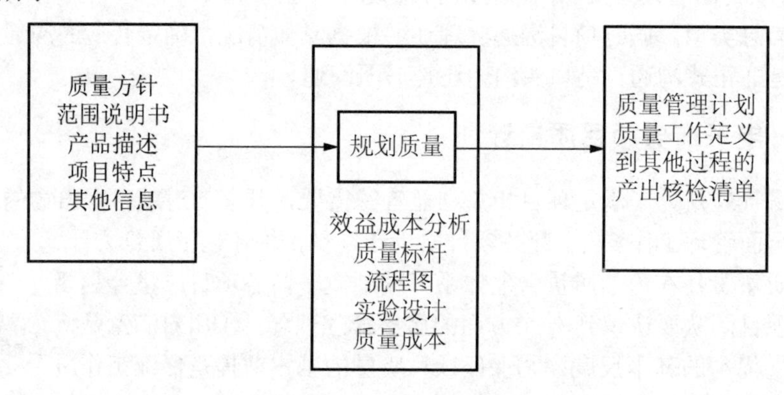

图 7-8　规划质量过程

3．电子商务质量计划的方法

1) 质量成本法

质量成本是指组织为了保证和提高产品质量而支出的有关费用，以及因未达到预先规定的质量水平而造成的一切损失费用的总和。而质量成本法就是研究项目质量成本的构成和项目质量与成本之间的关系，进行质量成本的预测与计划。质量成本主要包括内部损失成本、外部损失成本、预防成本和鉴定成本。

2) 类比法

类比法是指利用其他项目实际的或计划的项目质量计划作为新项目质量计划的比照对象，从而制定新项目的质量计划。

3) 流程图法

流程图是一个由箭线联系的若干因素关系图，通过流程图可针对流程中质量的关键环节和薄弱环节进行分析，常用在质量管理中的流程图有因果分析图和系统流程图两种。

7.2.8　电子商务项目风险计划

【拓展案例】

编制项目风险管理计划就是根据项目风险情况制定风险管理规则、明确风险管理岗位职责等对项目风险进行管理的过程。根据电子商务项目的特点，电子商务项目风险可分为技术、性能、质量风险，项目管理风险，组织风险和项目外部风险四种。电子商务项目的风险计划主要包括以下内容。

(1) 风险管理方法。对可能用于项目风险管理的方法、工具和数据信息来源进行明确的定义。

(2) 岗位和职责界定。在风险管理计划中明确定义每一类别行动的领导、辅助人员和风险管理小组人员。

(3) 预算。为项目建立一个用于风险管理的预算。

(4) 时间。定义整个项目生命周期中实施风险管理过程的频率。

(5) 评分和解释。评分和解释办法要与采用的定性和定量风险分析的形式和时间相适应。评分和解释办法必须提前制定，以保证连贯性。

(6) 风险承受度。风险承受能力以谁为标准，采取何种方式。风险效用是从潜在回报中得到满足或快乐的程度，与不同的风险偏好有关。

(7) 报告格式。描述风险计划的内容和格式。

7.3 项目执行与控制

良好的计划是成功的一半，项目取得成功的另一半就在于正确有效的执行，并加以有效的控制。项目的执行过程即电子商务项目的实施，是电子商务项目的关键环节。为确保电子商务项目的执行不偏离既定的目标和计划，电子商务项目的控制必须在项目实施过程中同时进行，形成实施和控制的两条并行线。

7.3.1 项目执行过程组的定义

项目的执行过程，是一个项目管理过程循环中的第三种管理具体过程或活动，是项目或项目阶段的执行过程，包含完成项目管理计划中确定的工作以实现项目目标的一组过程。这个过程组不但要协调人员和资源，还要按照项目管理计划整合并实施项目活动。

执行过程组所包含的管理活动内容主要有：组织和协调人力资源及其他资源，组织和协调各项任务与工作，激励项目团队完成既定的工作计划，生产项目产出物等工作，这是由一系列项目组织管理性工作所构成的项目管理具体过程(或阶段、活动)。例如，一个电子商务项目涉及提供新的硬件、软件或培训，实施过程包括带领项目小组和其他利益相关者购买硬件，开发、测试软件，并交互进行培训等。项目执行过程组一般占总计划的 50%～60%的资源和时间。

7.3.2 项目执行过程的主要管理活动

执行过程组包含完成项目管理计划中确定的工作以实现项目目标的一组过程。项目执行的结果可能引发更新项目计划和重建确立基准，包括变更预期的活动持续时间，变更资源生产力与可用性以及考虑未曾预料到的风险。执行中的偏差可能影响项目管理计划或项目文件，需要加以仔细分析，并制定适当的项目管理应对措施，如图 7-9 所示。

1. 指导与管理项目执行

指导与管理项目执行是为实现项目目标而执行项目管理计划中所确定的工作的过程。

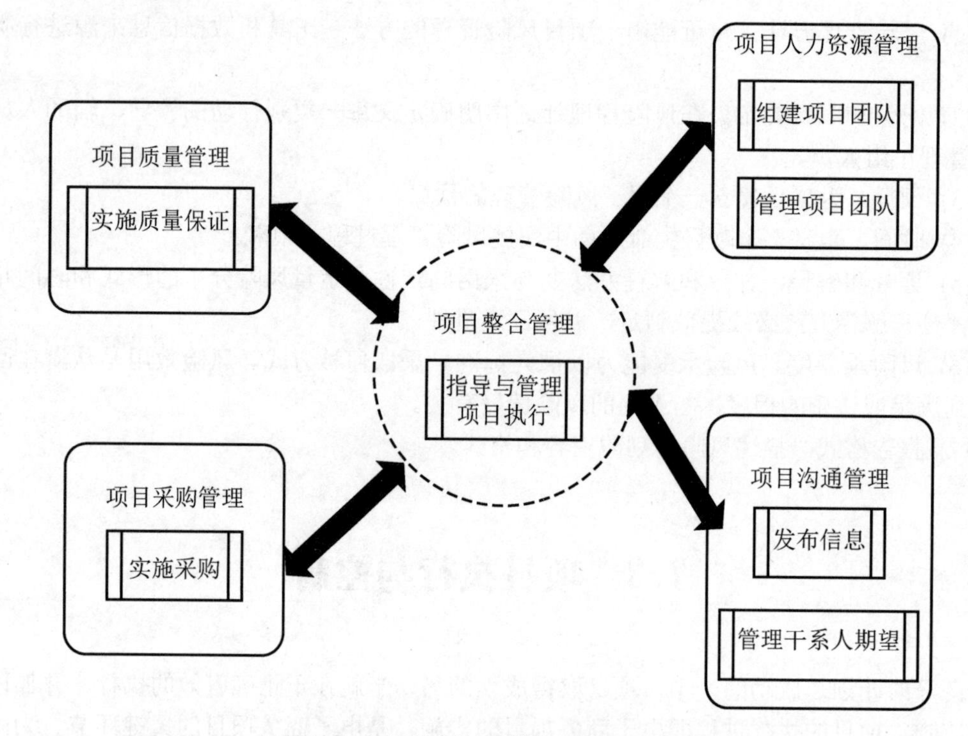

图 7-9　项目执行过程的主要管理活动图

注：环形虚箭线内的过程是项目整合管理知识领域的一部分，该知识领域协调与统一其他各知识领域的过程。

2．实施质量保证

实施质量保证是审计质量要求和质量控制测量结果，确保采用合理质量标准和操作定义的过程。

3．组建项目团队

管理项目团队是确认可用人力资源并组建项目所需团队，提高项目团队的工作能力、促进团队互动和改善团队氛围，以提高项目绩效；跟踪团队成员的表现、提供反馈、解决问题并管理变更，以优化项目绩效。

4．管理项目团队

管理项目团队是跟踪团队成员的表现、提供反馈、解决问题并管理变更，以优化项目绩效的过程。

5．发布信息

发布信息是按计划向项目干系人提供有关信息的过程。

6．管理干系人期望

管理干系人期望是为满足干系人的需要而与之沟通和协作，并解决所发生的问题的过程。

7．实施采购

实施采购是获取卖方应答，选择卖方，授予合同的过程。

7.3.3 项目控制过程的定义

一个项目管理过程循环中的具体管理过程(或阶段/活动)，是项目或项目阶段的控制过程。具体来讲，控制过程组包含跟踪、审查和调整项目进展与绩效，识别必要的计划变更并启动相应变更的一组过程。这一过程组的关键作用是持续并有规律地观察和测量项目绩效，从而识别与项目管理计划的偏差。控制过程组的作用还包括：控制变更，并对可能出现的问题制定预防措施；对照项目管理计划和项目绩效基准，监督正在进行中的项目活动；干预那些规避整体变更控制的因素，确保只有经批准的变更才能付诸执行。

电子商务项目实施阶段占据了项目生命周期的大部分时间，是电子商务项目是否可以取得成功的关键所在，此阶段的主要工作是控制，通过建立科学有效的控制系统，重点实现对项目沟通、项目范围变更、项目成本、项目质量和项目风险的控制，最终使得电子商务项目的实施在工期、成本和质量上达到综合协调，顺利完成项目的具体实施，达到项目的目标，能够向项目发起者交付合格的项目标的物。

7.3.4 项目控制过程组的管理活动

1．电子商务项目的沟通控制

1) 项目的有效沟通

一个电子商务项目的实施会涉及企业、软件供应商，有时还涉及咨询机构。因此，电子商务项目团队的成员除了有企业的员工外，还可能有软件供应商，甚至有可能邀请资深的电子商务项目实施专家加入项目团队。鉴于电子商务项目团队成员组成的复杂性，电子商务项目团队成员之间的协作、交流就显得更加重要。企业的员工对许多问题的看法往往与供应商的人员不太一致，因为他们的立场和角度不一样，因此必须进行深层次的协调和有效的沟通。沟通就是一种信息发布、信息接收的交流。沟通管理就是协调项目的所有相关利益者之间能够进行畅通、高效的沟通，保证信息传递的有效性、正确性和及时性，使所有相关利益者对项目的目标、计划和任务达成一致的理解，从而保证在有限的时间和成本内实现项目目标。

(1) 项目沟通的有效方式。在项目的整个过程中，有效和经常的信息沟通对于保证项目的顺利进展，识别潜在的问题，征求多方建议以改进项目绩效，满足客户需求是非常重要的。电子商务项目成功的 3 个主要因素为用户的积极参与、明确的需求表达和管理层的大力支持，而这些全部要依赖于良好的、有效的沟通。专家们认为，对于成功，威胁最大的就是沟通的失败。沟通方式主要有以下几种：口头沟通和书面沟通，正式沟通和非正式沟通，上行沟通、下行沟通和平行沟通，单向沟通和双向沟通，高科技方法沟通等。

(2) 项目经理的沟通职能。项目经理在项目管理的过程中，很可能要花费 90%的时间来沟通，其沟通职能包括：提供项目指导、决策、授予工作、指导行动、谈判、报告、参加会议、市场与销售、公共关系、记录管理、备忘录、信件、简讯、说明书和合同文件等。项目经理是沟通项目相关利益者的桥梁，他与项目层和管理层各层面的有效沟通，对于电子商务项目的有利实施起着承上启下的作用，还能在很大程度上促进企业整体推进电子商务项目的进程。

项目经理可以用有组织的沟通方式(如召开会议的形式)进行沟通，因为这种方式有利于传达更多的信息给更多的观众。电子商务项目会议类型通常有项目启动会议、定期例会、项目调动会议、里程碑会议、问题会议和经验教训会议等。项目经理最终向内部团队和外部客户提供总结报告或者工作简报时，一方面要考虑如何充分发挥视觉效果进行有效生动的演示，另一方面还要考虑诸如信息发布应使用什么媒介和怎么样可以征服和抓住听众的兴趣等相关问题。作为项目经理，还必须清楚在电子商务项目中相关利益者有不同的沟通需要。领导主要关心的是进度，想知道是否能按时交工。客户主要关心的是成本和质量，想知道是不是要增加投入，产品质量能否达到要求。对于项目经理来说，应实时反馈有关项目延期、成本增加和出现质量问题等方面的信息，并尽早沟通，说明原因，使领导和客户能及时理解，并调整相关计划。

2) 项目信息的分发

信息分发就是把所需要的信息及时、准确地分发给项目的相关利益者。

(1) 信息分发的依据。

① 项目计划的工作结果。作为项目计划执行的一部分，项目班子应收集工作成果的资料。例如，哪些可交付成果已经完成，哪些还没有，质量标准达到了什么程度，已花费或投入了多少费用等，并纳入进度报告过程。

② 沟通管理计划。根据项目早期阶段所制定的共同管理计划实施，并在实际操作中不断修改和完善，以适应项目发展过程。

③ 项目计划。项目计划在项目投标过程中，经过详细分析、论证并经过批准的正式文件，对此，项目班子应及时分阶段地把计划信息分发出去。

(2) 信息分发的方法。

① 人员沟通。即通过人员交流的方式分发信息。信息发布者负责将信息及时、准确、清楚、完整地表达出来，接收者应正确无误地理解信息。例如，对于一个电子商务项目，管理班子是主要的信息发布者，而信息的接收者是项目的相关利益者。

② 建立项目信息检索系统。即在项目组织中建立一套信息共享系统(如公开文件、电子数据库、项目管理软件)，项目相关利益者在需要某些信息时，可以根据信息主题词在信息系统中进行检索而得到相关信息。

③ 建立项目信息分发系统。即采用定期或非定期的、制度性的、经常性的形式分发有关信息，如项目定期或临时会议、复印文件、电子邮件、视频会议等。

(3) 信息分发的结果。

① 项目记录。记载项目文档、备忘录、信息反馈等内容，并要很好地保管起来。若需要可以作为以后的凭证。

② 项目进度报告。项目进度报告是记录观测检查的结果、描述项目各项工作的进展情况和取得的主要成果等的简单的书面报告。

③ 工作总结报告。工作总结报告是指一个项目或者项目某个阶段结束时的工作总结。项目总结工作应作为现有项目或将来项目持续改进工作的一项重要内容，同时也可以作为对项目合同、设计方案内容与目标的确认和验证。

④ 项目说明。项目组织向项目利益相关者或政府有关部门提供的关于项目各方面情况的报告。

2. 范围变更控制

项目范围变更控制是监督项目和产品的范围状态，管理范围基准变更的过程。电子商务由于存在很多不确定性的因素，往往会导致项目工期、成本和质量等各种指标的变动，进而引起项目目标的变化。在大多数电子商务项目里，项目范围变化主要发生在项目要求和项目设计方面，但有时也会发生在项目应用技术、经营环境及人员安排等方面。其中项目要求变化是电子商务项目范围变化中最为常见的一种情况，主要是项目发起人对项目的需求和期望发生了变化，可能要求增加项目产品某方面的性能或特征；也可能由于发起人的财务状况恶化而降低了对项目的要求和期望。

1) 项目范围变更控制的内容

(1) 确定项目范围变化情况的活动，对可能引起项目范围变动的因素和条件进行识别、分析和评价。

(2) 根据预先设定的标准，判断项目范围是否已经发生变动，分析此变动可能会给项目目标、项目实施工作带来的影响。

(3) 采用合理的方法和技术，对可能造成范围变动的因素和条件施加影响、采取有效的控制措施，争取以最小的成本实现最佳的控制。

2) 范围变更控制的工具和技术

(1) 范围变更控制系统是项目范围变更控制的主要方法，该系统定义了包括范围计划文件、项目实施跟踪系统和项目范围变动申请的审批系统在内的项目范围变更处理程序。对于电子商务项目，尤其是电子商务的大型项目，应建立一个规范化的变更控制系统，有选择地进行项目变更，这对于保证项目成功至关重要。一般的项目变更控制系统的流程如图 7-10 所示。

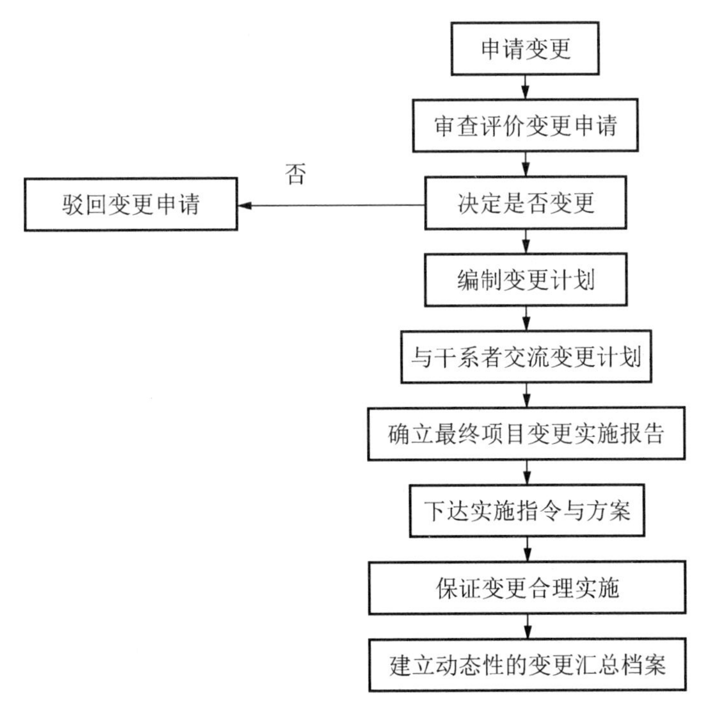

图 7-10　项目变更控制系统的流程图

(2) 计划调整。由于电子商务项目存在不确定因素，项目各项计划和项目范围随时有可能发生变化，绝大多数项目都不能完全按照项目初始计划实施，因此要充分认识到这个客观事实，有效地对项目范围变更进行控制。项目组织要根据变更后的实际情况，对原先的项目工作分解结构进行修正，并以此为基础，调整、分析和确定新的项目实施计划，再根据新的项目计划的要求，对项目范围的变更进行控制。

3．项目的进度调控

项目一旦开始，就必须对其过程进行监控以确保每项工作都按进度进行，这涉及监控实际进程并将它与计划进度进行比较。在项目进行中的任何时间，一旦发现项目落后于进度，就必须立即采取纠正措施以使其按进度进行。根据实际进程结合另外可能发生的变更，可以定期计算出更新的项目进度。

进度控制主要是监督进度的执行状况，及时发现和纠正偏差、错误。在控制中要考虑影响项目进度变化的因素、项目进度变更对其他部分的影响因素、进度表变更时应采取的实际实施。电子商务项目计划从付诸实施开始，便一直处于动态的变化调整之中，会遇到各种意外情况，使项目不能按照计划轨道进行而出现偏差，而项目进度控制就是比较实际状态和计划之间的差异，并做出必要的调整使项目向有利的方向发展。

1) 影响项目进度的因素

要有效地进行进度控制，必须对影响进度的因素进行分析，事先或及时采取必要的措施，尽量缩小计划进度与实际进度的偏差，实现对项目的主动控制。

【拓展知识】

电子商务项目实施过程中影响进度的因素很多，如人为因素、技术因素、资金因素、环境因素等，其中人的因素是最重要的因素。常见的影响因素有以下几项：①过于乐观地估计进度控制；②范围、质量因素对进度的影响；③资源、预算变更对进度的影响；④对电子商务项目实施的条件和复杂程度估计不足；⑤项目状态信息收集不完整；⑥执行计划不够严格；⑦计划变更未及时调整实施对策；⑧电子商务项目中产品开发过程的循环、迭代特性欠缺充分考虑。

2) 项目进度控制的方法

项目进度控制的方法主要是规划、控制和协调。规划是指确定项目总进度控制目标和分进度控制目标，并编制其进度计划；控制是指在项目实施全程中进行的检查、比较及调整；协调是指协调参与项目的各有关单位、部门和人员之间的关系，使之有利于项目的进展。

(1) 项目进度计划变更的管理方法。项目进度变更的管理方法是针对项目计划变更的各种请求，按照一定的程序对于项目进度计划变更进行全面控制的方法。项目进度控制的主要流程如图 7-11 所示。

(2) 项目实施绩效的度量方法。项目实施绩效的度量方法是一种测定和评估实施情况，确定项目进度计划完成程度、实际情况与计划要求的差距的管理控制方法。它是项目进度控制中使用的重要方法之一。这一方法的主要内容包括定期收集项目实施情况的数据、将实际情况与项目计划要求进行比较、报告项目进度计划实施情况存在的偏差和是否需要采用纠偏措施。

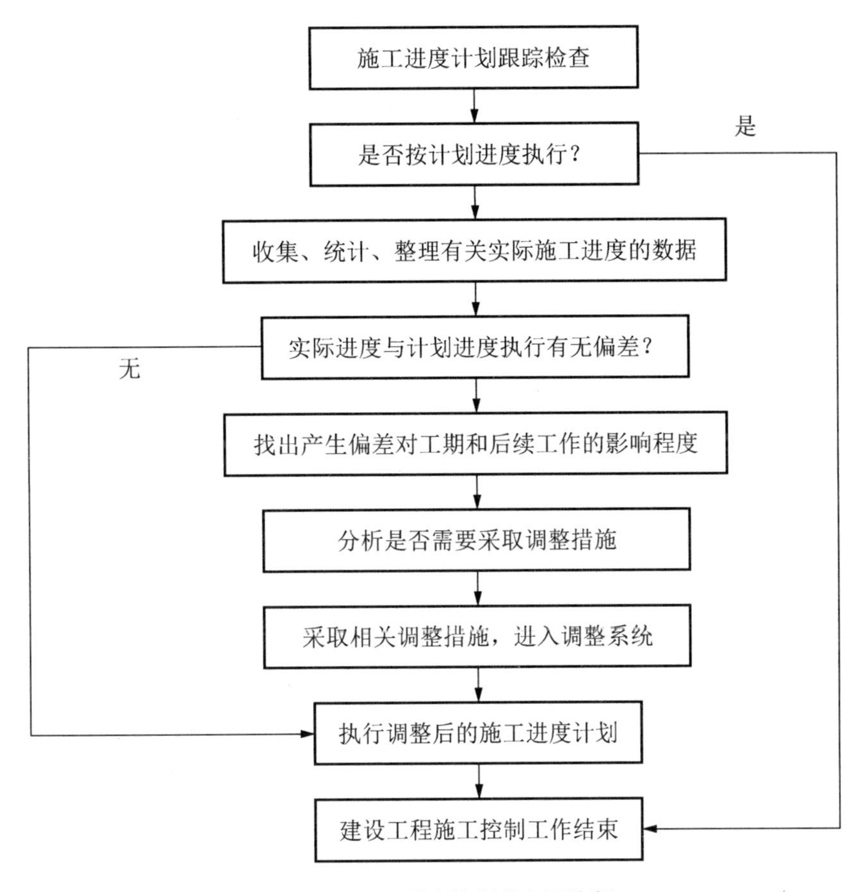

图 7-11　项目进度控制的主要流程

(3) 项目进度的追加计划法。在整个项目的实施过程中，很少有项目能完全依照进度计划实施。一些项目活动会提前完成，而另一些项目活动则会延期完成。实际项目进度计划实施情况无论是快还是慢，都会对项目的最终完工时间产生影响。因此，项目进度控制方法中还有一种是追加计划法(或称附加计划法)，这种方法可以根据可能出现的进度变化，去修订项目活动的时间估算、修订项目的活动排序和修订整个项目的进度计划。在整个项目实施的过程中可能发生的各种变更也会对项目进度计划产生影响，这也要求对项目的范围、预算或工期计划进行修改。这些都需要使用项目进度计划控制的附加计划法。

追加计划法包括以下 5 个步骤：①对比基准进度与更新的项目进度，找出需要采取纠正措施的具体工作。②确定采取哪些具体的纠偏措施。③评估纠正措施。将纠偏措施列入计划重新计算进度，估计计划采取的纠正措施的效果。④如果计划采取的纠正措施仍无法获得满意的进度安排，则必须重新拟定纠正措施。⑤实施纠正措施。最后是重新计划安排项目工期，估算和评价采取纠偏措施的效果并编制出项目进度的追加计划。

这种方法需要重点分析两类活动：一是近期需要开展的项目活动，二是所需时间较长的项目活动。因为积极控制正在进行或随后即将开展的项目活动的进度比对未来很久以后开始的项目活动进度要有效得多。同时，如果能够减少所需工期较长的项目活动的时间，显然要比在所需时间较短的项目活动上想办法有用得多。有多种方法可以用于缩短项目活动的时间，其中最显而易见的方法是投入更多的资源。例如，分派更多的人来完成同一项活动，或者要求工作人员增加每天的作业时间以缩短项目时间。另外，缩小项目的范围或降低项目的质量要求也是缩短项目时间的常用方法。在一些非常情况下，甚至可以取消一些项目活动来缩短项目时间。当然，通过改进项目工作方法或技术、提高劳动生产率才是缩短项目活动时间的最佳方法。

3) 项目进度管理软件法

对项目进度的管理控制而言，运用项目进度管理软件也是很有用的方法之一。这种方法可以用来追踪、对比项目实际实施情况与进度计划要求的差距，预测项目进度计划的变化及其影响，调整、更新与追加项目进度计划。

4．项目的成本控制

根据成本管理计划对项目的成本进行管理，当发现成本的实际值与预算值有出入时，及时采取措施，尽量保证项目的成本可以在预算的范围之内。如何保证项目的实施不超出相关的预算，是进行成本管理的一个重要的关注点。成本控制，要求在项目的实施过程当中，根据成本计划来对成本进行管理，按时的对项目进行过程中的实际成本进行分析与比较，及时发现其中的偏差并进行纠正。成本的控制是一个动态的过程，需要时时进行关注。当然，在实际的过程中，并不需要严格按照项目预算来进行控制，要根据实际情况的变化，超出部分预算也是可行的。成本控制的方法和技术是成本控制的重点，主要包括成本控制变更系统、补充计划编制、价值工程及绩效度量等。对于绩效的度量，主要采用的是挣值分析法，该方法是项目成本管理过程中用到的最重要的方法之一。

总之，项目的成本管理是一个系统的过程，需要在具体的项目中按照实际情况来进行把握，不断总结相关的经验来促进项目成本管理的优化。项目进度控制的主要流程如图 7-11 所示。

5．项目的质量控制

项目质量控制是项目控制的重要组成部分，质量控制就是要使项目的质量目标得以实现，确保最终产品满足要求的一系列活动。它主要就是监控项目的交付物和执行过程，将项目的实施结果与事先制定的质量标准进行比较，找出其存在的差距，并分析形成这一差距的原因。质量控制通常是由项目参与各方组织实施的，它贯穿于项目质量形成全过程的各个环节，包括监控特定的项目结果，确保它们遵循相关质量标准，并识别提高整体质量的途径。

提高质量是电子商务项目的主要目标。但由于电子商务项目的开发是一种高科技创作活动，很难像传统工业那样通过执行严格的操作规范来保证电子商务项目产品的质量。因此，对一个电子商务项目来说，必须了解其质量因素，如正确性、可靠性、易用性、灵活性、可复用性和可理解性等，在进行系统设计和程序设计时就要将高质量内建其中，并坚持质量控制要以预防为主并与检验把关相结合的原则，对质量活动的成果进行分阶段验证，以便及时发现问题，查明原因，并采取措施防止类似问题重复发生，并使问题在早期得到解决，减少经济损失。

1) 项目质量控制的主要内容

(1) 保证项目业主取得与其花费相当并符合要求的项目成果。

(2) 为项目经理管理项目质量提供独立、公正的评价。

(3) 及时发现和纠正项目在实施过程中出现的问题，以避免或减少这些问题带来的损失。

(4) 掌握项目检查和试验记录等有关资料，以便证明项目是按有关规定、规程进行的。

2) 质量控制的方法与技术

项目管理组应具备统计质量控制的知识，特别是抽样检查和概率方面的知识，便于评价质量控制的结果。

(1) 检查。包括对项目的度量、考察和测试。质量检查并不是要等到项目结束时才执行唯一的一次，应该在每个实践环节都要执行。

(2) 流程图法。流程图通常被用于项目质量控制的过程中，其主要目的是分析及确定问题产生的原因。

(3) 因果分析图(又称鱼刺图)法。一般采用“头脑风暴法”等方法，让参与分析的人员充分发表意见，分析产生某种质量问题的原因，并将所有的意见罗列起来，然后再系统地整理出它们之间的关系，最后将意见反映在图面上，绘制出一致认可的因果分析图。

(4) 排列图法。排列图法又称帕累托图法，是用来寻找影响项目质量主要因素的一种常用方法。排列图一般有两个纵坐标，左边纵坐标表示某种因数发生的频数(次数)，右边的纵坐标表示某种因素发生的累计频率。排列图中的横坐标表示影响项目质量的各个因素或项目，曲线表示各种影响因数的累计百分数。

(5) 调查分析法。调查分析法又称调查表法，是利用表格的形式进行数据收集和统计的一种方法。表格的形式应便于统计和分析，具体可根据实际情况自行设计。

3) 项目质量控制的要素

(1) 正确性与精确性。电子商务项目质量要素中排在第一位的应该是正确性与精确性，如果项目产品不能满足很高的精确度和准确性，产品运行就不能完全满足客户的要求，项目不会通过最后验收。电子商务项目中与正确性和精确性相关的质量因素是产品的容错性和可靠性。容错性首先承认软件系统存在不正确与不精确的因素，为了防止潜在的不正确与不精确因素而引发灾难，系统必须为此设计了安全措施。可靠性是指在一定的环境下，在给定的时间内，系统不发生故障的概率。

(2) 易用性。易用性是指用户感觉使用软件的难易程度。用户可能是操作软件的最终用户，也可能是那些要使用源代码的程序员。易用性需要项目实施团队站在用户的立场来考察软件是否简单易用，所以电子商务项目开发的产品应该让用户来评价产品的易用性。

(3) 可理解性与简洁性。可理解性也是对用户而言的。开发人员只有在自己思路清晰时才可能写出让别人能理解的程序。编程时还要注意不可滥用技巧，应该用一种自然的方式编程。软件系统应该追求简洁实用，而不是追求华而不实，或者臃肿不堪，让用户难以适从。

(4) 可复用性与可扩充性。复用的一种方式是原封不动地使用现成的软构件，另一种方式是对现成的软构件进行必要的扩充后再使用。可复用性好的程序一般也具有良好的可扩充性。

4) 项目质量控制的步骤

(1) 选择控制对象。

(2) 选择需要监测的质量特性值。

(3) 确定规格标准，详细说明质量特性。

(4) 选定能准确测量该特性值的监测仪表，或自制测试手段。

(5) 进行实际测试并做好数据记录。

(6) 分析实际与规格之间存在差异的原因。

(7) 采取相应的纠正措施。采取相应的纠正措施并不意味着项目质量控制过程的结束，而是仍然需要对项目实施过程进行监测，并将过程保持在新的控制水准上。一旦出现新的影响因子，还需要对新的测量数据分析原因进行纠正，这 7 个步骤形成了一个封闭式的“反馈环”流程。

6. 项目的风险控制

项目的风险控制是在整个项目中实施风险应对计划，跟踪已识别风险，监测残余风险，识别新风险，并评估风险过程有效性的过程。

7.3.5 电子商务项目的跟踪管理

为了保证项目能够按照预先设定的计划轨道进行，就需要在项目实施的全过程，对项目加以跟踪和控制。项目的跟踪和控制是两个管理项目实施、性质不同但又密切相关的活动。项目跟踪是项目控制的前提和条件，项目控制是项目跟踪的目的和服务对象，两者互为依托。跟踪工作做得不好，控制工作也难以取得理想成效；控制工作做得不好，跟踪工作也难以有效率。项目跟踪是对项目进行监控的基础。

在电子商务项目的跟踪管理过程中，基本的目标是了解目前正在进行什么工作，以及电子商务项目正朝着什么方向发展。有效的项目跟踪能够及早地发现问题、解决问题，否则所做的工作就会很被动，计划就不能很好地执行。因此有效的跟踪电子商务项目是很必要的。

1. 项目跟踪的含义

项目跟踪是指项目管理者通过建立完善的项目管理信息系统，在项目实施的全过程中，对有关项目进展的情况以及影响项目实施的内外部因素，进行及时的、连续的、系统的、准确的记录和报告的一系列活动和过程。其根本目的是为项目管理者提供项目计划执行的情况。项目跟踪的工作内容有对项目计划的执行情况进行监督以及对影响项目目标实现的内外部诸因素的发展情况和趋势进行测量和预测。

2. 建立项目跟踪系统

许多项目案例都充分说明，项目的失败绝大多数原因不是项目的时间进度、成本预算没有做好，而是项目的控制工作没有效率，项目实施大大偏离了项目设定的轨道，没有及时采取纠偏措施，从而导致偏差的积累，给项目造成了不可挽回的败局。但究其深层次的原因，则是在项目的实施阶段，项目管理者所掌握的信息匮乏或信息失真(某些项目成员出于个人的目的，隐瞒失误，回报虚假信息)，没有及时注意到项目的偏差或问题的严重性。

因此，及时向项目管理者及其他相关利益者提供关于项目进展的有关信息，有利于管理者掌握同时进行的各项工作的执行情况、工作中存在的隐患以及需要协调的问题；有利于其掌握各项目成员的工作之间以及成员个体工作同项目整体执行之间的关系；有利于管理者同项目成员一起对项目目标的理解达成共识；有利于促进项目成员之间的沟通交流，降低因某项工作的变更而导致混乱；有利于对计划不当、难以落实的工作做出最快的决策和行动；有利于项目的高层管理者总揽全局、运筹帷幄；有利于保证项目业主/客户以及其他人员了解项目实施的动态，特别是项目的成本、工作进度和交付成果的有关情况。可见，建立一个快捷、有效的项目管理信息系统，对于项目管理者正确地把握项目实施动态，保证项目沿着正确的方向前进，提高客户的满意度极为重要。因此项目管理信息系统是项目跟踪控制系统的主体。

项目管理信息系统是为了收集、分析、存储和报告描述项目完成情况的信息，而建立的一套信息处理流程。该系统包含 3 个最基本的要素分别为：信息的收集、输入；信息的加工、处理；信息的报告、输出。

7.4 项目收尾

电子商务项目中，项目管理收尾过程和工作作为项目生命周期的最后阶段往往容易被忽视，导致电子商务项目不能完整完成。项目收尾主要的工作是确认项目实施的结果是否达到项目计划的要求，实现项目的移交与清算，并通过项目后评价分析项目可能带来的实际效益。在这个阶段，项目的利益可能会存在较大冲突，需要与客户进行持续深入细致的沟通，并在质量验收、费用审查、文档验收和项目的后评价等各个项目收尾工作中认真对待。

电子商务项目收尾包括合同收尾和管理收尾两部分。合同收尾是指项目各参与方一项项的核对合同内容，检验项目是否完成了合同所有的要求。管理收尾是把项目产品说明转到产品维护组，做好项目文档的归档工作和各种项目相关资料的汇编工作，并进行项目经验教训总结。

7.4.1 范围确认

在交付项目成果之前，项目发起人要对已完成的项目工作成果进行重新审查，检验项目规划的各项工作是否已经全部完成或完成的程度如何，这项工作称为范围确认。科学、合理地界定验收范围，是保障项目干系人和明确各方应承担的责任的基础。范围核实的依据包括项目需求规格说明书、工作分解结构、项目计划及可交付成果等；确认的方法主要是测试，即为了核实项目或项目阶段是否按规定完成，需要对已交付的设备、软件产品等进行测试，仔细检查与相关文档是否匹配等。

7.4.2 电子商务项目质量验收

1. 质量验收的内容

质量验收贯穿于电子商务项目生命周期的每一个阶段，是一个全程全员参与的过程。只有在项目的概念阶段、项目的规划阶段、项目的实施阶段对项目的质量进行验收合格的基础上才能获得一个合格的项目。电子商务项目每个生命周期的质量验收内容侧重点不同，具体如下所述。

1) 项目概念阶段的项目可行性验收

项目概念阶段的主要是对项目的质量目标与要求做出总体性、原则性的规定和决策，并且这种规定或者决策要充分考虑项目进度，成本与质量三要素之间的制约关系。

项目可行性验收的首要任务就是验收项目的市场需求，在判断项目可行性研究是否搜集到充分有效信息的基础上，重点考虑产品需求是否可以满足客户的要求，开发的产品是否具有核心竞争力，能否为企业带来较大的利润。同时需要考证可行性报告中对这种需求的描述是否准确到位，避免在项目各干系人之间产生误会。在项目可行性验收阶段，也需要检查项目可行性研究使用的方法是否合理；可行性报告的编写是否准确无误；对项目的质量目标与要求是否做出整体性、原则性的规定和决策等相关内容。

2) 项目规划阶段的逐件验收

项目规划阶段主要是对在概念阶段形成的质量目标进行分解，确定项目的目标和范围，并在此基础上对项目的进度、环境、质量和风险进行设计并形成相应的设计文件。此阶段的质量验收主要对各种设计文件的质量进行逐件验收，并检验评定标准和依据是否合理、完备和可操作，以此来保障电子商务项目实施阶段的质量。具体验收内容如下所述。

(1) 检验项目目标定位是否准确，项目目标是否描述清晰准确。

(2) 检验项目范围规划是否恰当，是否有“蔓延”或者“不完备”现象。

(3) 检查项目具体工作分解是否细致合理，是否具有较强的可操作性；工作分解使用的方法是否科学严谨。

(4) 检验项目进度安排是否合理，进度安排是否考虑到了环境因素的制约和影响，在进度安排计划中是否找到了关键工作和关键路径。

(5) 检验质量计划的标准和规划是否可行，质量保证的依据是否可靠，质量计划的方法是否科学。

3) 项目实施阶段的随工质量验收

项目实施阶段是项目质量产生的全部过程，项目实施阶段的质量控制是一个过程控制，而质量验收就要求根据项目规划阶段规定的质量验收评定的范围和标准与依据，及时进行随工检验。实施阶段的质量验收要实行分级对每一个工序进行单个的评定和验收(可分为优秀、良好、合格和不合格几个等级)，采取自下而上的方法，把下层单个工序质量验收结果进行质量等级划分、统计汇总，形成上级工序的质量结果，以此类推，最终形成全部项目的质量验收结果。

4) 项目收尾阶段的质量验收

项目收尾阶段对于各项目相关利益者都是至关重要的，因为项目收尾阶段的质量验收主要检查项目目标是否实现，客户对项目是否满意。收尾阶段的质量验收关系到项目能否顺利交接及能否投入正常使用。这个阶段的质量验收要严格依据验收标准，彻底进行检验，以保证项目质量。收尾阶段主要是检验合同核对的准确细致程度，检查各种电子商务项目实施的文档是否完整齐备。

2．质量验收的结果

电子商务项目质量验收一般采取审阅文件、观测实物和对产品进行性能测试等方法进行。项目的每一个工序的质量检验评定报告经过汇总统计，形成上一级的质量检验评定报告，最终项目质量验收的结果是产生质量验收评定报告和项目技术资料。

项目最终质量报告的质量等级一般分“合格”和“优良”两级，凡不合格的项目不予验收。

7.4.3 电子商务项目费用审查

电子商务项目费用审查工作贯穿于项目实施的全过程。

项目计划时期的费用审查主要是验收成本估计和成本计划，主要包括审查成本核算和成本计划采用的方法是否科学合理；成本计划编制是否清晰准确；不可预见费用的数量是否合理等。

项目实施过程中的费用审查主要是审查成本报告和实际发生的成本。成本报告审查主要审核成本报告编写的格式是否规范，报告的内容是否全面完备；确认成本报告是否与实际发生的成本的吻合；结合项目进度计划和质量报告判断成本报告是否真实。而实际发生的成本审核主要弄清楚实际成本超出或者低于计划成本的情况，进一步查明产生实际发生成本与计划成本出现偏差的原因；审查项目成本控制采取的方法和程序是否有效；审查发生的成本是否合理，有无因管理不善造成成本上升和乱摊成本的问题；审查有无擅自改变项目范围；若存在成本失控问题，应查明原因，提出整改建议。

项目结束时的费用审查主要是对照项目预算审核实际发生的成本，判断整个项目实施是超支还是节约。若超支，需进一步查明是因成本控制不利还是因擅自扩大项目范围或乱摊成本所致；若节约，则需查明是否擅自缩小了项目范围或降低了项目实施标准。

7.4.4 电子商务项目资料验收

高质量的项目资料编写工作是电子商务项目成功实施的重要保障，资料验收成为电子商务项目验收的重要环节，也是项目交接、维护和后评价的重要原始凭证，是项目竣工验收的前提条件，只有项目资料验收合格，才能开始项目竣工验收。

在电子商务项目实施的过程中，资料编写工作往往容易被忽视，或者由于实践经验积累较少，资料编写人员对评价资料质量的标准把握不够准确。最常见到的情况是，在项目实施的分阶段过程中不能及时完成资料的编制工作，而要等到项目实施接近尾声的时候集中人力和时间专门编写资料。这些都导致了很难形成高质量的项目资料。

1. 电子商务项目资料验收的标准

1) 具有较强的针对性

资料编制以前应分清读者对象，按不同的类型、不同层次的读者，决定怎样适应他们的需要。例如，管理资料主要是面向管理人员的，用户资料主要是面向用户的，这两类资料不应像开发资料(面向软件开发人员)那样过多地使用软件的专业术语。

2) 具有较高的精确性和清晰度

资料的行文应当十分确切，不能出现多义性的描述。同一课题若干资料内容应该协调一致，不能有任何自相矛盾的地方。资料编写应力求简明，最好可以利用诸如适当的图表等表达方式以增强其清晰性。

3) 具有较好的完整性

任何一个资料都应当是完整的、独立的、自成体系的。例如，前言部分应作一般性介绍，正文给出中心内容，必要时还有附录，参考资料等。同一课题的几个资料之间可能有些部分相同，这些重复是必要的。例如，同一项目的用户手册和操作手册中关于本项目功能、性能、实现环境等方面的描述是没有差别的，特别要避免在资料中出现转引其他资料内容的情况。

4) 具有可追溯性

由于各开发阶段编制的资料与各阶段完成的工作有着紧密的关系，前后两个阶段生成的资料，随着开发工作的逐步扩展，具有一定的继承关系。在一个项目各开发阶段之间提供资料必定存在可追溯的关系。例如，某一项软件需求，必定在设计说明书，测试计划以致用户手册中有所体现，必要时应能做到跟踪追查。

2．项目资料验收的内容

项目验收完成后，就可以进行工程实体移交，即电子商务项目中各种设备实体的交接，以及项目技术档案的文件交接。一般来说，项目收尾阶段应该验收归档的资料包括：①项目竣工图和项目竣工报告；②项目质量验收报告；③项目决算报告；④项目交接或清算报告；⑤项目后评价报告。

3．项目资料验收的程序与结果

项目资料验收主要步骤为：首先，项目资料交验方按合同条款有关资料验收的范围及清单进行自检和预验收。其次，项目资料验收的牵头组织方按合同资料清单或档案法规的要求分项一一进行验收、清点、立卷、归档。再次，对验收不合格或有缺损的通知相关单位采取措施进行修改或补充。最后，交接双方对项目资料验收报告进行确认和签证。最终项目资料验收形成项目资料档案和项目资料验收报告。

7.5 项目评价

在项目的实施过程中，必须对项目进行评介，以确定项目能否达到或是否达到了预期标准。电子商务项目是涉及电子商务领域的创新型项目。由信息化和电子商务发展催生的电子商项目，除了能提供经济效益外，还往往具备较大的战略意义，这使得电子商务项目的效果往往不能立竿见影，从而对传统的项目评价方法提出了挑战。

7.5.1 项目前评价

项目前评价通常是在项目生命周期的初始立项阶段(即概念及论证阶段)进行的，其目的是为项目决策提供依据，确定项目是否应该开展。一般来说，项目前评价是指对拟实施项目在技术上是否可能、经济上是否有利、建设上是否可行所进行的综合分析和全面科学评价的技术经济研究活动；其目的是避免或减少项目决策的失误，提高投资的效益和综合效果。与其他工程项目一样，项目前评价也是电子商务项目实施前的首要环节。一个电子商务项目要通过项目前评价说明这个项目建设的条件是具备的，采用的技术是先进的，经济上是有较大的利润可图的。项目前评价报告也是筹措项目资金、进行银行贷款、开展设计、签订合同、进行施工准备的重要依据。只有经过项目前评价认为可行的项目，才允许依次进行设计、实施和运行。

项目前评价的作用主要体现在以下几个方面：①项目前评价可作为确定项目实施的依据。主管部门决定是否兴办该项目，主要的依据就是项目前评价报告。②可作为向银行贷款的依据。银行通过审查项目前评价报告，判断借出资金在项目建设后有无偿还能力，以确定是否贷款。③作为向当地政府及环保部门申请建设执照的依据。④作为该项目与有关部门互订协议、签订合同的依据。⑤作为项目实施基础资料的依据。⑥作为科研试验、设备制造的依据。⑦作为企业组织管理、机构设置、职工培训等工作安排的依据。

1．评价内容

项目前评价的内容主要包括：检查项目进行可行性研究和机会研究时，是否收集到足够多和准确的信息；使用的方法是否合理；项目评估是否科学；评估的内容是否全面；是否考虑了项目的进度、成本与质量三者之间的制约关系；对客户的需求是否有科学、可行、量化的描述；对项目的质量目标与要求是否做出整体性、原则性的规定和决策。最终在平衡项目进度、造价与质量三者之间制约关系的基础上，对项目的质量目标与要求做出总体性、原则性的规定和决策。

2．评价方法

对电子商务项目进行项目前评价的常见方法有以下 3 种。

(1) 统计调查法。统计调查是指收集统计资料，它是根据研究的目的和要要求，采用科学的调查方法，有计划、有组织地收集被研究现象原始资料的工作过程。统计调查中所收集的资料必须准确、及时、全面。

(2) 预测法。预测是对尚未发生或目前还不明确的事物进行预先的估计和推测，是对事物将要发生的结果进行探讨和研究。预测法必有遵循 4 个基本原则：惯性原则、类推原则、相关原则和概率推断原则。

(3) 有无对比法。有无对比法是项目评价的一个重要方法，包括前后对比、计划和实际的对比、有无项目的对比等。对比的目的是要找出和差距，发现问题，分析问题出现的原因。

3．基本程序

项目前评价一般有如下 7 个主要的阶段或步骤。在各阶段中，参与项目的各方应在一起紧密合作。

(1) 开始阶段。主要是明确问题，包括弄清评价研究的范围以及项目发起方的目标。

(2) 资料收集与分析。包括实地调查以及技术研究、经济研究和政策研究等。

(3) 建立各种可行的技术方案。为了达到目标，通常会有多种可行的方法，因而就形成了多种可行的能够相互代替的技术方案。项目前评价的主要核心点是从多种可供实施的方案中进行选优，因此拟定相应的实施方案就是项目前评价的关键性工作。在列出技术方案时，既不能把实际上可能实施的方案漏掉，也不能把实际上不可能实现的方案当成可行方案列进去。否则，要么会使最后选出的方案可能不是实际最优的方案，要么会由于所提方案缺乏可靠的实际基础而造成不必要的浪费。因此，在建立各种可行的技术方案时，应当根据调查研究的结果和掌握的全部资料进行全面和仔细的考虑。

(4) 方案分析阶段。方案分析阶段包括分析各个可行方案在技术上、经济上的优缺点；方案各种技术经济指标，如投资费用、经营费用、收益、投资回收期、投资收益率等指标的计算分析；方案的综合评价与选优，如敏感性分析以及对各种方案的求解结果进行比较、分析和评价，最后根据评价结果选择一个最优方案。

(5) 编制已选择好的方案。包括进一步的市场分析、方案实施的工节流程、项目地址的选择及服务设施、劳动力及培训、组织与经营管理、现金流量及经济财务分析、额外的效果等。

(6) 编制项目前评价报告。项目前评价报告的结构和内容常常有特定的要求，这些要求和涉及的步骤，在项目的编制和实施中能有助于项目发起方。

(7) 编制资金筹措计划。对项目的资金筹措在比较方案时已做过详细考查，其中一些潜在的项目资金会在贷款者讨论可行性研究时冒出来。实施中的期限和条件的改变也会导致资金的改变，这些都应根据项目前评价报告的财务分析做出相应的调整。同时，应做出一个最终的决策，以说明项目可根据协议的实施进度及预算进行。

以上步骤只是进行项目前评价的一般程序，而不是唯一程序。在实际工作中，根据所研究问题的性质、条件、方法的不同，也可采用其他适宜的程序。

7.5.2 电子商务项目后评价

电子商务项目后评价是指对已经完成的项目(或规划)的目的、执行过程、效益、作用和影响进行的系统的、客观的分析；通过项目活动实践的检查总结，确定项目预期的目标是否达到，项目的主要效益指标是否实现，通过分析评价达到肯定成绩、总结经验、吸取教训、提出建议、改进工作、不断提高项目决策水平和投资效果的目的。

电子商务项目后评价的主要作用是，在通过总结项目实施过程中正反两方面的经验教训，使项目的决策者和建设者学习到更加科学合理的方法和策略，提高决策、管理和建设水平。项目后评价主要是为投资决策服务的，即通过后评价建议的反馈，完善和调整相关方针。换言之，项目后评价要从投资开发项目实践中吸取经验教训，再运用到未来的开发实践中去。

1. 电子商务项目后评价的内容

1) 项目竣工验收

项目的竣工验收是投资由建设转入生产、使用和运营的标志，是全面考核和检查项目实践工作是否符合设计要求和达到要求工程质量的环节。在这一阶段进行的工作将为以后开展的项目效益后评价和项目管理后评价打下基础。项目竣工验收分为竣工验收、竣工决算及技术资料的整理和移交。

2) 项目效益后评价

项目效益后评价是项目后评价理论的重要组成部分，它以项目投产后实际取得的效益(经济、社会、环境等)及其隐含在其中的技术影响为基础，重新测算项目的各项经济数据，得到相关的投资效果指标，然后将它们与项目前评价时预测的有关经济效果值(如净现值、内部收益率、投资回收期等)进行对比，评价和分析其偏差情况以及原因，吸取经验教训，从而为提高项目的投资管理水平和投资决策服务。项目效益后评价具体包括经济效益后评价、环境效益和社会效益后评价、项目可持续性后评价及项目综合效益后评价。

3) 项目管理后评价

项目管理后评价是以项目竣工验收和项目效益后评价为基础，在结合其他相关资料的基础上，对项目整个生命周期中各阶段管理工作进行评价。其目的是通过对项目各阶段管理工作的实际情况进行分析研究，形成项目管理情况的总体概念；通过分析、比较和评价来定位当前项目管理的水平；通过吸取经验和教训，不断提高项目管理水平，以保证更好地完成以后的项目管理工作，促使项目预期目标很好地完成。项目管理后评价包括项目的过程后评价、项目综合管理的后评价及项目管理者的评价。

2．项目后评价的特点

1) 现实性

项目后评价是以实际情况为基础，对项目建设、运营现实存在的情况、产生的数据进行评价，所以具有现实性的特点。在这一点上和项目前期的可行性研究不同，可行性研究项目评价是预测性的评价，它所用的数据为预测数据。

2) 客观性

项目后评价必须保证客观公正，在项目后评价时一定要抱有实事求是的态度，在问题状况分析方面避免出现避重就轻的情况，对项目做到真正客观负责的评价。

3) 全面性

项目后评价是对项目实践的全面评价，它是对项目立项决策、设计施工、生产运营等全过程进行系统的评价，这种评价不仅涉及项目生命周期的各个阶段而且还涉及项目包括经济效益、社会影响、环境影响、项目综合管理等方方面面的因素，因此项目后评价是一个复杂的系统工程。

4) 反馈性

项目后评价的结果需要反馈到决策部门，作为新项目的立项和评估的基础以及调整投资计划和政策的依据，这是后评价的最终目标。因此，后评价结论的扩散和反馈机制，手段和方法成为后评价成败的关键环节之一。

3．项目后评价的步骤和结果

项目后评价通常分为项目组织的自我评价、行业组织对于项目组织自评结果的初审、多方组织对项目实施结果的正式评价和评价结果反馈决策部门 4 个环节。通过 4 个步骤，项目后评价最终形成项目后评价报告。后评价报告必须反映真实情况，报告的文字要准确精练，尽可能不用过分生疏的专业化词汇。

报告内容的结论、建议要和问题分析相对应，并把评价结果与将来规划和政策的制定、修改相联系。电子商务项目后评价报告主要包括摘要、项目概况、评价内容、主要变化和问题、原因分析、经验教训、结论和建议、基础数据和评价方法说明等。

7.6 电子商务项目的整体管理

7.6.1 项目整体计划制订

项目的综合管理计划是指以项目各种单项计划的结果为基础，创建一个内容充实、协调一致、条理清晰的指导项目实施和控制的综合性计划文件。项目综合管理计划的建立就是把各个知识领域的计划过程的成果整合

【拓展案例】

起来，包括范围界定、进度计划、成本计划、资源计划、质量计划和采购计划等一系列的计划过程。

项目综合管理计划的主要内容是用以作为度量项目绩效和管理控制项目各项工作基础的各种指标和计划要求。项目绩效度量和管理控制的标准主要涉及 5 个方面：项目交付物的数量、质量、项目耗费的时间、项目消耗的成本和项目的效益。项目的综合管理计划是一个逐步充实、逐渐完善的过程，随着项目的实施，项目的一些不确定因素日趋明朗，项目的综合管理计划也逐渐变得详细周密。

7.6.2 项目整体计划实施

项目综合管理计划的实施过程是执行工序来完成整个项目计划任务的过程。在这个过程中，项目的各项目标要实现，项目各单项计划需要落实。项目综合管理计划的实施就是对项目中各个分项、各种技术和各个部门之间的界面进行管理，这些界面往往存在较多的矛盾和冲突，需要协调和整合。在项目综合计划实施过程中，项目经理和项目管理团队必须解决项目中存在的各种技术和组织问题，全面协调项目的各项工作，齐心协力使计划得以顺利地实施。

7.6.3 项目整体变更控制

在项目的实施中，由于存在许多不确定性因素，造成项目的成本、工期、质量以及项目的其他方面都有可能发生变动；项目相关利益者，主要是项目业主(客户)对项目的需要和期望发生了变化，提出了项目变动的要求；项目的外界环境或内部条件发生了变化，导致计划预期同实际情况不符而被迫发生变动。这些变动甚至会导致项目不能完全按照计划安排付诸实施。为了将项目变更的影响降到最小，不仅要根据项目的各单项计划对各种单项变动进行控制，同时还必须根据项目综合计划对项目的各项变动进行总体控制。项目综合变更控制过程就是协调整个项目的变更，处理项目实施对于项目计划的偏离。为了控制和纠正这些偏离，需要采取控制变更的措施。

综合变更控制主要包含以下内容：找出影响项目变更的因素；判断项目变更范围是否已经发生；评价变更是否必要和合理；预测变更带来的影响和后果。例如，项目范围的任何变更都会引起成果(如产品或服务)的技术要求说明的变更，同时会影响费用、进度以及风险程度等的变化，需要在这些方面做出相应的变更。对任何变更都要求进行多方面的综合考虑，因为项目是一个系统，项目在某一方面发生变化，一定会影响到项目的其他方面，因此必须对项目各方面的变动进行全面的协调和控制。进行项目综合变更控制的主要依据有：项目计划、变更请求和项目前阶段实施的运作记录和项目执行状况的绩效报告。

【拓展案例】

本章小结

项目通常是作为达到一个组织战略计划的手段实施的。日常运作和项目的主要区别在于：日常运作是持续不断的和重复的，而项目是一次性的和独特的。基于这些特点，项目可以定义为为了完成某一独特的产品或服务并具有特定目标的一次性任务。

项目管理是在项目活动中，运用专门的知识、技能、工具和方法，把各种资源应用于项目，使项目能够实现或超过项目干系人的需要和期望(利益)。早期的项目管理主要用于非常复杂的大型研究开发项目。当前，项目管理方法和相应的工程手段的应用，大大缩短了创新的整个工作过程，但项目管理还处于不太成熟的阶段，仍有许多问题亟待解决，如对电子商务项目的管理问题等。

所谓电子商务项目，是指运用电子手段和互联网技术，为公司、顾客、供应商等提供独特的、复杂的电子产品及服务，而进行的一种一次性的动态的工作。以电子商务项目为对象，运用项目管理的理论和方法，使项目达到预期目标，获得预期的收益。电子商务项目管理过程包括 5 个基本阶段：启动过程、计划过程、执行过程、控制过程、收尾过程。

【拓展案例】

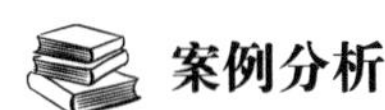

案例分析

宝钢南方公司电子商务项目管理案例

1．宝钢南方公司电子商务管理存在的问题

(1) 电子商务基础建设投入不足。宝钢南方公司近年来十分重视电子商务建设，在信息技术人员、系统维护、硬件设施、软件系统的投入不断增加，但是目前还存在着投入不足的问题，主要体现在基础设备与技术投入与实际业务需要还存在矛盾，对于未来发展方向的预期不足，设备使用效率不高，业务整合能力不强。

(2) 实际应用能力不足。宝钢南方公司面向客户应用电子商务，虽然发展历史较长，投入较大，但是目前实际的应用能力还存在不足，主要体现在：首先，基础设施能力虽然能够满足目前办公，但是对于设施的使用与能力的发挥还存在人员素质、设备功能、系统效能等方面的问题；其次，安全保障能力，虽然应用了数据库与防火墙等安全设施，但是还存在相当多的漏洞，为企业经营安全带来隐患。

(3) 给企业带来的收益不能满足企业发展需要。

(4) 开展方式仅限于简单应用层面。公司实现了办公自动化，集成复杂的企业进、销、存、财务整体解决方案。但是实际上，在系统上线与整合过程中，还存在客户需求与企业需求不一致，系统整合不到位的现象。

2．宝钢南方公司电子商务管理问题的原因

宝钢南方公司经过多年积累与发展，公司客户群迅速扩张，订单数量迅猛增长，但公司诸多管理问题也逐渐显现，在采购、运输、资金、信息等方面的存在巨大压力，并已影响公司的生存与发展，综合来看包括以下几点。

(1) 缺乏有效的管理手段和整体规划。由于国有企业存在特定的体制与管理特征，人财物的结合并不是十分有效，企业管理经常出现多头现象，很多部门都在做业务，从上级高管到下级业务单位，精力毕竟有限，造成了整体规划滞后，管理手段落后的现象。

(2) 组织结构再造没有进行。网络化成为新的企业管理中可充分利用的工具，它有条件使管理层次减少，幅度变大，管理日趋智能化、自动化，这给公司带来新的活力。网络的覆盖范围较广，经常出差的业务员，有了随时随地了解内外信息、处理各种问题的条件。同时公司的管理模式得以实现扁平化，加强了公司对市场的快速反应能力，从而更适合激烈的竞争。网络的互动式特点为实现内部信息交流的畅通和信息资源的共享提供了便利条件，但是与之相对应的组织结构再造却没有进行，扁平化的变化与实际管理层级深度不成正比。

(3) 资金和人才储备不足。从长期来看，电子商务需要大量资金与技术投入，虽然对于宝钢南方公司而言资金规模没有问题，但是涉及的公司战略改造，未来的资金投入和收益预期，公司高层的决策过程，都存在一定的问题。同时电子商务的推动需要高素质的人才与之相匹配，但是公司在人力资源方面与人力素质方面也存在一定薄弱环节。

(4) 交易成本居高不下。企业在管理成本方面，如人力支持，业务支出、采购支出等方面花费居高，开展电子商务虽然投入巨大，但是带来的实际效能还存在问题，交易成本的增加与电子商务实际成本的降低还存在矛盾。

根据前面所介绍的有关电子商务项目管理的知识，请思考以下问题：

(1) 宝钢南方公司电子商务项目管理的工作内容包括哪些？

(2) 请你针对宝钢南方公司项目管理中存在的问题提出相应的解决方法。

 题

1．电子商务项目管理过程包括哪些阶段？

2．什么是电子商务项目的启动？其具体的管理活动有哪些？

3．项目计划过程的具体活动包括哪些？

4．简述项目控制的基本步骤。

5．项目收尾中涉及的主要工作包括哪些？

6．项目评价包括哪些内容？其方法有哪些？

7．通过实际案例，描述电子商务项目的整体管理过程。

第8章 电子商务项目运营管理

学习目标

(1) 了解电子商务项目运营的概念、内容。
(2) 了解电子商务项目运营部门的组织架构、基本术语和运营平台。
(3) 了解电子商务项目内容管理的分类、发展。
(4) 掌握电子商务项目内容营销的方式。
(5) 掌握电子商务项目推广的方法。
(6) 理解电子商务网站数据监控、分析的方法，掌握至少一种数据分析的常用工具。

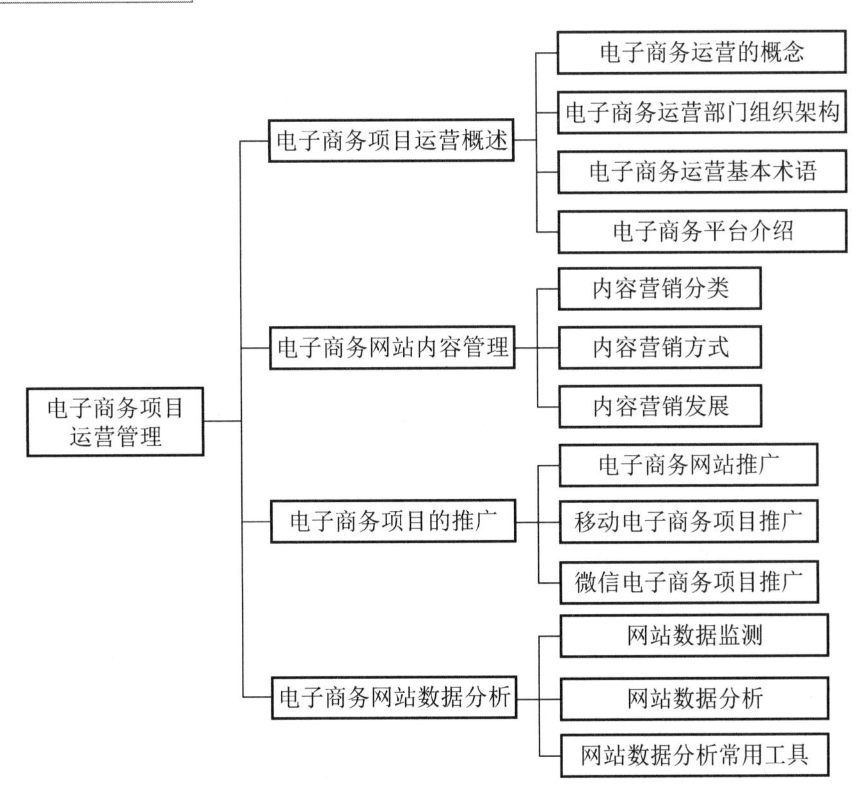

导入案例

韩束微商的运营思维

韩束公司创立于2002年，到现在已经有15年时间，韩束品牌从开始到现在，某种程度见证了中国化妆品行业的发展历程。

在韩束刚起步时候，选择一个最容易切入的渠道——化妆品专卖店，在全国设立办事处，利用办事处和分公司的灵活性，在全国快速扩张。韩束从2002年到2005年，依托中国人口红利，稳步发展。2005年开始到2008年，因为受分散式管理、人员素质、行业壁垒和管理水平的制约，甚至到2009年，韩束一直没有销售额增长。期间也一直在进行整合资源，整合主要目的是学习国际化企业的管理方式，能够让企业在系统方面、执行力方面、团队的建设、企业文化输出达到一个统一标准。

2006年，韩束公司开始研究电商渠道，2011年正式进入，采取项目负责制独立运营。截至2014年，电商平台销售额10亿元，在淘宝月售5000万元，在整个淘宝化妆品品类中，韩束是国内第一名。全品牌排名前五，包括像在京东、聚美优品、唯品会，基本都能做到第一，特别是在聚美和唯品基本能做全品牌第一。

2014年3月，韩束公司开始真正关注微信朋友圈销售，通过几个月观察后发现，微商渠道潜力巨大，从购物习惯，资讯传达与交流，微商渠道非常便捷和方便。7月，韩束开始筹划微商渠道。凭借品牌效应，韩束一进来，就有大量代理商追捧。韩束公司在销售管理上对销售商进行指导，并针对微商专供开发了两款产品，一款是面膜，另一款是护肤套装。这2款商品，在其他渠道买不到。2014年9月，微商开始运营，短短数月，代理商已达3万多个，月销售额度已达1亿元。

2015年11月，韩束公司正式更名为“上海上美化妆品有限公司”，并秉持多元、乐观、创新、冒险的企业精神。

(资料来源：http://www.wtoutiao.com/a/929243.html)

电子商务项目的运营同一般项目的运营一样，是对电子商务项目运营过程的计划、组织、实施和控制，是与产品生产和服务创造密切相关的各项管理工作的总称。从另一个角度来讲，运营管理也可以指为对生产和提供公司主要的产品和服务的系统进行设计、运行、评价和改进的管理工作。

8.1 电子商务项目运营概述

8.1.1 电子商务运营的概念

从广义上来说，电子商务运营是指建立企业电子商务运营相关活动的总称，包括各种平台建设、技术、美工、市场、销售、内容建设等，甚至企业电子商务战略，物流建设等皆属于电子商务运营的范畴；从狭义上来说，电子商务运营仅指企业电子商务平台的运营，是独立于技术、销售、市场、物流等工作内容而存在的。本书中对电子商务运营概念的界定为在各种网络信息平台上的商务信息的运营与管理，运营的对象是根据企业需要，所开发设计的各种电子商务平台的所有附属推广产品。

无论是第三方的 B2C、C2C，还是企业自建的企业网站，或是第三方平台的 B2C，还是移动端的微信、微店，所有成功的平台都是运营出来的。因此，要掌握这些平台网络运营的技能，首先需要明确网络运营的定义及其组织结构和各岗位的职责要求，学习和掌握各个平台运营的特点和规律和各种平台运营的具体内容。

8.1.2 电子商务运营部门组织架构

组织架构是指一个组织整体的结构，是在企业内部的管理要求、管控定位、管理模式及业务特征等多种因素的影响下，在企业内部组织资源、搭建流程、开展业务、落实管理的基本要素。

在电子商务迅猛发展的今天，传统企业的组织架构、企业文化已经不适合电子商务的运营。例如，很多传统企业做电子商务经常会碰到电子商务部门归属的问题，有的公司把电子商务放在市场部，有的放在运营部，等等。其实不同企业的组织架构一定要根据企业自身经营的产品与具体情况精心布局。企业在建立内部的组织架构时应注意两点：首先，在组织架构的设计方面，需要明确企业的发展方向，能够使管理层形成强有力的统一意向并协调各部门，进而使企业的资源能得到有效的整合，逐步积累企业的核心竞争力。其次，应构建对企业各项业务的开展有重大推进作用的组织管理平台。该组织管理平台能够为企业提供科学、精准、合理的预测和判断，并且能够制定出一套完善的运作程序和应急措施，以免给企业造成不必要的损失。因此，企业应建立一套完善的组织架构来有效地执行企业决策。

1. 组织架构

多数企业的网络运营平台的组织架构可以参考图 8-1。

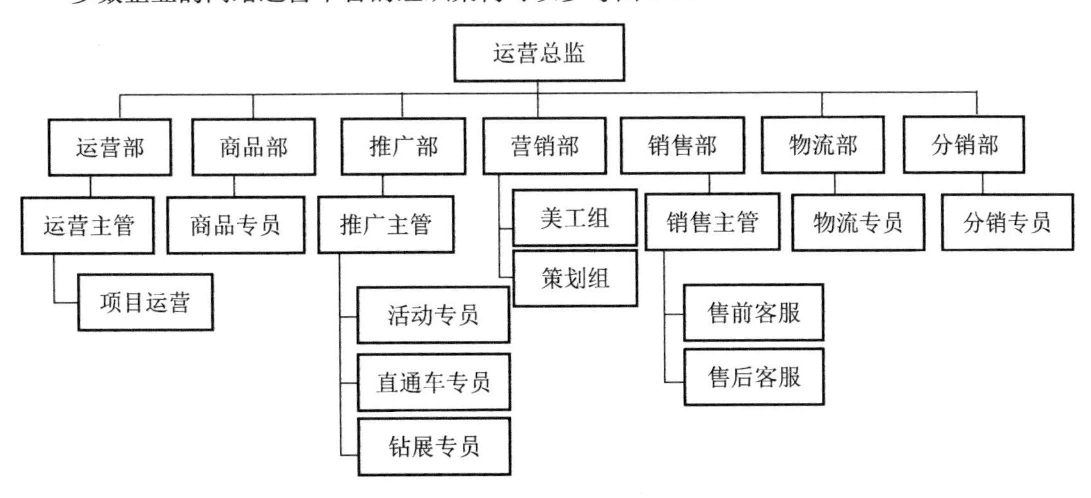

图 8-1 某网店的组织架构

从图 8-1 可以看出，运营部门的管理者是运营总监，主要管理运营部、商品部、推广部、营销部、销售部、物流部和分销部七大部门，其中运营部、推广部、销售部都设置主管岗位，其他则直接设置相关岗位的工作人员。

从该网店的组织架构可以明显看出，店铺的重点部门和非重点部门。该店铺的组织架构适合于初期运营，当店铺发展到中后期，相应部门的人员架构会有所改变，例如，商品部需要设置采购专员，物流部需要设置打单专员、库管专员和物流专员等。

店铺的组织架构是随着店铺的发展而变化的，店铺的组织架构也需要根据市场的变化来进行调整，店铺的管理者不要奢望一步就建立出完善且持久不衰的组织架构。管理者可以尝试围绕工作本身来设置组织架构，打破传统的组织架构模式。通过科学灵活的组织架构来实现自己的管理理念，店铺掌柜设置商品部和营销部的主管岗位，但是不一定安排人员，这样对员工也会起到一定的正向激励作用。除此之外，还可以把分销部门的二级组织架构，调整为三级组织架构。值得引起管理者注意的是，在组织架构完善之后，还需要考虑管理层的组织架构是否合理。

2．电子商务运营中心主要职能及岗位职责

运营中心是一个企业中的综合职能部门，该部门主要对各个部门的业务、财务、运营流程以及执行力度进行全过程的指导、协调和监督。运营中心根据企业的整体规划，制定长期发展目标战略方向和规划，明确实践发展目标的实施计划，确定实现目标的负责主管，共同商议罗列出实现目标的时间表、实施步骤和具体的实施人等，在实施过程中，出现一些目标负责主管不能解决的问题，运营部门可执行其监督权力，指出存在的问题，监督并协助解决问题。综上所述，运营中心是整个企业尤其是电子商务企业的核心部门。

企业电子商务运营中心各部门的主要职能见表 8-1。

表 8-1　运营中心各部门的职能

部　门	主要职能
运营部	负责团队内部资源的由上到下地整合，计划，组织，跟进团队的运营事务，掌控全局，综合统筹，把控团队方向
商品部	根据市场销售趋势，定制销售货品，预见市场流行趋势，快速准确下单订货，跟进货品到货周期，分析货品数据，注意商品的动销率
推广部	根据流量指标，通过直通车、钻展、活动等手段，提高店铺流量，增强营销效果同时降低费用
营销部	负责项目推广定位和主题策划设计工作，通过自身主题式营销和结合淘宝活动，增强买家的购物体验，同时增强营销效果，提供店铺转化率
销售部	直接面对消费者，以最优的服务态度，利用销售技巧，寻找和满足买家的需求点，并提供良好的售后服务，提供买家良好的顾客体验
物流部	管理库存，安排配货、发货等物流相关事项

注：表中人数会根据企业的情况会有所不同。

(1) 运营部岗位职责(表 8-2)。

表 8-2 运营部岗位职责

岗 位	行政隶属	岗位职责
运营主管	行政总监	● 制定并实施公司年、季、月战略目标和执行方案； ● 传达上级战略思想方针，向各部门传达指示，控制运营成本，提高销售利润； ● 对项目运营情况进行评估和分析，集中调整经营策略； ● 合理进行人力资源调配，检查及监督运营部门工作； ● 定期组织部门总结反馈公司年、月、周计划工作； ● 定期组织部门培训
运营专员	运营主管	● 分析竞争对手各维度情况； ● 对项目进行市场规划及定位； ● 实施项目年、季、月战略目标和执行方案； ● 定期组织执行部门主管总结反馈项目年、月、周计划工作； ● 每日查看项目数据，并对数据进行总结反馈改进

(2) 推广部岗位职责(表 8-3)。

表 8-3 推广部岗位职责

岗 位	行政隶属	岗位职责
推广主管	运营总监	● 根据店铺销售指标制定相应推广计划； ● 定期进行数据分析处理，根据数据分析结果找出店铺问题，提交给上级； ● 根据推广方案分配推广渠道流量比例，做到最合理优化； ● 定期组织人员培训交流； ● 考核部门人员绩效
活动专员	推广主管	● 组织各种如淘宝、拍拍后台活动的报名； ● 第一时间将活动进度反馈到运营部，并作出决策； ● 熟悉各种活动报名规则，制定活动报名周期和计划； ● 配合运营部负责报名选款工作； ● 提供日报表，汇报当天报名情况和最终审核结果； ● 对报名成功的活动，跟进活动效果，及时提供活动数据并总结分析
直通车专员	推广主管	● 配合运营直通车选款； ● 制定直通车年、月、周计划，并提交给上级； ● 严格控制直通车预算，优化关键词、提高投入产出比、降低 PPC、提高转化率等； ● 每天进行直通车六大报表分析，对数据跟踪并进行优化； ● 分析行业销售趋势； ● 跟踪竞争对手； ● 直通车、量子恒道、数据魔方分析以及有效进行直通车优化； ● 熟悉直通车的竞价排名规则，懂得关键词筛选、竞价及关键词竞价技巧； ● 配合销售计划完成流量计划指标，总结汇报数据情况

续表

岗 位	行政隶属	岗位职责
钻展专员	推广主管	● 钻展文案确定(运营部提供，策划做)； ● 素材统计，统计店铺的素材各项明细； ● 钻展计划：计划预算、计划出价、定向加价、定向内容、选用素材、定向时段等操作，要求按计划 100%操作完成； ● 素材审核：素材的制定，文案确定，信息无误，移交运营部审核，确认无误，审核通过上传，检查店铺链接无误(备注：要考虑计划用素材的时间，小二审核的进度，不能延误素材的审核和计划的投放)； ● 钻展表格：明细表、数据表、日报表、预算表及后期增加的其他表格的数据分析，要确认数据无误，表格为最重要的核心内容，能反应钻展的所有情况，以及与店铺销售的配合度； ● 每日，每周，每月报表分析和总结，根据数据反馈，调整投放计划； ● 重点：提高展现量，降低点击成本，增加点击量

(3) 营销部岗位职责(表 8-4)。

表 8-4 营销部岗位职责

岗位	行政隶属	岗位职责
美工主管	运营总监	● 定期组织培训美工业务交流，分享心得，提高团队业务水平； ● 制定团队月计划、周计划、日计划，并提交上一级； ● 组织部门执行运营部工作计划； ● 考核美工月绩效评分； ● 每周例会总结上周工作情况，找问题、处理问题； ● 主管绩效考核由运营部主管考核； ● 美工作品建档
美工专员	美工主管	● 定期接受主管组织的业务交流，分享心得； ● 自行安排合理的月、周、日工作计划； ● 接受部门主管安排工作事宜并确定完成时间； ● 绩效考核由主管考核； ● 完成作品建档。
策划主管	运营总监	● 全面负责组织开展策划中心的各项工作； ● 全面负责项目推广定位和主题创意工作； ● 配合运营部根据项目实际情况制定相应的活动计划及方案； ● 制定项目策划年、季、月计划，策划活动的页面排版； ● 负责店铺活动文字的策划，创意，撰写，归档，总结； ● 定期组织部门培训； ● 考核部门人员绩效评分； ● 加强与上级领导、相关部门协作配合； ● 每期营销活动必须有关联性
策划专员	策划主管	● 协助主管撰写策划文案； ● 负责店铺明星产品的文字的策划、创意、撰写； ● 制定个人年、季、月计划操作完成

(4) 销售部岗位职责(表 8-5)。

表 8-5 销售部岗位职责

岗　位	行政隶属	岗位职责
销售主管	运营总监	● 每天上班第一件事是查看前一天销售数据，并对数据进行分析，查找销售问题，及时跟进处理； ● 对每天销售团队销售情况进行统计，并上报给上级； ● 核实并跟进团队个人工作计划实施情况及完成情况； ● 整理客服反馈问题，维护顾客并及时反馈信息，第一时间向上级汇报； ● 定时抽查客服聊天记录； ● 定时抽查客服对货品的熟悉情况并进行评估； ● 制定周培训计划包括人员，培训内容； ● 例会总结上周销售情况分析销售问题； ● 定时组织培训新销售人员基本技能，提高整体销售团队销售技巧； ● 制定团队个人销售各项指标； ● 制定月培训计划包括人员，培训内容； ● 配合其他部门完成价格修改及设置营销工具
售前客服	销售主管	● 客服个人月指标自我统计表； ● 客服个人服务统计表； ● 客服顾客问题登记表，维护顾客并及时反馈信息； ● 熟悉掌握销售产品的属性； ● 跟踪物流查单(注意售后下班时间)； ● 维护好老顾客，第一时间分辨出顾客是否老顾客，之前的购买信息的收集备注，以更好地服务老顾客； ● 不定时培训，接受培训和分享自己的经验
售后客服	销售总监	● 顾客退换货登记表，维护顾客并及时反馈信息； ● 对日常顾客退换货进行合理的处理。如非上班时间可以根据客服日常问题登记表进行电话主动沟通，顾客退换货及退款的需求做出合理的处理； ● 根据顾客回访情况整理向上一级进行汇报； ● 跟踪物流查单； ● 统计顾客退回货品并检查货品的完整性； ● 根据 VIP 等级进行回访，以更好地了解客服的情况及顾客的需求，提高 VIP 顾客的粘性； ● 逢重要节假日，以群发祝福短信的形式与老顾客保持联系

8.1.3 电子商务运营基本术语

电子商务平台运营分析中的常见指标有浏览量、访问次数、访客数、新访客数、新访客比例、IP 数、跳出率、平均访问时长、平均访问页数、软化次数、转化率等。

以上指标可以概括为 3 类，分别是流量数量指标、流量质量指标和流量转化指标。

1．流量数量指标

1) 浏览量(PV)

定义：页面浏览量即为 PV，是指用户每打开一个页面就被记录一次。

说明：一个 PV 就是计算机从网站下载一个页面的一次请求。当页面上的 JS 文件加载后，统计系统才会统计到这个页面的浏览行为。

注意：用户多次打开同一页面，累计浏览量值；如果客户端已经有该缓冲的文档，甚至无论是不是真的有这个页面(如 JavaScript 生成的一些脚本功能)，都可能记录为一个 PV，如果利用网站后台日志进行分析，缓存页面可能直接显示而不经过服务器请求，则不会记录为一个 PV。

指标价值：PV 越多，说明该页面被浏览的越多。

2) 访问次数(Visit)

【拓展知识】

定义：访问次数即访客在网站上的会话(Session)次数，一次会话过程中可能浏览多少页面。

说明：如果访客连续 30 分钟内没有重新打开和刷新网站的网页，或者访客关闭了浏览器，则当访客下次访问网站时访问次数+1。如果访客离开后半小时内再返回，则算作同一个访问次数，以上对访客的判断均以 Cookie 为准。

指标价值：页面浏览量是从页面衡量加载次数的统计指标，而访问次数则是从访客角度衡量访问的分析指标。如果网站的用户粘性足够好，同一个用户一天中多次登录网站，那么访问次数就会明显大于访客数。

3) 访客数(UV)

定义：访客数即一天内网站的独立访客数(以 Cookie 为依据)，一天内同一访客多次访问网站只计算 1 个访客)。

说明：当客户端第一次访问某个网站服务器时，网站服务器会给这个客户端的计算机发送一个 Cookie，记录访问服务器的信息。当下一次再访问服务器时，服务器就可以直接找到上一次放进去的这个 Cookie。如果一段时间内，服务器发现两个访问次数对应的 Cookie 是同一个编号，那么访客数就按同一个 UV 计算。

指标价值：通过访客数可以看到访客到达网站的数量。

4) 新访客数

定义：新访客数是指在一天的独立访客中，第一次访问网站的访客数。

指标价值：新访客数可以衡量营销活动开发新客户的效果。

5) 新访客比率

含义：新访客比率=新访客数/访客数，即一天中新访客数占总访客数的比例。

指标价值：新访客数不断增加能体现网站营运在不断进步。

6) IP 数

含义：一天之内，访问网站的不同独立 IP 个数相加之后。同一 IP 地址无论访问几次页面，独立 IP 数均为 1。

指标价值：可以从 IP 数衡量网站的流量。

2．流量质量指标

1) 跳出率

定义：跳出率=只浏览了一个页面的访问次数/网站全部的访问次数，即只浏览了一个页面便离开了网站的访问次数占总的访问次数的百分比。

指标价值：跳出率是非常重要的访客黏性指标，它显示了访客对网站的兴趣程度。跳出率越低，说明流量质量越好，访客对网站的内容越感兴趣，这些访客越有可能是网站的有效用户，忠实用户；该指标还可以衡量网络营销的效果，显示出有多少访客被网络营销吸引到宣传产品页或网站上之后又流失掉了。

2) 平均访问时长

定义：平均访问时长是指平均每次访问在网站上停留的时间长度，平均访问时长=总访问时长/访问次数。

指标价值：平均访问时长越长，说明访客停留在网页上的时间越长，如果用户对网站的内容不感兴趣，则会很快关闭网页，那么平均访问时长就越短，如果用户对网站的内容很感兴趣，则在网站停留的时间就很长。

3) 平均访问页数

定义：平均访问页数，就是平均每次访问浏览的页面数量。平均访问页数=浏览量/访问次数。

指标价值：平均访问页数越多，说明访客对网站的兴趣越大，一般来说，会将平均访问页数和平均访问时长这两个指标放在一起分析，进而衡量网站的用户体验情况。

3．流量转化指标

1) 转化次数

定义：转化次数是指访客到达转化目标页面，或完成网站运营者期望其完成动作的次数。

指标价值：转化就是访客做了任意一项网站管理者希望访客做的事。其与网站运营者期望达到的推广目的和效果有关。

2) 转化率

定义：转化率及访问转化的效率，转化率等于=转化次数/访问次数。

指标价值：转化率数值越高，说明完成网站运营者希望访客进行的操作的次数越多。

4．其他运营数据

一个电子商务平台的运营，除了要统计和分析以上流量类指标外，还要统计新会员购物比率、会员总数、所有会员购物比率、复购率。

概括性分析会员购物状态，重点在于本周新增了多少会员，新增会员购物比率是否高于总体水平，如果注册用户购物比例很高，那么引导新会员注册不失去为提高销售额的好方法。

会员复购率包括 1 次购物比例、2 次购物比例，3 次购物比例、4 次购物比例、5 次购物比例、6 次购物比例。转化率体现的是 B2C 的购物流程、用户体验是否友好等方面，重复率则体现 B2C 整体的竞争力，包括知名度、口碑、客户服务、包装、发货单等每个细节。好的电子商务平台复购率能达到 90%。

8.1.4 电子商务运营平台介绍

1. 电子商务运营平台的种类

从电子商务模式上区分，企业电子商务运营通常可以分为第三方 B2B 电子商务运营平台、第三方 C2C 运营平台和企业自建网站运营平台。

1) 第三方 B2B 电子商务运营平台

B2B 电子商务平台是电子商务的一种模式，是英文 Business-to-Business 的缩写，即商业对商业，或者说是企业间的电子商务，即企业与企业之间通过互联网进行产品、服务及信息的交换。

B2B 模式是电子商务中历史最长、发展最完善的商业模式，能迅速地带来利润和回报。它的利润来源于相对低廉的信息成本带来的各种费用的下降，以及供应链和价值链整合的优势。企业间的电子商务是电子商务的重头。它的应用是通过 EDI 网络连接会员的行业组织、基于业务链的跨行业交易集成组织，以及网上及时采购和供应营运商。

基于互联网的 B2B 的发展速度十分迅猛，互联网上 B2B 的交易额已经远远超过 B2C 的交易额，传统的企业间的交易往往要耗费企业的大量资源和时间，无论是销售和分销还是采购都要占用产品成本。通过 B2B 的交易方式，买卖双方能够在网上完成整个业务流程，从建立最初印象，到货比三家，再到讨价还价、签单和交货，最后到客户服务。B2B 使企业之间的交易减少许多事务性的工作流程和管理费用，降低了企业经营成本。网络的便利及延伸性使企业扩大了活动范围，企业发展跨地区跨国界更方便，成本更低廉。

B2B 不仅是建立一个网上的买卖者群体，它也为企业间的战略合作提供了基础。任何一家企业，不论它具有多强的技术实力或多好的经营战略，要想单独实现 B2B 是完全不可能的，企业间建立合作联盟逐渐成为发展趋势。网络使得信息通行无阻，企业之间可以通过网络在市场、产品或经营等方面建立互补互惠的合作，形成水平或垂直形式的业务整合，以更大的规模、更强的实力、更经济的运作真正达到全球运筹管理的模式。

案例 8-1

环球资源网在 B2B 领域定位于中高端客户，服务于全球，中国市场是其经营的一部分，在行业定位上专业性较强，重点发展消费品、电子元器件行业。其经营理念是“与客户共赢，看着客户慢慢成长”“少而精，一寸宽一里深”。该网站根据不同的客户需求，为其提供不同的服务。它针对全球供应商与采购商提供专业的贸易杂志、中国采购资讯报告、通过行业与门户网站为客户提供信息交流平台、展会等服务。其在上海和深圳成立了客服中心，客户服务与管理比较规范。

2) 企业自建网站运营平台

企业自建网站即 B2C 的电子商务模式，也就是通常说的直接面向消费者销售产品和服务的商业零售模式。这种形式的电子商务一般以网络零售业为主，主要借助于互联网开展在线销售活动。B2C 即企业通过互联网为消费者提供一个新型的购物环境——网上商店，消费者通过网络在网上购物、网上支付等消费行为。

案例 8-2

当当网是我国最大的中文网上书店，是 B2C 电子商务网站的典型，当当网的网页最上层是分类区，方便用户根据自己的要求查询。当当网还设立了专门的论坛。不论客户是对商品、服务、还是网站有任何的不满，或者对当当网有什么建议，都可以在论坛上发表你的观点。这样不但有利于其他客户增加对该商品的了解，也有助于网站的设计或管理人员及时修补网站的漏洞，使网站的功能更强大，能够更快更好地满足顾客的个性化需求。经营特点方面，低价格营销策略是当当网具有绝对优势。并且支持货到付款。

3) 第三方 C2C 运营平台

C2C 是个人与个人之间的电子商务。C2C 这种模式的产生以 1998 年易趣成立为标志，目前采用 C2C 模式的主要有易趣、淘宝等公司。目前 C2C 电子商务企业采用的运作模式是通过为买卖双方搭建拍卖平台，按比例收取交易费用，或者提供平台方便个人在上面开店铺，以会员制的方式收费。

2．电子商务运营平台的选择

企业如何在充分利用自身优势的基础上，找到一个适合自己发展的电子商务平台是个关键问题。企业一开始选择电子商务的目的都是在控制最小成本投入的前提下，获得最好的市场回报利润。但是要充分利用好电子商务还需要选一个好的电子商务平台，选择不同的电子商务平台产生的结果也不一样。这需要企业对市场有充分的认识、对同行竞争要素有充分的分析、对企业自身现状有充分的了解和对发展战略有明确的规划。

1) 不同运营平台的优势

(1) B2B 的优势。对于中小企业尤其是工业品企业，可以首先考虑选择第三方 B2B 进行网络运营。例如选择比较专业的综合性的平台，如阿里巴巴、慧聪网等，通过缴纳一定的会员费和广告费来进行推广。这种方式年费投入小，见效快，可以更方便快捷地获得利益。

(2) B2C 的优势。在中小企业电子商务平台的运营途径中，自建网站平台是很重要的一部分，相关建设途径是自建和外包。由于这种模式网站建设成本和专业化程度要求都比较高，因此比较适合一定规模以上的中小企业。

B2C 的优势在于可形成自己的交易平台以及品牌知名度；可以全面管控交易过程，把握客户的购买行为；能为客户提供一站式的购买服务；商品的价格可以比传统渠道零售价低得多。

(3) C2C 的优势。第三方平台提供商模式是电子商务最原始也是最自然的形式。这种模式一般都是由信息技术开发商负责建立平台，利用平台扩展电子商务应用。平台开发商负责电子商务平台的功能开发、完善及维护。例如，产品展示，信息检索服务，交易管理过程服务等；平台开发商同时也负责对平台本身的营销以吸引更多的卖家与卖家来使用平台的功能。

C2C 的优势在于企业仅需要专注平台的功能，有利于平台功能的完善和扩充；平台提供产品种类丰富，容易聚集人气，商机有滚雪球的效应；有先发门槛优势，后续竞争者难以竞争。

2) 中小企业选择电子商务平台的注意事项

(1) 了解平台概况。企业需要了解平台的建立是否具备了一定的发展基础，包括这家公司的发展历史、经营状况和诚信度等。

(2) 平台传播效果。企业一般只需要了解平台的知名度，知名度越高，平台的传播效果越好。

(3) 平台服务质量。电子商务平台属于高科技服务行业，企业必须了解平台的服务质量。

(4) 结合企业自身的情况进行选择。选择平台要力求做到精准、专业和深入，充分考虑市场空间、区位优势和成本预算。

8.2 电子商务项目的内容管理

电子商务的内容营销是指以图片、文字、动画等介质传达有关企业或产品的相关内容来吸引用户关注，给用户以信心，从而达到促进销售的一种营销方式。在移动互联网时代，想要做“全民狂欢”式的营销，就需要摒弃对广告投放的重度依赖，不是以惯有的“态度”“情怀”“促销点”方式去发声，而是学习使用“内容型事件营销的连环组合”的营销策略，把最优质的内容以最佳的形式传递给企业的目标消费群体。

8.2.1 内容营销的分类

电子商务内容营销是企业进行产品宣传的一种比较普遍的方式，以此来提升消费者对产品的印象，增加消费者的信心，进而达到促进产品销售的目的。那么对于企业而言，如何才能做好内容营销呢？如何确定内容营销的内容呢？如何确定企业的目标消费群体呢？这些问题都是做好内容营销的基础。内容营销的分类包括资讯类、娱乐类、工具类和社交类。

1. 资讯类

资讯类的内容有时效性和地域性的特点，用户通过资讯类内容，能够及时获得相关资讯，并且能够在短时间内给自身带来价值。资讯类内容主要包括高端汽车行业、金融行业、投资行业、房地产行业以及高端快消行业。资讯类内容是一种信息的集合，它不仅仅是涵盖了新闻，也包括了其他媒介。就我国目前的移动资讯类媒体而言，常见的有腾讯新闻、今日头条、澎湃新闻等 App。

2. 娱乐类

娱乐类内容的定义比较广泛，包括电视剧、电影、游戏、音乐、舞蹈等，用户可以有目的、有计划地决定自身的娱乐方式，而移动电子商务娱乐类内容的应用主要是各类移动 App，覆盖的范围也比较广，比如天天消除、酷狗音乐、优酷视频等。

娱乐类内容营销的最大特点就是产品更新速度快，企业的市场部需要充分掌握市场目前的需求，并以此为依据对未来的发展进行预测。

3．工具类

工具类内容营销主要是指具有导航、图片美化、天气预报等功能的App，如百度地图、高德地图、美图秀秀、墨迹等应用。在移动电子商务的应用商城中，多元化的工具类应用软件越来越受到用户的青睐，这种发展趋势无疑给单一型的工具类应用软件造成了严重的威胁。单一工具类应用软件的唯一发展出路就是在保持良好的用户体验基础之上不断研发、设计多元化的应用功能，增加用户的粘度和忠诚度。

4．社交类

社交属性是人类这个社会化群体的最基本属性。当人类文明发展到移动电子商务时代，社交范畴得到了极大的延伸，因此社交类内容营销也得到前所未有的发展。

社交内容营销能够满足用户个体的个性化社交需求。而且社交类内容营销凭借线上社交的低成本、高效益、安全性高等特点，逐渐替代了传统的线下社交营销模式，比较典型的社交类应用有新浪微博、人人网、微信等。

综合以上移动端的四种类型的内容营销产品，各有风格，自成一家。首先社交类和娱乐类由于能在第一时间掌握市场的需求并根据用户的喜好研发出迎合市场需求的应用，所以占据市场的绝大部分份额；其次是工具类的应用，主要是满足用户对某一项功能的需求，未来需要在多元化功能的实现方面进一步完善；而资讯类应用要求比较高，这类应用主要讲求事实的真实性，可靠性和及时性。

案例 8-3

今日头条

1．今日头条介绍

今日头条于2012年8月上线，是一款基于机器学习的数据挖掘与引擎推荐产品，旨在为用户提供个性化的新闻资讯，实现内容与用户的精准连接，是资讯类App的佼佼者。最新公开数据显示，截至2016年5月，累计激活用户数已达4.8亿，日活跃人数超过4 700万，成为仅次于腾讯的第二大资讯平台。

2．核心功能

今日头条以技术为壁垒，以海量数据为依托，通过机器学习感知、理解、判断用户的行为特征，如用户在新闻客户端的滑动、搜索、查询、点击、收藏、评论、分享等动作，综合用户具体的环境特征与社交属性判断用户的兴趣爱好，为用户推荐个性化的新闻资讯，塑造千人千面的阅读场景。

3．产品特色

今日头条主要有两大特色：第一，个性化的内容推荐机制，根据用户的喜好为其推荐个性化的媒体信息，让用户在信息过剩的互联网时代迅速获取自己所关心的内容，而不是千人一面。第二，庞大的内容创业者群体。

早期的今日头条将自身定位为内容平台，不做新闻生产者，只做新闻的搬运工，通过爬虫抓取第三方媒体网站信息，这样的做法让今日头条获取了海量的媒体信息，但也引来了版权之争。而后，今日头条为了减少版权纠纷与加强平台的内容把控能力，创办了头条号，吸引了大量传统媒体与自媒体内容创作者的加入。

4．内容营销的用户体验特点

(1) 内容个性化推荐特点明显。很多用户认为在今日头条平台首页上的内容大部分是用户关注的领域，如移动互联网、产品经理、支付宝与微信。

(2) 内容多样化且更新快。每一次的下拉更新都会出现新内容，而系统自动更新的速度也比较快，以至于部分用户反映自己喜欢而未来得及的内容容易被覆盖，难以找到。

(3) 视频界面的个性化推荐特点尤其明显。以演员、电影题材类型为基准点，系统推荐的视频短片基本符合用户的兴趣爱好。也有用户认为视频短片由于基本没有注明电影的名称，所以当用户看到某部电影的有趣片段，想上视频网站看全集时，却不知道这部电影叫什么名字，而在评论中有许多误导人的评论，故意说一些奇奇怪怪的电影名字，给进一步的使用带来了一定的困扰。

(4) 头条号的创立吸引力了大量的内容创业者。用户认为头条号的内容质量有高有低，部分内容以夺人眼球的标题吸引人，但是内容质量低下，容易误导用户，影响用户对头条的信任感，可见平台对内容的审核仍然有待加强。

(5) 平台不加筛选的新闻搬运，没有官方判断，无法区分权威与非权威的文章，容易误导用户。

但总体来说，只做平台的今日头条没有自身的内容编辑者，通过爬虫抓取媒体网站的内容，为用户推荐个性化的内容。并且创立头条号，吸引了众多的自媒体创业者，在内容的量上远远超过其他新闻客户端，并且能够做到多样化，个性化，大众化。

8.2.2 内容营销的方式

电子商务内容营销方式是指在内容营销过程中所采取的方式。一般来说，电子商务内容营销方式主要分为文字链接广告、植入类广告、视频类传播3种。

1．文字链接广告

文字链接广告即只有文字的广告，是将这段文字链接的企业网站放置在各大门户网站的相应版块，使浏览者看到并点击则可进入企业网站的一种内容营销方式。

1) 特点

(1) 体积小，传输速度快。文字链广告相对于图片、动画等广告，不但文件体积小，而且传输速率快。文字链广告由于只是文本，所以广告受众更容易捕捉广告内容。特别是信息量很大的页面，文字链广告直截了当，开门见山，使浏览者一目了然。

(2) 效果好。文字链接是一种对浏览者干扰最少，但却最有效果的网络广告形式之一。另外文字链接广告通过加入的会员网站互相提供链接交换，以几何级数扩大一个网站的链接空间，比到处登记网站来得更有效果。

(3) 文字链接广告的安排位置灵活。它可以出现在页面的任何位置，可以竖排也可以横排，每一行就是一个广告，点击每一行就可以进入相应的广告页面。

(4) 此种广告适合于有经济实力的企业或个人，目的不是通过链接带来效益，而是保证自己的品牌时刻在传播中。因此，文字链接广告要选择质量比较高的网站，高质量的网站可以拓展业务和间接带动网站的排名，还会带来不少的目标流量，增加销售额或知名度。

2) 原则

(1) 内容要有表现力。一般只需简简单单的几个字就能把产品特色概括出来。

(2) 尽量写明具体内容。如“盆炎净胶囊招商”，充分利用药品名称直白、易懂的特点，把药品名称做为文字链内容，使浏览者迅速准确地了解信息。

(3) 文字链接可以更突出。文字链接广告虽然简单，但也可以更有特色，如在文字链中添加符号、加重、加粗和改变颜色等方法，使文字内容更能吸引顾客。

(4) 切忌用空洞广告语。空洞的广告语让人摸不着头脑。如“××制药为人类健康服务”等。

2．植入式广告

植入式广告是随着电影、电视、游戏等的发展而兴起的一种广告形式，是指把产品及其服务具有代表性的视听品牌符号融入影视或舞台作品中的一种广告方式。它会给观众留下深刻的印象，以达到潜移默化的产品宣传效果。由于受众对广告有天生的抵触心理，把商品融入这些娱乐方式的做法往往比硬性推销的效果好得多。

1) 植入式广告的分类

植入式广告表现空间十分广阔，在影视剧和娱乐节目中可以找到诸多适合的植入物和植入方式，常见的广告植入物有商品、标识、招牌、包装、品牌名称及企业吉祥物等。

植入广告可根据植入程度和植入手法进行分类。

(1) 按植入程度划分。

① 浅层次植入。浅层次植入包括前景植入和后景植入，产品放置于画面前景或背景中较显著位置，产品包装和品牌商标可识别，但产品或品牌标识孤立呈现，曝光时间短暂。浅层次植入重点是产品的摆放和招贴画的张贴，与剧情发展没有联系，不推动剧情的发展，不是镜头视觉的焦点，对观众的吸引力不强，记忆度不高。

② 中层次植入。主要是演员使用，在剧情表演中，将产品或产品包装作为剧中人物使用的道具来吸引注意力，产品的独特卖点、材料及品牌/企业的广告牌处于画面中央并聚焦体现。为剧中人物安排、设计情节，演示产品的用途，或在剧中人物的对白中，提及品牌/产品/服务的名称，通过台词、行动暗示与烘托产品特点。其特征是品牌或商品位于镜头焦点位置，画面停留时间较长，但与情节、人物性格、剧情发展没有关联。

③ 深层次植入。主要指的是剧情植入和人物性格植入：产品与剧情及剧中主要角色特征(性格、身份、日常事务等)的巧妙结合，为产品或品牌设计的剧情桥段成为故事发展的重要环节，或者产品是影片发展中的重要道具或线索，让受众深刻感知到产品的使用特点以及品牌的精神内涵。其特征是上述植入方式的综合体，品牌或产品的充足曝光，产品演示及台词的烘托。同时，最重要的是品牌已经融入全部剧情。受众随着剧情的发展，人物命运的起伏，不断对品牌或商品加深印象。

(2) 按植入手法划分。

① 道具植入。这种方式是产品作为影视作品中的道具出现。

② 台词植入。这种植入方式通过主人公的台词把产品的地位、特性、特征直白地告诉了消费者，很容易得到消费者对品牌的认同。

【拓展视频】

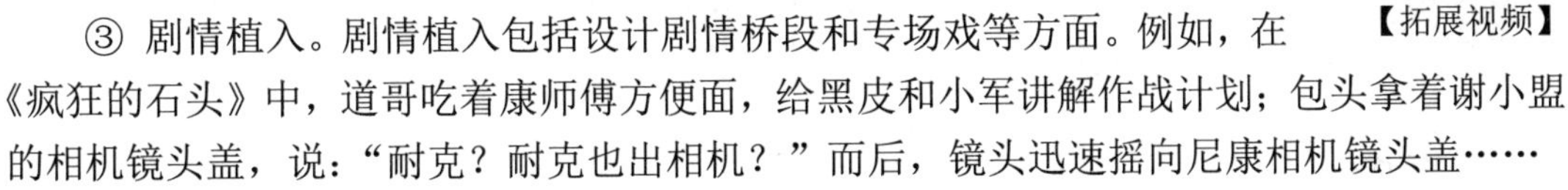

③ 剧情植入。剧情植入包括设计剧情桥段和专场戏等方面。例如，在《疯狂的石头》中，道哥吃着康师傅方便面，给黑皮和小军讲解作战计划；包头拿着谢小盟的相机镜头盖，说：“耐克？耐克也出相机？”而后，镜头迅速摇向尼康相机镜头盖……

④ 场景植入。即在画面所揭示的、容纳人物活动的场景中，布置可以展示产品或品牌信息的实物，如户外广告牌、招贴画以及在影视剧中频繁出现的固定场景等。

⑤ 音效植入。即通过旋律和歌词以及画外音、电视广告等的暗示，引导受众联想到特定的品牌。

⑥ 文化植入。这是植入营销的最高境界，它植入的不是产品和品牌，而是一种文化，通过文化的渗透，宣扬在其文化背景下的产品。

⑦ 题材植入。广义的题材，指的是文艺作品所反映的社会生活的某些领域，社会现象的某些方面。狭义的题材，是指构成一篇或一部叙事性文学作品内容的一组完整的生活现象，它一般由人物、环境、情节这 3 个要素组成。而题材介入则是将这些社会生活、现实、现象引入到广告之内。

⑧ 形象植入。这是更深层次的一种植入形式，是指根据品牌所具有的符号意义，植入电影、电视或其他媒体之中，成为故事主人公个性和内涵的外在表现形式，从而达到品牌与剧中人物之间互相诠释的目的。

3．视频传播

视频传播是指企业将各种形式的视频短片放到互联网上，尤其是专业的视频网站上，达到一定的营销目的。

1) 视频传播的影响力

随着互联网技术和视频技术的发展，视频的传播影响力也日益突出。

(1) 视频传播增强了普通民众的参与性。作为视觉传播受众的观众，拥有了传者和受者的双重身份，能够更深入地参与其中。久而久之，制作量大、原创性强、传播性广的视频制作者就逐渐形成了所谓的“草根明星”。之前在年轻人中风靡一时的“后舍男生”就是一个很好的例子，他们仅用简单的拍摄工具，加上自己夸张的原创表现，很快征服了一大批的网络视频用户，得到了广泛的传播。

(2) 视频传播的分享性特性更加明显。在传统的中国家庭中，一家人往往在晚饭过后围坐在电视机旁，接受着各种各样的视觉资讯的传播，同时也是一个互相交流的好时机。而视频网站的出现，则在很大程度上改变了原先这种状态。视觉传播由原本以家人为主要分享对象的情况，慢慢向着以朋友、网友为主要分享对象发生改变。

2) 视频传播的形式

(1)“病毒视频”可以被视作“病毒传播”的最新形态。借助电子邮件、视频博客以及YouTube 这样的视频托管网站，视频片段在互联网上得到大面积的传播。从制作风格上看，“病毒视频”通常十分诙谐幽默，除了一些精彩的原创剧本，还包括为数众多的“改编”作品——从对知名视频片段的戏谑模仿到某部影视作品的巧妙改造。

【拓展视频】

“病毒视频”有的是原生态的、草根的，偶然获得了大量的关注与转载形成了病毒传播；还有一些是商业短片通过创意的手段包装引起观众情感上共鸣，从而获得了病毒式的传播，这种是广告主有意识的创造与策划出来的。

案例 8-4

2001 年，广告制片人艾德·罗宾逊进行了异想天开的尝试。他花费 1 万美元制作了一段搞笑视频——

一个中年男子正在为橡皮船卖力地吹气，孩子突然冲了过来坐到船上，中年男子的脑袋忽然被冲出的气流炸飞。他把公司的网址附在了影片结尾，用电子邮件传给了五个朋友，然后，他开始静候佳音。

就在那个周末，超过6万人看了这个时长12秒的广告短片。视频像病毒一样蔓延开来，从罗宾逊的朋友传到朋友的朋友的朋友，从个人博客传到大型的视频托管网站。不到3个月，罗宾逊的网站获得了50万人次的访问量。对于罗宾逊来说，流量证明了网络视频可以成为热门话题并且带来回报。

尽管目前“病毒视频”的传播主要以网友自制、娱乐为主，但也是企业可以尝试使用的营销方式。

(2) 微电影。在生活节奏越来越快的当下，信息越来越碎片化，如何在爆炸的信息中吸聚消费者的注意力，并且留下品牌印象，这是各大企业力求突破的关键点。近年来，微电影营销风生水起，各种资本纷纷介入。

微电影营销的形式有以下几种。

① 冠名微电影。商家冠名活动或者电影这并不罕见，随着所冠名的节目、活动、电影的火爆，品牌的传播外延也进一步被带动、被拓展，因而，冠名一直是企业所热衷的营销形式。但是，微电影作为在网络传播的微型文化产品，其本身就是一个充分的载体，仅仅在片头以品牌Logo露出的方式进行冠名，未免太浪费微电影本身的内容资源，所以，这仅仅是一种初级的微电影营销手段。

② 产品功能阐述式广告化微电影。以企业的产品功能植入微电影的台词、场景等，让观众无时无刻接受产品的宣传无疑也是一种不错的营销手段，也开启了微电影广告化的路径。但是这种形式摆脱不了“加长版广告片”的本质，况且观众们的口味早被调教得越来越挑剔，这种类似硬广的短片，很容易引起观众的反感。

③ 产品理念植入式广告化微电影。将企业的产品、文化理念作为整个电影的引线，脱离产品功能的阐述。

④ 企业理念渗透的去广告化微电影。微电影去广告化并非剥离其传播宣传属性，而是从微电影出发，在每个环节中实现产品理念的渗透，不再是将微电影视为一个独立的存在，打通其上下游，实现最大程度的外延式传播。

(3) 微新闻。微新闻是微型新闻的简写，也称微博体新闻，基于Web2.0技术的即时信息发布系统。与传统一句话新闻相比，是一个基于用户关系的信息分享、传播以及获取平台，用户可以通过Web、WAP以及各种客户端组件个人社区，以140字左右的文字更新信息，并实现即时分享。陶瓷微新闻、新浪微新闻、凤凰网等都是知名的微新闻平台。

微新闻以“短、灵、快”为特点，运营成本较低，无论你是用电脑还是手机，只需三言两语，就可记录下自己身临其境或者发生在自己身边的新闻事件，可供分享和快速转发的信息，这样的即时表述事实情况，更加迎合网民快节奏的生活。目前微新闻可分为两大市场：一类是定位于个人用户的微型博客体新闻，也称为网友爆料体新闻；另一类是定位于企业客户，以媒体类企业为主的微型博客体新闻。

视频传播可以为企业量身定做，可以有效地影响观众的情绪，帮助品牌建立与观众的情感纽带，提升品牌亲和力与忠诚度。而如何准确把脉拼品牌与观众的情感痛点，才是企业需要关注的。

8.2.3 内容管理的发展趋势

市场调查公司Smart Insights调研表示，内容营销被投票选为2015年最重要的推动商业效果的营销活动为 29.6%，之后为大数据 14.6%和营销自动化 12.8%。根据 Content Marketing Institute 的研究，在全球范围内有 60%的品牌计划在未来一年增加内容营销的投资。2016 年对各大品牌来说最需要的是思考与洞察，因为营销环境和受众正在发生巨大变化，广告传播的趋势和内容营销的策略也随之瞬息万变。业界认为内容营销将继续绽放精彩，并且将呈现出以下发展趋势：

1．内容的精细化、可视化

如果说“原创”和“热点”是以往内容营销关键词的话，那么“精美”和“可视”则是未来的主旋律。利用图片、视频或者信息图像这些可视化的内容使得品牌在社交媒体上的曝光量得以提高，令目标受众对品牌产生更加深刻的印象。

比如珍岛此前为康宝莱设计制作的小康康微信动态表情包，还有为平安租赁设计的二十四节气微动图的内容，都取得了不错的传播效果。

2．内容垄断被打破

在传统广告和公关时代品牌往往拥有绝对的话语权，即“对于内容的控制和垄断”，但在数字营销时代已经被边缘化。内容实时传播、裂变传播、进化传播的趋势，极大程度上减少了品牌对内容的控制和垄断，甚至颠覆了品牌的控制力。互联网技术的发展乃至粉丝社群的不断发展壮大，让内容的制作和传播更加透明和平等，甚至促使品牌和用户一起创造和共享内容。

比如 2016 年，以康宝莱微刊为首的社交媒体矩阵就加强了与粉丝的互动，弱化品牌→服务商→潜在顾客的身份界限，基于对内容的兴趣(跑步、健身、辣妈团、“90 后”减肥团等)，划分调整新的粉丝社群，吸纳更多潜在消费者成为品牌的粉丝，并且在内容上进行合作，鼓励粉丝产出 UGC 内容并在品牌的社媒平台上传播。

3．自媒体IP概念的崛起及多内容平台化的发展

有一段时间，自媒体往往被人们简单理解成为“KOL 类的公众号”，其实经过多年的积累，很多品牌账号都成功地转型为“自媒体”，甚至与众多知名自媒体一样，获得了超过平台方的流量分配权力，流量分配格局也随之发生变化。无论招商银行的微信公众号，还是康宝莱社媒矩阵，都开始慢慢地将自由媒体的价值发挥到最大化。

但作为内容生产者，品牌自媒体 IP 想要活到最后，必须要形成内容上的独家竞争力，进而挣脱单一平台的束缚，甚至尝试更多平台的矩阵传播，从而实现在多个平台获得流量的能力。

4．内容+创意+技术

宣亚首席战略官吴孝明先生认为：2016 年内容营销的另一大趋势就是“内容+创意+技术”。一直以来，珍岛都是以“广告+技术”为定位。内容营销离不开创意，也离不开技术的支持。2016 年，这一特点将尤为凸显。

早在 2015 年下半年，就有媒体提出“科技已经成为创意核心”。数据的流行让广告人看到了更多的想法和渠道，科技公司和媒体公司作为广告行业新贵的加入形成了更加完整和全面的广告业生态圈。

不少品牌商和公司纷纷投向科技的怀抱。科技、数据、内容逐渐成为广告的主要组成部分。同时科技为创意提供了更多的选择和更优质的体验，体验的提升，使得品牌在社交媒体上得到广泛分享，传播的可能性大大提升。

5．内容个性化："少即是多"

连篇累牍、恶意覆盖式的内容是有"毒"的，只有真正贴合用户需求，直击粉丝痛点的才是真正具有分享和传播优质基因的内容。

正如电影《疯狂动物城》的内容营销，除了电影本身的制作精良，极具传播力外，往往在小范围精心内炮制出爆点，比如车管所的段落，甚至让众多明星们不惜破坏形象也要模仿，进一步引发了广大网民的自发传播和观影兴趣。

【拓展视频】

8.3 电子商务项目的推广

8.3.1 电子商务网站推广

1．电子商务网站推广的概念

电子商务网站的推广是指在电子商务网站的建设和发展过程中，企业为了提高网站的知名度和影响力，突出网站特色，提升网站浏览率和关注度，从而打造网站品牌，并以此带动整个电子商务网站全部营销活动有效开展而进行的全部推广、宣传及网站延伸建设活动。换言之，就是企业通过各种信息化技术手段，把网站展示到目标受众面前，让更多的用户知道企业网站的网址、认识网站，并最终登录网站，成为企业的客户。

理解电子商务网站推广的含义，应把握以下几点。

(1) 电子商务网站推广工作贯穿电子商务网站建设的整个过程。电子商务网站推广是一个系统复杂的工程，必须在电子商务网站建设的各个环节充分认识并做好阶段工作，才能以较少的资源投入取得较好的效果。在电子商务网站建设策划阶段，应同时进行网站推广工作的策划，在电子商务网站建设过程中，应在策划的基础上，遵循电子商务网站推广的方式进行网站建设；并需要考虑如何使目标网站符合用户浏览习惯，界面友好等，以免网站建设完成后因为网站结构或其他问题返工。在电子商务网站建设发布之后，就可以开始网站推广的实质性工作。

(2) 电子商务网站推广必须有明确的目标。电子商务网站推广作为企业电子商务战略中一项重要的工作有着特殊的使命。一般情况下，电商网站推广至少承担了以下目标之一。

① 扩大网站知名度与影响力。这是电子商务网站推广最直接的目标，网站的知名度和影响力上升了，才能给企业带来更多的潜在客户，提升企业在所属行业的影响力，大大提升网站的知名度。

② 提升企业品牌价值。电子商务网站是企业区别于线下的重要渠道，网站是企业展示品牌的一个重要窗口。因此如何通过网站宣传塑造企业品牌形象，是企业网站推广的重要目标。

③ 提高网站流量、交易额。无论是提升知名度，还是塑造企业品牌形象，最终目的都是为获取利润做好准备，因此电子商务网站推广的关键目标是如何提升网站的客户访问量和客户转化率，最终促进企业商品或服务销售。

(3) 电子商务网站推广是企业电子商务战略的重要组成部分。传统企业要想在生产、经营、销售和客户支持等环节全面实施电子商务，建设网站是重中之重。而一个企业网站也只有在宣传推广之后具备一定流量知名度的基础上，才能发挥其在企业电子商务化过程中的特殊作用。

(4) 电子商务网站推广需要借助各种信息化技术和媒体。电商网站推广不同于传统的企业推广，必须充分利用各种现代化信息技术和媒体，才能起到良好的宣传推广效果，这些媒体包括互联网、无线网络、搜索引擎、网络广告等。

2．电子商务网站推广的方法

1) 搜索引擎推广方法

搜索引擎推广是通过搜索引擎优化，搜索引擎排名以及研究关键词的流行程度和相关性在搜索引擎的结果页面取得较高的排名的营销手段。搜索引擎优化对网站的排名至关重要，因为搜索引擎在通过Crawler(或者Spider)程序来收集网页资料后，会根据复杂的算法(各个搜索引擎的算法和排名方法是不尽相同的)来决定网页针对某一个搜索词的相关度并决定其排名的。当客户在搜索引擎中查找相关产品或者服务的时候，通过专业的搜索引擎优化的页面通常可以取得较高的排名。

搜索引擎的主要形式有以下几种。

(1) 全文搜索引擎。全文搜索引擎才是真正意义上的搜索引擎，具有代表性的有国外的 Google、Inktomi、Teoma、WISEnut 等，国内则有百度。它们都是通过从互联网上提取的各个网站的信息(以网页文字为主)而建立的数据库中，检索与用户查询条件匹配的相关记录，然后按一定的排列顺序将结果返回给用户，因此他们是真正的搜索引擎。

(2) 目录索引。目录索引虽然有搜索功能，但在严格意义上算不上是真正的搜索引擎，仅仅是按目录分类的网站链接列表而已。用户完全可以不用进行关键词查询，仅靠分类目录也可找到需要的信息。目录索引中最具代表性的莫过于搜狐、新浪、网易搜索等。

(3) 元搜索引擎。元搜索引擎在接受用户查询请求时，同时在其他多个引擎上进行搜索，并将结果返回给用户。中文元搜索引擎中具有代表性的有搜星搜索引擎。

其他还有如 AOL Search、MSN Search 门户搜索引擎，虽然提供搜索服务，但自身既没有分类目录也没有网页数据库，其搜索结果完全来自其他搜索引擎；还有一些免费链接列表的网站一般只简单地滚动排列链接条目，少部分有简单的分类目录，不过规模比起新浪等目录索引来要小得多。

总而言之，利用搜索引擎进行推广，是一种很好的宣传方式，但如果不考虑自身的实际情况和企业定位，这种方式的推广也很可能给你带来资金上和品牌上的影响。

案例 8-5

百度搜索引擎推广

百度是全球最大中文搜索引擎，也是全球最具影响力的中文站点之一。百度具有以下特点。

1．覆盖面广

95%的中国网民每天使用百度进行数亿次搜索请求，在行业和客户中首屈一指。

2．目标精准

搜索引擎是网民获知新网站和信息的最主要途径，在搜索时网民的需求已经通过关键词表现出来，而搜索引擎将根据网民需求给出高度相关的推广结果，最大可能地为企业创造商业价值。百度拥有全球第一的网页分析技术、世界上独一无二的“中文分词”技术及全球最完善的反垃圾网页技术与流程，因此，百度极为准确。

3．客户平均成本低

(1) 按照给网民带来的潜在客户访问数量计费，没有客户访问不计费。

(2) 根据业务需求精准定位潜在客户，如不同地域、不同时段、不同精准度帮助您锁定目标用户群体。

(3) 复杂而优异的防无效点击过滤机制，在纷乱复杂的互联网中保护客户的利益。

4．专业的推广管理系统

(1) 关键词推荐建议，方便的查询工具，及时账户提醒，还有更多免费增值产品从各方面帮助您制定推广方案、提高管理效率。

(2) 多种详细的统计报告，拨开现象看本质，为您客观呈现推广效果，分析优化要点，帮助您优化推广效果。

(3) 可以灵活掌握推广力度，随心管理、随时调整推广预算。

5．全程专业服务

(1) 拥有网络营销领域超大规模的客户服务中心，为客户提供专业、及时的咨询服务。

(2) 完善的知识体系，遇到任何问题都能随时随地找到解答，为客户提供详细的系统使用方法、系统规则说明、推广技巧和优化建议。

(3) 在系统中为客户提供在线顾问、在线留言，无论您身处何地，都可以立即和专属推广顾问进行沟通。

2) 网络广告推广

网络广告推广是网站推广常见的方法之一，网络广告推广效果的好坏甚至影响到整个营销计划的成功。一个好的广告背后，需要经历从广告概念挖掘、故事板测试、广告投放前测、广告效果测试等多个不同阶段的努力。网络广告的形式一般包括BANNER广告、分类广告、赞助式广告等。使用网络广告最重要的是选择和企业相关程度较高的、口碑较好的网站刊登广告，才能取得最佳的广告效果。

3) 电子邮件推广

电子邮件因为方便、快捷、成本低廉的特点，成为目前最常见的互联网应用，是一种有效的推广工具。电子邮件推广常用的方法包括邮件列表、电子刊物、新闻邮件、会员通讯、专业服务商的电子邮件广告等。

电子邮件推广的条件：①拥有潜在用户的E-mail地址，这些地址可以是企业从用户、潜在用户资料中自行收集整理，也可以利用第三方的潜在用户资源。如果邮件发送规模比较小，可以采取一般的邮件发送方式或邮件群发软件来完成，如果发送规模较大，就应该借助于专业的邮件列表发行平台来发送。②编写有效的电子邮件，包括注意邮件的内容、表现形式、个性化的推荐等。

4) 信息发布推广

这种方法将有关的网站推广信息发布在其他潜在用户可能访问的网站上，利用用户在这些网站获取信息的机会实现网站推广的目的，适用于这些信息发布的网站包括在线黄页、分类广告、论坛、博客网站、供求信息平台、行业网站等。信息发布是免费网站推广的常用方法之一，在互联网发展早期的时候经常为人们所采用，不过随着网上信息量爆炸式的增长，这种依靠免费信息发布的方式所能发挥的作用日益降低；同时由于更多更加有效的网站推广方法的出现，信息发布在网站推广的常用方法中的重要程度也有明显的下降，仅仅依靠大量发送免费信息的方式作用也越来越不明显。因此，免费信息发布需要更有针对性，更具专业性，而不是一味强调多发。

5) 资源合作推广

资源合作推广是指企业之间通过交换各自的优势资源，以此达到相互宣传推广效果的活动，典型的如广告互换、流量互换等。这种方式最大的特点和优势是能够在投入资金的情况下，利用自己手中已有的资源实现营销推广、扩大收益的目的，可以让手中的资源发挥最大的效用，且适用于任何规模的公司、单位，甚至个人。

资源合作推广成功的关键是如何深入挖掘自身资源，有效扩大资源价值。所以这就需要我们在实际操作时，充分发挥想象力，合作方式不要拘于一格，好的合作创意将能带来更佳的效果。由于资源合作有着化腐朽为神奇的效果，所以各大公司对它越来越重视，甚至已经演变成了一个专门的部门和职位，它的名字叫 BD(Business Development，商务拓展)。在一些公司，BD 部门的重要性已经超越了传统的市场部。

6) 论坛推广

论坛推广就是“利用论坛这种网络交流的平台，通过文字、图片、视频等方式发布企业的产品和服务的信息，从而让目标客户更加深刻地了解企业的产品和服务，最终达到宣传企业的品牌、加深市场认知度的网络营销活动”，同时可以帮助企业培育客户忠诚度，及时有效地进行双向信息沟通。

论坛推广可以成为支持整个网站推广的主要渠道，尤其是在网站刚开始的时候，是个很好的推广方法。利用论坛的超高人气，论坛推广是以论坛为媒介，参与论坛讨论，建立自己的知名度和权威度，并顺带着推广一下自己的产品或服务。运用得好的话，论坛推广可以成为非常有效的网络营销手段。

7) 网络事件营销

网络事件营销是指企业、组织主要以网络为传播平台，通过精心策划、实施可以让公众直接参与并享受乐趣的事件，并通过这样的事件达到吸引或转移公众注意力，改善、增进与公众的关系，塑造企业、组织良好的形象，以谋求企业的长久、持续发展的营销传播活动。

事件营销已经是国内外企业在品牌行销过程中经常采用的一种公关传播与市场营销推广的手段了。互联网时代的事件营销则自然过渡到网络事件营销阶段，然而国内专业对于“网络事件营销”这个行业和职业进行研究的，在国内并不多，其实企业只要适时地抓住那些广受社会关注的时事新闻事件及人物的明星效应，结合企业和产品在传播上的最终目的就可以策划出创造性的活动和事件。

除了前面介绍的常用网站推广方法之外，还有许多网站推广方法，如病毒性的营销、在线有奖竞猜、有奖调查、在线优惠活动等，都可以产生很大的网站访问流量。

8.3.2 移动电子商务项目的推广

App 一般指智能手机的应用程序，是为企业量身打造的移动互联网营销解决方案。

通过全方位展示产品，让消费者进一步了解品牌或产品，建立起品牌与消费者的情感关联，是企业 App 营销的核心所在。因此，利用品牌 App 传递品牌理念，深化品牌形象，树立品牌口碑，帮助品牌和产品认知的提升，搭建起品牌与消费者间沟通的桥梁，无疑是企业营销者的明智之举。App 能帮助企业精准的锁定目标客户群体，为企业创造看得见的经济效益。

【拓展案例】

1. App的推广方法

当前常见的 App 推广方法共有 5 种类型。

1) 应用商店推广

(1) 手机厂商应用商店，如联想乐商店、华为应用市场、魅族市场等。渠道部门需要较多运营专员来跟手机厂商商店接触。

(2) 手机运营商应用商店。所谓运营商渠道就是指中国移动、中国联通、中国电信，它们主要的优点就是用户基数大，如果你的产品够好，也许还能获得运营商的支持。

(3) 手机系统商应用商店。就是谷歌等官方应用商店。

(4) 第三方应用商店。第三方商店的渠道专员要准备大量素材，测试等与应用市场对接。各应用市场规则不一，如何与应用市场负责人沟通，积累经验与技巧至关重要。在资金充足的情况下，也可以投放一些广告位及推荐等。

(5) 软件下载站：比如天空下载、华军软件下载、百度软件中心、中关村下载、太平洋下载等下载站也可以提交自己的 App 获得用户。

2) 网盟类推广

(1) 积分墙。在一个应用内展示各种任务(下载安装推荐的应用、注册、填表等)，然后用户在嵌入有积分墙的游戏内完成任务以获得虚拟货币奖励。按照 CPA(Cost Per Action，每行动成本)计费，只要用户完成积分墙任务，开发者就能得到分成收益。

(2) 插屏。又叫插播广告，使用 App 时动作触发全屏/半屏弹出或嵌入，手游适合采用这种广告形式，点击率、转换率、用户活跃度表现都有不错的表现。以在应用开启、暂停、退出时以半屏或全屏的形式弹出，能够巧妙避开用户对应用的正常体验。因为尺寸大、视觉效果震撼，所以插屏广告拥有非常高的点击率，广告效果佳。

(3) 网盟和代理。如果按 CPA 购买，跟对方商定一个 CPA 的价格(当然价格越高获取的用户数也会越多)，最好还能定个指标(如次日留存不低于多少，或是 24 小时购物率不低于多少等)，有了这样的约定，用户质量就有了保障。平台类网盟也是 InMobi、AdWords 一类的公司。

(4) 移动 DSP。DSP（Demand-Side Platform）即需求方平台。移动 DSP 通过对接交易平台，为广告主提供一站式、便捷的移动广告投放服务平台，其优点如下所述。

① 更快速：采用实时竞价交易，通过竞价在 50 毫秒内获得广告位，即可实现广告位的购买曝光。

② 更精准：基于移动端的数据，可以定位受众的地理位置，并根据用户日常的App行为习惯进行更有效的广告投放。

③ 更省钱：例如力美DSP，已经积累了16 000个人群标签（包括人群属性、行为属性等），500个城市标签和8000个商圈标签，充分满足了不同广告主对精准人群定向的需求，通过现有的标签进行投放，并对后期效果不断的优化，就可以更加节省广告开支。

④ 更高的ROI。移动DSP通过前期的策略定制投放、中期的优化执行、后期的总结反馈一连串的智能化操作能够有效地提升广告的ROI。

(5) 刷榜推广。这种推广是一种非正规手段，但是在国内非常的受欢迎，毕竟绝大部分苹果手机用户都会实用App Store去下载App。如果你的App直接都在前几名的位置，当然可以快速获得用户的关注，同时获得较高的真实下载量。由于这种推广成本比较高，所以一般会配合新闻一起宣传，这样容易快速出名。

3) 应用内推广

(1) 应用内互推。又称换量，就是通过BD合作的方式互换流量，你推我的App，我推你的App，大家相互置换用户。

(2) PUSH推广。它作为重要的手机应用程序运营手段，推送越来越受到手游运营商们的重视。当把同一个内容发给所用用户、不分时间的推送、推送的表现一成不变，当用户多次收到这样没有目标性的推送之后就会逐渐厌烦。然而用户厌烦的并不是推送功能本身，与推送发送的数量也并没有太大关系，重要的是发送的内容。

(3) 弹窗推广。一种会在应用开启时弹出的广告形式，效果不错，但是非常影响用户体验。

(4) 焦点图推广。可简单理解为一张图片或多张图片展现在应用内就是焦点图。在应用内很明显的位置，用图片组合播放的形式，类似焦点新闻的意思只不过加上了图片。一般多使用在应用首页或频道首页，因为是通过图片的形式，所以有一定的吸引性、视觉吸引性。

(5) 应用推荐类推广。

(6) 越狱类推广。

(7) 互联网开放平台推广。

4) 社会化推广

(1) 社会化营销。现在很兴起的一种网络SNS推广方式，以比较偏软的方式植入到可快速传播的文字，图片，视频中，在各大SNS社区传播，带来高爆发的流量。这个不是不可能，需要的是产品本身可以营造出来的话题性，营销团队的执行力。

(2)“红人”转发。一般都是按文章篇数付费，价格事先双方商量好。有可能是性价比最高的推广形式，如进行了成功的事件营销，也可能出现没有任何效果的情况。

(3) 微信群推广。现在微信的群很多，很多人通过在群里做活动下载送红包，效果好的能每天带来几百个下载。

5) 线下推广

(1) 手机厂商预装。即与手机厂商的合作，在手机生产出来的时候就预装自己的应用，这种方式用户转化率高，是最直接的发展用户的一种方式。但是用户起量中期也比较长，毕竟从手机厂商的合作，到手机新品上市，用户购买需要一段时间，一般在3～5个月。

(2) 刷机推广。安卓手机刷机已经形成市场，使用这种方式的话，用户起量快，起量快，基本上 2～4 天就可以看到刷机用户。

(3) 店面推广。用户质量高，黏度高，用户付费转化率高，见用户速度快。

(4) 线下媒体推广，如灯箱、刀旗、LED 屏幕等推广。

(5) 线下店面推广，如和麦当劳和肯德基合作，下载 App 送一个肯德基的饮料等。

(6) 展会物料推广，如展会下载 App 送小礼品推广。

(7) 地推推广，(推广用户质量：高)如携程的地推人员在机场给用户装携程 App。

2．新媒体推广

(1) 内容策划。内容策划重要的一点就是要分析用户，掌握目标用户的心理，在内容上创意为主。

(2) 品牌基础推广。百科类推广：在百度百科，360 百科建立品牌词条；问答类推广：在百度知道、搜搜问答、新浪爱问、知乎等网站建立问答。

(3) 论坛贴吧推广。在手机相关网站的底端都可以看到很多的行业内论坛。建议推广者以官方帖、用户帖两种方式发帖推广，同时可联系论坛管理员做一些活动推广。发完帖后，应当定期维护好自己的帖子，及时回答用户提出的问题，搜集用户反馈的信息，以便下个版本更新改进。

(4) 微博推广。内容将产品拟人化，讲故事，定位微博特性，坚持原创内容的产出。在微博上抓住当周或当天的热点跟进，保持一定的持续创新力。

(5) 微信推广。在微信公众号进行推广。

(6) PR 传播。PR 不是硬广告，学会在对的途径讲一个动人的故事非常重要。互联网时代人人都是传播源，无论微博、微信公众号、媒体网站的专栏或各大社交网站，需要研究如何利用这些平台来讲述一个好的品牌的故事，反之，这些平台也会是用户对品牌产生 UGC 的最好渠道。

(7) 事件营销。事件营销靠的是运营人员的脑力和对业界信息敏锐的嗅觉，这就需要团队有一定的媒体资源。

8.3.3 微信电子商务项目的推广

微信电子商务简称微信电商，是微信嫁接在电商上的代名词。伴随微信在网民中的影响力，微信电商逐渐成为微商的代名词，但其实微信电商的范畴比微商要小。

1．微信电商的种类

通常认为，微信电商包括个人和企业两类。

(1) 个人微信电商就是微信上的个体户，其经营模式就是个人和个人之间进行的交易。经营的平台除了微信朋友圈，还包括喵喵微店、拍拍微店、口袋购物微店等。

(2) 企业微信电商就是企业利用微信和他人做交易。他们的主要平台有微盟旺铺、有赞、京东微店等。

2．微信电商平台的类型

微信电商的平台包括微信商城、微信小店和微信公众号。

1) 微信商城

微信商城(又名微商城)是在腾讯微信公众平台推出的一款社会化电子商务系统，同时又是一款传统互联网、移动互联网、微信商城、易信商城、App 商城五网一体化的企业购物系统。

微信商城一般都具有以下几个功能。

(1) 完善的会员管理系统。具有可以自动保存密码，会员等级，积分管理，积分兑换，导入导出等功能。

(2) 支付功能。支持微信支付、财付通、快钱、银联、货到付款等多种支付方式，解决了商家因单一支付方式给消费者带来的不便。

(3) 购物车/订单/结算功能。完善的购物车和订单生成系统，在线结算方便快捷。

(4) 自定义菜单功能。拥有商品分类、资讯中心、新品促销等版块，分类清晰，除了微信自定义菜单还扩展到内页中自定义菜单。

(5) 产品管理国内。强大的产品管理系统，可以自定义参数，导入导出等完善功能。

(6) 促销功能。多种促销规则、积分赠送、会员优惠等让商城具备超强营销力。

(7) 抽奖/投票功能。微信商城可同时进行多种即时抽奖活动，还可以发起多种图文和柱状的投票活动。

(8) 分佣功能。充分利用微信的社会化人际关系特点，以流量、推荐会员、购买抽佣的形式为营销工具。

2) 微信小店

2014 年 5 月 29 日，微信公众平台宣布正式推出“微信小店”。微信小店是基于微信公众平台打造的原生电商模式，包括添加商品、商品管理、订单管理、货架管理、维权等功能，开发者可使用接口批量添加商品，快速开店。“微信小店”的上线，意味着微信公众平台上真正实现了技术“零门槛”的电商接入模式。

“微信小店”是基于微信支付并通过公众账号售卖商品，可以实现包括开店、商品上架、货架管理、客户关系维护、维权等功能。

3) 微信公众号

微信公众号是开发者或商家在微信公众平台上申请的应用账号，该账号与 QQ 账号互通，通过公众号，商家可在微信平台上实现和特定群体的文字、图片、语音、视频的全方位沟通、互动，形成了一种主流的线上线下微信互动营销方式。

3．微信电商的玩法

玩转微信电商除了拥有足够的朋友圈人数、良好的好友印象、丰富的社会资源、出彩的文案，更要掌握微信运营的技巧和方法。

1) 助力营销

助力营销，是“病毒”式传播的一种，它是通过朋友间的不断转发支持，实现快速传播和全民关注。助力思维通常的方式是，技术公司在制作活动微网页时，添加助力一栏。

用户参加活动时，在活动页面上输入姓名、手机号码等信息后，点击报名参与，即进入具体活动页面。用户如想赢取奖品，就要转发至朋友圈并邀请好友助力，获得的好友助力越多，获奖的概率也就越大。为发挥助力者的积极性，也可以让参加助力的好友抽奖。就这样，因为有大奖的吸引，你就可以通过报名者与其众多好友的关注和转发，达到了泛传播的目的。

运用微信助力思维，不但可以在后台清晰地掌握到报名者的基本数据和信息，如名字、性别和手机号码等，也在最大程度上发掘了他的朋友圈资源，让更多的人关注甚至参与此项活动。这种经济学上的乘数效应，使得活动消息得以成倍扩散，企业品牌得以迅速传播。

案例 8-6

2016 年 5 月，由今日早报公司全案策划的“广厦国际登山节”微信报名活动，就是一个经典的助力思维营销案例。这个题为“你登山，我送房”的微信报名活动，在全国征集 1 200 人参与登山，其中有 400 人从助力活动中产生。由于登山者有机会赢取价值 200 万元左右的大宅，因此微网页上线当天，就在微信圈引发了转发、注册报名和助力的狂潮，当天就创造了近 40 万的点击量，影响力覆盖全国。数据显示，参与助力活动的 400 人中，大部分人的助力数在 500 个以上，最高者达到 1 500 多个。也就是说，为了登山，最高者在微信朋友圈发动了 1 500 多人来支持他。

2) 抢红包思维

抢红包思维，顾名思义就是为用户提供一些具有实际价值的红包，通过抢的方式吸引社会积极参与，引起强烈关注，找到潜在客户，并实施针对性营销。抢红包的思维方式比较适合电商企业，客户得到红包后即可在网店中消费，这样一来，既起到了品牌推广作用，又拉动了商城销售。

案例 8-7

2016 年春节，腾讯公司最先在微信平台上推出了抢红包活动，一时热闹非凡，但这次抢红包的钱是由用户自己掏腰包，然后分享给自己好友的。此后，抢红包思维在企业中生根开花。京东商城在“6 • 18”活动中，出资 10 亿元作为红包与全民分享。不同的是，京东将红包的种类分成普通红包和群红包，普通红包只要刮开就可得到一定的金额，最高面额 618 元；而群红包，则是另一种方式的扩散，一个群红包内有 10～15 个普通红包，用户可将群红包分享到朋友圈，让更多的朋友关注这项活动，打开群红包的每个用户也能相应得到随机金额。每个群红包可以被多次分享，直至金额全部领完。

时至今日，很多商家已习惯在店庆或节庆时，推出抢红包游戏，让全民嗨抢。其实，商家看似发了红包，让了利，但实际上得到了自己的目标消费者，有力地推动了商品销售。因此，抢红包思维对于电商来说，是个十分有效的营销手段，既在短时间内取得了良好的经济效益，又获得了不错的社会效益。

3) 流量思维

互联网时代，流量为王，网站如果没有流量，那就简直是“无源之水，无本之木”。而对手机上网族而言，流量就像“人之于水，车之于油”。因此，抓住消费者的痛点，也就抓住了营销的根本。流量思维的基本思想是转发送流量，用户只要转发某家公司或某个产品的微网页，就可以得到一定的流量。

用流量争取客户，是运营商们常用的手法。例如广东移动，从2016年8月4日起，只要关注“广东移动 10086”微信公众号，即可参与微信流量红包抽奖的活动，在活动中可免费抽奖获得流量，所抽得的流量可以兑换给任意广东移动的手机用户。当然，为了实现更广泛的传播，在抽完奖之后，需“发送给好友”或“分享到朋友圈”方能完成抽奖，如此一来，短短几天就会引发大规模地病毒式扩散。

4) 游戏思维

游戏思维就是通过游戏的转发传播，来认识某个品牌。在微信的战略发展方向中，游戏与社交是其重点，足见游戏在移动互联网上的地位。微信小游戏的特点普遍是设计新颖，而且呆萌，规则简单却不单调，可以在短短几分钟内吸引到大量用户。

案例 8-8

“围住神经猫”是2014年微信游戏的经典，这款只用一天半就研发出来的微信小游戏，因为简单好玩，也因为有比拼智力的成分，抓住了用户的兴奋点，刚一出现，用户就不断刷屏，不断转发。短短几天时间，用户数就攀上亿级。仔细分析，“围住神经猫”游戏用带有比对性的语言，煽动了用户内心深处的攀比心理，更抓住了人们爱玩游戏的天性和兴奋点，从而获得了巨大的蝴蝶效应。

5) 节日思维

逢年过节，互致问候是中国人的良好传统。在经历了书信、电话和短信祝贺后，微信祝福逐渐流行，一段语音、几句文字、一个视频，简单却温暖。节日思维，就是利用节假日人们相互送祝福的机会，在微信文字或视频中植入品牌形象，恰到好处地进行传播推广。

6) 大奖思维

在当下的微信营销中，给奖甚至给大奖，是媒体和企业用得最多的招数，实力雄厚的，用房子或车子作为大奖；实力稍弱的，也常常用年轻人最爱的手机或者门票、电影票和旅游券等作为奖品，而且效果良好。

案例 8-9

2016年招商地产策划了“招商地产三十年3 000万钜惠”的活动，在招商地产微信活动网页登记报名得到助力多者，前300名就可以得到1万～3万元不等的优惠券，其中1人还有机会抽取价值10万元的购房抵价券。受大奖的诱惑，10月初活动刚在微信圈露面，就受到了购房者的热捧，半个月时间已有3 000多人报名，6万多人点击。此数字远远高于目前一些媒体热衷的房产电商，而且圈客精准。

7) 众筹思维

众筹是指用团购或预购的形式，向用户募集项目资金的模式。相对于传统的融资方式，众筹更为开放，更为灵活。对圈子的精准把握，是微信适合众筹最核心的竞争力。微信众筹思维更多的是用于产品的售卖，像“低价得正宗大闸蟹”等都是利用了众筹思维。无论是从发起者还是从投资者的角度去考量，众筹都是一个风险投资效率较高的方式。对于发起者来说，筹资的方式更灵活，而对于投资的用户来说，可以在最短的时间内获得较好的收益。因此微信众筹思维也是一个较好的微信营销方式，传播方式快，扩散范围广，产生效益大。

8) 生活思维

生活思维就是把人们所关心的日常生活知识，发布到微信平台上，通过这些信息的转发，起到良好的传播作用。如今，人们对生活质量的要求越来越高，对生活知识的需求也越来越大，有关生活类的知识在网络上的转发率相当高，比如冬病夏治、节假日旅游、十大美食去处、最美民宿等，凡是与生活、旅游、美食、教育等相关的信息，都会引起人们的关注。而这些信息不但适合转发，而且很多人还会收藏，这样一来，即是对信息进行了二次传播。因此，在这些生活类信息中植入产品图片、文字或者做链接进行传播，是不错的方式。

用生活思维，所传播的信息必须是公众关注度高、实用性强的。在这样高、强的信息中推广活动信息或企业品牌，可以做到润物细无声的效果。

9) 新闻思维

新闻思维是借助突发性新闻或关注度较大的新闻夹带图片进行传播。移动互联网时代，新闻的传播速度已经是以秒计算，地球上任何一个地方发生的重大新闻，都能在瞬间传递到地球的角角落落。而它在微信圈的阅读量，往往是以十万甚至百万计。因此，如果在转发率如此高的新闻中植入广告，其传播影响力自是不可估量。

10) 测试思维

测试思维也就是通过一些小测试，比如智商测试、情商测试、心理测试等来对一些品牌进行传播。今天的微信圈内，各类测试甚是风靡，这些测试情商、智商的题目，抓人眼球，很容易让人点进去测试。而这些测试的最后，往往都会跳出“分享到朋友圈，分享后测试答案会自动弹出”，这么一来，无疑进行了二次传播，而藏在这些题目开篇或结尾的网站或咨询机构，也在再传播上宣传了自己。

8.4 电子商务网站数据分析

【拓展知识】

8.4.1 网站数据监测

1. 网站数据监测的概念

数据监测是指对于网站上的流动数据按照事先设定的截获原则完成有效的截获，再对截获的数据进行数据还原，最后完成还原数据的分析与预测。因此，数据监测可以大致分为数据的捕捉与截获，截获数据的还原和完成数据的分析、预测和控制三个阶段。通常情况下，数据监测的困难之处在于第一、第二阶段的工作。

通过数据监测，企业能够及时发现网站设计的不足，进而进一步做出调整和修改。网站设计的不足将直接影响用户的体验和用户对网站的黏性。

2．网站运营数据监测的内容(表8-6)

表 8-6　网站运营监测数据

运营数据	内容运营	内容展示数据	覆盖人数
			阅读次数
			阅读页停留时长
			……
		内容转化数据	付费人数
			付费金额
			……
		内容黏性数据	阅读页停留时长
			单位用户阅读数量
			用户重复活跃次数
			……
		内容扩散数据	分享渠道
			分享次数
			回流率
			……
	活动运营	宣传效果数据	分渠道投放成本
			分渠道引流数
			……
		活动效果数据	各级页面展示量/转化率
			活动参与人数
			满足发奖条件的参与人数
			满足活动目的的参与人数
			……
		成本控制数据	预估成本量
			实际成本量
			单位用户成本
	用户运营	用户规模数据	新用户数量
			老用户数量
			流失用户数量
			……
		用户粘性数据	重复登录用户
			重复活跃用户
			重复付费用户
			……
		用户价值数据	单位用户贡献价值
			分层级用户价值
			……

一般来说，网站上线运营数据监测的内容主要包括内容运营数据、活动运营数据和用户运营数据。

1) 内容运营数据

内容运营数据包括内容展示数据、内容转化数据、内容黏性数据和内容扩散数据。

(1) 内容展示数据。内容的展示数据是最基础的数据，它的意义和价值在于：提供给内容运营者一个直观而基础的数据情况，用来展示内容被点击、查阅的情况，从而分析内容是否为网站或产品提供了对应的帮助，如内容覆盖人数、内容是否符合用户兴趣等。

内容的展示数据可能包括但不限于内容的点击次数、内容页面的蹦失率、内容页面的停留时长等。

以一篇文章为例，这篇文章的链接被点击了 100 次，其中，50 次点击停留的平均时长为 20 秒，10 次是点击后直接关闭网页，另外 40 次点击停留的平均时长是 3 秒。通过这些数据，我们可以了解，这篇文章的质量可能是不错的，但接下来要做的事情是，10 次直接关闭网页和 40 次平均 3 秒的停留时长背后的用户还看了哪些文章，他们看这些文章时的行为是怎样的。通过这样的分析，可以了解，如何通过内容的类别、质量，去提高内容对用户的价值及契合度，从而提高内容被点击的次数。

(2) 内容转化数据。内容的转化数据，是较展示数据更深层的数据，它往往用于判断内容是否能够促进用户的转化，如是否能够利用内容让用户从活跃转向付费。

内容转化数据可能包括但不限于内容中付费链接的点击次数、付费成功次数、内容页面广告的点击次数、广告的停留时间、二次转化成功率等。

(3) 内容黏性数据。

黏性数据其实和展示数据相关，但有一些区别。

考虑展示数据时，如果进一步分析用户重复观看的次数，那么结合每次观看的停留时间，就可以得到黏性数据。对于黏性数据，其实完全可以采用会员管理系统里的 RFM(Recency，最近一次消费；Frequency，消费频率；Monetary，消费金额)模型来进行分析，获得内容或者用户的黏性值和分布，从而指导日后的内容运营工作。

【拓展知识】

(4) 内容扩散数据。

内容的扩散数据或称分享数据，是社会化浪潮中一个新增可监测的数据。

内容的分享频次和分享后带来的流量统计，可以说明内容对一类用户的价值和作用情况。对于需要通过分享带来用户的网站或者产品，以及需要引爆热点和病毒传播的运营项有着重大的意义和价值。

2) 活动运营数据

对于经常执行活动运营的运营人员来说，活动运营数据比其他类型的数据都更加重要，而活动运营的数据又非常复杂。活动运营数据包括宣传效果数据、活动效果数据和成本控制数据 3 个部分。

(1) 通过宣传效果数据的分析，可以判断目标用户的媒体触点、渠道对于产品的合适度，从而判断下次活动应该主推哪些渠道。

(2) 活动效果数据和成本控制数据可以体现出活动度效果和性价比。活动的复盘和数据的分析，可以对下次活动有非常大借鉴意义。

案例 8-10

某网站开展了一个分享邀请的活动。活动主旨是让老用户带来新用户，可以通过社会化渠道、邮件、复制链接进行分享，新用户通过各个渠道的邀请链接进入活动注册页面完成注册，并进入网站，补填用户资料并完成一次登录，即认为有效，完成有效邀请的老用户和完成注册受邀请新用户，均可以获赠一件小礼品。

对于这样的活动，有几个点的数据是关键点，例如：

① 分享渠道的质量——用来判断下次活动主推哪些分享渠道。

② 受邀请用户的注册成功率——用来进行发奖和判断活动质量。

③ 进行分享的老用户的参与度——用来进行用户分级，判断活动规则对老用户的吸引力，未来如果开展类似活动，应当选择怎样的用户选型。

那么核心数据就会包括：

① 各个分享渠道的分享次数、分享链接的点击次数、各渠道注册—成功的转化率。

② 总的注册—成功转化率、用户注册的蹦失节点、用户注册完成后引导过程的蹦失节点。

③ 参与活动的老用户的总数、分享渠道按照使用次数的分布、对于使用了 2 个或 2 个以上分享渠道的老用户的日常行为表现(如活动前后一个月的行为表现)等。

案例 8-11

某电商网站开展母婴用品折扣活动，希望带来日常销量 2 倍的销量增长。

对于这样的活动，也有以下几个关键数据：

① 广告投放渠道的质量——用于判断目标用户的媒体触点，未来类似活动的主要投放渠道的筛选凭证。

② 单品销量的增长情况——用于判断目标用户对于什么样的产品更感兴趣。

③ 总体销量目标的完成度——用于判断活动是否达到预期。

④ 各关键节点的转化率——活动页面商品的点击次数—进入页面的流量、浏览—放入购物车/下单的转化率、购物车—付费的成功率、支付成功率。

那么核心数据就会包括：

① 分渠道的广告展示统计——展示次数、点击次数、landingpage(登录页)蹦失率。

② 用户兴趣点分布——页面商品点击次数、单品浏览量、下单量、使用购物车的用户数和商品进入购物车的次数。

③ 订单转化率——浏览—下单的转化率、购物车—下单的转化率。

④ 支付成功率——成功完成支付的订单数/提交的订单数，等等。

3) 用户运营数据

用户运营是一个够宽泛的概念，所以用户运营核心数据是动态的、变化的，在不同的时期会关注不同的用户运营的数据情况。用户运营数据包括用户规模数据、用户黏性数据和用户价值数据。

(1) 用户注册数据。

注册数据可能包括但不限于：①注册用户的规模、增长速度；②渠道质量——注册渠道有哪些，渠道的注册转化率如何；③注册流程质量——完成注册的用户数、注册流程中用户蹦失节点统计；④注册用户行为跟踪——完成注册后当时用户的行为统计。

(2) 用户留存数据。

留存数据可能包括但不限于：①留存用户的规模，注册—留存的转化率；②用户登录的时间、频率；③用户使用产品或网站服务的时间、时长、频率等。

(3) 用户活跃数据。

活跃数据可能包括但不限于：①活跃用户的规模、增长速度，注册—活跃的转化率；②用户登录后的行为统计；③用户使用产品或网站服务的频率、内容、行为。

(4) 用户付费数据。

付费数据大致包括：①付费用户规模、增长速度、注册—付费/活跃—付费的转化率；②付费金额、频率等；③付费用户的日常行为跟踪。

(5) 用户流失数据。

流失数据包含的内容也很容易理解，大致包括：①流失用户的规模、速度；②流失用户的日常行为跟踪；③用户流失的原因分析；④流失用户挽回策略和效果分析等。

8.4.2 网站数据分析

1. 网站数据分析的含义

网站数据分析是通过观察、调查、实验、测量等结果，通过数据的显示形式把网站各方面情况反映出来，使运营者更加了解网站的运营情况，便于调整网站的运营策略。网站的数据分析需要借助专业的数据分析方法进行，其分析结果能够给网站运营提供数据参考，能够评估网站运营的效果并且提供指导和建议。

网站数据分析是围绕着客户进行的，公司各部门需要的数据不一样。高层想知道宏观数据，以便于战略调整；中层想知道微观数据，便于项目控制与短期战术计划；市场部门想知道哪些广告能带来有价值客户；编辑部门想要知道哪些文章用户喜欢；采购部门想了解哪些产品是用户经常购买的，掌握这些数据以便更合理地安排工作。

企业应用数据分析的必要性在于以下两点。

(1) 实时数据分析支撑的营销运营管理应用。由于数据分析、数据挖掘手段的支撑，传统数据时代，一些先进的企业已经基本实现洞察力驱动的精确营销运营管理。数据时代，客户数据更为丰富和细致，企业对客户需求洞察更为全面而准确，更重要的是，由于数据处理分析技术的成熟，企业实现客户洞察后，在数据存储与数据处理和分析方面将更高效，甚至达到实时，所以支撑营销运营管理全流程各环节决策的数据流可以与营销运营管理的工作流达到同步。企业可以综合客户的历史消费行为信息和客户当前行为，实时做出针对个体客户的个性化营销策略，从而在提高营销命中率的同时及时有效地识别并抓住稍瞬即逝的营销机会，极大地提高营销运营管理效率。

(2) 数据分析促进智能管道运营应用的落实。对于企业来说，智能管道的核心能力在于根据客户行为，实时为客户推荐并调配网络设备资源。传统数据时代，很难满足智能管道运营的要求，因为涉及的问题与前述客户体验的实时测算一样，由于技术条件限制不可能达到。数据时代，对半结构化机器数据实时采集、处理和分析的技术逐渐成熟，将大大促进智能管道运营管理落实的进程。其实现原理基本类似于客户体验管理，最大的差别在于，智能管道以对客户产品使用行为测算的数据与提供产品的网络设备资源做对应，从而在保证客户体验达标的条件下，充分调配、切割、整合企业的设备网络资源，通过实现资源利用的最高效而达到资源配置的最优化。

2．数据分析的应用范围

近年来，随着移动互联网、云计算、物联网以及通信技术的发展，网络数据快速增长，企业的运作和经营模式也随之改变。企业将网络数据分析应用到生产、销售和管理中，有助于帮助企业做出精准的决策。

数据统计分析能够帮助企业挖掘到隐藏在数据里的信息，这类信息具有总结和预测的作用，即对市场过去的发展形势的总结和对市场未来发展趋势的预测。网络数据分析的应用范围如表 8-7 所示。

表 8-7　网络数据分析的应用范围

应用范围	含　义
直接访问	直接点击访问
时段分析监测	实时时段监测、统计
内容分析	内容访问统计分析、内容质量、效果分析
产品分析	产品各项指标分析：人均 PV、跳出率、用户停留时间、用户体验等
用户需求分析	用户需求挖掘
营销推广效果	营销推广效果分析
推荐网站	营销推广网站、合作网站
搜索引擎	关键字、搜索引擎分类、收录
投资回报率	投入效果转化分析(广告投放)
程序代码分析	代码、服务器等技术分析

数据分析的目的是把隐没在大量杂乱无章的数据中的信息集中、萃取和提炼出来，以找出所研究对象的内在规律。在实际应用中，数据分析可帮助人们作出判断，以便采取适当行动。数据分析是组织有目的地收集数据、分析数据，使之成为信息的过程。这一过程是质量管理体系的支持过程。在产品的整个寿命周期，包括从市场调研到售后服务和最终处置的各个过程都需要适当运用数据分析过程，以提升有效性。例如，一个企业的领导人要通过市场调查，分析所得数据以判定市场动向，从而制定合适的生产及销售计划。因此，数据分析有极广泛的应用范围。

3．数据分析的过程

数据分析过程的主要活动由识别信息需求、收集数据、分析数据、评价并改进数据分析的有效性组成。

1) 识别信息需求

识别信息需求是确保数据分析过程有效性的首要条件，可以为收集数据、分析数据提供清晰的目标。识别信息需求是管理者的职责管理者应根据决策和过程控制的需求，提出对信息的需求。就过程控制而言，管理者应识别需求要利用哪些信息支持评审过程输入、过程输出、资源配置的合理性、过程活动的优化方案和过程异常变异。

2) 收集数据

有目的地收集数据是确保数据分析过程有效的基础。组织需要对收集数据的内容、渠道、方法进行策划。策划时应考虑：①将识别的需求转化为具体的要求，如评价供方时，需要收集的数据可能包括其过程能力、测量系统不确定度等相关数据；②明确由谁在何时何处，通过何种渠道和方法收集数据；③记录表应便于使用；④采取有效措施，防止数据丢失和虚假数据对系统的干扰。

3) 分析数据

分析数据是将收集的数据通过加工、整理和分析、使其转化为信息，通常用方法有：①老七种工具，即排列图、因果图、分层法、调查表、散步图、直方图、控制图；②新七种工具，即关联图、系统图、矩阵图、KJ 法、计划评审技术、PDPC 法、矩阵数据图法。

4) 数据分析过程的改进

数据分析是质量管理体系的基础。组织的管理者应在适当时，通过对以下问题的分析来评估其有效性。

(1) 提供决策的信息是否充分、可信，是否存在因信息不足、失准、滞后而导致决策失误的问题。

(2) 信息对持续改进质量管理体系、过程、产品所发挥的作用是否与期望值一致，是否在产品实现过程中有效运用数据分析。

(3) 收集数据的目的是否明确，收集的数据是否真实和充分，信息渠道是否畅通。

(4) 数据分析方法是否合理，是否将风险控制在可接受的范围。

(5) 数据分析所需资源是否得到保障。

8.4.3 网站数据分析常用工具

1. 百度统计

百度统计是百度推出的一款免费的专业网站流量分析工具，能够告诉用户访客是如何找到并浏览用户的网站，以及在网站上做了些什么等。掌握了这些信息，可以帮助用户改善访客的网站使用体验，不断提升网站的投资回报率。

1) 统计的主要功能

百度统计提供了几十种图形化报告，全程跟踪访客的行为路径。同时，百度统计集成百度推广数据，帮助用户及时了解百度推广效果并优化推广方案。

基于百度强大的技术实力，百度统计提供了丰富的数据指标，系统稳定，功能强大但操作简易。登录系统后按照系统说明完成代码添加，百度统计便可马上收集数据，为用户提高投资回报率提供决策依据。

2) 百度统计的数据统计维度

百度统计提供了 6 个维度的分析，包括：流量分析、来源分析、访问分析、转化分析、访客分析和优化分析。

(1) 流量分析。用户可以通过百度统计查看一段时间内用户网站的实时访客和流量变化趋势，及时了解一段时间内网民对用户网站的关注情况及各种推广活动的效果。百度统计可以针对不同的地域对用户网站的流量进行细分。

(2) 来源分析。能够帮助您分析流量的来源，提供全部来源、搜索引擎、搜索词、外部链接和指定广告跟踪，能够看到细化至搜索词的报告。

① 全部来源：搜索引擎、其他推介网站和直达三种来源类型给用户网站带来的流量情况。

② 搜索引擎：不仅可以了解到是哪些搜索引擎网站所带来的流量情况，还可以细分到搜索词的数据。

③ 推介网站：查看网民通过除搜索引擎以外的哪些网站访问自己的网站。

(3) 访问分析。网站分析包含受访页面、入口页面、受访域名、页面点击图、页面上下游、事件分析和子目录分析。用户可以通过百度统计查看访客对用户网站内各个页面的访问情况，及时了解哪些页面最吸引访客以及哪些页面最容易导致访客流失，从而帮助用户更有针对性地改善网站质量。

(4) 转化分析。用户可以通过百度统计设置用户网站的转化目标页面，如留言成功页面等，然后用户就可以及时了解到一段时间内的各种推广是否达到了用户预期的业务目标，从而帮助用户有效地评估与提升网络营销投资回报率。

(5) 访客分析包含地域分布、系统环境、新老访客统计、访客属性、访客忠诚度等分析。

① 地域分布。提供各个地域给用户网站带来的流量数据，这些数据可以帮助用户合理地分配各地域的推广预算和有针对性地制定业务推广策略。

② 系统环境。各种客户端系统环境的访客在用户网站上浏览的情况。用户可通过页面右上部来选择，如“浏览器”“操作系统”等。

(6) 优化分析包含搜索词排名、网站速度诊断、升降榜和外链分析。

搜索词排名主要是分析网站的搜索词在百度搜索、百度指数中的排名，及对应的浏览量、访客数、跳出率、平均访问时长等数据，帮助用户更好地优化搜索效果。系统还会对网站的访问速度打分，并提出优化建议。升降榜主要是对网站的外部链接、搜索引擎排名、用户直接访问的一个变化分析。

除了对网站流量的分析，百度统计(图 8-2)还可以做推广分析、移动统计和店铺统计等。

2．CNZZ

CNZZ(图 8-3)是由国际著名风险投资商 IDG 投资的网络技术服务公司，是中国互联网目前最有影响力的流量统计网站。CNZZ 网站首页的免费流量统计技术服务提供商，专注于为互联网各类站点提供专业、权威、独立的第三方数据统计分析。同时，CNZZ 拥有全球领先的互联网数据采集、统计和挖掘三大技术，专业从事互联网数据监测、统计分析的技术研究、产品开发和应用。全球领先的第三方全域大数据服务提供商，2016 年初 CNZZ、友盟、缔元信网络三家国内顶尖的大数据公司合并成立友盟+，友盟+已成为全球最大的第三方全域大数据服务提供商为愿景。

图 8-2　百度统计界面

图 8-3　CNZZ 产品

CNZZ 统计系统包括 U-Dplus、站长统计、全景统计和手机客户端的统计等产品。

(1) U-Dplus 是一款基于用户行为分析的精细化、数据分析运营平台。

其核心优势见图 8-4。

图 8-4 全新 U-Dplus 优势

(2) 站长统计：中文互联网站长使用最多的网站流量统计分析系统，是站长公认的安全、可靠、公正的第三方数据统计分析平台(图 8-5)。

图 8-5　站长统计主界面

(3) 全景统计是为商业站点、大型公司网站量身定做的流量统计分析系统，提供高效、稳定、安全和定制化的服务，其界面和站长统计基本一致。

本章小结

运营就是对运营过程的计划、组织、实施和控制，是与产品生产和服务创造密切相关的各项管理工作的总称。电子商务运营属于商务运营的范畴，本书指在各种网络信息平台上的商务信息的运营与管理，运营的对象是根据企业需要，所开发设计的各种电子商务平台的所有附属推广产品。运营部门的管理者是运营总监，主要管理运营部、商品部、推广部、营销部、销售部、物流部和分销部七大部门，各部门都有明确的职能及岗位职责。企业要结合自身的情况充分考虑市场空间、区位优势和成本预算选择电子商务运营平台。

【拓展知识】

电子商务的内容营销是指以图片、文字、动画等介质传达有关企业或产品的相关内容来吸引用户关注，给用户以信心，从而达到促进销售的一种营销方式。内容营销的分类包括咨询类、娱乐类、工具类和社交类。内容营销的方式主要分为文字链接广告、植入类广告、视频类传播等。

电子商务网站的推广是指在电子商务网站的建设和发展过程中，企业为了提高网站的知名度和影响力，突出网站特色，提升网站浏览率和关注度，从而打造网站品牌，并以此带动电子商务网站全部营销活动有效开展而进行的全部推广、宣传及网站延伸建设活动。App 是为企业量身打造的移动互联网营销解决方案。微信电商是以微信为渠道的一种全新的电子商务模式。

网站运营数据监测的内容主要包括内容运营数据、活动运营数据和用户运营数据。通过网站数据的监测和专业数据分析工具，企业能够及时发现网站设计的不足，进而做出调整和修改，改善用户的体验和提升用户对网站的粘性。

案例分析

PPTV 网络电视百度统计

1．PPTV 简介

PPTV 网络电视是全球华人领先的、规模最大、拥有巨大影响力的视频媒体，全面聚合和精编影视、体育、娱乐、资讯等各种热点视频内容，并以视频直播和专业制作为特色，基于互联网视频云平台 PPCLOUD 通过包括 PC 网页端(www.pptv.com)和客户端，手机和 PAD 移动终端，以及与牌照方合作的互联网电视和机顶盒等多终端向用户提供新鲜、及时、高清和互动的网络电视媒体服务。

2．业务需求

面对着每天数以千万计的 PPTV 网络电视网友日益增长的观看高清流畅视频强烈需求，PPTV 网络电视每天都承受着来自各个方面的压力，对面这样的压力，幸运的是他们适时选择了百度统计系统。

3．效果分析

PPTV 网络电视网站产品负责人评价说，百度统计为网站运营提供了非常精准的数据，使得我们最大化地了解了访客的浏览行为和点击习惯，为 PPTV 网络电视产品的更新提供了最给力最直观的数据支持。

(1) PPTV 网络电视用百度统计进行全站的用户体验设计。利用百度统计的“热力图、页面点击图”功能，可以非常直观地了解到访客的浏览行为和点击习惯。正是利用百度统计的这个功能，PPTV 网络电视产品部的产品经理们在规划产品的时候，有了直观的参照目标，提升了产品的可用性。新产品上线后，网站的用户黏性提升了(可通过百度统计的跳出率来持续追踪用户黏性的增长情况)。

(2) PPTV 网络电视用百度统计为广告主提高了广告的投放效果。结合百度统计的“页面点击图”“地域”“转化路径”等多项优秀功能，PPTV 网络电视广告销售部获得了精确的目标用户群体分析和潜在的目标用户群体，PPTV 广告销售部的工作人员说：“有了百度统计系统，与广告主谈合作的时候，简直太省力了，直接用数据说事，直接给广告主看页面点击图，一切轻松搞定。”

问题：通过该案例，进一步分析百度统计的功能以及对于企业电子商务项目运营方面的贡献在哪里。

习题

1. 电子商务运营的组织架构是怎样的？各部门的职责和岗位要求是什么？
2. 沃尔玛为什么要自主研发搜索引擎 Polaris？
3. 某公司最近推出了一款美食 App，你认为可以采用什么样的方式进行推广？
4. 某网站的站长小李通过后台的数据分析发现，最近网站的访客量大增，但是访客停留时间却很短。你认为如何提升该网站用户的访问深度、降低页面的跳失率？
5. 某小型制造企业因经营不善，决定借助电子商务帮助其扭转局面，你认为该企业应该选择什么样的运营平台？为什么？

第9章

电子商务项目成本管理

学习目标

(1) 了解电子商务项目成本管理的工作内容。
(2) 熟悉项目资源计划编制的方法。
(3) 了解项目成本估算和预算的基本概念。
(4) 掌握项目成本的基本构成。
(5) 掌握项目成本预算和估算的基本方法。
(6) 熟悉项目成本控制的方法和工具。

知识架构

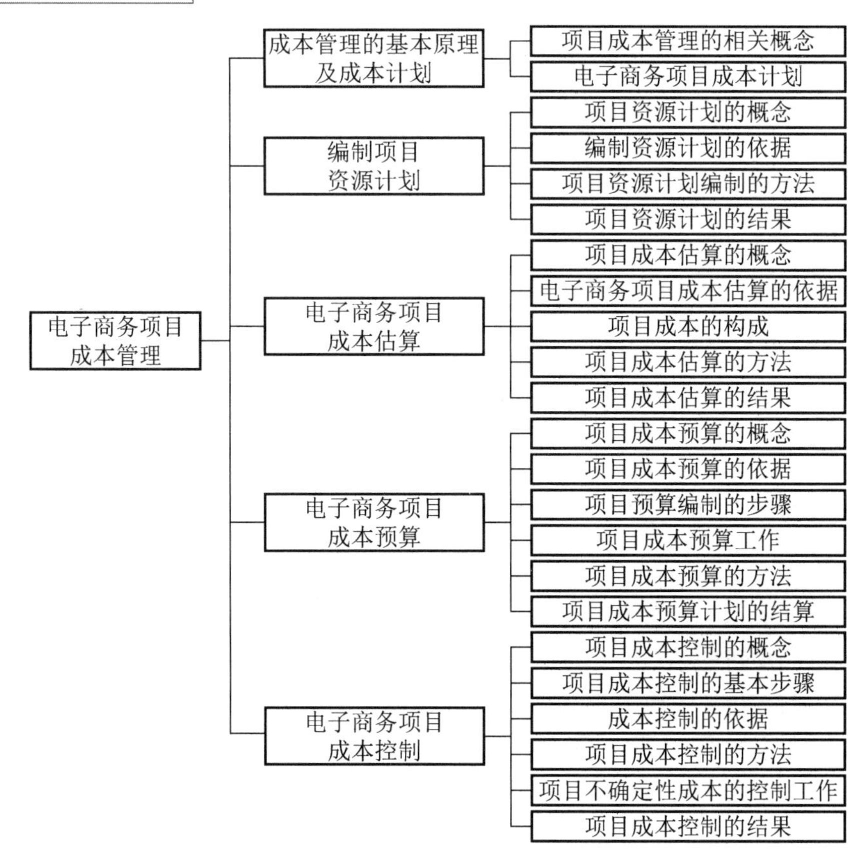

导入案例

A 公司软件项目成本管理

【推荐期刊】

A 公司是一家中小型软件企业，在成立初期，公司业务与央企、事业单位有较多的合作，公司内部中留存了很多央企和事业单位的文化氛围与做事风格。

但完全开始独立化运营后，在市场竞争的环境下出现了很多问题，在成本管理方面的问题更为突出。因为 A 公司所涉及的项目众多，但现有成本管理流程相对简陋，首先由市场部与客户进行接触，采集客户需求，然后整理成需求清单及需求描述文档提交至项目部。项目部对需求进行成本估算，并反馈给市场部。市场部根据技术部提供的成本价格加上其他相关费用来确定项目费用然后提交给客户。但 A 公司的项目部实际为纯技术部门，对项目成本分析的人员为中级或高级开发工程师，仅仅只考虑到开发成本，也就是项目部的人力资源成本，但没有考虑管理成本、风险成本等其他相关因素。

项目部给出的成本费用都是根据客户实际需求，通过个人经验估算得出，缺少规范化的估算体系。在 A 公司内部，进行软件项目成本估算的人员只是项目开发人员，部分开发人员虽然开发经验较为丰富，但在估算和项目范围把握方面较为薄弱，造成估算结果具有较强的片面性和主观性，估算误差较大，在后期项目成本无法把控。A 公司在开发人员估算完成本后也并未进行审核，缺乏监督机制。

市场部也缺乏系统化的项目成本估算机制，往往只是依照现有的项目报价表，而且当前的报价明细表中未列出项目执行过程中涉及的其他方面费用。

因此，为了提高公司项目的盈利能力，必须对成本管理进行全面优化。基于 A 公司的现状，建立一套适用的项目成本管理体系，改善 A 公司在项目管理过程中的成本管理需求，尤其是找到适用的成本估算和成本控制解决方法，从“内控”的角度提高项目的利润率，从根本上解决 A 公司的项目成本管理的问题，增强 A 公司的市场竞争力。

电子商务项目成本是指由于电子商务项目而发生的各种资源耗费的货币体现。项目成本管理的效果将直接影响电子商务的绩效。因此，对电子商务项目成本的合理管理，需要明确项目的资源规划，需要掌握项目成本估算和预算的方法，并对项目成本进行有效的控制，从而保证电子商务项目实施的按时、保质和高效。

9.1　项目成本管理的概述及成本计划

9.1.1　项目成本管理的概念及原理

项目成本管理又称项目造价管理，是有关项目成本和项目价值两个方面的管理，是为确保以最小的成本实现最大的项目价值而开展的项目专项管理工作。项目成本管理的效果将直接影响项目的绩效。因此，项目成本管理要坚持全生命周期成本最低原则、全面成本管理原则、成本五分制原则、成本管理有效化原则和成本管理科学化原则。项目成本管理工作的主要内容(图 9-1)包括项目资源计划、项目成本估算、项目成本预算和成本控制/预测等。

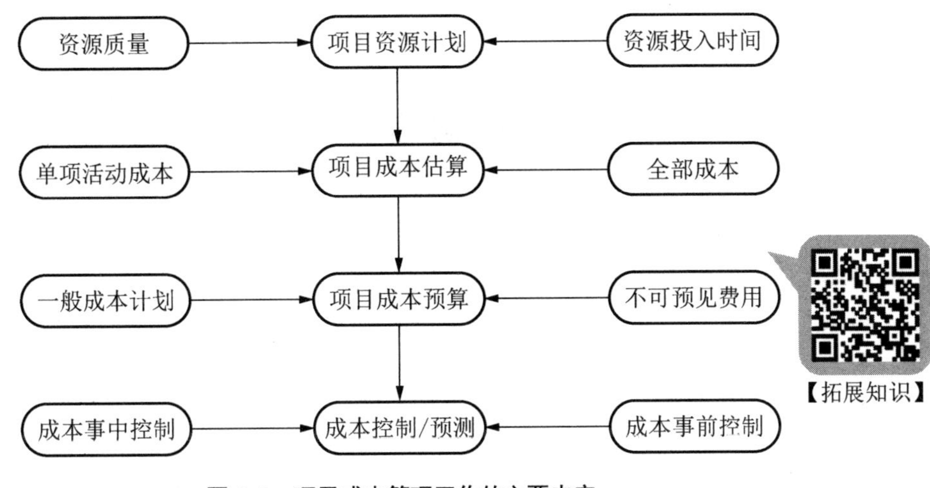

图 9-1　项目成本管理工作的主要内容

项目成本管理也可以理解为：为了确保完成项目目标，在批准的预算内，对项目实施所进行的按时、保质、高效的管理过程和活动。项目成本管理可以通过确定和控制项目成本来及时发现和处理项目执行中出现的成本问题，达到有效节约项目成本和时间的目的。与此同时，在项目成本管理中应该树立项目全生命周期成本管理的理念，即要求人们从项目全生命周期出发去考虑项目成本和项目成本管理问题，其中最关键的是要求实现项目整个生命周期总成本的最小化。此外，项目成本管理还能为项目相关利益主体提供成本和效益信息，为项目的资金筹措和财务管理提供帮助。

9.1.2　电子商务项目成本计划

电子商务项目的成本计划是对完成项目所需的各种资源(包括人员、设备、材料等)的费用进行合理的估算、预算的计划过程。编制电子商务项目的成本计划就是估算为完成每项任务所需资源的费用，得出项目的费用估算。

【拓展案例】

1．项目成本的内容

项目成本是因为项目而发生的各种资源耗费的货币体现，有时也称为项目费用。项目成本包括项目生命周期每一阶段的资源耗费，其基本要素有人工费、材料费、设备费、咨询费、其他费用等。项目成本的影响因素有项目的范围、质量、工期、资源数量及其价格、项目管理水平等。

2．项目费用的估计

项目费用估计是指为了实现项目目标，完成项目的各项活动，估算完成项目各项工作所需费用的近似值，通常分为与项目所获得的服务或产品存在直接关系的直接费用和根据直接费用推算出来的间接费用两种。电子商务项目费用受外部很多因素的制约和影响，如项目所消耗的资源的数量、资源的质量和价格、项目的质量、项目的工期和项目范围的宽度和深度等。进行项目费用估计的依据就是对项目的资源需求和这些资源预计价格产生影响的因素，主要包括工作分解结构图、资源需求计划、资源价格、工作的持续时间、历史信息、会议表格和经济形势等。

电子商务项目成本计划的过程主要包括制定资源计划和进行费用估计两个部分。

9.2 编制项目资源计划

任何一个项目目标的实现都需要消耗一定的资源，而在实际社会中，资源永远是短缺的，是不可能无限制获取和使用的。实际上，几乎所有的项目都要受到资源的限制。然而，对于资源的需求必须得到财务上的认可，一般情况下，预算的限制使得某一资源不能保留太长时间，或者出现资源闲置和错误配置的情况。在预算中，应考虑类似事件发生的可能性，并留出相应的余地。在项目管理活动中，项目资源能够满足需求的程度以及它们与项目实施进度的匹配，都是项目成本管理必须计划和安排的。如果一个项目资源配置不合理或使用不当，就会使项目工期拖延或使项目实际成本比预算成本有大幅度增加。例如，项目的设备成本可能会因提前租赁或在急需租赁时使项目成本出现额外的增加。因此，在项目成本管理过程中必须科学、经济、合理地做好项目的资源计划，以保证项目的顺利实施和项目成本目标的实现。

9.2.1 项目资源计划的概念

1. 基本概念

项目资源计划是指通过分析和识别项目的资源需求，确定项目需要投入的资源种类(包括人力、设备、材料、资金等)、项目资源投入的数量和项目资源投入的时间，从而制订出项目资源供应计划的项目成本管理活动。

2. 资源的分类

(1) 可以无限使用的资源。这类资源具有供给充足、价格低的特点。

(2) 只能有限使用的资源。这类资源的主要特点是价格比较昂贵，如大型设备。

3. 资源计划的过程

整个资源计划的过程如图 9-2 所示。

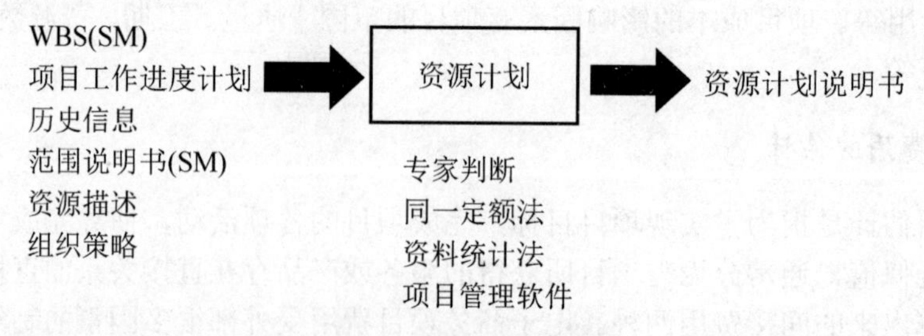

图 9-2 资源计划过程图

9.2.2 编制资源计划的依据

项目资源计划编制的依据涉及项目的范围、时间、质量等各个方面的计划和要求的文件，以及相关各种支持细节与信息资料。

1．项目工作分解结构

项目工作分解结构(Work Breakdown Structure，WBS)是既定项目工作的结构图和项目工作包细目。一个项目的目标确定以后，要确定需要开展哪些工作来实现这些目标，这些为实现项目目标开展的工作的一览表及其组成结构就是项目工作分解结构。

2．项目工作分解结构的支持细节

仅有项目工作分解结构并不能够做出全部的项目资源需求和计划，还必须知道项目工作分解结构的相关支持细节。这类支持细节信息包括以下几方面。

1) 项目历史信息

项目历史信息是指已完成同类项目在项目所需资源、项目资源计划和项目实际消耗资源等方面的历史信息。此类信息可以作为新项目资源计划的参考资料，人们可以借鉴以前同类项目中的经验和教训。

这种信息既可以使人们在建立新项目的工作分解结构和资源计划时更加科学、合理和更具操作性，还可以使人们建立的项目资源需求、项目资源计划和项目成本估算更加科学和符合实际。

通常，一个项目结束后就应该确认项目有关文件的备份和存档，以便将来作为历史信息使用。例如，2020 年奥运会的各个项目就可以借鉴 2016 年奥运会的经验和历届奥运会的经验，去做好 2020 年奥运会的项目资源需求计划。

2) 项目范围计划

任何一个项目都有一个特定的范围，项目范围计划从某种角度说，确定了项目的目标、边界及其衡量标准。如果项目范围中的某个项目方面被忽略，就会在项目资源计划与保障方面出现漏洞，最终使项目的成功受到影响。

例如，某个住宅项目的计划包括建造房屋、修建社区道路和环境绿化等工作，但是如果项目计划中遗漏了环境绿化工作，项目业主/用户就会不接受项目的成果，甚至会提出索赔。

因此，项目计划文件也是项目资源需求计划制订中的一个重要参考依据之一，在制订项目资源计划时必须全面评审项目资源需求计划是否能够满足实际项目的需求。

3) 项目资源描述

任何项目资源的种类、特性和数量都应该是限定的。所以，要制订项目资源计划就必须对一个项目所需资源的种类、数量、特性和质量予以说明和描述。这种描述的内容包括：项目需要哪些资源，这些资源的特性要求是什么，这些资源的价格多少，何时需要这些资源，等等。例如，在项目的早期设计阶段需要哪些类型的设计工程师和专家顾问，对他们的专业技术水平有什么要求；而在项目的实施阶段需要哪些专业技术人员和项目管理人员，需要哪些物料和设备等。这种关于项目资源的描述对于制订项目资源计划是必需的。

3．项目组织的管理政策

项目组织的管理政策也会影响项目资源计划的编制。项目组织的管理政策包括项目组织的企业文化、项目组织的组织结构、项目组织获得资源的方式和手段方面的方针策略和项目组织在项目资源管理方面的有关方针政策。

例如，一个项目组织对于设计、施工和研究设备是采用购买、租赁的政策还是采用租用的政策，项目组织是采用零库存的资源管理政策还是采用经济批量订货的资源管理政策等。这些也是制订项目资源计划所必需的依据之一。

4．各类资源的定额、标准和计算规则

这是指项目资源计划编制中需要参考的项目工作量和资源消耗量的国家、地方或民间组织发布的各种定额、标准和计算规则。在项目资源计划编制中有些项目的资源需求是按照国家、行业、地区的官方或民间组织的统一定额或统一工程量计算规则确定的。

例如，国家商务部每年对各地方，各类电子商务项目资金分配都有明确规定(详见：http://www.mofcom.gov.cn/article/h/zongzhi/201707/20170702618317.shtml)。

9.2.3　项目资源计划编制的方法

项目资源计划编制的方法很多，最常用的方法有专家判断法、统一定额法、资料统计法和项目成本管理软件法等。

(1) 专家判断法，是指通过组织中的其他单元、顾问、职业或技术协会、工业组织等来获取相关的知识。这是资源计划的编制中最常用的方法之一。

(2) 统一定额法是指使用国家或民间统一的标准定额和工程量计算规则去制定项目资源计划的方法。

(3) 资料统计法，是指使用历史项目的统计数据资料，计算和确定项目资源计划的方法。

(4) 项目成本管理软件法，是使用现成的项目管理软件来编制项目资源计划的办法。目前市场上已经有许多项目资源计划编制方面的通用软件系统，不仅可以储存资源库信息，而且还可以定义资源的使用定额，以及确定资源需求的时间等。但是，这种系统的复杂程度和功能不同，要根据项目的需要进行选择。

统一定额法、资料统计法等都是通过相关的数学模型等来实现。这些方法都有其各自的优缺点，例如说专家判断法，其优点是可以利用专家的经验，使得项目更符合实际情况；而其缺点则是如果有多位专家，则可能会出现意见不一致的情况，导致最后无法达成相关结论。

9.2.4　项目资源计划的结果

在编制完项目资源计划之后，企业一般要生成一份资源计划书，资源计划书是资源计划编制的重要成果，它表述了项目对资源的需求。在这份计划书中，将详细列明在项目实施中计划消耗的资源数量、种类等，具体包括资源的种类、质量以及用量、各种资源使用的限制、资源的单价、资源使用的进程阶段以及后勤保障等。或者，这种项目资源计划书也可以按照项目活动分解的结果，即按照项目每项活动所需消耗的资源，自上而下地滚动到工作包的资源需求，然后编制项目资源计划。

案例 9-1

青岛电子商务实训基地建设项目资源计划的制订

青岛市作为我国首批的电子商务发展示范城市，其电子商务的发展一直处于我国的前列，为解决青岛市电子商务从业人员缺乏的问题，青岛市政府决定建设电子商务实训基地。在项目资源计划的编制过程中，要全盘考虑项目的资源，包括人员的招聘、采购的相关设备或者物资等。计划编制工作的结果主要是生成一份项目的工作分解结构图，即WBS。在WBS中，主要包括项目实施的时间安排、资源要求、相关的成本等。因为本项目是使用旧厂房改造而成，因此建筑安装工程量相对较少，而项目的主要成本是项目的设备及软件的购置。在项目开始阶段，项目组根据本项目的具体情况，结合WBS编制原则，编制了本项目的工作结构分解图，如图9-3所示。

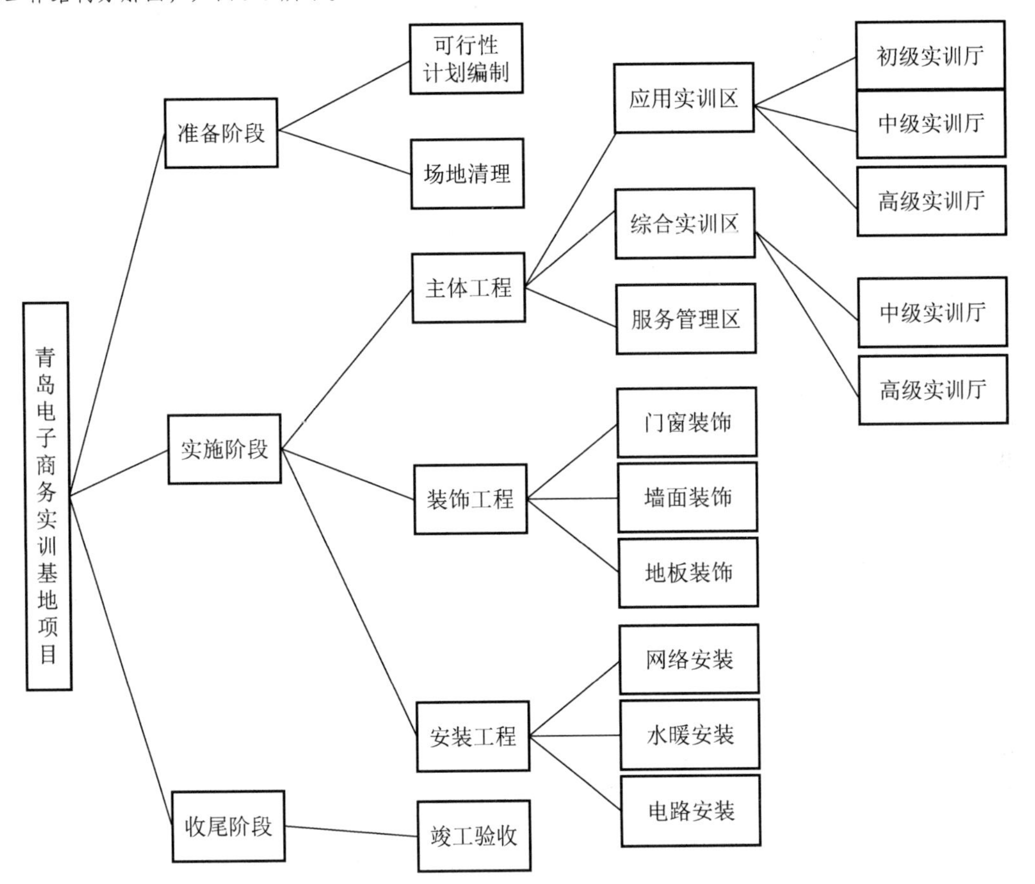

图9-3　青岛市电子商务实训基地工作分解结构图

根据以上青岛电子商务实训基地工作分解结构图，我们将项目的实施分成了三个部分：第一部分为项目的准备阶段，第二部分为项目的实施阶段，而第三部分为项目的竣工验收阶段。在项目的准备阶段，主要是可行性计划的编制以及场地的清理等，在这一阶段，主要是相关工作人员的支出，不涉及相关设备购买等。对于可行性计划的编制，项目组计划通过委托给专门的规划编制部门完成，因此，该规划的编制会发生一定的成本。而场地的清理则相对较为简单，通过雇用相关劳务人员来完成，这会形成一定的劳务费用。项目的第二个阶段主要包括主体工程、装修工程和安装工程，项目的主体工程包括三个主要的功能分区的建设过程，有应用实训区、综合实训区和服务管理区，而每个功能分区下面又有更细的分区。三个功能分区的建设过程，其花费最大的就是设备的购买费用，大约会占到整个项目的70%以上，因此，该部分是进行成本管理需要重点关注的。装修工程主要包括建筑内部装修等，而安装工程则包括水电的安装，这些相对简单。项目的实施阶段构成了整个项目的主体，也是项目中主要的支出部分。而项目的竣工阶段主要是对项目的环境评估、竣工财务审计等，十分重要，它关系到对项目的评估。

9.3 电子商务项目成本估算

所谓项目的成本估算，就是要求企业在项目实施前，进行所需消耗资源的成本的近似计算，这是项目计划中的一个重要的组成部分。项目成本估算是项目成本管理的核心之一，其实质是分析和确定项目的成本，是成本预算和成本控制的依据。

9.3.1 项目成本估算的概念

项目成本估算是指为了实现项目的目标，根据项目活动资源估算所确定的资源需求，以及市场上各项资源的价格信息，对项目所需资源的全部成本进行的估算。

在进行项目的成本估计时，企业首先要区分成本估计与商业报价，成本估计是对项目实施组织为提供产品或服务所要付出的成本的定量估计。商业报价则为一种经营策略，成本估算仅是做出商业报价时考虑的因素之一，在真正做商业报价时，还需要综合考虑。在做成本估计的时候，企业一定要树立“全生命周期估算”的理念。大多数较为复杂项目的实施时间都比较长，项目实施的各阶段是相互联系的，前一阶段实施的效果往往会影响到后一阶段的成本，因此，在进行成本估计时，要进行项目实施全过程的考虑。同时，如果企业从更广泛的一个角度出发，我们还应该考虑项目在实施完成之后运营阶段的成本问题等。进行成本估算时，一定要按照企业编制的资源计划表来进行，根据相关资源在项目实施时的市场价格来制定相关的成本估算。

项目成本估算是项目成本管理的核心内容，一般编制项目成本估算的三个步骤是：①识别和分析项目成本的构成要素，即项目成本由哪些资源项目组成；②估算每项项目成本构成要素的单价和数量；③分析成本估算的结果，识别各种可以相互代替的成本，协调各种成本的比例关系。

9.3.2 电子商务项目成本估算的依据

【拓展知识】

1. 范围基准

范围基准包括已批准的详细项目范围说明书、工作分解结构和工作分解结构字典等内容。

2. 项目进度计划

项目计划持续时间及期间所需资源是项目成本估算过程的主要依据，它与成本估算紧密联系。

如果项目成本估算考虑了包括利息在内的融资成本以及在计划持续期间按时间使用的资源，则计划持续时间估算将影响项目成本估算。计划持续时间同时还影响对时间敏感的活动成本估算。

3. 项目人力资源计划

项目人力资源计划中的项目人员的属性和人工费率等信息都将是编制项目成本估算的必要组成部分。

4．风险登记册

风险对计划活动和项目成本都会产生很大的影响。一般来说，当项目遭遇风险时，项目成本增加，项目进度也会延误。

5．项目的制约因素

(1) 市场因素。在市场环境下从何处、在何种条件和条款下能够得到何种产品、服务和结果等。

(2) 商业数据库。商业数据库可跟踪反映技能和人力资源成本，提供材料和设备的标准成本。从商业数据库经常可获得资源成本率信息。公布的卖方价格清单是另外一种数据来源。

6．组织积累的相关资源

在编制项目成本管理计划时，将考虑现存的正式和非正式的计划、方针、程序和指导原则，考虑选择使用的成本估算工具、监测和报告方法。

(1) 成本估算方针。一些项目团队已预先定义了项目成本估算的方针，所以项目成本估算应在其已有的项目成本估算方针所确定的范围内操作。

(2) 成本估算模板。有些团队已建立了可供项目团队使用的模板(或格式标准)。同时，根据这些模板的应用领域和以前项目的使用情况，项目团队还将对这些模板进行持续改进，以便更好地服务于后续的项目成本估算工作。

(3) 历史信息。从团队的不同部门所获得的与项目产品和服务有关的信息将影响项目成本估算工作。

(4) 项目文档。团队以前项目实施过程和活动的相关记录将对编制项目成本估算提供帮助。

(5) 相关知识。项目团队成员在项目成本估算方面积累的知识和技能将对编制项目成本估算提供帮助。

(6) 吸取的教训。项目团队在项目成本估算工作上积累的经验教训将对编制项目估算提供帮助。

9.3.3 项目成本的构成

1．项目成本的构成的概念

项目成本是指项目形成全过程所花费的各种费用的总和，是由一系列的项目成本细目构成的。这里的项目成本的构成是指项目总成本的构成成分，主要的项目成本细目包括如下内容。

1) 项目定义与决策成本

项目定义与决策是每个项目都必须经历的第一个阶段，项目定义与决策的好坏会对项目实施和项目建成后的经济效益与社会效益产生重要影响。为了对项目进行科学的定义和决策，在这一阶段要进行各种详实的调查研究，收集和掌握第一手信息资料，进行项目的可行性研究，最终做出抉择。完成这些工作需要耗用许多人力、物力资源，需要花费许多资金，这些资金构成了项目成本中的项目定义与决策成本。项目定义与决策成本包括市场调查费、可靠性研究费等。

2) 项目设计成本

根据项目的可行性研究报告，通过分析、研究和试验等环节以后，项目就可以进入设计阶段了。任何一个项目都要开展项目设计工作，不管是工程建设项目(它的设计包括初步设计、技术设计和施工图设计)、新产品开发项目(它的设计就是对于新产品的设计)，还是科学研究项目(它的设计是对整个项目的技术路线和试验方案等方面的设计)。这些设计工作发生的费用是项目成本的一个重要组成部分，这部分通常被称为项目设计成本。

3) 项目采购成本

项目采购成本是指为获得项目所需的各种资源(包括物料、设备和劳务等)，项目组织必须开展询价、选择供应商、广告、承发包、招投标等一系列工作。项目所需商品的询价、供应商的选择、合同谈判、合同履约的管理会发生费用，项目所需的承发包、发标、广告、开标、评标、定标、谈判到签约和履约同样也会发生费用。这些就是项目为采购各种外部资源所需要花费的成本，即项目的采购成本。

4) 项目实施成本

在项目实施过程中，为生成项目产出物所耗用的各项资源构成的费用统一被称为“项目实施成本”，这既包括在项目实施过程中所耗费物质资料的成本(这些成本以转移价值的形式转到了项目产出物中)，也包括项目实施中所消耗活劳动的成本(这些成本以工资、奖金和津贴的形式分配给了项目团队成员)。总之，项目实施成本包括采购费、研制费、开发费、建设费及分包费等。

2. 主要的项目成本科目

1) 人工成本

人工成本是指为项目工作的各类人员的报酬。它包括项目施工、监督管理和其他方面人员(但不包括项目业主/客户)的工资、津贴、奖金等全部发生在活劳动上的成本。

2) 物料成本

物料成本是指项目团队为项目实施需要所购买的各种原料、材料的成本，包括项目进行中所使用的或项目结束后成为最终产品组成部分的各种原材料的价格，如油漆、木料、纸、计算机或软件等的价格。

3) 设备费用

项目团队为实施项目会需要某些专用仪器、工具，不管是购买这些仪器或设备，还是租用这些仪器和设备，所发生的成本都属于设备费用的范畴。

4) 顾问费用

顾问费用又叫分包费，是指当团队缺少懂得某项专门技术或完成某个项目任务的人力资源时，他们雇用分包商或专业顾问去完成这些任务时所付出的相应顾问费用。

5) 不可预见费用

项目团队还必须准备一定数量的不可预见费用(意外开支的准备金或储备)，以便在项目发生意外事件或风险时使用。例如，由于项目成本估算遗漏的费用，由于出现质量问题需要返工的费用，发生意外事故的赔偿金，因需要赶工加班而增加的成本，等等。

6) 其他费用

其他费用指不属于上述科目的其他费用，如保险、分包商的法定利润等。例如，项目期间有关人员出差所需的差旅费、住宿费、必要的出差补贴、各种项目所需的临时设施费等。

9.3.4 项目成本估算的方法

1．类比估计法

类比估计法是一种“自上而下的估计法”，是由项目上层管理人员会同专家对项目总费用进行估计，然后按照项目工作分解结构图的层次逐步向下一层管理人员传递直至项目基层人员的费用估算方法。其成本分解过程举例如图 9-4 所示。

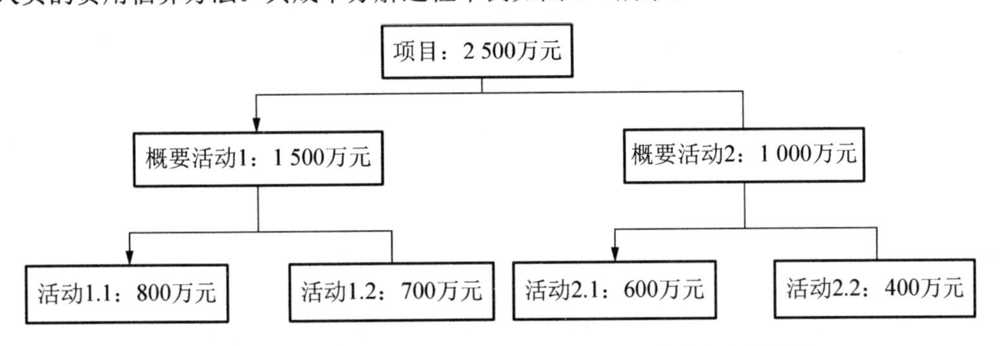

图 9-4 使用类比估算法对某项目做成本估算的成本分解过程

根据项目管理人员的经验和判断，再结合历史数据，估算项目整体的成本和子项目的成本，把这个估算的成本给基层的管理人员，基层管理人员再对任务和子任务的成本进行估算，最后到最基层，这是一种专家判断法，是一种在项目成本估算精度要求不高的情况下使用的项目成本估算方法。这种方法的依据主要是历史的同类项目的成本，一个组织进行的同类的项目越多，那么对这类项目的成本估算就越准确。

(1) 类比估计法的优点：管理层会综合考虑项目中的资源分配，管理层根据经验可以比较准确地把握项目的整体需要，能够把预算控制在有效的范围内，并且避免有些任务有过多的预算，而另外一些任务被忽视。

(2) 类比估计法的缺点：如果基层人员认为估算的成本不足以完成任务时，由于在公司地位，基层人员有很大的可能保持沉默，默默地等待管理层发现估算中的问题再自行纠正，而不是试图和管理层进行有效的沟通，讨论更为合理的估算。这样会使得项目的执行出现困难，甚至导致失败。

2．参数模型估算法

参数模型估算法(Parametric Modeling)是一种比较科学的、传统的估算方法，通常是利用项目的特性参数建立数学模型来估计项目费用的方法。它实质上是一组项目费用估计的经验关系式，通过这组关系可以对项目总费用做出一个近似估计。在估算成本时，参数模型估算法只考虑对成本影响较大的因素，对成本影响较小的因素则忽略不计，因而用此法估算的成本精确度不高。此外，采用参数模型估算法时，如何建立一个合适的模型，对于保证成本估算结果的准确性非常重要。建立模型时，必须注意以下几点：

(1) 用来建模所参考的历史数据的精确性。

(2) 用来建模的参数是否容易量化。

(3) 模型是否具有通用性。

例如，某网站建设项目的硬件设备已经选定，其他活动还未设计，所以采用参数模型估算法来估算该硬件设备及其安装成本。通过分析，设计该项目的成本估算模型为

$$Y=EW$$

式中，Y——新项目所需要的投资额；

E——参数(通过以前的历史数据分析得到)；

W——已知项目的投资额。

假设已知与被估算网站建设相类似的 G 网站的硬件设备投资额为 W；又已知 G 网站硬件设备及其安装费与设备投资额的关系式为 $B=1.22W$；还已知 G 网站总建设费与硬件设备及其安装费的关系式为 $Y=1.54B$。

则总建设费 $Y=1.54B=1.54\times1.22W=1.88W$。

此时的参数 E 为 1.88，当获知了 G 网站硬件设备的投资额 W 后，就可以估算出新项目的总建设费。

3．工料清单法

工料清单法是一种“自下而上估计法”，是由基层管理人员估计出每个工作单元的费用，然后按照项目工作分解结构图逐步向上一层管理人员传递直至项目高层管理者的费用估算办法，其举例如图 9-5 所示。

(1) 工料清单法的优点：它是一种参与管理型的估算方法，与那些没有亲身参与工作的上级管理人员相比，基层管理人员往往对资源的成本估算有着更为准确的认识。另外，由于基层管理人员直接参与具体的成本估算工作，还可促使他们更乐于接受项目成本估算的最终结果，从而提高了项目成本估算工作的效率。

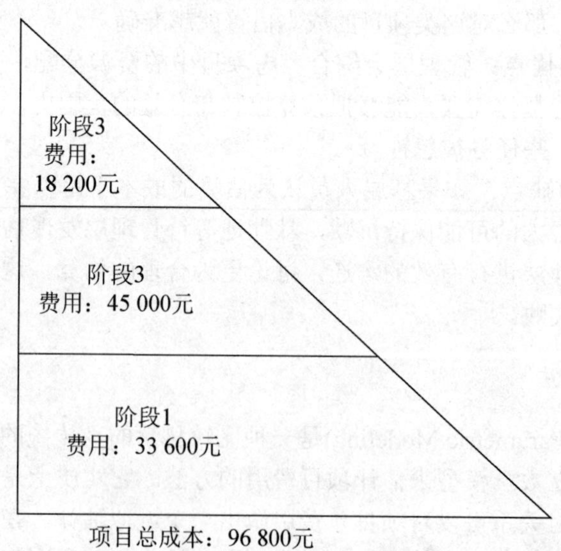

图 9-5　工料清单法

(2) 工料清单法的缺点：该方法存在着一个独特的管理博弈过程。基层管理人员可能会过分夸大自己所负责活动的成本估算，因为他们担心因日后的实际成本高于估算成本而

受到责罚，同时也期望因实际成本低于估算成本而获得奖励。而高层管理人员则会按照一定的比例削减基层人员所做的成本估算，从而使得所有参与者陷入博弈怪圈。

4．应急储备金分析

应急储备金是由项目经理或项目团队自由支配的成本，是指为应对项目在实施过程中发生意外情况而准备的保证金，提高应急储备金估计的准确性可以减轻项目中意外事件的影响程度，它也是项目范围和成本基准的一部分。应急储备金一般分为实施应急储备金和价格保护应急储备金两类。

(1) 实施应急储备金用于补偿估算和实施过程中的不确定事件；实施应急储备金包括估算质量应急储备金和调整应急储备金。

① 估算质量应急储备金主要用于弥补由于预算过程本身的不完善所造成的不确定性，如预算时间过短、预算人员缺乏经验或计算出现误差等。

② 调整应急储备金主要用于支付试运行和调整期间的各项成本，如系统调试成本、某零部件的返工成本和重新组装成本等。

(2) 价格保护应急储备金用于预防通货膨胀和价格波动所造成的不确定事件。价格保护应急储备金用于补偿询价和实际订货期间隐含的通货膨胀因素。

案例 9-2

某网店需要购买一批电脑，向若干厂家询价，报价最低者为 1 万元，有效期为 30 天。项目从收到报价、编制出项目成本估算到预期购买这批电脑有 4 个月时间。届时，厂家报价失效，价格可能上涨，尤其是在通货膨胀时期。假设这段时间的年通货膨胀率为 10%(每月为 0.83%)，试估计这批电脑价格保护应急储备金：

解：该批电脑的价格保护应急储备金为

$$0.83\%\times(4-30/30)\times1=249(\text{万元})$$

5．项目成本估算结果

它是指利用项目管理软件通过直接输入与项目费用的有关数据或者自定义的项目成本函数方便快捷地得到项目费用的估计结果。

6．供应商投标分析

如果项目需要采用竞价方式对外招标，则项目团队需要根据合格供应商的投标文件进行成本估算工作，审查每项可交付成果的价格，以便得出该子项目的最终成本数额。

7．最小、最大和最有可能的估算

面对电子商务项目开发建设过程中的许多不确定因素，无论是经验丰富的实践家还是满腹经纶的理论家，在项目开始实施之前，都不可能做到准确的估算。所以在项目的成本估算中，常常采用大概范围的估算，即给出项目的最小成本估算、最大成本估算和最有可能的成本估算。这 3 个值供项目的出资人或者管理层作为项目决策的参考。如果项目的最小成本估算也要比组织能够提供的要多得多，那么项目就必须进行重新估计和判断。

8．按阶段的估算

电子商务项目的复杂性决定了有时候无法准确地估算整个项目的成本，很多时候，项目是否能够成功都是一个问题。这时也并非对项目成本估算无路可走，可以采用按照阶段估算的方式。这种方式对客户的好处在于客户可以在每个阶段来考察项目的进行情况和成本使用情况，以决定项目是否继续进行。

电子商务项目很少有简单的重复，项目费用估计无法以以往的项目费用估计为基础，并且费用估计很难采用一个适当的标准作为估算的起点，所以电子商务项目费用估计是一个相当复杂的系统工程。

9.3.5 项目成本估算的结果

项目成本估算的结果主要包括以下几方面。

1．项目活动成本估算

这是通过采用前述项目成本估算方法而获得的项目成本估算最终结果文件。项目成本估算文件是对完成项目所需费用的估计和计划安排，是项目管理文件中的一个重要组成部分。项目成本估算文件要对完成项目活动所需资源、资源成本和数量进行概略或详细的说明。这包括对于项目所需人工、物料、设备和其他科目成本估算的全面描述和说明。另外，这一文件还要全面说明和描述项目的不可预见费用等内容。项目成本估算文件中的主要指标是价值量指标，为了便于在项目实施期间或项目实施后进行对照，项目成本估算文件也需要使用其他数量指标对项目成本进行描述。例如，使用劳动量指标(工时或工日)或实物量指标(吨、公、米等)。在某些情况下，项目成本估算文件将必须以多种度量指标描述，以便于开展项目成本管理与控制。

2．相关支持细节文件

由于应用领域差异，项目成本估算时所采用的数量计量尺度和所依据的信息类型会有所不同。项目成本估算所依据的信息应是清晰的、专业的、完整的，具体包括以下几项。

(1) 活动工作范围的描述。因为项目范围是直接影响项目成本的关键因素，所以这一文件通常与项目工作分解结构和项目成本估算文件一起提供。

(2) 项目成本估算的基础和依据文件。包括制定项目成本估算的各种依据性文件、各种成本计算或估算的方法说明，以及各种参照的国家规定等。

(3) 项目成本估算各种假定条件的说明文件。包括在项目成本估算中所假定的各种项目实施的效率、项目所需资源的价格水平、项目资源消耗的定额估计等假设条件的说明。

(4) 项目成本估算可能出现的变动范围的说明。主要是关于在各种项目成本估算假设条件和成本估算基础与依据发生变化后，项目成本可能会发生什么样的变化，以及多大的变化的说明。

3．更新的项目文件

在进行项目成本估算时，可能还需要根据情况对风险登记册等文档进行更新。成本估算过程可以产生影响成本管理计划、活动资源要求和项目管理计划的其他组成部分的变更请求。请求的变更通过整体变更控制过程进行处理和审查。

4．项目成本管理计划

这是描述当实际成本与计划成本发生过差异时如何进行管理(差异程度不同，则管理力度不同)，是项目管理文件的一个重要组成部分。项目成本管理计划文件可繁可简，具体取决于项目规模和项目管理主体的需要。一个项目开始实施后，可能会发生各种无法预见的情况，从而危及成本目标的实现(如某些原材料的价格可能会高于最初估计的成本价格)。为了防止、预测或克服务种意外情况，就需要对项目实施过程中可能出现的成本变动，以及相应需要采取的措施进行详细的计划和安排。项目成本管理计划的核心内容就是这种计划和安排，以及有关项目不可预见费用的使用管理规定等。一个成功管理计划可以是非常详细的，也可以是粗框架的；可以是正规的，也可以是非正规的，这取决于项目相关人员的需要。

案例 9-3

希赛信息技术有限公司(CSAI)主要致力于为国内教育提供信息化服务，成立业内一流的研发中心，不断研究和推出深受用户欢迎的软件产品，客户遍布中国每个省、市、自治区。公司创立 8 年来，通过不断加强和改进技术管理来完善产品和提升服务品质，已成为中国教育软件研发领域首家通过 CMM3 评估项目的公司。

张工是 CSAI 的项目经理，1 个月前刚接手某高校学生管理系统研发项目。完成项目需求调研后，张工开始制定详细的进度和成本计划。表 9-1 和表 9-2 分别是张工用两种方法做的项目成本估算，估算货币单位为元。

表 9-1　项目成本估算表(方法一)

单位：元

WBS	名　　称	估　算　值	合　计　值	总　计　值
1	学生管理系统			A
1.1	招生管理		40 000	
1.1.1	招生录入	16 000		
1.1.2	招生审核	12 000		
1.1.3	招生查询	12 000		
1.2	分班管理		81 000	
1.2.1	自动分班	30 000		
1.2.2	手工分班	21 000		
1.3	学生档案管理	30 000		
1.4	学生成绩管理		81 000	
1.4.1	考试信息管理	23 000		
1.4.2	考试成绩输入	30 000		
1.4.3	考试信息统计	28 000		

表 9-2　项目成本估算表(方法二)

成 本 参 数	单位成员工时数	参 与 人 数
项目经理(30 元/小时)	500	
分析人员(20 元/小时)	500	2
编程人员(13 元/小时)	500	2
一般管理费	21 350	
额外费用(25%)	16 470	
交通费(1 000 元/次，4 次)	4 000	
计算机费(2 台，3 500 元/台)	7 000	
打印与复印费	2 000	
总项目费用开支	B	

表 9-2 采用了自下而上的成本估算方法，表 9-3 采用了参数法成本估算方法。项目经理的成本是 30 元/小时，项目经理张工参与项目的时间是 500 小时，而分析人员的成本参数是 20 元/小时，2 个分析人员，每人参与项目时间是 500 小时，编程人员的成本参数是 13 元/小时，2 个编程人员，每人参与项目时间是 500 小时，由于参数模型是简单的线性模型，所以，能计算出人力成本是 61 000 元；其间接成本包括一般管理费和额外费用，一般管理费是人力成本的 35%，额外费用是人力成本和管理成本的 25%；这样合计为 98 820 元；还有设备费用及其间接费用 13 000 元，项目成本总计 111 820 元，详见表 9-3。

表 9-3　项目成本估算表

单位：元

成 本 参 数	费　用	合 计 值
项目经理(30 元/小时)	15 000	
分析人员(20 元/小时)	20 000	
编程人员(13 元/时)	26 000	
总劳动开支		61 000
一般管理费(35%)	21 350	
总劳动费加管理费		82 350
额外费用(25%)	16 470	
小计		98 820
交通费(4 次，1 000 元/次)	4 000	
计算机费(2 台，3 500 元/台)	7 000	
打印与复印费	2 000	
总辅助费		13 000
总项目费用开支		111 820

9.4 电子商务项目成本预算

在进行完了项目估算之后，就要制定项目的具体预算了。成本预算与成本估算的不同，就在于成本估算只是对整个项目所需要的成本进行一个大概的估算，而成本预算则是要将估算的成本具体地分摊到具体的各个子科目之中。如果说成本估算是从总体上进行估算，那么成本预算就是对于每个资源所需要成本以及在什么时间需要相关资源进行详细规划。成本预算比成本估算更有权威性与约束性。成本估算还属于项目的规划阶段，则成本预算就属于项目的实施阶段。

9.4.1 项目成本预算的概念

项目成本预算(Project Cost Budget)是一项确定项目各项活动的成本定额，并确定项目应急准备金的标准和使用规则，从而为测量项目实际绩效提供标准和依据的管理工作。项目成本预算是进行项目成本控制的基础，也是项目成功的关键因素，其中核心任务是将项目成本估算的结果分配到项目的各项活动中，估计项目各项活动的资源需要量。项目成本预算一般包括直接人工成本预算、咨询服务成本预算、资源采购成本预算和应急储备金预算。其中，需要关注的预算项目是应急储备金的预算。

人们经常将因项目成本预算中的不确定性所产生的风险作为确定应急储备金水平的基础，所以应急储备金也经常充当项目成本预算的底线，如果在每个项目条款中都能清楚地确定应急储备金的水平，那么确定项目实际应急储备金的水平将会变得比较容易，其最终的结果是将所有条款中应急储备金数量加以汇总，从而确定其占整个成本预算的比重。

1. 项目预算的特性

1) 项目预算是一种分配资源的计划

项目预算是估计在预计时间内需要投入多少资源，可以让项目投入的资源具有事先确定性。项目预算的确定是通过一系列的研究及决策活动，判定出项目的各种活动的资源分配，并通过既定资源分配，确定项目中各个部分的关系和重要程度，以及对项目中各项活动的支持力度。如对环境、能源、运输、技术等资源和条件的支持力度。在确定预算的时候既要充分考虑实际需要，又要坚持节约的原则，使现有的资源能够充分发挥效力。

2) 项目预算是一种项目成本控制机制

项目预算可以作为一种项目的比较标准来使用，是一种度量资源实际使用量和计划用量之间差异的基线标准。对于项目管理者来说，他的任务不只是完成预定的一个目标，而是必须使目标的完成具有效率，即尽可能在规定的时间内，在完成目标的前提下节省资源，这样才能获得最大的经济效益。所以，每个管理者必须在安排好项目进度的同时控制资源的使用。

由于项目在进行预算时不可能完全预计到实际工作中所遇到的问题和可能变化的环境，所以项目预算发生一定的偏离总是不可避免的。对于这种偏离需要在项目进行中不断根据项目进度检查资源的使用情况，如果出现了对预算的偏离，就需要对相应偏离的模式进行考察，以制定应对约束措施，同时研究相应的对策，以便更清楚地掌握项目进展和资源使用情况，将项目的实施与预算的偏差控制在最小的范围之内。

项目预算对于整个项目的预算和实施过程有着重要的作用，因为它决定了项目实施中资源的使用情况。如果没有项目预算管理，那么管理者就可能会忽视项目实施中的一些危险情况。例如，费用已经超出了项目进度所对应的预算，但并没有突破总预算，在这种情况下可能不会引起管理者的重视，而正是这些“突破”最后导致了项目出现严重问题，造成资金严重不足，以致项目被迫停工。在项目的实施中，应该不断收集和报告有关进度和费用的数据，以及对未来问题和相应费用的预计，使得管理者可以对预算进行控制，必要进对预算进行修正，严防项目在实施过程中某一阶段或某一部分的资源投入超出了预算。

2．项目预算编制的原则

1) 项目预算要与项目目标相联系

项目目标包括项目质量目标、进度目标。项目成本与质量，进度之间关系密切，三者间既统一又对立。因此，在进行项目预算确定项目成本控制目标时，必须同时考虑到项目质量目标和进度目标。项目质量目标要求越高，项目预算也越高；项目进度越快，项目预算也越高。因此，编制预算时，要与项目的质量计划、进度计划密切结合、保持平衡，防止顾此失彼、相互脱节。

2) 项目预算要以项目需求为基础

项目需求是项目预算的基础。项目预算同项目需求直接相关，项目的每项预算都应该由项目的需求来确定，项目需求为项目预算提供了充足的细节信息。需求越细致、项目预算就越精确。如果以非常模糊的项目需求为基础进行预算，则预算不具有现实性，容易发生成本的超支。

3) 项目预算要切实可行

编制项目预算，要根据有关的财经法律、方针政策，从项目的实际情况出发，充分挖掘企业内部潜力，使成本指标既积极可靠，又切实可行。项目管理部门应当正确选择设计方案，合理组织各生产环节，提高按劳动生产率，改善材料供应状况，降低材料消耗，提高机械利用率，节约管理费用等。但要注意，不能为降低成本而偷工减料、忽视质量，片面增加劳动强度，忽视安全工作。

编制预算，要针对项目的具体特点，要有充分的依据，否则成本预算就要落空。编制项目预算过低，经过努力难达到，实际作用很低；预算过高，便会失去作为成本控制基准的意义。

4) 项目预算应当有一定的弹性

项目在执行的过程中，可能会有意料之外的事情发生，包括国际、国内政治经济形势变化和自然灾害等，这些变化可能对预算的实现产生一定的影响。因此，编制项目预算，要留有充分的余地，使预算具有一定的适应条件变化的能力，即预算应具有一定的弹性。通常可以在整个项目预算中留出 10%～15%的不可预见费，以应付项目进行过程中可能出现的意外情况。

9.4.2 项目成本预算的依据

1. 项目成本估算文件

这是由项目成本估算所形成的结果文件。在项目成本预算工作中，项目各项工作与活动的预算定额主要是依据这一文件确定的，因为项目成本估算提供成本预算所需的各项工作与活动的预算定额。

2. 项目工作结构分解

这是项目活动定义和确认中生成的项目工作分解结构文件。在项目成本预算工作中，要依据这一文件，进一步分析和确定项目各工作与活动在成本估算中的合理性和项目预算定额的分配。

3. 项目进度计划

项目进度计划是有关项目各项工作起始与终结时间的文件，它规定了项目范围及必须完成的时间。项目进度计划的目的是控制项目的时间和节约时间。项目进度计划规定了每一项任务所需要的时间和每项活动所需要的人数与资源。依据这一文件可以安排项目的资源与预算方面的工作，所以它也是项目预算编制的依据。

9.4.3 项目预算编制的步骤

【拓展知识】

项目预算有一个重要的功能，就是测量和监控项目的成本执行情况，通过按时段检查项目预算的使用情况，可以对整个项目的实施进行动态管理，并保证项目实施的有序进行。

1. 项目预算总额的确定

在确定项目预算总额时可以将目标成本管理与项目成本过程控制管理相结合，即在项目成本管理中采用目标成本管理的方法设置目标成本，并以此作为成本预算。目标成本的确定可使用按实计算法和定率估算法。

1) 按实计算法

按实计算法就是以项目的实际资源消耗分析测算为基础，根据所需资源的实际价格，详细计算各项任务和各项成本组成的目标成本。

(1) 人工费成本。主要包括与项目人员相关的成本开销，包括项目成员工薪和红利、外包合同人员和临时雇员薪金、加班工资等。

(2) 资产类成本。资产购置成本，主要指项目交付时所用到的有形资产，包括计算机硬件、软件、外部设备、网络设施、电信设备、安装工具等。

(3) 管理费用。管理费用是用于项目环境维护，确保项目完工所支出的成本，包括办公室供应、房屋(租金、设备)、支持服务等。

(4) 项目特别费用。项目特别费用是指在项目实施以及完工过程中的成本支出，包括差旅费、餐费、会议费、印刷及复印等费用。

2) 定率估算法

定率估算法先将工程项目分为若干个子项目，然后参照同类项目的历史数据，采用算术平均法计算子项目成本降低率，然后算出子项目成本降低额，汇总后得出整个项目成本降低额、成本降低率。采用定率估算法的前提是必须事先较充分地掌握同类项目的成本数据。

在进行项目预算时，可以从以下几方面考虑降低项目成本。

(1) 加强项目管理，提高组织水平。正确选择项目实施方案，合理进行项目实施安排，做好人员和材料的调度和协作配合，加快项目进度，缩短工期。

(2) 加强技术管理，提高项目质量。采用技术革新措施，制定并贯彻降低成本的技术组织措施，提高经济效益，加强项目实施过程的技术质量检验制度，提高项目质量。

(3) 加强劳动工资管理，提高劳动生产率。改善劳动组织，合理使用劳动力，减少窝工浪费，实行合理的工资和奖励制度，加强技术教育和培训工作，提高项目人员的业务水平，提高工作效率。

(4) 加强设备管理，提高设备使用率。正确选配和合理使用设备，搞好设备的保养修理，提高设备的完好率、利用率和使用效率。

(5) 加强费用管理，节约管理费用。精简管理机构，减少管理层次，压缩非关键人员，制定费用分项分部门的定额指标，有计划地控制各项费用开支。

3) 项目预算的分解

项目预算总额确定后，可以在工作分解结构的基础上，自下而上或自上而下分解项目预算。根据项目的需要，可以按照不同的标准进行分解，通常可以按成本构成要素、项目构成的层次、项目进度计划或这几个标准的组合进行分解。基本分解方法是自上而下、将项目预算依次分解、归类，形成相互联系的分解结构。

(1) 按项目成本要素分解。按成本要素分解项目预算，即，将总成本分解为直接费、间接费直至人工费、材料费、管理费等项内容。以工程项目为例，项目成本的分解如图 9-6 所示。

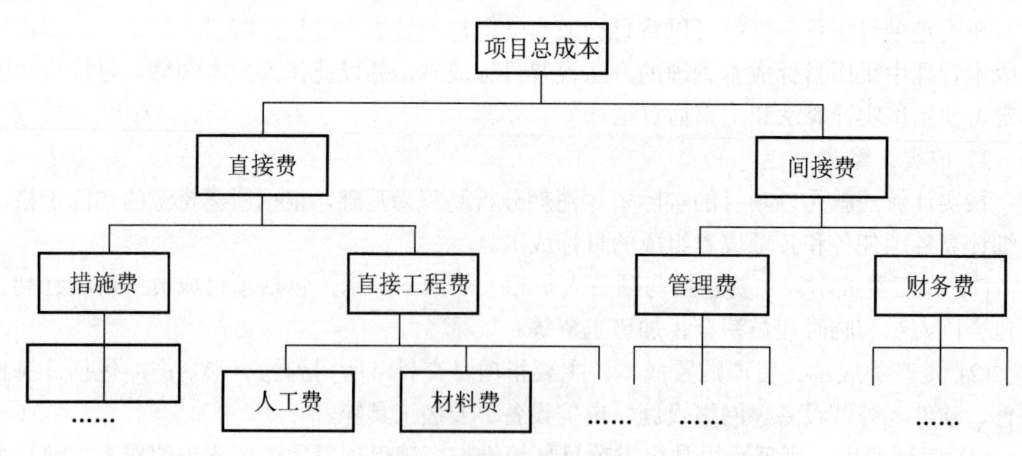

图 9-6　项目成本的分解(一)

(2) 按项目组成分解。按项目组成分解成本，即将总成本分解到项目的各个组成部分，如子项、任务或工作单元，如图 9-7 所示。

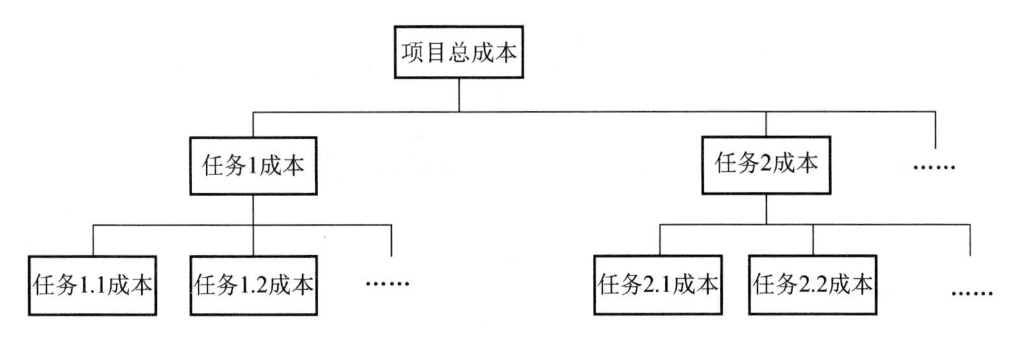

图 9-7 项目成本的分解(二)

(3) 按项目进度计划分解。根据项目进度计划要求，将项目成本按时间分解到各年、季度、月、旬或周，以便将资金的应用和资金的筹集配合起来，同时尽可能减少资金占用和利息支出。

编制按时间进度的预算，通常可利用控制项目进度的网络图进一步扩充得到。即在建立网络图时，一方面确定完成各项活动所需花费的时间，另一方面同时确定完成这一活动的合适的预算。在实践中，将工程项目分解为既能方便地表示时间，又能方便地表示成本支出预算的活动是不容易的。通常如果项目分解程度对时间控制合适，则对成本支出预算可能分配过细，以至于不可能对每项活动确定其成本支出预算，反之亦然。因此，编制网络计划时应在充分考虑进度控制对项目划分要求的同时，还要考虑确定成本支出预算对项目划分的要求，做到二者兼顾。

(4) 综合分解。综合分解是同时按照几种标准进行组合分解，以便于项目的成本管理。

以上 3 种编制成本预算的方法并不是相互独立的。在实践中，往往是将这几种方法结合起来使用，从而达到扬长避短的效果。例如，将按子项目分解项目总成本与按成本要素分解项目总成本两种方法相结合，横向按子项目分解，纵向按成本要素分解，或相反。这种分解方法有助于检查各项具体成本支出的对象是否明确或落实，并且可以从数字上校核分解的结果有无错误。或者还可将按子项目分解项目总成本目标与按时间分解项目总成本目标结合起来，一般是纵向按子项目分解，横向按时间分解。

4) 项目预算的调整

项目预算的调整是对已经编制的预算进行调整，以使预算既先进又合理，分为初步调整、综合调整的提案调整。这种调整往往需要反复多次才能完成。

(1) 初步调整。初步调整主要是指在预算编制出来以后，为了保证预算更加准确，对一些可能不够准确的地方进行再调查，并根据实际情况进行修正。初步调整主要是借助工作任务一览表、工作分析结构、项目进度计划等预算依据，在项目成本预算后对发现的某些工作的遗漏和不足，或者某些工作活动出现的偏差进行调整。预算调整都是从初步调整开始的。例如，在项目预算中，某些设备或软件的价格可能是依据前几年价格记录得到的，正常情况下变动可能不大，但有时价格由于某些情况出现较大的波动，比如技术的升级或者版本的升级等而影响预算的质量，所以预算后进行初步调整是非常重要的。

(2) 综合调整。进行综合调整是因为项目总是处在变化当中，例如开发一个电子商务项目，一个新的竞争对手出现后，可能要调整项目的商业模式，从而要调整商务网站的功能。由于变化使项目所处环境发生了变化，而这种变化使得项目预算也会发生相应的变化，这就迫使对预算做出相应的综合调整。但是这种综合调整不像初步调整那样确定和明了，在这里依靠更多的是管理者的经验。

(3) 提案调整。提案调整是当财务、技术人员编制的项目预算已经接近尾声，并认为合理可行时，就可以把它写进项目预算，提交审议。这是一个非常关键的阶段，需要说服项目经理、项目团队和主管单位，最后还要求得到客户的肯定，使多数人认为该预算是适当的和周密的。当然，提交的提案难免会遭到质疑和反对，此时要回到第一、第二步骤中断续进行调整，直到最后获得普遍赞同。

9.4.4 项目成本预算工作

项目成本预算计划是按照时间分阶段给出的项目成本预算的计划安排，是项目成本控制的基线。一般这种分阶段的成本预算基线是呈 S 形曲线分布的，如图 9-8 所示。由该图可以看出，项目成本预算包括两个因素：一个是项目成本预算的高低，另一个是项目成本的投入时间。图中的 Tc1、Tc2、Tc3 给出了 3 种不同的项目成本预算方案。在实际应用中，项目成本预算度不是越低越好，因为这样会造成由于成本预算过低而出现项目实施资源供给不足，从而使项目的质量或效率下降。当然，项目成本预算也不是越高越好，因为这样虽然项目实施的资源供给会比较充裕，但却会造成各种各样的浪费。因此，项目成本预算的编制实际上主要是以下三件事。

1. 确定项目总的预算(估算加储备)

项目总预算的分摊是指根据项目成本估算，在确定出项目总预算以后，将项目总预算分配到项目工作分解结构的各个工作包上，并为每一个工作包建立自己的总预算成本这样一项管理工作。这是一种自上而地分配项目预算的方法，它将项目总预算按照项目工作分解结构和每个工作包的实际需要进行合理的分配。

2. 确定项目各项活动的预算

工作包预算的分配是指根据项目工作包的预算确定一个项目工作包的各项活动具体预算定额的工作。这是一种将工作包预算按照构成工作包的各项活动内容和资源需求进行成本预算分配的工作。这可以采用自上而下的预算分配方法，也可以采取自下而上的预算分配方法。其中，自下而上的方法是先分析和确定一个项目工作包中的各项具体活动，然后详细分析和说明这些具体活动的资源需求，最终根据资源需求制定出各项活动的成本预算，从而分配一个工作包的预算成本。

3. 确定项目各项活动预算的投入时间

该项工作是从时间上分配和安排整个项目的预算，即制定项目成本预算的时间安排，最终形成项目总预算的累计时间分布(S 形曲线，如图 9-8 所示)。通常，将项目各工作包的成本预算分配到项目工期的各个时段以后，就能确定项目在何时需要多少成本预算和项目从起点开始累计的预算成本，这是项目资金投入与筹措和项目成本控制的重要依据。

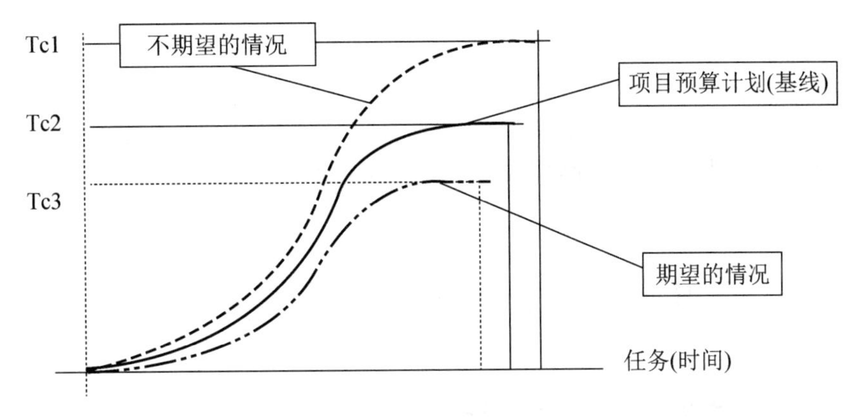

图 9-8 项目成本预算及其不同期望示意图——S 形曲线图

9.4.5 项目成本预算的方法

由于影响项目成本预算的因素很多，所以项目成本预算的方法必须考虑各种影响因素。因此在项目成本管理中，有很多项目成本预算的方法可供选择。除了项目估算中所用的方法(如类比估算法、参数估计法、工料清单法等)外，还可以使用项目成本预算专用方法，如甘特图法、风险分析法等。具体做法如下：①分摊预算成本到工作包；②工作包分配得到的成本再二次分配到工作包所包含的各项工作；③为每一个工作包和各项工作建立了总预算成本后，估计每个工期的成本，确定各项成本预算支出的时间计划以及每一时间点对应的累计预算成本，制定出项目成本预算计划。

9.4.6 项目成本预算计划的结果

1．成本基准

成本基准是按时间分段的预算，用做度量和监控项目整体成本的基准。它按时段汇总估算的成本编制而成，通常以 S 形曲线的形式表示。成本基准是项目管理计划的一个组成部分。

许多项目，特别是大项目，可能有多个成本基准或资源基准和消耗品生产基准(如每天的混凝土立方)，来量度项目绩效的不同方面。例如，管理层可要求项目经理分别监控内部成本(人工)和外部成本(合同商和建筑材料)或总的人工小时数。

2．项目资金需求

资金需求无论是总体需求还是阶段性需求(如每年或每季度)，都是根据成本基准确定的，可设定包含一定容差，以应对提前完工或成本超支问题。出资一般不是连续性的出资，而是渐增性出资，呈现阶梯结构。所需的总体资金等于成本基准加管理应急准备金。管理应急准备金可在每个阶段的出资中加入，或在需要时才动用，这取决于组织的政策。

在获得管理准备金开支授权并实际支出之后，成本基准和现金流曲线都将提高。项目结束时，已分配资金和成本基准、现金流金额之间的差值代表未被使用的管理准备金。

3．成本管理计划(更新)

如果批准的变更请求是因为成本预算过程所致，并且将影响成本的管理，则应更新项目管理计划中的成本管理计划。

4. 请求的变更

成本预算过程可以产生影响成本管理计划，或项目管理计划的其他组成部分的变更请求。请求的变更通过整体变更控制过程进行处理和审查。

9.5 电子商务项目成本控制

9.5.1 项目成本控制的概念

【拓展知识】

电子商务项目成本控制，就是项目实施过程对成本形成的各种因素，按照事先拟定的标准严格加以监督，发现偏差就及时采取措施加以纠正，从而使生产过程中的各项资源的消耗和费用开支限定在标准范围内。换句话说，项目成本控制就是按照事先拟定的计划，将项目实施过程中发生的各种实际成本与预算成本进行对比、检查、监督和纠正，尽量使项目的实际成本控制在计划和预算范围内的管理过程。

1. 成本控制的主要内容

(1) 以工作包为单位，监控成本的执行情况，确定实际成本与预算成本之间的偏差，查找出产生偏差的原因。

(2) 对发生成本偏差的工作包实施管理，有针对性地采取纠正措施，必要时可以根据实际情况对项目成本基准计划进行适当的调整和修改。

(3) 确认所有发生的变化都被准确记录在成本基准计划(费用线)中；避免不正确的、不合适的或者无效的变更反映在成本基准计划中。

(4) 在进行成本控制的同时，应该与其他控制过程(范围控制、进度控制和质量控制等)相协调。防止因不合适的单纯控制成本而引起的项目范围、进度和质量方面的问题。甚至导致不可接受的项目风险。

项目成本控制的过程必须和项目的其他控制过程(如项目范围的变更、进度计划变更和项目质量控制等)紧密结合，防止因单纯控制项目成本而出现项目范围、进度和项目质量等方面的问题。

有效的项目成本控制的关键是及时分析项目成本的绩效，尽早发现成本管理的无效和出现偏差的原因，以便在项目成本失控之前能够及时采取纠正措施。项目成本一旦失控，想在成本预算的范围内完成项目就变得非常困难。

2. 成本控制的作用

(1) 有助于提高项目的成本管理水平。

(2) 有助于项目团队发现更为有效的项目建设方法，从而可以降低项目的成本。

(3) 有助于项目管理人员加强经济核算，提高经济效益。

3．项目成本控制的几个关键因素

1) 质量成本的控制

对电子商务项目而言，产品质量并非越高越好，超过合理水平时，属于质量过剩。无论是质量不足或过剩，都会造成质量成本的增加，都要通过质量成本管理加以调整。对项目成本进行控制就必须要正确处理质量成本中质量损失(内、外部故障损失)、预防费用和检验费用间的相互关系，采用科学合理、先进实用的技术措施，在确保施工质量达到设计要求水平的前提下，尽可能降低工程成本。

2) 工期成本的控制

如何处理工期与成本的关系，是电子商务项目成本管理工作中的一个重要课题。对项目经理部来说，工期成本的管理与控制并不是越短越好，而是需要通过对工期的合理调整来寻求最佳工期点，把工期成本控制在最低点。

工期成本管理的目标是正确处理工期与成本的关系，使工期成本的总和达到最低值。工期成本表现在两个方面：一方面是项目经理部为了保证工期而采取的措施费用；另一方面是因为工期拖延而导致的业主索赔成本，这种情况可能是由于环境及自然条件引起的，也可能是内部因素所造成。一般来说，工期越短，工期措施成本越小；但当工期短至一定限度时，工期措施成本则会急剧上升。而工期损失则不然，因自然条件引起的工期损失，其损失额度相应较小，通常情况下不予赔偿或赔偿额度较小，该部分工期损失可不予考虑。

由于内外部环境条件及合同条件的制约，保证合同工期和降低工程成本是一个十分艰巨的任务，因此，必须正确处理工期成本的两个方面的相互关系，即工期措施成本和工期损失之间的相互关系。在确保工期达到合同条件的前提下，尽可能降低工期成本，切不可为了提高企业信誉和市场竞争力，盲目抢工期赶进度，造成增大项目成本，导致项目亏损。

3) 项目现金流的控制

通过项目的财务现金流分析，判断项目资金收支的时间，资金亏损的时间点，便于提前准备资金。同时积极从客户方催款，以便支付各种费用。使得现金的流入大于流出。

4) 项目风险的控制

为了尽量避免和减少拟建电子商务费用的损失，需要根据拟建项目的具体情况，有选择性地对拟建项目的风险进行盈亏平衡分析、敏感性分析和概率分析等。通常情况下，电子商务项目均有前期的投入，这就要求提前对项目进行盈亏平衡分析，根据项目正常生产年份的产品产量(销售量)、固定成本、可变成本、税金等，研究建设项目产量、成本、利润之间变化与平衡关系的方法。

通过敏感性分析，可以找出项目的最敏感因素，使决策者能了解电子商务项目在实施过程中可能遇到的风险，提高决策的准确性和可靠性。而概率分析是指通过概率预测不确定性因素和风险因素对项目经济评价指标的定量影响。一般是计算项目评价指标，如项目财务净现值的期望值大于或等于零时的累计概率。累计概率值越大，项目承担的风险越小。

9.5.2　项目成本控制的基本步骤

1．制订成本标准

成本标准是成本控制的依据和准绳，成本标准除了涵盖成本计划中规定的各项指标之外，也需根据成本控制的具体要求规定系列新的指标。确定成本标准常用的方法有计划指标分解法、预算法和定额法。计划指标分解法是大指标逐级分解为小指标，将各个指标作为成本控制的标准。预算法就是用制定预算的办法来制定控制标准，而采用这种方法一定要注意从实际出发制定各项预算。定额法是建立起费用开支限额并将这些限额作为控制标准进行控制。

2．监督成本形成过程

监督成本形成就是依据成本控制标准，对各个工序和各个子项目的成本形成经常性地进行检查、评比和监督。监督成本形成过程就是既要检查指标本身的执行情况，还要检查和监督影响指标的各项条件，如设备、工艺、工具、工人技术水平、工作环境等。

3．及时纠正偏差

若发现成本出现偏差，应及时查明导致差异产生的原因和成本具体的责任人，并根据各个偏差的轻重缓急情况，提出改进措施，并加以贯彻执行。成本差异纠正一般采用下列步骤：首先需要从各种成本超支的原因中提出降低成本的课题；然后发动有关部门人员进行广泛的研究和讨论，商讨确定课题解决方案；再确定方案实施的具体方法和负责执行的人员；最后认真贯彻执行确定的方案。

9.5.3　成本控制的依据

成本控制主要收集正在执行的项目活动的相关信息(包括状态和成本信息)。这些信息包括已完成和还未完成的可交付成果、授权和发生的成本、未完成的计划活动所需成本估算以及计划活动的完工百分比等。

1．项目各项任务的成本预算

项目实施的过程中，通常以项目各项任务的成本预算作为对各项任务实际成本监控的标准。成本预算是进行成本控制的基础性文件。

2．实施执行报告

实施执行报告通常包括项目各个任务的所有费用支出，它是发现问题的最基本依据。

3．费用线

费用线是按时间分段的费用预算计划，可以用来测量和监督项目成本的实际发生情况，并且能够很好地将成本与进度联系起来，是按时间对项目成本进行控制的重要依据。

4．改变的请求

改变的请求是指项目的相关利益方提出的有关改变项目工作内容和成本的请求。改变既可能是增加成本也可能是减少成本。改变的请求可能是口头的也可能是书面的，可能是直接的也可能是非直接的，可能是正式的也可能是非正式的。

9.5.4 项目成本控制的方法

项目成本控制方法包括两类：一类是分析和预测项目影响要素的变动与项目成本发展变化趋势的项目成本控制方法，另一类是控制各种要素变动而实现项目成本管理目标的方法。

1．项目成本变更控制体系

项目成本变更主要包括 3 个步骤：提出成本变更请求、核准成本变更请求和变更项目成本预算。提出成本变更请求的可以是项目业主、项目管理者、项目经理等项目相关利益方。项目成本变更请求提交给项目经理或者其他项目成本管理人员后，他们根据严格的项目成本变更控制流程，对这些变更进行评估，以确定变更所需的成本代价，然后将变更请求被批准后，需要对相关任务的成本预算进行调整，同时对费用线进行相应的修改。要注意的是，成本变更控制体系及其变更的结果，应该与其他变更控制体系及其变更结果相协调，如图 9-9 所示。

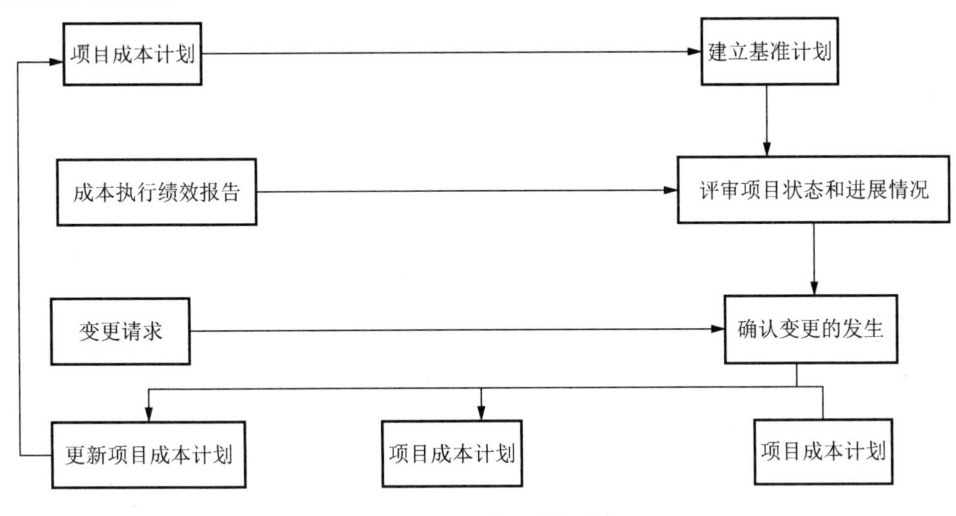

图 9-9 成本变更控制过程

2．项目实施度量

项目实施度量主要是帮助分析各种变化发生的原因。挣值分析法(Earned Value Analysis，EVA)是最常用的一种实施度量方法，主要用于项目的成本管理。它比较计划工作量、实际挣得多少与实际花费成本，以决定成本和进度是否符合原定计划。

3．附加计划法

项目在实施中会遇到各种不确定因素，很少有项目能够完全准确地按照预定的计划执行。在这种情况下，可以采用附加计划的方法对项目可能遇到的各种意外事件进行合理的预测，并对项目成本做出新的估计和调整。

4．项目的挣值管理方法

挣值分析法是通过测量和计算已完成工作的预算成本与以完成工作的实际成本，以及在本期间计划工作的预算成本，得到有关计划实施的进度和费用偏差，而达到判断项目成本执行情况目的的方法。它是电子商务项目成本控制的主要方法。

挣值分析法是一种项目跟踪和项目状态评估的技术，核心内容是将工作和工作进度量化为价值，通过引入一个关键性数值已完成工作的预算成本(即“挣值”)，来帮助项目管理者分析项目成本和进度的实际执行情况，以及同计划的偏离程度，使项目管理者能够根据这些信息对项目成本的发展趋势做出比较合理的预测，并提出相应的解决措施。

5．计算机软件工具法

项目实施过程中，企业可以借助相关的项目管理软件和电子表格软件来跟踪和检查实际成本和计划成本之间出现的偏差，并预测项目成本改变的影响和成本的发展趋势，以此作为采用纠正措施的依据，从而实现对项目成本的有效控制。

9.5.5 项目不确定性成本的控制工作

项目的成本一般都会有 3 种不同成分：一是确定性的成本，二是风险性的成本部分，三是完全不确定性成本。项目的不确定性成本主要表现在以下三个方面。

(1) 项目具体活动本身的不确定性(可发生或不发生)。这是指在项目的实现过程中，有一些具体活动可能发生，也可能不发生。

(2) 项目活动规模及所耗资源数量的不确定性。这是指在项目的实现过程中有一些具体活动的规模，及其所耗资源的数量有可能会比较大，也可能会比较小。

(3) 项目活动所耗资源价格的不确定性(价格可高可低)。这是指在项目的实现过程中有一些具体活动所消耗和占用资源的价格会发生异常性的波动和变化。

项目成本的不确定性是绝对的，确定性是相对的。要实现对于项目全风险成本的管理，最根本的任务是首先要识别一个项目中存在的各种风险并确定出风险性成本；其次是要通过控制风险事件的发生与发展，直接或间接地控制项目的风险成本。另外，还要开展对于包括风险性成本和不可预见费等预备费在内的各种风险性成本和风险性成本管理储备资金的直接控制。

项目成本控制的关键是项目不确定性成本的控制。项目不确定性成本控制的根本任务是识别和消除不确定性事件，从而避免不确定性成本发生。

9.5.6 项目成本控制的结果

开展项目成本控制的直接结果是带来了项目成本的节约和项目经济效益的提高。开展项目成本控制的间接结果是生成了一系列项目成本控制文件。这些文件主要有以下几种。

1．项目成本估算的更新文件

这是对项目原有成本估算的修订和更新的结果文件。更新成本估算是为了管理项目的需要而修改成本信息，成本计划的更新可以不必调整整个项目计划的其他方向。更新后的项目计划活动成本估算的指对用于项目管理的费用资料所做的修改。如果需要，成本估算更新应通知项目的利害关系者。这一文件中的信息一方面可以用于下一步的项目成本控制，另一方面将可以作为项目历史数据和信息使用。

2．项目预算的更新文件

在某些情况下，费用偏差可能极其严重，以至于需要修改费用基准，才能对绩效提供一个现实的衡量基础，此时，预算更新是非常必要的。项目预算的更新是对项目原有成本预算的修订和更新的结果文件，是项目后续阶段成本控制的主要依据。这一文件同样可以用于项目成本控制和作为历史数据和信息使用。

3．项目活动的改进行动文件

改进行动是为了使项目的预期绩效与项目管理计划相一致所采取的所有行动，是指任何使项目实现原有计划目标的努力。它包括两方面的信息：一是项目活动方法与程序的改进方面的信息，二是项目活动方法改进所带来的项目成本降低方面的信息。改进行动文件经常涉及调整计划活动的成本预算，如采取特殊的行动来平衡费用偏差。

4．项目成果和经验教训文件

这是有关项目成本控制中的失误或错误以及各种经验与教训的汇总文件，应该以数据库的形式保存下来，供以后参考。这种汇总文件的目的是总结经验和接受教训，以便改善下一步的项目成本控制工作。项目经理应组织项目成本控制的评估会议，并就项目成本控制工作做出相应的书面报告。

本章小结

电子商务项目成本管理就是按照事先拟定的计划，将项目实施过程中发生的各种实际成本与预算成本进行对比、检查、监督和纠正，尽量使项目的实际成本控制在计划和预算范围内的管理过程。电子商务项目的成本是指为实现项目目标而开展各项活动所耗用资源的货币总和。按与项目的形成关系划分，项目成本包括项目直接成本、项目间接成本。按项目生命周期阶段划分，包括项目决策和界定成本、项目设计成本、项目资源获取成本、项目实施成本。影响项目成本管理的因素有项目工期、项目质量、项目范围、项目耗用资源的数量与单价。项目成本管理主要包括项目成本估算、项目成本预算、项目成本控制等工作过程。

项目成本估算是指为了实现项目的目标，根据项目活动资源估算所确定的资源需求，以及市场上各项资源的价格信息，对项目所需资源的全部成本而进行的估算。项目成本估算的步骤：一是识别和分析项目成本的构成要素，即项目成本由哪些资源项目组成；二是估算每项项目成本构成要素的单价和数量；三是分析成本估算的结果，识别各种可以相互代替的成本，协调各种成本的比例关系。项目成本估算的依据是范围基准、项目进度计划、项目人力资源计划、风险登记册、项目的制约因素、组织积累的相关资源。项目成本估算的常用工具和方法有：自上而下估算，参数模型估算法，自下而上估算，应急储备金分析，质量成本分析，项目成本管理估算电子商务软件，供应商投标分析，最小、最大和最有可能的估算，按阶段的估算。项目成本估算的结果主要包括项目活动成本估算、项目成本估算依据和更新的项目文件3个文档。

项目成本预算是进行项目成本控制的基础，也是项目成功的关键因素，其中心任务是将项目成本估算的结果分配到项目的各项活动中，估计项目各项活动的资源需要量。企业需要关注的预算项目是应急储备金的预算。零基准预算是指在项目预算中，并不以过去的同类相似的项目成本作为成本预算的基准，然后根据项目之间的规模、性质、质量要求、工期要求等不同，来对基准进行调节来对新的项目进行成本预算。而是项目以零作为基准，估计所有的工作任务的成本。在项目预算中，每一个工作包都有自己的成本预算和进度计划，根据这些数据，能够确定在某个时间点上的项目所需要的资源和成本，把这个时间点以前的所有成本累加，即得到累加预算成本。

项目成本控制的主要目的是对造成实际成本与成本基准计划发生偏差的因素施加影响，保证其向有利的方向发展，同时对与成本基准计划已经发生偏差和正在发生偏差的各项成本进行管理，以保证项目的顺利进行。项目成本控制的工具和方法有偏差分析技术、预测技术、项目绩效审核、项目管理软件、关键比值法。

偏差分析技术，也称挣值分析，是评价项目成本实际开销和预算进度情况的一种方法，该方法可以通过测量和计算计划工作预算成本、已完成工作的实际成本和已完成工作的预算成本，得到有关计划实施的进度和成本偏差，从而达到衡量项目成本执行情况的目的。

项目成本控制的结果：工作绩效测量、完工预测、更新的组织积累的相关资源、变更请求、项目管理计划更新、项目文档更新。

成本失控的主要原因有缺乏计划、目标不明、范围蔓延、缺乏领导力。控制项目成本的措施有组织措施、技术措施、经济措施。

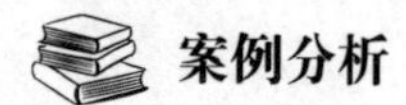

案例分析

基于O2O模式的装潢网站的成本管理

家装网站能有效改善家装行业的运营模式，弥补传统市场的不足。传统的家装市场具有信息流通缓慢、价格虚高、质量不过关、用户体验差等缺点，而家装网站充分利用网络的优势，扩大了家装信息传播的范围，解决了家装行业各方之间的信息不对称问题，吸引了更多客户。家装网站严格奉行顾客至上的准则，极大地提升了用户的满意度。构建一个O2O模式的装潢网站，将线上与线下相结合，既能方便消费者在网上获得所需信息，又能享受到良好的线下服务，同时又有助于商家拓宽客户群，增加业务量。该装潢网站将家装涉及的三方(顾客、家装设计师、建材销售商)联系起来，提供一个供此三方进行交流的平台，既能便于传达顾客需求，让消费者的选择更加多样化，又能拓展客户群，降低运营成本。家装网站解决了客户三个方面的需求，首先是装修前家装相关信息的获取；其次是装修中建材的选择、装修的一些疑问等；最后是装修后装修成果的展示、装修维权等。家装网站立足于这三方的需求而开发，因此能够很好地满足市场需求。

根据上述材料，请分析：

1．对该项目进行简单的成本估算。

2．对该项目进行简单的成本预算。

3．试述如何对该项目可能面对的不确定性成本进行控制。

习　　题

1. 项目资源计划编制的基本方法有哪些?

2. 电子商务项目成本管理应包括哪些内容?

3. 简述各种成本估算方法(自下而上估算法、自上而下估算法、参数模型估算法)的适用情况。

4. 成本预算的作用是什么?

5. 如何实现项目成本控制和对项目不确定性成本进行有效控制?

6. 试述成本管理在电子商务项目中的重要作用。

【拓展案例】

【拓展案例】

第10章

电子商务项目风险管理

(1) 了解电子商务项目风险的含义、类型和风险管理的内容。
(2) 了解电子商务项目风险识别的工具，掌握风险识别的方法。
(3) 理解电子商务项目风险评估的流程和评估结果。
(4) 掌握电子商务项目风险评估的方法。
(5) 理解电子商务项目风险应对的内容和掌握风险应对措施。
(6) 理解电子商务项目风险监控基本步骤、内容和体系构成。

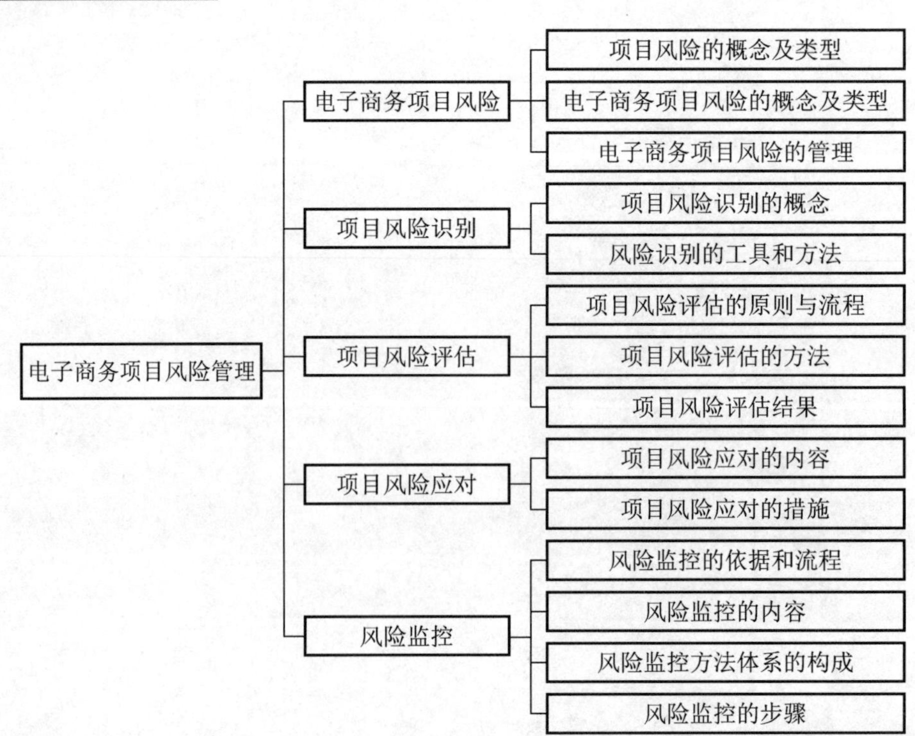

导入案例

"天赐"精农电商项目风险管理

"天赐"精农电商项目是盐城工学院创业团队在盐城市滨海县的良好创业环境下打造的一个电商项目。2015年11月，盐城滨海首家农村电子商务平台——"天赐场"商城成功上线。商城上线仅6个多月，销售收入便达到100余万元，其中90万元为农民收入，为当地经济发展带来巨大动力。春节过后，49名当地的外出务工人员选择返乡创业。目前，"天赐场"商城共设有产品展示中心1家，产品收购站5处，PC端商城、微信商城、App客户端均已开发上线，加盟企业数量不断增加，产品质量进一步提高。

整个项目在运营过程中的风险主要包括农产品风险、技术风险、市场风险、管理风险等，公司制定了一系列详细对策，以保证公司正常良性经营。

1．农产品风险

1) 风险类型

(1) 自然风险。如果是非设施栽培，气候条件、自然灾害对农产品的产量和质量会有较大风险，影响平台销售。

(2) 政策风险。大宗农产品由于涉及城乡居民消费，当市场失灵，或者由于特殊情况出现供求问题时，政府会进行适当干预。

(3) 质量风险。一方面，不同农户生产的同一农产品质量、品相有可能参差不齐，对收购和销售存在一定风险。另一方面，粗加工的农产品在运输途中由于保存不当、剧烈颠簸、运输时间过长等原因也会导致新鲜农产品变质，最终影响顾客食用。

2) 解决方案

(1) 加强抵御自然灾害的基础设施建设。为了应对高温、干旱、洪涝及其他自然灾害，应加强水利建设、提高防洪抗旱、供水能力及应变能力，做到提前预警，力求大灾化小、小灾化无。

(2) 制定严格具体的农产品收购标准，保证农产品整体质量和品相的统一。在产品包装环节对易损易变质的农产品做好保鲜、减震等防护措施，确保顾客对送达商品的满意度。

2．技术风险

1) 风险类型

(1) 信息化风险。滨海县的农户整体文化水平偏低，严重缺乏手机应用技能和信息化能力，这给平台客户端的推广和使用带来较大阻碍。

(2) 数据分析风险。数据分析和数据挖掘对原始数据的真实性和准确性要求极高，一旦出现虚假交易、流量攻击、数据存取错误等问题，会造成数据分析结果的偏差，不利于引导农户的生产。

(3) 网络安全风险。网站容易受到黑客攻击，服务器稳定性较差，影响用户体验。

2) 解决方案

(1) 制作简单易懂的App使用手册分发给农户，由当地信息员对农户开展一对一的指导；鼓励农户积极参加合作社，接受技术培训。

(2) 严厉惩处刷单行为，确保商品交易量的真实性。加大网站技术安全的投入，并与CNZZ合作进行流量统计。通过ETL工具剔除无效数据并使用多重挖掘算法进行验证，确保分析结果能够正确反映市场变化。

(3) 加强网络安全软硬件基础建设，邀请行业专家做技术指导。

3．市场风险

1) 风险类型

(1) 品牌风险。随着农产品电商的兴起，阿里巴巴、顺丰、京东、恒大、中粮等企业都纷纷开始搭建农产品销售平台，建立起自己的农产品品牌，如阿里巴巴的源生鲜和顺丰优选。“天赐场”作为县域农产品品牌，品牌竞争力还有待提高。

(2) 推广风险。“天赐场”主要销售滨海县特产以及水果、海鲜、干货、酒水等其他农副产品，由于品牌知名度不高，加上消费者对黄秋葵、何首乌的功效和价值缺乏了解，农产品的初期推广需要投入很多资金。

(3) 服务风险。目前销售的产品有110多种，涵盖10多家企业。随着产品的拓展和销量的提高，产品包装破损、质量问题等投诉不断增加，服务质量难以得到保证，进而影响品牌口碑。

(4) 供求风险。由于目前农产品流通体系不够健全，市场信息不对称，阶段性、品种性、区域性供求失衡现象时有发生，特别对不宜长时间保存的鲜活产品，有一定的价格波动风险，农户可能跟不上市场变化而造成巨大损失，不利于发挥农户的生产积极性，进而影响平台供货量。

2) 解决方案

(1) 抓住“天赐场”的产品特色，依托滨海县的地方优势，不断完善配套服务，满足消费者健康、新颖、快捷的需求，打造“人无我有，人有我优”的差异化品牌特色。

(2) 加强宣传力度，充分利用网站、App客户端和微信商城“三位一体”的推广渠道，并结合一定促销手段，增加“天赐场”的人气，提高销售量，强化消费者对品牌的认同感。通过微博、微信公众号、移动端等新媒体宣传何首乌、黄秋葵等特色产品的功效和作用，通过买断搜索引擎的相关关键字，大幅度增加网站的访问量，进一步提高品牌知名度。

(3) 良好的产品服务是增加顾客黏性的重要保证，一旦出现因为商品质量不合格或者包装破损等问题而影响顾客正常食用的情况，商城保证全额免单。同时，严格审查入驻商家的资信，收取必要的保证金并且不定时抽查商品，让顾客放心购买，满意收货。

(4) 与第三方物流公司合作建立区域性农产品快速物流通道。通过对农产品线上线下的销售量进行数据分析引导农户生产，降低滞销的风险，增强农户对信息平台的依赖程度。

4．管理风险

1) 风险类型

(1) 认知风险。滨海县不少农户起初错误地认为我们团队打造的就是一个农贸电商平台，通过收取佣金获利，与一般的电商企业没有区别。

(2) 信任风险。项目希望搭建平台给农户创收，通过数据分析进一步引导农业生产。文化水平有限的农户对于现代科技一定程度上持有怀疑态度，尤其是当数据分析结果和个人生产经验相违背时，容易产生信任危机。

(3) 投资风险。项目前期以收取低交易佣金为盈利方式，加上农产品电商竞争激烈，品牌推广困难，需要投入大量资金用于基础设施建设和产品推广，投资回报周期相对较长。

(4) 人才风险。团队成员主要由在校大学生组成，稳定性较差，尤其是“毕业季”容易出现人员变动，造成人才流失。

2) 解决方案

(1) 管理团队打造的是精准营销、精准扶贫的电商项目，而“天赐场”只是一个线上信息交流平台，团队有自己线下的实体店、收购站和加工点，同时也为农户生产提供免费的信息咨询服务。通过公司“四位一体”的营销推广平台将我们项目的理念传播出去，让更多人了解“天赐场”，了解精准营销。

(2) 通过农村信息员向农户普及科学文化知识，消除他们的疑虑，便于引导生产。

(3) 加大精准扶贫的宣传力度，吸引政府再投资。

(4) 团队技术人员主要由在校大学生组成，经过考核选拔上任，通过远程协助、周末下乡等方式解决公司技术问题。同时招募当地的年轻人经过系统培训后从事简单的客服、收购、日常管理等工作。

(资料来源：盐城工学院第六届全国高校“创新、创业、创意”电子商务大赛江苏赛区一等奖作品

指导老师：原娟娟　陶珏)

10.1 电子商务项目风险

10.1.1 项目风险的概念及类型

1. 项目风险的概念

项目风险是指可能导致项目损失的不确定性，美国项目管理大师马克思·怀德曼将其定义为某一事件发生给项目目标带来不利影响的可能性。项目风险会影响项目计划的实现，如果项目风险变成现实，就有可能影响项目的进度，增加项目的成本，甚至使项目不能实现。

要全面理解上述定义，应注意以下几点。

(1) 风险是与人们的行为相联系的，这里的行为既包括个人的行为，也包括群体或组织的行为。而行为是由决策来控制的，因此风险与人们的决策有关。

(2) 客观条件的变化是风险的重要成因，尽管人们无力控制客观状态，却可以认识并掌握客观状态变化的规律性，对相关的客观状态做出科学的预测，这也是风险管理的重要前提。

(3) 风险是指可能的后果与目标发生负向的偏离，而这种负向的偏离是多种多样的，且重要程度不同，而在复杂的现实经济生活中，“好”与“坏”有时很难截然分开，需要根据具体情况加以分析。

(4) 尽管风险强调负偏离，但实际中也存在正偏离。由于正偏离是人们的渴求，属于风险收益的范畴，因此在风险管理中也应予以重视，它激励人们勇于承担风险，获得风险收益。

2. 项目风险的类型

根据不同的需要，从不同的角度，按不同的标准，可以对风险进行以下分类。

(1) 根据风险的潜在损失形态可将风险分为财产风险、人身风险和责任风险。

(2) 根据风险事故的后果可将风险分为纯粹风险和投机风险。

(3) 根据风险产生的原因可将风险分为静态风险和动态风险。

(4) 根据风险波及的范围可将风险分为特定风险和基本风险。

(5) 根据损失产生的原因可将风险分为自然风险和人为风险。

(6) 根据风险作用的对象可将风险分为微观风险和宏观风险。

(7) 根据风险能否处理可将风险分为可管理风险和不可管理风险。

10.1.2 电子商务项目风险的概念及类型

1. 电子商务项目风险的概念

电子商务项目风险可以定义为：电子商务项目实施过程中发生的机密数据丢失的可能性，或者在物理上、运行机制上以及资金财务上受到损害的可能性。电子商务项目中出现的风险比一般传统项目所固有的风险无论在表现形式、强烈程度或影响范围上都有所不同。

2．电子商务项目风险的类型

当前，电子商务发展迅猛，很多传统企业也跃跃欲试。由于缺乏对电子商务核心资产的保护意识，就有可能面临多种风险。

1) 竞争风险

竞争风险主要是企业与竞争对手相比在电子商务方面表现的超前或滞后所带来的风险。另外，电子商务使市场竞争变得更加激烈，而且竞争将来自全球范围，无疑增加了新的风险。对于竞争风险的来源，可以根据与企业共同参与市场竞争的主体来划分。在电子商务环境中，与传统企业一样，涉及以下 5 个方面的竞争参与者：供应商、购买商、行业的新进入者、行业内的现有企业，以及替代产品或服务的提供者。所以，企业电子商务环境下的企业面临的竞争风险也同样来源于这 5 个方面。

2) 变革风险

变革风险是指实施企业电子商务的企业在生产经营过程中可能遇到的各种主动的和被动的变革给企业带来损失的不确定性。对于企业来说，无论是主动变革还是被动变革，都不是完全可控的，存在着各种不确定的因素，而这些因素正是引起变革风险的来源。

3) 财务风险

企业财务风险是指在企业各项财务活动过程中，由于各种难以预料或控制的因素影响，而存在的不确定性。电子商务环境下企业财务风险的基本类型有投资风险和资金偿还风险。企业财务风险的识别是指在不利因素刚刚出现或出现之前，就予以识别以能准确把握各种财务风险信号及其产生的原因，进而采取相应的措施将风险降到最低水平。

4) 技术风险

由于网络的开放性、共享性和动态性，使得任何人都可以自由地接入 Internet，导致以 Internet 为主要平台的电子商务的发展面临严峻的安全问题。技术风险主要包括以下 3 种。

(1) 网络安全风险。网络安全是影响电子商务项目顺利完成的重要因素。网络安全风险主要有网络服务器遭受黑客或病毒的攻击，网络的信息受到攻击后无法恢复正常运行；网络软件被人破坏或篡改；网络中存储或传递的数据常被篡改、增删、复制或使用等。例如，黑客利用各种技术和手段对网络中的信息进行中途修改，并发往目的地，从而破坏信息的完整性；或者窃取企业的重要信息甚至是支付信息，其结果将是异常严重的。

(2) 数据存取风险。存取风险也叫访问风险，也就是未经授权的人员进入系统数据库修改、删除数据，或者是对数据操作的失误。这些都会对企业的效益造成损害，或者是让顾客利益受到损失，所以必须对访问数据的权限加以控制，并规定每个用户的访问权限。

(3) 网上支付风险。电子商务的发展对网上支付提出了更高的要求，支付风险也成为影响电子商务发展的重要因素之一。网上支付的风险表现在两个方面：一是信息被窃取的可能性，二是信息被窃取后追溯的可能性。当前网络安全技术逐渐成熟，但是伴随网络本身的安全问题(如计算机中了病毒，遭遇黑客攻击或软件窃取用户个人信息和银行账号信息等)给网上支付带来了更大的风险。

5) 信用风险

电子商务信用风险是由于网络交易的虚拟化和特殊性，其主体的信用信息不能为对方了解所引发的信用风险。从本质上讲，网络提供的是一个交易平台，双方无须见面，本质就是社会信用。因为涉及多个交易主体，电子商务信用也可以转化为参与各方的信用，如果交易前能确定交易者的信用，风险也就自然降低了。

6) 法律风险

电子商务法律风险主要起因于立法的滞后和全球化环境下各国法律和制度的差异。立法的滞后严重制约了电子商务的发展，在法律不健全的条件下，企业只能做到尽量不违背现行法律。另外，企业即使能够完全做到符合本国的法律和制度，也难免会与其他国家的法律发生冲突，各国法律和制度的差异使企业陷于风险中。

10.1.3 电子商务项目风险的管理

1．电子商务项目风险管理的概念

电子商务项目风险管理也是为了更好地达到项目的目标，识别、分配、应对项目生命周期内风险的科学与艺术，是一种综合性的管理活动。

从表面上来看，风险管理就是对企业平时的运作过程或者企业以盈利为目的的运作中的风险进行管理；从更深层次看，风险管理是指人们通过发现存在什么风险、找到风险产生原因、风险评价等风险活动，对风险进行预警、控制，从而减少威胁的概率，以更低的成本来达到公司制定的总目标。风险管理的行使主体是管理层的人员，客体是生产活动中的风险或不确定性。大型、复杂的生产活动过程应设置专门的风险管理机构和相应的风险负责人。

2．电子商务项目风险管理的过程

美国项目管理协会(Project Management Institute，PMI)开发的项目管理知识体系PMBOK2000指出，项目风险管理的内容包括项目风险管理计划、风险识别、定性风险分析、定量风险分析、风险应对计划和风险监督与控制。在执行过程中，项目风险管理(图10-1)可以简化为风险识别、风险分析、制定应对措施和风险监控4个步骤。

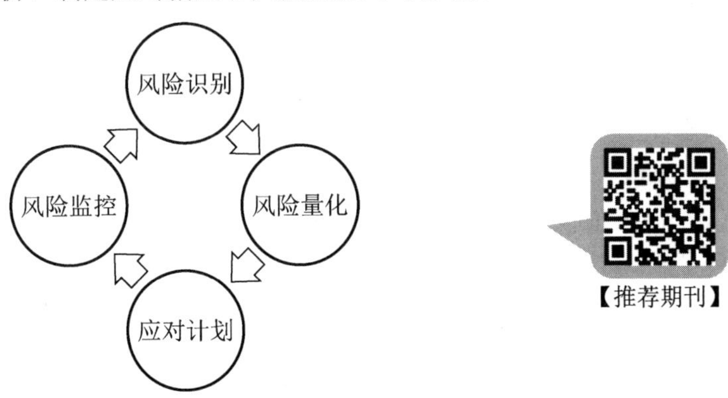

图10-1 项目风险管理步骤

项目的风险管理是一个动态的工作过程，由风险的识别、评估、分析、控制、监督等过程组成，通过计划、组织、指挥、控制等职能，综合运用各种科学方法来保证生产活动顺利完成；风险管理技术的选择性符合经济性原则，充分体现风险成本效益关系，不是技术越高越好，而是合理优化达到最佳，制定风险管理策略，科学规避风险；风险管理具有

生命周期性，在实施过程的每一阶段，均应进行风险管理，应根据风险变化状况及时调整风险应对策略，实现全生命周期的动态风险管理。

3．电子商务项目风险管理的内涵

在项目管理的过程中，对于影响项目的进程、效率、效益、目标等一系列不确定因素的管理，既包括对外部环境因素与内部因素的管理，也包括对主观因素与客观因素、理性因素与感性因素的管理。其内涵体现在以下三方面。

1) 全过程管理

项目风险管理既不是在项目实施前对于影响项目的不确定因素的简单罗列与事先判断，以及建立在此基础上的硬性的、条条框框的项目风险管理对策；也不是在项目进行过程中，当实际的项目风险发生时的危机管理以及应变对策；更不是纯粹的项目风险发生后的补救方案设计与事后经验总结，而是对于项目风险全过程的管理。项目风险的全过程管理，要求项目风险管理者能够审时度势、高瞻远瞩，通过有效的风险识别，实现对项目风险的预警预控；要求项目管理者能够临危不乱、坦然面对，通过有效的风险管理工具或风险处理方法，对于项目运行过程中产生的风险进行分散、分摊或分割；要求项目风险管理者能够在项目风险发生后及时采取有效的应对措施，并总结经验教训，对项目风险管理工作进行改进。

2) 全员管理

项目风险的全员管理并不仅仅是对于项目运行全部参与方或参与人员的管理，而是要求所有的人员均能够参与项目风险的管理。项目风险管理绝对不是项目风险管理职能部门的事情。项目管理风险不仅包括对政治、经济、社会、文化、制度等外部环境中的不确定性因素的管理，还包括项目自身在其计划、组织、协调等过程中所产生的不确定因素的管理。对于后者而言，人为的主观影响成分较大。项目风险管理既是对项目全部参与方(人员)的管理，同时也是全员共同参与对项目风险的管理。

3) 全要素集成管理

从项目风险管理所追求的现实目标或项目风险管理所需解决的根本问题，其主要涉及项目工期、造价以及质量三方面的问题。可见，项目风险管理的过程是一个在可能的条件下追求项目工期最短、造价最低、质量最优的多目标决策过程，且项目风险管理不能仅满足于对单一目标的追求。项目的工期、造价与质量是三个直接关联和相互作用的相关要素。项目工期的提前或滞后将直接影响造价的高低，项目质量的优劣与项目工程造价直接相关，项目的工期与质量的波动受造价因素的影响。由此不难得出，项目风险管理是对工期、造价以及质量的全要素集成管理。

总体而言，成功的项目风险管理既是一门艺术又是一门科学。其重要性主要体现在以下两方面：①项目风险管理有助于确定项目范围以及最优项目。项目风险管理可对可供选择的项目集合所具有的风险特征进行综合评价，如对于项目风险特征的聚类分析，使得项目组织者可以在不同的临界值范围内选择项目群体；对于项目风险收入的有效性评价，使得项目组织者可以有意识地去选择项目投入产出效率较高的项目，等等。项目风险管理从风险的周期性、规律性、预控性等多个角度，对于项目风险的识别机制、分散机制、分摊机制、转移机制等进行全面的分析，从而在项目选择范围内选择出最优项目。②项目风险管理有助于改进已选项目的效益与效率。项目风险管理是一个动态反复、适时修正、持续改进的过程，因此当风险伴随着项目的推进而出现时，项目风险管理能够不断跟踪风险影响项目运行的轨迹，并通过有效的程序或手段进行纠偏。例如，通过风险识别策略对于风险征兆或信号进行有效识别，防患于未然；发挥风险分散机制，对于多个风险项目进行协调控制，充分利用项目间的协同效应；运用风险分摊策略，在项目的合作各方之间，通过资源共享、要素互补等方式有效分摊风险；运用风险转移机制，在必要的时候通过转让、出售等方式退出项目运作以转移风险。此外，项目的风险与收益在一定程度上具有正相关性，但项目风险同样与项目可能遭受的损失或可能增加的成本相对应。项目风险管理在改进已选项目的同时，也是对成本损失或不确定性的降低，等于提高了项目运行的效率与效益。

10.2　项目风险识别

电子商务项目风险识别是项目风险管理的第一步，是指运用一定的方法，判断在项目周期中已面临的和潜在的风险。

10.2.1　项目风险识别的概念

电子商务项目的风险识别是在收集有关各种威胁、漏洞和相关对策等信息的基础上，识别各种可能对电子商务项目造成潜在威胁的风险。

风险识别的手段五花八门，对于电子商务项目来说，并非所有的风险都可以通过风险识别来进行管理，风险识别只能发现已知的风险或根据已知风险较容易获知的潜在风险。而对于大部分的未知风险，则依赖于风险分析和控制来加以解决或降低。

10.2.2　风险识别的工具和方法

在具体识别风险时，风险的范围、种类和严重程度经常会被主观夸大或缩小，使项目的风险评估分析和处置发生差错，造成不必要的损失。因此，企业应综合利用一些专门技术和工具，以保证高效率地识别风险并不发生遗漏。项目风险识别的方法有很多，任何有助于发现风险信息的方法都可以作为风险识别的工具。常用的风险识别方法有以下几种。

1. 从主观信息源出发的方法

(1) 头脑风暴法(Brain-storming)，也称集体思考法，是以专家的创造性思维来索取未来信息的一种直观预测和识别方法。此法由美国人奥斯本于1939年首创，从20世纪50年代起就得到了广泛应用。头脑风暴法一般在一个专家小组内进行，以“宏观智能结构”为基础，通过专家会议，发挥专家的创造性思维来获取未来信息。这就要求主持专家会议的人在会议开始时的发言中能激起专家们的思维“灵感”，促使专家们感到急需回答会议提出的问题，通过专家之间的信息交流和相互启发，从而诱发专家们产生“思维共振”，以达到互相补充并产生“组合效应”，获取更多的未来信息，使预测和识别的结果更准确。我国20世纪70年代末开始引入头脑风暴法，随后该方法受到广泛的重视和采用。

(2) 德尔菲法(Delphi Method)又称专家调查法，它是20世纪50年代初美国兰德公司研究美国受苏联核袭击风险时提出的，并在世界上快速地盛行起来。它是依靠专家的直观能力对风险进行识别的方法，现在此法的应用已遍及经济、社会、工程技术等各领域。用德尔菲方法进行项目风险识别的过程是由项目风险小组选定项目相关领域的专家，并与这些适当数量的专家建立直接的函询联系，通过函询收集专家意见，然后加以综合整理，再匿名反馈给各位专家，再次征询意见。这样反复经过四至五轮，逐步使专家的意见趋向一致，作为最后识别的根据。我国在 20 世纪 70 年代引入此法，并应用在许多项目管理活动中，取得了比较满意的结果。

【拓展知识】

(3) 情景分析法(Scenarios Analysis)是由美国 SIIELL 公司的科研人员 Pierr Wark 于 1972 年提出的。它是根据发展趋势的多样性，通过对系统内外相关问题的系统分析，设计出多种可能的未来前景，然后用类似于撰写电影剧本的手法，对系统发展态势做出自始至终的情景和画面的描述。当一个项目持续的时间较长时，往往要考虑各种技术、经济和社会因素的影响，可用情景分析法来预测和识别其关键风险因素及其影响程度。

情景分析法对以下情况是特别有用的：①提醒决策者注意某种措施或政策可能引起的风险或危机性的后果；②建议需要进行监视的风险范围；③研究某些关键性因素对未来过程的影响；④提醒人们注意某种技术的发展会给人们带来哪些风险。情景分析法是一种适用于对可变因素较多的项目进行风险预测和识别的系统技术，它在假定关键影响因素有可能发生的基础上，构造出多重情景，提出多种未来的可能结果，以便采取适当措施防患于未然。情景分析法从 20 世纪 70 年代中期以来在国外得到了广泛应用，并产生了目标展开法、空隙添补法、未来分析法等具体应用方法。一些大型跨国公司在对一些大项目进行风险预测和识别时都陆续采用了情景分析法。因其操作过程比较复杂，目前此法在我国的具体应用还不多见。

2．从客观信息源出发的方法

(1) 核对表法。核对表一般根据项目环境、产品或技术资料、团队成员的技能或缺陷等风险要素，把经历过的风险事件及来源列成一张核对表。核对表的内容可包括：以前项目成功或失败的原因；项目范围、成本、质量、进度、采购与合同、人力资源与沟通等情况；项目产品或服务说明书；项目管理成员技能；项目可用资源等。项目经理对照核对表，对本项目的潜在风险进行联想相对来说简单易行。这种方法也许揭示风险的绝对量要比别的方法少一些，但是这种方法可以识别其他方法不能发现的某些风险。

(2) 流程图法。流程图方法首先要建立一个工程项目的总流程图与各分流程图，它们要展示项目实施的全部活动。流程图可用网络图来表示，也可利用 WBS 来表示。它能统一描述项目工作步骤，显示出项目的重点环节；能将实际的流程与想象中的状况进行比较，便于检查工作进展情况。这是一种非常有用的结构化方法，它可以帮助分析和了解项目风险所处的具体环节及各环节之间存在的风险。运用这种方法完成的项目风险识别结果，可以为项目实施中的风险控制提供依据。

(3) 财务报表法。通过分析资产负债表、营业报表，以及财务记录，项目风险经理就能识别本企业或项目当前的所有财产、责任和人身损失风险。将这些报表和财务预测、经费预算联系起来，风险经理就能发现未来的风险。这是因为，项目或企业的经营活动要么涉及货币，要么涉及项目本身，这些都是风险管理最主要的考虑对象。

10.3 项目风险评估

10.3.1 电子商务项目风险评估的概念

电子商务项目风险评估是指在风险识别的基础上，对风险发生的可能性和其他因素进行综合考虑与系统的分析，达到描述风险的综合指标，并与公认(或经验)的风险(安全)指标比较，确定项目的风险的整体水平和风险等级等，并得到风险程度如何及采取何种决策的结论，为风险应对措施的制定和实施提供重要的依据。

通过风险评估可以初步淘汰那些风险过大、收益过小、不符合投资标准的项目。对于那些经过筛选符合标准的项目，通过风险的分析与评估可以制定出有效的风险管理方法来最大限度地降低风险。

10.3.2 项目风险评估的原则与流程

风险分析的目标是确定风险，对可能造成损坏的潜在风险进行定性化和定量化，以及最后在经济上寻求风险损失和对风险投入成本的平衡。

1. 电子商务项目风险评估的原则

1) 客观性

项目评估是在项目主办单位可行性研究的基础上进行的再研究，其结论的得出完全建立在对大量的材料进行科学研究和分析的基础之上。在评估实施过程中，既要对可行性研究报告的编制依据及全部数据进行查证核实，又要根据项目评估的内容和分析要求，深入企业和现场进行调查，以搜集新的数据和材料，以专家的学识确保所有项目资料客观详实。同时项目评估涉及项目投资的工艺设备、技术物资支持、财务分析以及未来市场预测等多个领域，评估人员必须以宏观地理解和掌握相关学科知识为前提，客观公正地评价和处理评估中的每一个细节，并在评估报告中客观公正地表述出来。

2) 科学性

要做好项目评估，首先要有一个科学的态度。项目评估是项目建设前的一项决定性工作，它的任何失误都可能给企业、给国家带来不可估量的损失，因此评估人员必须持有对国家、对企业高度负责的、严肃的、认真的、务实的精神，以战略家的眼光，将项目置于整个国际国内大市场进行纵向分析和横向比较，坚决避免盲目建设、重复建设等现象的发生，使项目建成后确实能够创造良好的效益，发挥应有的作用。同时要使用科学的方法，在评估工作中，注意全面调查与重点核查相结合，定量分析与定性分析相结合，经验总结与科学预测相结合，以保证相关项目数据的客观性、使用方法的科学性和评估结论的正确性。

2. 风险评估的步骤

风险评估是组织确定信息安全需求的过程，包括计划和准备、资产识别与评价、威胁和弱点评估、控制措施评估、风险认定在内的一系列活动，如图 10-2 所示。

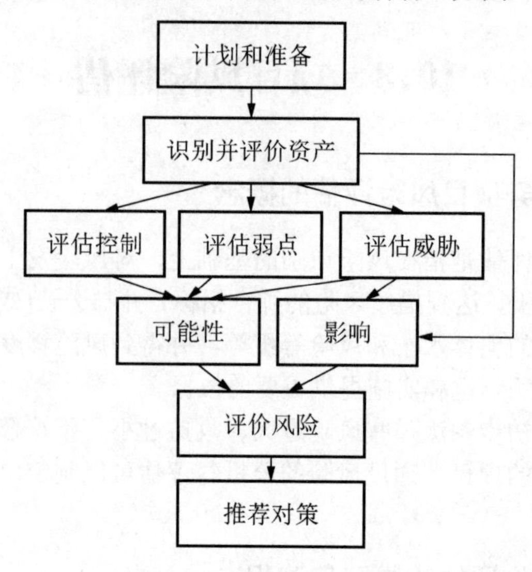

图 10-2　风险评估的步骤

1) 计划和准备

在正式进行风险评估之前，应该制订一个有效的风险评估计划，明确风险评估的目标，限定评估的范围，建立相关的组织结构并委派责任，并采取有效措施来采集风险评估所需的信息和数据。

具体来说，风险评估计划应该包括以下内容。

(1) 目标。即开展风险评估活动的目的，期望得到的输出结果，关键的约束条件(时间、成本、技术、策略、资源等)。

(2) 范围和边界。即既定的风险评估可能只针对组织全部资产(包括其弱点、威胁事件和威胁源等)的一个子集。评估范围必须首先明确。例如，研究范围也许只是确定某项特定资产的风险，或者与一种新型攻击或威胁源相关的风险。此外，必须定义风险评估的网络边界和逻辑边界。

(3) 系统描述。进行风险评估的一个先决条件就是对受评估系统的需求、操作概念和系统资产特性有一个清晰的认识，必须识别评估边界内所有的系统。

(4) 角色和责任。组织应该成立一个专门的风险评估小组，小组应该包括具有安全评估经验和熟悉组织运作情况的成员，还应该包括管理层、业务部门、人力资源、IT 系统和来自用户的代表，如果需要，还应该聘请外部的风险评估专家来参与项目。此外，组织的信息安全官、IT 系统安全管理员也都应该承担各自的责任。最重要的一点，组织的高级管理层一定要参与并支持风险评估项目。

(5) 风险评估行动计划。确定风险评估的途径和方法，计划评估步骤。

(6) 风险接受标准。事先明确组织能够接受的风险的水平或者等级。

(7) 风险评估适用表格。为风险评估过程拟订标准化的表格、模板、问卷等材料。

制订风险评估计划之后，组织首先要为正式实施风险评估做准备。准备阶段的主要工作就是通过多种途径去采集信息，包括：①专家经验(来自内部或外部专家、专业组织的统计公布信息)集体讨论或小组讨论系统分析(包括技术性分析和业务分析)；②人员访谈；

③调查问卷；④文件审核(包括政策法规、安全策略、设计文档、操作指南、审计记录等)；⑤以前的审计和评估结果；⑥对外部案例和场景的分析；⑦现场勘查。

通过以上途径采集的信息，可以供风险评估各个阶段的活动分析使用，包括资产识别与评价、威胁评估、弱点评估等。

2) 识别并评价资产

通过准备阶段采集到的信息，组织应该能够列出一份与信息安全相关的资产清单。在识别资产时一定要防止遗漏，划入风险评估范围和边界内的每一项资产都应该被确认和评估。

实际操作时，组织可以根据商务流程来识别信息资产，例如，如果安全目标是保护一项订单处理业务的安全性，列入风险分析资产清单中的，就应该包括所有与订单处理流程相关的系统、网络和组件。

信息资产的存在形式有多种，可以是物理的(如机房建筑和设施、计算机设备等)，可以是逻辑的(如存储和传输中的数据、应用程序、系统服务等)，也可以是无形的(如组织的公众形象和信誉等)。进行信息资产识别时，应该考虑到以下几方面。

(1) 数据与文档。数据库和数据文件、系统文件、用户手册、培训资料、运作和支持程序、应急计划等。

(2) 书面文件。合同、策略方针、企业文件、保持重要商业结果的文件。

(3) 软件资产。应用软件、系统软件、开发工具和公用程序等。

(4) 实物资产。计算机和通信设备、磁介质(光盘和磁盘)、其他技术型设备(电源、空调)、家具、场所。

(5) 人员。承担特定职能责任的人员。

(6) 服务。计算和通信服务，以及其他技术型服务(供热、照明、动力等)。

(7) 组织形象与声誉。

需要注意的是，列入评估清单的信息资产，一定要是在评估范围内且与商务过程相关的资产，否则，一方面清单过于庞大不便分析，另一方面，分析结果也会失去准确性和本应有的意义。

得到完整的信息资产清单之后，组织应该对每项(类)资产进行赋值。按照定量分析的思想，应该确定资产的货币价值，但这个价值并不只是简单的账面价格，而是相对价值。在定义相对价值时，需要考虑：①信息资产因为受损而对商务造成的直接损失；②信息资产恢复到正常状态所付出的代价，包括检测、控制、修复时的人力和物力；③信息资产受损对其他部门的业务造成的影响；④组织在公众形象和名誉上的损失；⑤因为商务受损导致竞争优势降级而引发的间接损失；⑥其他损失，例如保险费用的增加。

可以看出，要对以上因素都以货币价值来度量，很显然是非常困难的，也很不现实。因此，目前资产评价更常见的是采用定性的方法。

我们要对已识别的资产进行赋值，其实最关心的并不是其真正价值，而是资产对组织的重要性或敏感度，即由于资产受损而引发的潜在的商务影响或后果。为了保证资产评价的一致性和准确性，组织应该建立一个资产评估标准(在计划和准备阶段就应该提供)，也就是根据资产的重要性(影响或后果)来划分等级的一个尺度。

根据资产的敏感度，资产评估标准可以分为可忽略、较小、中等、较大、灾难性 5 个等级。

在确定资产重要性或敏感度时，要同时考虑资产在保密性、完整性和可用性这 3 个方面受损可能引发的后果。此外，对于数据与文档类的信息资产，组织的信息分类模式(在信息安全策略中应该有所表述，如“公开”“机密”“秘密”和“绝密”)可在资产评价时参考采用。

3) 描述风险威胁、弱点和安全措施

构成风险的要素有 4 个：资产、威胁、弱点和安全措施。

(1) 要素描述。描述风险可以借助场景叙述的方式来进行。所谓场景，就是威胁事件可能发生的情况。例如，由于信息的加密强度不高(弱点，控制的效力低)，公司内部职员(威胁)有可能利用这一点而窃取保密的客户信息(资产)。在对威胁场景进行描述的同时，我们的目的还是要评估风险，确定风险的等级，也就是度量并评价组织信息安全管理范围内每一项信息资产遭受泄露、修改、破坏所造成影响的风险水平，有了这样的认识，组织就可以有重点有先后地选择应对措施，并最终消减风险。

(2) 威胁的可能性分析。评价风险有两个关键因素：一个是威胁对信息资产造成的影响，另一个是威胁发生的可能性，前者通过资产识别与评价已经得到了确认(即资产受影响的敏感度)，而后者还需要根据威胁评估、弱点评估、现有控制的评估来进行认定。

威胁事件发生的可能性需要结合威胁源的内因(动机和能力)、弱点和控制这两个外因来综合评价。评估者可以通过经验分析或者定性分析的方法来确定每种威胁事件发生的可能性。例如，以“动机－能力”矩阵评估威胁等级(内在发生的可能性)，以“严重程度－暴露程度”矩阵来评估弱点等级(被利用的容易性)，最终对威胁等级、弱点等级、控制等级(有效性)进行三元分析，得到威胁事件真实发生的可能性。威胁事件可能性定级的模式如表 10-1 所示。

表 10-1 威胁事件可能性定级的模式

等 级	名 称	描 述
A	几乎肯定	预期在大多数情况下都会发生
B	很可能	在大多数情况下很可能会发生
C	有可能	在某些时候应该会发生
D	不太可能	在某些时候可能会发生
E	很罕见	只在例外情况下才可能发生

(3) 风险定级。明确了风险影响和威胁发生的可能性之后，可以通过风险分析矩阵来对风险定级。风险分级的模式如表 10-2 所示。

表 10-2 风险等级

等 级	名 称	描 述
H	High，高风险	最高等级的风险，需要立即采取应对措施
S	Significant，严重风险	需要高级管理层注意
M	Moderate，中等风险	必须规定管理责任
L	Low，低风险	可以通过例行程序来处理

(4) 风险分析。

风险定级后，应制定风险分析矩阵，即“可能性—后果”矩阵，如表 10-3 所示。

表 10-3 风险分析矩阵

可 能 性	后 果				
	可 忽 略	较 小	中 等	较 大	灾 难 性
	1	2	3	4	5
A(几乎肯定)	S	S	H	H	H
B(很可能)	M	S	S	H	H
C(有可能)	L	M	S	H	H
D(不太可能)	L	L	M	S	H
E(很罕见)	L	L	M	S	S

通常来说，组织对于高风险和严重风险是不可接受的，必然要选择并实施相应的对策来消减这种风险。对于中等风险和低风险，组织可以选择接受。

举例来说，假如有这样一个风险场景：一个个人经济上存在问题的公司职员(公司并不了解这一点)有权独立访问某类高敏感度的信息，他可能窃取这些信息并卖给公司的竞争对手。经过分析，公司确认这个风险的严重性(后果)为 2(较小)，可能性为 B(很可能)，借助风险分析矩阵，该风险被定为 S 级(严重风险)，根据公司在风险评估计划中确定的风险接受水平，应该对该风险采取措施予以消减。

评估者应该对每一个威胁场景进行分析和评价，当然，罗列威胁场景应该考虑到评估范围和实际意义等因素，避免描述的场景太多而难以控制。一般来讲，有限范围内的风险评估对威胁场景的列举以 10～20 个为准。

事实上，在评估资产、威胁、弱点、控制以及风险的过程中所用到的各种表格、模板、等级标准，都应该在风险评估计划中有所表述，真正进行评估时，只需通过人工或者自动化工具，将采集到的数据套入模板即可。

案例 10-1

电信 IP 网络风险评估过程

(1) 确定评估范围。调查并了解 IP 网络节点的网络拓扑、评估对象、系统业务流程和运行环境，确定评估范围的边界以及范围内所有的评估对象。

(2) 资产识别和估价。对评估范围内的所有电信资产进行调查和识别，并根据该资产在网络中的位置作用、所承载业务系统的重要性、所存储数据的重要程度等因素，对各资产的相对价值进行评估和赋值。

(3) 安全漏洞评估。主要通过工具扫描、手工检查、渗透测试、拓扑分析等手段对网络层、系统层以及应用层面的各种安全漏洞进行识别和评估。

(4) 安全威胁评估。通过问卷调查、IDS 取样、日志分析等方式识别出资产所面临的各种威胁，并评估它们发生的可能性。

(5) 安全管理调查。通过调研、问卷调查和人员访谈等方式对节点安全管理措施的完备性和有效性进行评估。

(6) 物理安全检查。通过前往机房现场进行检查、人员访谈、问卷调查等方式对物理环境安全进行检查和评估。

(7) 风险评估结果分析。根据上述各阶段实施所得到的评估结果，对评估节点的安全现状进行综合的风险评估，撰写风险评估报告，呈现风险现状。

10.3.3 风险评估的方法

【推荐期刊】

在进行电子商务风险分析时，由于各影响因素量化在现实上的困难，可根据实际需要采用定性、定量相结合的方法来进行风险分析，为制定风险管理制度和风险的控制提供理论上的依据。目前，风险分析主要采用的方法有风险综合评价法、蒙特卡罗方法、专家调查法、风险概率估计法、风险解析法、概率树分析法、层次分析法等。

1. 风险综合评价法

风险综合评价的方法中，最常用、最简单的分析方法是通过调查专家的意见，获得风险因素的权重和发生概率，进而获得项目的整体风险程度，其主要步骤如下所述。

(1) 建立风险调查表。在风险识别完成后，建立投资项目主要风险清单，将该投资项目可能遇到的所有重要风险全部列入表中。

(2) 判断风险权重。

(3) 确定每个风险发生概率。可以采用 1～5 标度，分别表示可能性很小、较小、中等、较大、很大，代表 5 种程度。

(4) 计算每个风险因素的等级。

(5) 最后将风险调查表中全部风险因素的等级相加，得出整个项目的综合风险等级。

2. 蒙特卡罗方法

蒙特卡罗方法(Monte Carlo method)，也称统计模拟方法，是 20 世纪 40 年代中期由于科学技术的发展和电子计算机的发明，而被提出的一种以概率统计理论为指导的一类非常重要的数值计算方法，也是使用随机数(或更常见的伪随机数)来解决很多计算问题的方法。与它对应的是确定性算法。蒙特卡罗方法在金融工程学、宏观经济学、计算物理学(如粒子输运计算、量子热力学计算、空气动力学计算)等领域应用广泛。

【推荐期刊】

1) 蒙特卡罗方法解题过程

蒙特卡罗方法的解题过程可以归结为以下 3 个主要步骤。

(1) 构造或描述概率过程。对于本身就具有随机性质的问题，如粒子输运问题，主要是正确描述和模拟这个概率过程，对于本来不是随机性质的确定性问题，比如计算定积分，就必须事先构造一个人为的概率过程，它的某些参量正好是所要求问题的解，即要将不具有随机性质的问题转化为随机性质的问题。

(2) 实现从已知概率分布抽样。构造了概率模型以后，由于各种概率模型都可以看作由各种各样的概率分布构成的，因此产生已知概率分布的随机变量(或随机向量)，就成为实现蒙特卡罗方法模拟实验的基本手段，这也是蒙特卡罗方法被称为随机抽样的原因。最简单、最基本、最重要的一个概率分布是(0，1)上的均匀分布(或称矩形分布)。随机数就是具有这种均匀分布的随机变量。随机数序列就是具有这种分布的总体的一个简单子样，也就是一个具有这种分布的相互独立的随机变数序列。产生随机数的问题，就是从这个分布的抽样问题。在计算机上，可以用物理方法产生随机数，但价格昂贵，不能重复，使用不便。另一种方法是用数学递推公式产生。这样产生的序列，与真正的随机数序列不同，所以称为伪随机数(或伪随机数序列)。不过，经过多种统计检验表明，它与真正的随机数，或随机数序列具有相近的性质，因此可把它作为真正的随机数来使用。由已知分布随机抽样有各种方法，与从(0，1)上均匀分布抽样不同，这些方法都是借助于随机序列来实现的，也就是说，都是以产生随机数为前提的。由此可见，随机数是我们实现蒙特卡罗模拟的基本工具。

(3) 建立各种估计量。一般来说，构造了概率模型并能从中抽样后，即实现模拟实验后，我们就要确定一个随机变量作为所要求的问题的解，我们称它为无偏估计。建立各种估计量，相当于对模拟实验的结果进行考察和登记，从中得到问题的解。

2) 项目管理中蒙特卡罗方法的一般步骤

(1) 对每一项活动，输入最小、最大和最可能估计数据，并为其选择一种合适的先验分布模型。

(2) 计算机根据上述输入，利用给定的某种规则，快速实施充分大量的随机抽样。

(3) 对随机抽样的数据进行必要的数学计算，求出结果。

(4) 对求出的结果进行统计学处理，求出最小值、最大值以及数学期望值和单位标准偏差。

(5) 根据求出的统计学处理数据，让计算机自动生成概率分布曲线和累积概率曲线(通常是基于正态分布的概率累积 S 形曲线)。

(6) 依据累积概率曲线进行项目风险分析。

3) 蒙特卡罗方法的应用

它是基于对事实或假定的大量数据进行反复试验，估计项目风险程度的方法。这种方法简单，能借助计算机快速运算，适用于含随机变量较多的风险辨识与估计。

3．专家调查法

专家调查法是基于专家的知识、经验和直觉，发现项目潜在风险的分析方法。

(1) 适用范围：它适用于风险分析的全过程。

采用专家调查法时，专家应有合理的规模，人数一般应在 10～20 位。专家的人数取决于项目的特点、规模、复杂程度和风险的性质而定，没有绝对规定。

(2) 专家调查法有很多，其中头脑风暴法、德尔菲法、风险识别调查表、风险对照检查表和风险评价表是最常用的几种方法。

① 风险识别调查表。主要定性描述风险的来源与类型、风险特征、对项目目标的影响等。

② 风险对照检查表。其是一种规范化的定性风险分析工具，具有系统、全面、简单、快捷、高效等优点，容易集中专家的智慧和意见，不容易遗漏主要风险，对风险分析人员有启发思路、开拓思路的作用。

当有丰富的经验和充分的专业技能时，项目风险识别相对简单，并可以取得良好的效果。对照检查表的设计和确定是建立在众多类似项目经验基础上的，需要大量类似项目的数据。而对于新的项目或完全不同环境下的项目，则难以适应。需要针对项目的类型和特点，制定专门的风险对照检查表。

(3) 风险评价表。通过专家凭借经验独立对各类风险因素的风险程度进行评价，最后将各位专家的意见归集起来。风险评价表通常重在说明。说明中应对程度判定的理由进行描述，并尽可能明确最悲观值(或最悲观情况)及其发生的可能性。

4．风险概率估计法

1) 客观概率估计

客观概率是实际发生的概率，可以根据历史统计数据或是大量的试验来推定。客观概率的获得是将一个事件分解为若干子事件，通过计算子事件的概率来获得主要事件的概率；还可以通过足够量的试验，统计出事件的概率。

客观概率估计是指应用客观概率对项目风险进行的估计，它利用同一事件，或是类似事件的数据资料，计算出客观概率。

客观概率估计法最大的缺点是需要足够的信息，但通常是不可得的。所以，客观概率只能用于完全可重复事件，因而并不适用于大部分现实事件。

2) 主观概率估计

主观概率是基于个人经验、预感或直觉而估算出来的概率，是一种个人的主观判断。主观概率估计是基于经验、知识或类似事件比较的专家推断概率。当有效统计数据不足或是不可能进行试验时，主观概率是唯一选择。

主观概率专家估计的具体步骤如下所述。

(1) 根据需要调查问题的性质组成专家组。专家组成员由熟悉该风险因素的现状和发展趋势的专家、有经验的工作人员组成。

(2) 查某一变量可能出现的状态数或状态范围和各种状态出现的概率或变量发生在状态范围内的概率，由每个专家独立使用书面形式反映出来。

(3) 整理专家组成员意见，计算专家意见的期望值和意见分歧情况，反馈给专家组。

(4) 专家组讨论并分析意见分歧的原因。重新独立填写变量可能出现的状态或状态范围和各种状态出现的概率或变量发生在状态范围内的概率，如此重复进行，直至专家意见分歧程度满足要求值为止。这个过程最多经历 3 个循环，否则不利于获得专家们的真实意见。

3) 风险概率分布

风险概率分布包括：①离散型概率分布。输入变量可能值是有限个数，各种状态的概率取值之和等于 1，它适用于变量取值个数不多的输入变量；②连续型概率分布。输入变量的取值充满一个区间。

描述风险概率分布的指标主要有期望值、方差、标准差、离散系数等。

风险概率估测法要求对于风险的估计要客观且具有权威性。

5．层次分析法

层次分析法(Analytic Hierarchy Process，AHP)是将与决策总是有关的元素分解成目标、准则、方案等层次，在此基础之上进行定性和定量分析的决策方法。该方法是美国运筹学家托马斯·萨蒂于20世纪70年代初，在为美国国防部研究“根据各个工业部门对国家福利的贡献大小而进行电力分配”课题时，应用网络系统理论和多目标综合评价方法，提出的一种层次权重决策分析方法。

所谓层次分析法，是指将一个复杂的多目标决策问题作为一个系统，将目标分解为多个目标或准则，进而分解为多指标(或准则、约束)的若干层次，通过定性指标模糊量化方法算出层次单排序(权数)和总排序，以作为目标(多指标)、多方案优化决策的系统方法。

【推荐期刊】

1) 层次分析法的原理

层次分析法是将决策问题按总目标、各层子目标、评价准则直至具体的备投方案的顺序分解为不同的层次结构，然后得用求解判断矩阵特征向量的办法，求得每一层次的各元素对上一层次某元素的优先权重，最后再加权和的方法递阶归并各备择方案对总目标的最终权重，此最终权重最大者即为最优方案。

这里所谓“优先权重”是一种相对的量度，它表明各备择方案在某一特点的评价准则或子目标，目标下优越程度的相对量度，以及各子目标对上一层目标而言重要程度的相对量度。层次分析法比较适用于具有分层交错评价指标的目标系统，而且目标值又难于定量描述的决策问题。其用法是构造判断矩阵，求出其最大特征值，及其所对应的特征向量，归一化后，即为某一层次指标对于上一层次某相关指标的相对重要性权值。

层次分析法的基本思路与人对一个复杂的决策问题的思维、判断过程大体上是一样的。假如有3个旅游胜地A、B、C供你选择，你会根据诸如景色、费用和居住、饮食、旅途条件等一些准则去反复比较这3个候选地点。首先，你会确定这些准则在你的心目中各占多大比重，如果你经济宽裕、喜欢旅游，自然重视景色；平素俭朴或手头拮据的人则会优先考虑费用；中老年旅游者还会对居住、饮食等条件较为关注。其次，你会就每一个准则将3个地点进行对比，如A景色最好，B次之；B费用最低，C次之；C居住等条件较好等。最后，你要将这两个层次的比较判断进行综合，在A、B、C中确定哪个作为最佳地点。

2) 层次分析法的步骤

运用层次分析法进行决策时，需要经历以下5个步骤：①建立系统的递阶层次结构；②构造两两比较判断矩阵(正互反矩阵)；③针对某一个标准，计算各备选元素的权重；④计算当前一层元素关于总目标的排序权重；⑤进行一致性检验。

3) 层次分析法的优点

(1) 提供一种系统性的分析方法。层次分析法把研究对象作为一个系统，按照分解、比较判断、综合的思维方式进行决策，成为继机理分析、统计分析之后发展起来的系统分析的重要工具。系统的思想在于不割断各个因素对结果的影响，而层次分析法中每一层的权重设置最后都会直接或间接影响到结果，而且在每个层次中的每个因素对结果的影响程度都是量化的，非常清晰、明确。这种方法尤其可用于对无结构特性的系统评价以及多目标、多准则、多时期等的系统评价。

(2) 简洁实用的决策方法。把定性方法与定量方法有机地结合起来，使复杂的系统分解，能将人们的思维过程数学化、系统化，便于人们接受，且能把多目标、多准则又难以全部量化处理的决策问题化为多层次单目标问题，通过两两比较确定同一层次元素相对上一层次元素的数量关系后，最后进行简单的数学运算。即使是具有中等文化程度的人也可了解层次分析的基本原理和掌握它的基本步骤，计算比较简便，并且所得结果简单明确，容易为决策者了解和掌握。

(3) 所需定量数据信息较少。层次分析法主要是从评价者对评价问题的本质、要素的理解出发，比一般的定量方法更讲求定性的分析和判断。由于层次分析法是一种模拟人们决策过程的思维方式的一种方法，层次分析法把判断各要素的相对重要性的步骤留给了大脑，只保留人脑对要素的印象，化为简单的权重进行计算。这种思想能处理许多用传统的最优化技术无法着手的实际问题。

4) 层次分析法的缺点

(1) 不能为决策提供新方案。层次分析法的作用是从备选方案中选择较优者，而不能为决策者提供解决问题的新方案。

(2) 定量数据较少，定性成分多，不易令人信服。层次分析法是一种带有模拟人脑决策方式的方法，因此必然带有较多的定性色彩。例如，对一件衣服评价的指标如果设为舒适度、耐用度，这样的指标对于女性来说，估计是比较难接受的。因为女性大多对衣服的评价一般会把美观度作为最主要的指标，对耐用度的要求相对比较低，甚至可以忽略不计。而同样的指标在男性身上却是很恰当的。但是对于上述问题，解决的办法可以是把美观度加进去，但加多少个指标也会成为一个问题。

(3) 指标过多时数据统计量大，且权重难以确定。指标的增加意味着要构造层次更深、数量更多、规模更庞大的判断矩阵。太多的指标会对层次单排序和总排序的一致性产生影响，使一致性检验不能通过。也就是说，由于客观事物的复杂性或对事物认识的片面性，通过所构造的判断矩阵求出的特征向量(权值)不一定是合理的，即层次分析法里面没有办法指出判断矩阵里哪个元素出了问题。

10.3.4 项目风险评估结果

电子商务项目风险评估的结果是按照优先级排序的风险列表，是风险分析过程的输出。一个按优先等级顺序的风险列表是一个详细记录着应被跟踪的机会和值得注意的威胁的风险清单目录，其中包含了所有已识别风险的相对排名以及对应每个风险的具体风险描述和风险量化值。按优先级排序的风险列表能够清晰地表示出风险的轻重缓急，为风险管理者制定风险应对措施提供重要的参考依据，尤其是在项目资源有限的条件下，有助于项目资源的合理利用。

在电子商务项目风险评估研究中也存在一些值得关注的问题，这些问题主要表现在以下两方面。

(1) 风险具有系统性。项目风险贯穿于整个项目的生命周期，在项目生命周期的各个阶段，风险表现形式不一，风险评估方法和侧重点有所不同，但应该有关联性和一些变量与特征的一致性。应该建立一个项目评估的链式关联，将项目选择、项目过程管理、项目绩效评估与管理等有机地联系起来，构成一个项目风险评估的完整体系。

(2) 风险评估方法太多、针对性评估太少。由于方法多样性，以致人们在执行评估任务时感到选择方法比评估本身更复杂、更困难。

10.4　项目风险应对

项目风险应对是指在确定了决策的主体经营活动中存在的风险，并分析出风险概率及其风险影响程度的基础上，根据风险性质和决策主体对风险的承受能力而制定的回避、承受、降低或者分担风险等相应防范计划。制定风险应对策略主要考虑 4 个方面的因素：可规避性、可转移性、可缓解性、可接受性。

10.4.1　项目风险应对的内容

风险应对过程的活动是执行风险行动计划，以求将风险降至可接受程度，具体包括以下内容：

(1) 对触发事件的通知做出反应。得到授权的个人必须对触发事件做出反应。适当的反应包括回顾当前现实以及更新行动时间框架，并分派风险行动计划。

(2) 执行风险行动计划。应对风险应该按照书面的风险行动计划进行。

(3) 对照计划，报告进展。确定和交流对照原计划所取得的进展。定期报告风险状态，加强小组内部交流。小组必须定期回顾风险状态。

(4) 校正偏离计划的情况。有时结果不能令人满意，就必须换用其他途径，同时将校正的相关内容记录下来。

10.4.2　项目风险应对的措施

1. 风险规避

规避风险的方法有以下几种。

(1) 通过公司政策、限制性制度和标准，阻止高风险的经营活动、交易行为、财务损失和资产风险的发生。

(2) 通过重新定义目标，调整战略及政策，或重新分配资源，停止某些特殊的经营活动。

(3) 在确定业务发展和市场扩张目标时，避免追逐“偏离战略”的机会。

(4) 审查投资方案，避免采取导致低回报、偏离战略，以及承担不可接受的高风险的行动。

(5) 通过撤出现有市场或区域，或者通过出售、清算、剥离某个产品组合或业务，规避风险。

2. 风险接受

接受风险的方法有以下几种。

(1) 不采取任何行动，将风险保持在现有水平。

(2) 根据市场情况许可等因素，对产品和服务进行重新定价，从而补偿风险成本。

(3) 通过合理设计的组合工具，抵消风险。

3．风险降低

降低风险的方法有以下几种。

(1) 将金融资产、实物资产或信息资产分散放置在不同地方，以降低遭受灾难性损失的风险。

(2) 借助内部流程或行动，将不良事件发生的可能性降低到可接受的程度，以控制风险。

(3) 通过给计划提供支持性的证明文件并授权合适的人做决策，应对偶发事件。必要时，可定期对计划进行检查，边检查边执行。

4．风险分担

组织可以寻求方法将风险转移给资金雄厚的独立机构。

(1) 保险。在明确的风险战略的指导下，与资金雄厚的独立机构签订保险合同。

(2) 再保险。如有必要，可与其他保险公司签订合同，以减少投资风险。

(3) 转移风险。通过结盟或合资，投资于新市场或新产品，获取回报。

(4) 补偿风险。通过与资金雄厚的独立机构签订风险分担合同，补偿风险。

5．风险开拓

如果组织希望确保项目风险的机会能得以实现，这就具有采用积极的风险措施，该项发现措施的目标在于通过确保项目风险机会的实现。这种措施包括为项目分配更多和更好的资源，以便缩短完成时间或实现超过最初预期的好质量。

6．风险提高

这种策略旨在通过提高项目风险机遇的概率及其积极影响，识别并最大程度发挥这些项目风险机遇的驱动因素，致力于改变这种项目风险机遇的大小，最终促进或增强项目风险的机会，以及积极强化其触发条件，提高其发生的概率。

7．风险容忍

这是针对那些项目风险发生概率很小，而且项目风险所能造成的后果较轻的风险事件所采取的一种风险应对措施。这是一种最常使用的项目风险应对措施，但是要注意必须合理地确定不同组织的风险容忍度。

8．风险储备

这是应对无预警信息项目风险的一种主要措施，特别是对于那些潜在巨大损失的项目风险，应该积极采取这种风险应对措施。例如，储备资金和时间以对付项目风险、储备各种灭火器材以对付火灾、购买救护车以应对人身事故的救治等都属于项目风险储备措施。

9．风险遏制

这是从遏制项目风险引发原因的角度出发应对项目风险的一种措施。例如，对可能因项目财务状况恶化而造成的项目风险(如因资金断绝而造成烂尾楼工程项目等)，采取注入新资金的保障措施就是一种典型的项目风险遏制措施。

10.5 风险监控

风险监控(Risk Monitoring and Control)是指在决策主体的运行过程中，对风险的发展与变化情况进行全程监督，并根据需要进行应对策略的调整。因为风险是随着内部、外部环境的变化而变化的，它们在决策主体经营活动的推进过程中可能会增大或者衰退乃至消失，也可能由于环境的变化又生成新的风险。项目风险监控就是通过对风险规划、识别、估计、评价、应对全过程的监视和控制，从而保证风险管理能达到预期的目标，它是项目实施过程中的一项重要工作。监控风险实际是监视项目的进展和项目环境，即项目情况的变化，其目的是：核对风险管理策略和措施的实际效果是否与预见的相同；寻找机会改善和细化风险规避计划。

【推荐期刊】

10.5.1 风险监控的依据和流程

1．风险监控的依据

1) 风险管理规划

管理规划规定了风险监控的方法和技术、指标、时间和工作安排，是风险监控的指导性计划。

2) 风险应对计划

风险应对计划提供了关键风险、风险应对措施等风险监控的具体内容和对象。

3) 环境的变化情况

环境变化包括系统外部环境的变化和系统本身的变更。如果系统出现大的变更，要求进行新的风险分析和风险应对。在风险管理执行过程中，各种日常的反馈信息也是进一步采取风险处置措施的依据。

4) 新识别的风险

新识别的风险包括原先风险不大的风险成为关键风险，以及原先不存在或没有识别出来的风险因或风险事件。对于二级风险识别和分析，尤其是对未曾识别的风险要予以特别重视。

5) 已发生的风险事件和已实施的风险应对计划

风险事件发生要求实施风险控制，已实施的风险应对计划也要求进行风险监视。

风险反应与监控就是计划—决策—监控不断交替进行的、循环反复的一个过程，通过实施风险反应与监控将目标风险控制到一定程度，确保各项活动的正常实施和顺利建成。

2．风险监控的原则

进行风险监控一般要遵守以下原则。

1) 及时性

这种及时性体现在两个方面：一是在进行风险监测的时候要及时发现风险；二是在风

险控制的时候要及时采取有效措施，在风险尚未造成巨大损失的时候消除风险或将风险控制在可以接受的范围之内。通常风险监控通过设立风险预警和应急预案系统对有可能出现的风险采取超前或预先防范的管理，一旦在监控过程中发现风险的征兆，及时采取校正行动并发出预警信号，以最大限度地控制不利后果的发生。

2) 持续性

因为风险是无时无刻不存在的，所以风险监控是贯穿整个系统生命周期的，是一个持续的过程。随着时间的推移，原有的系统环境可能发生变化，新的风险可能出现，原来的次要风险也可能转化为主要风险，这时再按照以前制订的风险管理计划和风险应对计划进行风险监控就不能满足风险管理的要求了，必须根据环境的变化对风险监控进行动态调整。

3) 可操作性

在风险监控中采取控制措施，必须结合风险管理主体自身的能力和资源状况来制定，要具有可操作性。一般来讲，控制措施分为两类：第一类措施为主动的、积极的进攻策略，也称为风险调控措施，是针对治本性风险管理目标设定的策略。它是指主动出击，抵消风险的作用力，如防范风险事件的发生，堵塞风险事件发生的缝隙，积极地控制风险、引导风险。第二类措施为被动的、消极的防守策略，也称为风险处理对策，是针对治标性风险管理目标而制定的策略。它是指对项目风险做出回避、转移等处理，使项目投资者减少损失，改善所处的环境，摆脱被动局面。风险管理主体要根据自身的特点合理选择控制措施。

10.5.2 风险监控的内容

风险监控就是在项目进行时，对实际出现风险进行监督和控制。监控的内容不能仅停留在关注风险的大小上，还要分析影响风险事件因素的发展和变化。风险监控的具体内容包括：

(1) 风险应对措施是否按计划正在实施。

(2) 风险应对措施是否如预期的那样有效，或者是否需要制度新的应对方案。

(3) 对组织未来所处的环境的预期分析，以及对组织整体目标实现可能性的预期分析是否仍然成立。

(4) 风险的发生情况与预期的状态相比是否发生了变化，并对风险的发展变化做出分析判断。

(5) 识别到的风险哪些已发生，哪些正在发生，哪些有可能在以后发生。

(6) 是否出现了新的风险因素和新的风险事件，其发展变化的趋势等。

10.5.3 风险监控方法体系的构成

风险监控的方法是一个完整、独立的体系，具体由监控程序、监控信息采集系统、监控指标体系、监控信息分析处理系统等构成。

1. 监控程序

监控程序规定监控各项工作的信息流程，是根据监控目的设计的。不同的监控对象、监控目的和监控信息来源有不同的监控程序和工作内容，其目的是以最大限度获得监控相关信息和最有效取得科学监控结果为前提。

2．监控信息采集系统

(1) 间接监控方式。监控工作人员和专家根据风险监控资料和监控机构制订的汇报表格，对风险进行间接的监控，提出评价信息。

(2) 现场调查方式。由监控机构的专业监控人员对系统运行实施情况和系统所涉及的技术、市场、风险等相关因素进行充分的现场调研，以得到准确的信息。

(3) 会议监控方式。由监控专家、监控工作人员等以会议的形式集中，多方进行直接的交流和质询，从而收集监控信息。

3．监控指标体系

监控指标体系是监控的关键因素。监控的指标体系是能够比较完整地描述运行状态的信息载体，监控机构完成监控所需的信息绝大部分都要通过指标进行定向采集。

4．监控信息分析处理系统

监控信息分析处理系统的核心是数学模型。它的主要功能就是为收集到并经过预处理的信息提供进一步处理的规则，最终得出监控结果，所以，实际上它是一种算法或多种算法的组合。从模型的数学形态看，有线性模型和非线性模型。尽管在一个事物中，各种不同因素的相关关系可能非常复杂，用简单的线性关系进行描述会产生误差，但在目前多数监控模型中，线性模型由于易于实现和理解而被广泛采用。在不知道各因素之间的准确关系时，采用线性关系得出的结果比较平稳也是一个重要的原因。

10.5.4 风险监控的步骤

风险监控包括 4 个方面的工作：一是对未来情况的预测；二是对近期情况的衡量；三是预测未来情况与近期情况的比较；四是及时拟订实现目标的措施，或修正预定的计划及目标。

风险监控可以采取以下步骤。

(1) 建立风险监控体系。监控体系主要包括风险责任制、风险信息报告制、风险监控决策制、项目风险监控沟通程序等。

(2) 确定监控的风险事件。

(3) 确定风险监控责任。所有需要监控的风险都必须落实到人，同时明确岗位职责，对于风险控制应实行专人负责。

(4) 确定风险监控的行动时间。这是指对风险的监控要制定相应的时间计划和安排，不仅包括进行监测的时间点和监测持续时间，还应包括计划和规定出解决风险问题的时间表与时间限制。

(5) 制定具体风险监控方案。根据风险的特性和时间计划制定各具体风险控制方案，找出能够控制风险的各种备选方案，然后要对方案作必要可行性分析，以验证各风险控制备选方案的效果，最终选定要采用的风险控制方案或备用方案。

(6) 实施具体风险监控方案。要按照选定的具体风险控制方案开展风险控制的活动。

(7) 跟踪具体风险的控制结果。这是要收集风险事件控制工作的信息并给出反馈，即利用跟踪去确认所采取的风险控制活动是否有效，风险的发展是否有新的变化等，以便不断提供反馈信息，从而指导项目风险控制方案的具体实施。

(8) 判断风险是否已经消除。若认定某个风险已经解除，则该风险的控制作业已完成。若判断该风险仍未解除，就要重新进行风险识别，重新开展下一步的风险监控作业。

风险监控是一个持续改进的过程，它是存在于整个系统生命周期之内的。要不断地根据环境的变化对风险监控进行调整，才能实现风险的有效管理，消除或控制风险的发生或避免造成不利后果。

本章小结

电子商务项目比起一般传统项目所固有的风险无论在表现形式、强烈程度或影响范围上都更加突出，主要包括竞争风险、变革风险、财务风险、技术风险、信用风险和法律风险等，因此对电子商务项目进行风险管理非常重要。电子商务项目风险是指在项目实施过程中发生的机密数据丢失的可能性，或者在物理上、运行机制上以及资金财务上受到损害的可能性。通过风险识别、风险评估、认识项目的风险，并在此基础上合理使用各种应对措施、管理方法技术和手段对项目风险进行有效的控制，妥善处理风险事件造成的不利后果，并建立长期有效的风险监控体系，以最少的成本保证项目总体目标的实现。

电子商务项目的风险识别是在收集有关各种威胁、漏洞和相关对策等信息的基础上，识别各种可能对电子商务项目造成潜在威胁的风险。在具体识别风险时，风险的范围、种类和严重程度经常容易被主观夸大或缩小，使项目的风险评估分析和处置发生差错，造成不必要的损失。因此，需要综合利用一些专门技术和工具，以保证高效率地识别风险并不发生遗漏。常用的风险识别的方法有头脑风暴法、德尔菲法、情景分析法、核对表法、流程图法、财务报表法等。

电子商务项目风险评估是在风险识别的基础上，对风险发生的可能性和其他因素进行综合考虑与系统的分析，达到描述风险的综合指标，并与公认(或经验)的风险(安全)指标比较，确定项目的风险的整体水平和风险等级等，得到风险程度如何及采取何种决策的结论，为风险应对措施的制定和实施提供重要的依据。通过风险评估可以初步淘汰那些风险过大、收益过小、不符合投资标准的项目。对于那些经过筛选符合标准的项目，通过风险的分析与评估可以制定出有效的风险管理方法来最大限度地降低风险。掌握风险评估的基本原则和流程并运用恰当的评估方法进行项目评估。常见的项目评估方法有风险综合评价法、蒙特卡罗方法、专家调查法、风险概率估计法、风险解析法、概率树分析法、层次分析法等。

项目风险应对是指在确定了决策的主体经营活动中存在的风险，并分析出风险概率及其风险影响程度的基础上，根据风险性质和决策主体对风险的承受能力而制定的回避、承受、降低或者分担风险等相应防范计划。经常的风险应对措施包括风险规避、风险接受、风险降低、风险分担、风险开拓、风险提高、风险容忍、风险储备和风险遏制等。

项目风险监控是通过对风险规划、识别、估计、评价、应对全过程的监视和控制，从而保证风险管理能达到预期的目标。其目的是：核对风险管理策略和措施的实际效果是否与预见的相同；寻找机会改善和细化风险规避计划。什么时候进行风险监控，以及将付出多大的代价进行监控，这是风险管理中必须把握的，一般决定于经过识别和评价的风险是否对企业(或项目等)造成了或即将造成不能接受的威胁。建立一个完整、独立的风险监控体系是长期有效的一个方法。

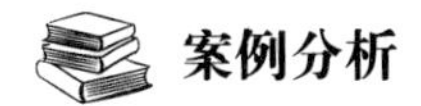

案例分析

App项目风险评估

某项目团队经过市场调研发现：随着人们生活节奏的加快，越来越多的上班族不仅工作繁忙且工作压力大，一方面没有时间做饭，又不喜欢餐厅的口味或环境；另一方面又对社交充满渴求，乐于分享。于是，该团队决定开放一款集社区分享、美食、社交交友为一体的服务型App。

该项目组经过分析评估认为：本 App 开发的风险主要涉及技术风险、项目管理风险、软件维护风险以及财务风险。

1．技术风险

App软件开发的主要风险均来自于两个方面：一是软件管理的风险，二是软件体系结构的风险。

1) 软件管理的风险将会影响以下几项

(1) App 软件能否按工期完成。软件工期常常是制约软件质量的主要因素。影响进度的原因一般是文档工作没能跟上。软件开发商在工期的压力下，前期放弃文档的书写、组织，致使后期需要大量文档进行协调时，得不到有效的软件管理的保证。

(2) App 软件需求的调研是否深入透彻。软件需求是确保软件能正确反映用户需求的重要文档，贯穿于整个软件的开发过程。软件管理需要对软件需求的变化进行控制和管理，一方面保证软件需求的变化不至于造成软件工程一改再改而无法按期完成；同时又要保证开发的软件能够为用户所接受。

(3) App 软件的技术手段能否同时满足性能要求。软件管理在制定软件开发计划时对软件构造过程中的使用的各种技术进行评估，并做出合理的权衡决策。最成熟的技术，往往不能体现最好的软件性能；先进的技术，往往技术人员对其熟悉程度不够，对其中隐含的缺陷不够明了。

(4) App 软件质量体系能否被有效保证。任何软件管理忽略软件质量监督环节都将对软件的生产构成巨大的风险。而制定卓有成效的软件质量监督体系，是软件开发成为可控制过程的基础，也是开发商和用户进行交流的基础和依据，是任何软件开发组织必不可少的。

2) 软件体系结构风险将会影响以下几项

(1) App 软件的可伸缩性。是指软件在不进行修改的情况下适应不同的工作环境的能力。

(2) App 软件的可维护性。软件的维护也是必然的事情，为了保证软件的较长使用寿命，软件就必须适应不断的业务需求变化，根据业务需求的变化对软件进行修改。

(3) App 软件的易用性。软件的易用性是影响软件是否被用户接受的关键之关键因素。在软件产品中，设计复杂，功能强大而完备，但因为操作繁复而被搁置者屡见不鲜。造成的主要原因一是缺乏软件开发中软件体系结构的宏观把握能力，二是，缺乏有效的手段进行软件需求的确定和对潜在需求的挖掘。

2．项目管理风险

(1) App 软件的产品不可见，开发的进展以及软件的质量是否符合要求难于度量，从而使软件的管理难于把握。

(2) 软件的生产过程不存在绝对正确的过程形式。不同的软件开发项目应当采用不同的或有针对性的软件开发过程，而真正合适的软件开发过程是在软件项目的开发完成才能明了的。

(3) App 软件项目往往是“一次性”成型的，也是唯一性的，以往的经验可以被借鉴的地方不是很多。

3．软件维护风险

App 软件维护包含两个主要的阶段：①软件生产完毕到软件试运行阶段的维护。这个阶段是一种实际环境的测试性维护，其主要目的是发现在测试环境中不能或未发现的问题。②当软件的运行不再适应用户业务需求或是用户的运行环境(包括硬件平台，软件环境等)时进行的软件维护，具体可能是软件的版本升级或软件移植等。从软件工程的角度看，软件维护费用约占总费用的 55%～70%，系统越大，该费用越高。对系统可维护性的轻视是大型软件系统的最大风险。

4．财务风险

项目开发及运营的前 2 年。财务支出预算如表 10-4 所示。

表 10-4　财务支出预算

类　别	预 算 费 用
办公设备	150 500 元
人力资源	2 100 000 元
营销及推广	按实际用户发展速度和增量做调整
其他费用	890 400 元
合计	3 140 900 元

从收入上看，本软件前期 1～2 年是推广阶段，积累用户，陪养用户习惯和市场磨合，对所有用户是免费的，也就是很少有收入，在达到一定的用户基数和知度以后，有商家入驻，就开始有广告收入及平台入驻服务费。因此，前期存在一定的筹资风险，由于本项目财务现金流不是很高，现加上收入减少和成本增加的风险存在，在现金流平衡上存在一定风险。

该团队提出了相应的风险应对策略。

1) 大力开拓市场

目前团购、外卖平台较多，网购普遍，因此人们对网购，网络支付等比较认可，这是对我们有利的一面。本项目旨在提供不同于团购，外卖平台的服务。差异化服务，满足客户的需求。加强宣传，树立高端网络形象，消费者接受认知一个新生事物需要一个时间过程，因此我们要广发宣传和广告，研究可行的营销策，推出有效的营销方式，迅速占领客户。

2) 储备高素质人才

App 项目运营意义重大，必须确保人员数量和质量。在这个全新的行业，有很多新的工作量和具有挑战性的工作，如公关、谈判与合作、技术支持、业务宣传、营销策划等一系列的工作，均需要不少高素质的管理人员、技术人员和营销人员进行支撑。

3) 加强项目运营管理能力

针对技术风险，组织需要长期储备人才技术人员，工程上要选用优秀的设计，时常保持更新，关注网络测试和系统安全和稳定。准备必要的备用方案，制定好人员分工计划，确保各项工作有序进行，制定员工服务考核体系等，确保服务好每个顾客。

4) 关注现金流的平衡

考虑收入、成本与预期值可能的重大变化，从而对财务现金流有准确安全的筹划，对可能出现现金流短缺的情况，及早准备。

问题：通过以上案例分析 App 项目风险的特殊性和应注意的主要风险类型及识别方法。

习　题

1. 论述电子商务项目风险管理的必要性。

2. 项目风险评估的基本流程是什么?

3. 在当前的电子商务环境下，开发一个全新的旅游App软件的风险来自哪些方面?

4. 针对当前农村电子商务发展的状况，分析建立一个面向区域的农产品电商平台具有哪些风险。

5. 项目风险的应对措施一般有哪些?分别适用于什么情况?

6. 论述建立项目风险监控体系的必要性。

第11章 电子商务项目策划文案

学习目标

(1) 了解电子商务项目策划文案的类型。

(2) 熟悉每一种策划文案编写的特点和基本要求。

(3) 熟悉每一种策划文案编写的内容。

(4) 掌握几种策划文案的写作。

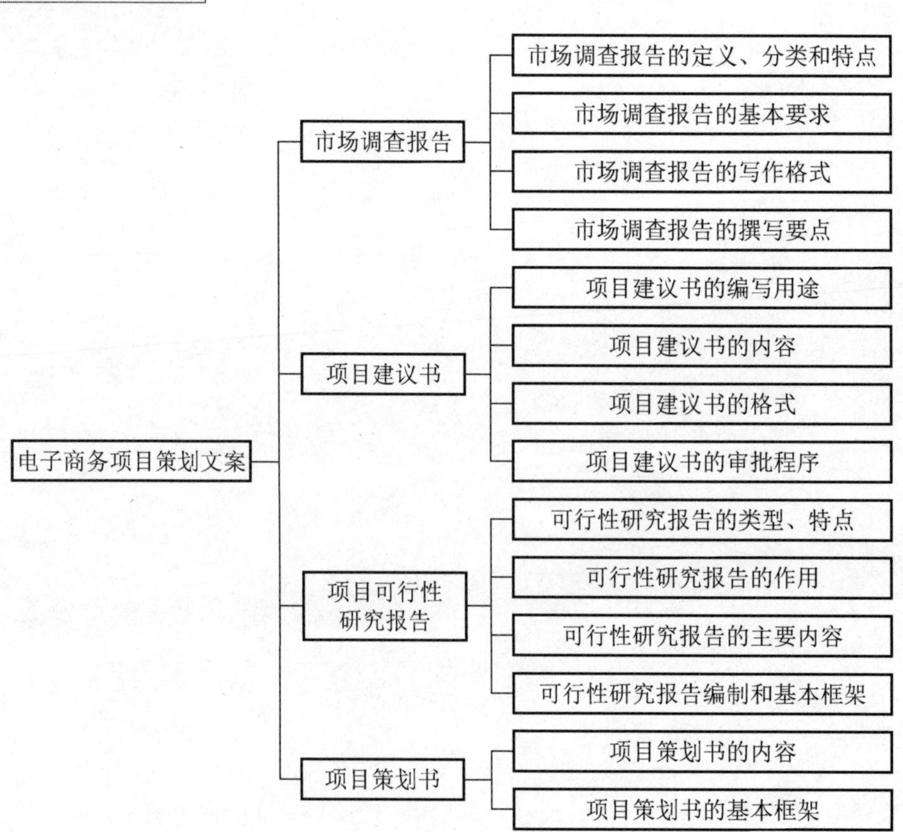

导入案例

猪八戒网的文案策划服务

猪八戒网是中国领先的服务众包平台，由原《重庆晚报》首席记者朱明跃于2006年创办，2011年获得IDG投资，并被评选为中国2011年度“最佳商业模式十强”企业。2015年6月15日，猪八戒网宣布分别获得来自重庆北部新区和赛伯乐集团的10亿元、16亿元融资并执行平台零佣金制度，不再收取20%的交易佣金。2015年12月，猪八戒网原有的“猪标局”与快智慧整合升级为“八戒知识产权”。

其交易模式比较独特，一是先比赛•先交稿模式，买家在发布需求时，先将赏金完全托管到猪八戒网，再从服务商交稿中选出中标稿件的交易模式。猪八戒网收取赏金的20%作为平台服务费。二是计件模式，买家按一个合格需求支付一份服务商酬金的方式进行选稿，选稿数量视买家需求而定，稿件合格将立即支付服务商报酬的交易模式。2013年1月1日起恢复收5%～20%佣金。三是一对一•先报价模式，买家在发布需求时未托管赏金至猪八戒网，根据服务商报价选择一位服务商完成工作的交易模式。四是一对一•服务模式，买卖双方直接通过猪八戒网的托管服务进行交易的交易模式。五是一对一•先抢标模式，买家发布需求时，先将诚意金托管到猪八戒网，再由众多服务商进行抢标(服务商抢标也需要托管诚意金)，最终买家确认一位服务商来完成需求的交易模式。

对于买家来说，把需要解决的问题放在猪八戒网上，通过悬赏模式可以获得多种方案，可以选到百里挑一的作品；通过速配模式，可以寻找到能力精准匹配的服务商来提供服务。总而言之，企业机构和个人可以在猪八戒网获得低成本、高效益的服务。

对于服务商来说，无论是个人还是机构企业，都可以在猪八戒网上做自己喜欢或擅长的工作，足不出户找到目标客户，挣得真金白银；而且工作环境更加自由，工作时间自己掌控。可以说，猪八戒网也是一个人才成长平台。许多服务商通过在猪八戒网上做业务，不仅锻炼了专业技能以及客户沟通技巧，同时也加深了对行业市场的了解，积累了客户资源。

猪八戒网的服务交易品类涵盖创意设计、网站建设、网络营销、文案策划、生活服务等多种行业。其文案撰写是猪八戒网中极具特色的一个栏目，包括文案创作、文案广告、文案编辑、文案设计、创意文案、产品文案、微信微博、企业宣传、方案策划等，口碑在业内也非常不错。

(资料来源：猪八戒网和 http://baike.so.com/doc/732733-775716.html.)

电子商务项目策划文案的撰写是电子商务项目策划的基础工作，对后期电子商务项目的管理和实施都具有至关重要的作用。常见的电子商务项目策划文案主要包括市场调查报告、项目立项意向书、项目建议书、项目计划任务书、项目可行性报告、项目策划书等。如何根据电子商务项目的实际情况和所处阶段，撰写优秀的项目策划文案是项目策划的关键所在。

11.1 市场调查报告

11.1.1 市场调查报告的定义和分类

市场调查报告是经济调查报告的一个重要种类，它是以科学的方法对市场的供求关系、购销状况以及消费情况等进行深入细致的调查研究后所写成的书面报告。其作用在于帮助企业了解掌握市场的现状和趋势，增强企业在市场经济大潮中的应变能力和竞争能力，从而有效地促进经营管理水平的提高。

市场调查报告可以从不同角度进行分类。按其所涉及内容含量的多少，可以分为综合性市场调查报告和专题性市场调查报告；按调查对象的不同，有关于市场供求情况的市场调查报告、关于产品情况的市场调查报告、关于消费者情况的市场调查报告、关于销售情况的市场调查报告以及有关市场竞争情况的市场调查报告；按表述手法的不同，可分为陈述型市场调查报告和分析型市场调查报告。

11.1.2 市场调查报告的特点

由于市场调查报告是市场调查人员根据市场调查、收集、记录、整理和分析形成的资料文书，因此，市场调查报告是市场调查研究成果的集中体现，其撰写得好坏将直接影响到整个市场调查研究工作的成果质量。一份好的市场调查报告，能给企业的市场经营活动提供有效的导向作用，能为企业的决策提供客观依据。

与普通调查报告相比，市场调查报告无论从材料的形成还是结构布局方面都存在着明显的共性特征，但它比普通调查报告在内容上更为集中，也更具特色。

(1) 针对性。市场调查报告是决策机关决策的重要依据之一，必须有的放矢。

(2) 真实性。市场调查报告必须从实际出发，通过对真实材料的客观分析，才能得出正确的结论。

(3) 典型性。主要表现为两点：一是对调查得来的材料进行科学分析，找出反映市场变化的内在规律；二是报告的结论要准确可靠。

(4) 时效性。市场调查报告要及时、迅速、准确地反映、回答现实经济生活中出现的新情况、新问题，突出“快”“新”二字。

11.1.3 市场调查报告的基本要求

1. 调查报告力求客观真实、实事求是

调查报告必须符合客观实际，引用的材料、数据必须真实可靠；要反对弄虚作假，或迎合上级的意图，挑他们喜欢的材料撰写。总之，要用事实来说话。

2. 调查报告要做到调查资料和观点相统一

市场调查报告是以调查资料为依据的，即调查报告中所有观点、结论都有大量的调查资料为根据。在撰写过程中，要善于用资料说明观点，用观点概括资料，二者相互统一。切忌调查资料与观点相分离。

3. 调查报告要突出市场调查的目的

任何市场调查都是为了解决某一问题，或者为了说明某一问题，因此撰写市场调查报告，必须目的明确、有的放矢。市场调查报告必须围绕市场调查上述的目的来进行论述。

4. 调查报告的语言要简明、准确、易懂

调查报告是给人看的，无论是领导还是普通员工，都不会喜欢冗长、乏味的报告，也

不精通调查专业术语。因此，撰写调查报告语言要力求简单、准确、通俗易懂。

11.1.4 市场调查报告的写作格式

从严格意义上说，市场调查报告没有固定不变的格式。不同的市场调查报告写作，主要依据调查的目的、内容、结果以及主要用途来决定。但一般来说，各种市场调查报告在结构上都包括标题、导言、主体和结尾几个部分。市场调查报告写作的一般程序是：确定标题，拟定写作提纲，取舍选择调查资料，撰写调查报告初稿，最后修改定稿。

【拓展案例】

1．标题

市场调查报告的标题即市场调查的题目。标题必须准确揭示调查报告的主题思想，而且要简单明了、高度概括、题文相符。如《××市居民住宅消费需求调查报告》《关于化妆品市场调查报告》《××产品滞销的调查报告》等，这些标题都很简明，能吸引人。

2．导言

导言是市场调查报告的开头部分，一般说明市场调查的目的和意义，介绍市场调查工作基本概况，包括市场调查的时间、地点、内容和对象以及采用的调查方法、方式(一般可选择问卷式、访谈法、观察法、资料法等)。也有调查报告在导言中，先写调查的结论是什么，或直接提出问题等，这种写法能增强读者阅读报告的兴趣。

3．主体部分

主体部分是市场调查报告中的主要内容，是表现调查报告主题的重要部分。这一部分的写作直接决定调查报告的质量高低和作用大小。主体部分要客观、全面阐述市场调查所获得的材料、数据，用它们来说明有关问题，得出有关结论； 对有些问题、现象要做深入分析、评论等。总之，主体部分要善于运用材料，来表现调查的主题。

4．结尾

结尾主要是形成市场调查的基本结论，也就是对市场调查的结果作一个小结。它可以是对调查结果的分析，也可以是找出形成结果的原因提出对策措施，供有关决策者参考。

5．附录

市场调查报告还要有附录。附录的内容一般是有关调查的统计图表、有关材料出处、参考文献等。

11.1.5 市场调查报告的撰写要点

撰写市场调查报告的要点包括以下几点。

1．要做好市场调查研究前期工作

写作前，要根据确定的调查目的，进行深入细致的市场调查，掌握充分的材料和数据，并运用科学的方法，进行分析研究判断，为写作市场调查报告打下良好的基础。

2．要实事求是，尊重客观事实

写作市场调查报告一定要从实际出发，实事求是地反映出市场的真实情况，一是一，二是二，要用真实、可靠、典型的材料反映市场的本来面貌。

3．要中心突出，条理清楚

运用多种方式进行市场调查，得到的材料往往是大量而庞杂的，要善于根据主旨的需要对材料进行严格的鉴别和筛选，给材料归类，并分清材料的主次轻重，按照一定的条理，将有价值的材料组织到报告中去。

11.2 项目建议书

【拓展案例】

项目建议书(又称项目立项申请书或立项申请报告)是项目单位就新建、扩建事项向发改委项目管理部门申报的书面申请文件。由项目筹建单位或项目法人根据国民经济的发展、国家和地方中长期规划、产业政策、生产力布局、国内外市场、所在地的内外部条件，就某一具体新建、扩建项目提出的项目的建议文件，是对拟建项目提出的框架性的总体设想。

11.2.1 项目建议书的编写用途

项目建议书是国有企业或政府投资项目单位为推动某个项目上马，提出的具体项目的建议文件，是专门对拟建项目提出的框架性的总体设想。项目建议书主要有以下几项用途：

(1) 作为项目拟建主体上报审批部门审批决策的依据。项目建议书往往是在项目早期，由于项目条件还不够成熟，仅有规划意见书，对项目的具体建设方案还不明晰，市政、环保、交通等专业咨询意见尚未办理。项目建议书主要论证项目建设的必要性，建设方案和投资估算也比较粗，投资误差为±30%左右。

(2) 作为项目批复后编制项目可行性研究报告的依据。对于大中型项目和一些工艺技术复杂、涉及面广、协调量大的项目，还要编制可行性研究报告，而项目建议书就可以为下一步可行性研究打下基础。

(3) 作为项目的投资设想变为现实的投资建议的依据。项目建议书的呈报可以供项目审批机关作出初步决策。它可以减少项目选择的盲目性，对于同时涉及利用外资的项目，只有在项目建议书批准后，才可以开展对外工作。决策者可以在对项目建议书中的内容进行综合评估后，做出对项目批准与否的决定。

(4) 作为项目发展周期初始阶段基本情况汇总的依据。因此，项目建议书是选择和审批项目的依据，它要从宏观上论述项目设立的必要性和可能性，把项目投资的设想变为概略的投资建议。

11.2.2 项目建议书的内容

1. 关于投资项目建设的必要性和依据

(1) 阐明拟建项目提出的背景、拟建地点，提出或出具与项目有关的长远规划或行业、地区规划资料，说明项目建设的必要性。

(2) 对改扩建项目要说明现有企业的情况。

(3) 对于引进技术和设备的项目，还要说明国内外技术的差距与概况以及进口的理由，工艺流程和生产条件的概要等。

2. 关于产品方案、拟建项目规模和建设地点的初步设想

(1) 产品的市场预测，包括国内外同类产品的生产能力、销售情况分析和预测、产品销售方向和销售价格的初步分析等。

(2) 说明(初步确定)产品的年产值，一次建成规模和分期建设的设想(改扩建项目还需说明原有生产情况等条件)，以及对拟建项目规模经济合理性的评价。

(3) 产品方案设想，包括主要产品和副产品的规模、质量标准等。

(4) 建设地点论证，分析项目拟建地点的自然条件和社会条件，论证建设地点是否符合地区布局的要求。

3. 关于资源、交通运输以及其他建设条件和协作关系的初步分析

(1) 拟利用的资源供应的可行性和可靠性。

(2) 主要协作条件情况、项目拟建地点水电及其他公用设施、地方材料的供应情况分析。

(3) 对于技术引进和设备进口项目应说明主要原材料、电力、燃料、交通运输、协作配套等方面的要求，以及所有具备的条件和资源落实情况。

4. 关于环境影响的初步评价

其内容主要是预测项目对环境的影响。

5. 关于主要工艺技术方案的设想

(1) 主要生产技术和工艺。如拟引进国外技术、应说明引进的国别以及国内技术与之相比存在的差距，技术来源、技术鉴定及转让等情况。

(2) 主要专用设备来源。如拟采用国外设备，应说明引进理由以及拟引进设备的国外厂商的概况。

6. 关于投资估算和资金筹措的设想

投资估算根据掌握数据的情况，可进行详细估算，也可以按单位生产能力或类似企业情况进行估算或匡算。投资估算中应包括建设期利息、投资方向调节税和考虑一定时期内的涨价影响因素(即涨价预备金)，流动资金可参考同类企业条件及利率，说明偿还方式、测算偿还能力。对于技术引进和设备进口项目应估算项目的外汇总用汇额以及其用途，外汇的资金来源与偿还方式，以及国内费用的估算和来源。

7．关于项目建设进度的安排

(1) 建设前期工作的安排，应包括涉外项目的询价、考察、谈判、设计等。

(2) 项目建设需要的时间和生产经营时间。

8．关于经济效益和社会效益的初步估算(可能的话应含有初步的财务分析和国民经济分析的内容)

(1) 计算项目全部投资的内部收益率、贷款偿还期等指标以及其他必要的指标，进行盈利能力、偿还能力初步分析。

(2) 项目的社会效益和社会影响的初步分析。

9．有关的初步结论和建议

对于技术引进和设备进口的项目建议书，还应有邀请外国厂商来华进行技术交流的计划、出国考察计划，以及可行性分析工作的计划(如聘请外国专家指导或委托咨询的计划)等附件。

在编写项目建议书时，应注意：①项目是否符合国家的建设方针和长期规划，以及产业结构调整的方向和范围；②项目产品是否符合市场需要，论证的理由是否充分；③项目建设地点是否合适，有无重复建设与不合理布局的现象；④项目的财务、经济效益评价是否合理。

11.2.3 项目建议书的编写格式

项目建议书的编写格式如图 11-1 所示。当然，对于工业项目、农业项目、水利水电项目、社会发展项目、房地产项目等项目建议书的编制目录会有所调整。

第一部分　总　　论

一、项目概况

(一) 项目名称

(二) 项目的承办单位

(三) 项目报告撰写单位

(四) 项目主管部门

(五) 项目建设内容、规模、目标

(六) 项目建设地点

二、立项研究结论

(一) 项目产品市场前景

(二) 项目原料供应问题

(三) 项目政策保障问题

(四) 项目资金保障问题

(五) 项目组织保障问题

(六) 项目技术保障问题

(七) 项目人力保障问题

图 11-1　项目建议书的编写格式

(八) 项目风险控制问题
(九) 项目财务效益结论
(十) 项目社会效益结论
(十一) 项目立项可行性综合评价
三、主要技术经济指标汇总
在总论部分中，可将项目立项报告中各部分的主要技术经济指标汇总，列出主要技术经济指标表，使审批者对项目作全貌了解。

第二部分 项目发起背景和建设必要性

一、项目建设背景
(一) 国家或行业发展规划
(二) 项目发起人以及发起缘由
(三) ……
二、项目建设必要性
(一) ……
(二) ……
三、项目建设可行性
(一) 经济可行性
(二) 政策可行性
(三) 技术可行性
(四) 模式可行性
(五) 组织和人力资源可行性

第三部分 项目市场分析及前景预测

一、项目市场规模调查
二、项目市场竞争调查
三、项目市场前景预测
四、产品方案和建设规模
五、产品销售收入预测

第四部分 建设条件与厂址选择

一、资源和原材料
二、建设地区的选择
三、厂址选择

第五部分 工厂技术方案

一、项目组成
二、生产技术方案
三、总平面布置和运输
四、土建工程
五、其他工程

第六部分 环境保护与劳动安全

一、建设地区环境现状
二、项目主要污染源和污染物
三、项目拟采用的环境保护标准
四、治理环境的方案

图 11-1 项目建议书的编写格式(续)

五、环境监测制度的建议
六、环境保护投资估算
七、环境影响评价结论
八、劳动保护与安全卫生

第七部分　企业组织和劳动定员

一、企业组织
二、劳动定员和人员培训

第八部分　项目实施进度安排

一、项目实施的各阶段
二、项目实施进度表
三、项目实施费用

第九部分　项目财务测算

一、项目总投资估算
二、资金筹措
三、投资使用计划
四、项目财务测算相关报表
(注：财务测算参考《建设项目经济评价方法与参数》，依照如下步骤进行：
1．基础数据与参数的确定、估算与分析
2．编制财务分析的辅助报表
3．编制财务分析的基本报表估算所有的数据进行汇总并编制财务分析的基本报表。
4．计算财务分析的各项指标，并进行财务分析从项目角度提出项目可行与否的结论。)

第十部分　财务效益、经济和社会效益评价

一、生产成本和销售收入估算
二、财务评价
三、国民经济评价
四、不确定性分析
五、社会效益和社会影响分析

第十一部分　可行性研究结论与建议

一、结论与建议
二、附件
三、附图

图 11-1　项目建议书的编写格式(续)

11.2.4　项目建议书的审批程序

项目建议书要按现行的管理体制、隶属关系，分级审批。原则上，按隶属关系，经主管部门提出意见，再由主管部门上报，或与综合部门联合上报，或分别上报。

(1) 大中型基本建设项目、限额以上更新改造项目，委托有资格的工程咨询、设计单位初评后，经省、自治区、直辖市、计划单列市发改委及行业归口主管部门初审后，报国家发改委审批。其中特大型项目(总投资 4 亿元以上的交通、能源、原材料项目，2 亿元以上的其他项目)，由国家发改委审核后报国务院审批。总投资在限额以上的外商投资项目，项目建议书分别由省发改委、行业主管部门初审后，报国家发改委同外经贸部等有关部门审批；超过 1 亿美元的重大项目，上报国务院审批。

(2) 小型基本建设项目，限额以下更新改造项目由地方或国务院有关部门审批。小型项目中总投资 1 000 万元以上的内资项目、总投资 500 万美元以上的生产性外资项目、300 万美元以上的非生产性利用外资项目，项目建议书由地方或国务院有关部门审批。总投资 1 000 万元以下的内资项目、总投资 500 万美元以下的非生产性利用外资项目，若项目建设内容比较简单，也可直接撰写可行性研究报告。

项目建议书经批准后，称为"立项"，立项仅仅说明一个项目有投资的必要性，但尚需进一步开展研究论证。研究论证的步骤包括：①确定项目建设的机构、人员、法定代表人；②选定建设地址，申请规划设计条件，做规划设计方案；③落实筹措资金方案；④落实供水、供电、供气、供热、雨污水排放、电信等市政公用设施配套方案；⑤落实主要原材料、燃料的供应；⑥落实环保、劳保、卫生防疫、节能、消防措施；⑦外商投资企业申请企业名称预登记；⑧进行详细的市场调查分析；⑨编制可行性研究报告。

11.3 项目可行性研究报告

项目可行性研究报告是从事一种经济活动(投资)之前，双方要从经济、技术、生产、供销直到社会各种环境、法律等各种因素进行具体调查、研究、分析，确定有利和不利的因素、项目是否可行，估计成功率大小、经济效益和社会效果程度，为决策者和主管机关审批的上报文件，是项目可行性分析后形成的研究报告。

【拓展案例】

11.3.1 项目可行性研究报告的类型和特点

1. 可行性研究报告的类型

1) 用于企业融资、对外招商合作的可行性研究报告

这类研究报告通常要求市场分析准确、投资方案合理、并提供竞争分析、营销计划、管理方案、技术研发等实际运作方案。

2) 用于国家发展和改革委立项的可行性研究报告

该文件是根据《中华人民共和国行政许可法》和《国务院对确需保留的行政审批项目设定行政许可的决定》而编写，是大型基础设施项目立项的基础文件，发改委根据可研报告进行核准、备案或批复，决定某个项目是否实施。另外，医药企业在申请相关证书时也需要编写可行性研究报告。

3) 用于银行贷款的可行性研究报告

商业银行在贷款前进行风险评估时，需要项目方出具详细的可行性研究报告，对于国家开发银行等国内银行，若该报告由甲级资格单位出具，通常不需要再组织专家评审，部分银行的贷款可行性研究报告不需要资格，但要求融资方案合理，分析正确，信息全面。另外，在申请国家的相关政策支持资金、工商注册时往往也需要编写可研报告，该文件类似用于银行贷款的可研，但工商注册的可行性报告不需要编写单位有资格。

4) 用于境外投资项目核准的可行性研究报告

企业在实施走出去战略，对国外矿产资源和其他产业投资时，需要编写可行性研究报告，报给国家发改委或省发改委，需要申请中国进出口银行境外投资重点项目信贷支持时，也需要可行性研究报告。

5) 用于企业上市的募投项目可行性研究报告

这类可行性报告通常需要出具国家发改委的甲级工程咨询资格。

6) 用于申请政府资金(发改委资金、科技部资金、农业部资金)的可行性研究报告。

这类可行性报告通常需要出具国家发改委的甲级工程咨询资格。

其中第2)、3)、5)、6)入门槛最高，需要编写单位拥有工程咨询资格，该资格由国家发展和改革委员会颁发，分为甲级、乙级、丙级三个等级，甲级最高。

2．可行性研究报告的特点

1) 科学性

可行性研究报告作为研究的书面形式，反映的是对行为项目的分析、评判，这种分析和评判应该是建立在客观基础上的科学结论，所以科学性是可行性研究报告的第一特点。例如，某地地铁在规划时，简单依据公安局的户籍人口数据，设计的地铁运能与实际流量完全不符，造成严重失误，这就是缺乏科学性的教训。可行性研究报告的科学性首先体现在可行性研究的过程中，即整个过程的每一步力求客观全面。其次，科学性体现在分析中，即用正确的理论和依据相关政策来研究问题。最后，科学性体现在对可行性研究报告的审批过程中，这种审批过程，对科学的决策起到了重要的保证作用。

2) 详备性

可行性研究报告的内容越详备越好。如果是关于一个项目的报告，一般来说，应从它的自主创新、环境条件、市场前景、资金状况、原材料供应、技术工艺、生产规模、员工素质等诸多方面，进行必要性、适应性、可靠性、先进性等多角度的研究，将每一种数据展现出来，进行比较、甄别、权衡、评价。只有详尽完备地研究论证之后，其“可行性”或“不可行性”才能显现，并获得批准通过。

3) 程序性

可行性研究报告是决策的基础。为保证决策的科学正确，一定要有可行性研究这么一个过程，最后的获批也一定要经过相关的法定程序。在写作上，有些需要加上封面，按照不同的内容性质而分章分节地逐一说明。这些程序性的要求和处理手法，是可行性研究报告的一个特色。

11.3.2 项目可行性研究报告的作用

可行性研究报告是在制定某一建设或科研项目之前，对该项目实施的可能性、有效性、技术方案及技术政策进行具体、深入、细致的技术论证和经济评价，以求确定一个在技术上合理、经济上合算的最优方案和最佳时机而写的书面报告。

(1) 可行性研究报告是项目建设论证、审查、决策的重要依据，也是以后筹集资金或者向有关主管部门申请专项资金的一个重要依据。可行性研究编写时要注意数据方面的真实性和合理性，只有报告通过审核后，才能得到资金支持，同时也能为项目以后的发展提供重要的依据。

(2) 可行性研究报告是编制设计任务书和初步设计的依据。
(3) 可行性研究报告是取得用地，向国土部门、开发区、工业园申请用地的重要依据。
(4) 可行性研究报告是与项目有关的部门签订合作、协作合同或协议的依据。
(5) 可行性研究报告是引进技术、进口设备和对外谈判的依据。
(6) 可行性研究报告是环境部门审查项目对环境影响的依据。

11.3.3 项目可行性研究报告的主要内容

可行性研究报告一般由一个总论和几项专题构成。

1．总论

总论即项目的基本情况。在商业计划书，可行性研究报告的编制中，这一部分特别重要，项目的报批、贷款的申请、合作对象的吸引主要靠这一部分。总论的内容一般包括项目的背景、项目的历史、项目概要及项目承办人 4 个方面。总论的实质是对项目简明扼要地做一个概述，对项目承办人的形象和思想作相应的描述。在许多情况下，项目的评估、审批、贷款以及对合作者的吸引，其成败在一定程度上取决于总论写作质量的好坏。因此，写作时一定要尽心尽力，既要保证总论的内容完整、重点突出，又要注意与后面内容相照应。

2．基本问题研究

可行性研究报告的基本问题研究，是对各个专题研究报告进行汇总统一、平衡后所做的较原则、较系统的概述。项目不同，基本问题研究的内容也就不同。较有代表性的有三个：工业新建项目的基本问题研究、技术引进项目的基本问题研究和技术经济政策基本问题研究。其中，工业新建项目的第一方面是市场研究，着重解决项目新建的必要性问题；第二方面是工艺研究，着重解决技术上的可能性问题；第三方面是经济效益研究，着重解决项目的合理性问题。

在具体写作过程中，人们常把这三个问题分成十个专题来写。这十个专题为：市场情况与企业规模，资源与原料及协作条件，厂址选择方案，项目技术方案，环保方案，工厂管理机构和员工方案，项目实施计划和进度方案，资金筹措，经济评价，结论。

对于不同的电子商务项目，可行性研究报告的主要内容的侧重点差异较大，但通常所有的可行性研究报告中都应体现 6 个方面的核心内容。

(1) 技术可行性。主要从项目实施的角度，对所选技术如计算机网络技术、信息技术、云技术、大数据技术等的技术支持度等方面进行可行性评价。

(2) 财务可行性。主要从企业财务的角度对项目进行资本预算，评价项目的财务盈利能力，进行投资决策；并从融资主体的角度评价股东投资收益、现金流量计划及债务清偿的能力。

(3) 组织可行性。主要从项目实施的角度说明项目是否具有合理的实施进度计划、合理的组织机构、经验丰富的管理人员以及良好的协作关系。

(4) 经济可行性。主要从资源配置的角度衡量项目的价值，评价项目在实现区域经济发展目标、有效配置经济资源、增加供应、创造就业、改善环境、提高人们生活等方面的效益。

(5) 社会可行性。主要分析项目对社会的影响，包括政治体制、方针政策、经济结构、法律道德、宗教民族、妇女儿童及社会稳定性等。

(6) 风险因素及对策。主要对项目的市场风险、技术风险、财务风险、组织风险、法律风险、经济及社会风险等因素进行评价，制定规避风险的对策，为项目全国的风险管理提供依据。

11.3.4 项目可行性研究报告的编制

1．可行性研究报告编制前需要准备的材料

1) 企业概况

企业名称、公司性质、法人、联系方式、注册资金、经营范围、企业简介及近 3 年财务经济状况。

2) 项目概况

项目名称、项目性质、项目建设地点、项目起止年限、建设规模及内容；项目建设背景、项目战略规划、市场定位、资源优势及有利条件。

3) 项目资金情况

项目总投资、建设投资、流动资金(总投资、固定资产投资、流动资金等是否有限制)、资金来源及筹措方案(自筹、申请国家补贴、贷款)。

4) 项目产品方案

产品方案、产量、用途、产品特点，质量指标及预计售价。

5) 工艺方案

生产工艺综述、工艺流程图、工艺简述、项目产品专利情况。

6) 原辅料及其燃料动力消耗

项目产品原辅料消耗量、质量要求、运输方式、储存方式、周转周期、最大储量、原辅材料价格及物料平衡、水平衡。

7) 设备选型

设备来源、规格、型号、价格、功率、设备优势及特点简述。

8) 土建部分

(1) 项目占地面积，建、构筑总建筑面积，道路及停车场地面积，绿化面积，容积率、绿化率等技术指标。

(2) 土地来源方式及价格、土地权属性质及使用年限，是否存在拆迁问题。

(3) 总体规划、建筑方案及结构形式、项目所在地的区域位置图、建筑总平面布置图。

9) 公用工程方面

(1) 供电电源基本情况(变电站名称、电压等级、线径规格、输电距离等)、电价。

(2) 水源基本情况(取水点地名、枯水期最小流量、水质、取水方式、输水距离等)、水价。

(3) 外部交通及通信状况。

(4) 水、电、燃气价格及供应情况及公用工程说明(消防系统、供暖系统、配电室、空调系统)及主要设备明细表。

10) 项目安排

项目组织机构设置、劳动定员情况及数量、人员工资、工作天数及班制。项目建设期和项目计算期。

11) 财务方面

项目预计收入基本情况。

12) 相关图件

项目地理位置图；项目总体规划平面布置图；项目主要土建工程平面设计图；其他相关图件。

2．可行性研究报告的编制要点

1) 撰写要点

要求以全面、系统的分析为主要方法，经济效益为核心，围绕影响项目的各种因素，运用大量的数据资料论证拟建项目是否可行。当项目的可行性研究完成了所有系统的分析之后，应对整个可行性研究提出综合分析评价，指出优缺点和建议。

2) 可行性研究报告的基本内容就是报告的正文部分所要体现的内容。它是结论和建议赖以产生的基础，要求运用大量的数据资料论证拟建项目是否可行。当项目的可行性研究完成了所有系统的分析之后，应对整个可行性研究提出综合分析评价，指出优缺点和建议。

为了结论的需要，往往还需要加上一些附件，如试验数据、论证材料、计算图表、附图等，以增强可行性报告的说服力。

3．可行性研究报告的撰写参考

(1) 国家有关的发展规划、计划文件。包括对该行业的鼓励、特许、限制、禁止等有关规定。

(2) 项目主管部门对项目建设要请示的批复。

(3) 项目审批文件。

(4) 项目承办单位委托进行详细可行性分析的合同或协议。

(5) 企业的初步选择报告。

(6) 主要工艺和装置的技术资料。

(7) 拟建地区的环境现状资料。

(8) 项目承办单位与有关方面确定的协议，如投资、原料供应、建设用地、运输等方面的初步协议。

(9) 国家和地区关于工业建设的法令、法规，如“三废”排放标准、土地法规、劳动保护条例等。

(10) 国家有关经济法规、规定，如中外合资企业法、税收、外资、贷款等规定；国家关于建设方面的标准、规范、定额资料等。

在项目可行性研究报告编制过程中，尤其是对项目做财务、经济评价时，还需要参考如下相关文件：《中华人民共和国会计法》《企业会计准则》《中华人民共和国企业所得税法实施条例》《中华人民共和国增值税暂行条例实施细则》《建设项目经济评价方法与参数(第三版)》，以及项目必须遵守的国内外其他工商税务法律文件等。

其他参考：《产业结构调整指导目录(2011年本)》《投资项目可行性研究指南》《建设项

目环境保护管理条例》《城市污染处理及污染防治技术政策》、新的有关财务制度的会计制度，以及项目建设单位提供的有关本项目的各种技术资料、项目方案及基础材料。

4．项目建议书与可行性研究报告的区别

1) 含义不同

项目建议书，又称立项申请书，是项目单位就新建、扩建事项向发改委项目管理部门申报的书面申请的书面材料。项目建议书的主要作用是决策者可以通过项目建议书中的内容进行综合评估后，做出对项目批准与否的决定。

可行性研究报告同样是在投资决策之前，是对拟建项目进行全面技术经济分析的科学论证，是对拟建项目有关的自然、社会、经济、技术等进行调研、分析比较以及预测建成后的社会经济效益。在此基础上，综合论证项目建设的必要性、财务的盈利性、经济上的合理性、技术上的先进性和适应性以及建设条件的可能性和可行性，从而为投资决策提供科学依据的书面材料。

2) 研究的内容不同

项目建议书是初步选择项目，其决定着是否需要进行下一步工作，主要考察建议的必要性和可行性。可行性研究则需进行全面深入的技术经济分析论证，做多方案比较，推荐最佳方案，或者否定该项目并提出充分理由，为最终决策提供可靠依据。

3) 基础资料依据不同

项目建议书是依据国家的长远规划和行业、地区规划以及产业政策，拟建项目的有关的自然资源条件和生产布局状况，以及项目主管部门的相关批文。可行性研究报告除把已批准的项目建议书作为研究依据外，还需把文件详细的设计资料和其他数据资料作为编制依据。

4) 内容繁简和深度不同

两个阶段的基本内容大体相似，但项目建议书要求略简单，属于定性性质。可行性研究报告则是正在这个基础上进行充实补充，使其更完善，具有更多的定量论证。

5) 投资估算的精度要求不同

项目建议书的投资估算一般根据国内外类似已建工程进行测算或对比推算，误差准许控制在20%以上，可行性研究报告必须对项目所需的各项费用进行比较详尽精确的计点，误差要求不应超过10%。

11.3.5 项目可行性研究报告的基本框架

项目可行性研究报告是企业从事建设项目投资活动之前，由可行性研究主体(一般是专业咨询机构)对市场、收益、技术、法规等项目影响因素进行具体调查、研究、分析，确定有利和不利的因素，分析项目必要性、项目是否可行，评估项目经济效益和社会效益，为项目投资主体提供决策支持意见或申请项目主管部门批复的文件。

项目可行性研究报告体现如下几方面用途：用于报送发改委立项、核准或备案；用于申请土地；用于申请国家专项资金；用于申请政府补贴；用于融资、银行贷款；用于对外招商合作；用于上市募投；用于园区评价定级；用于企业工程建设指导；用于企业节能审查；用于环保部门对项目进行环境评价；用于安监部门对项目进行安全审查。

以电子商务网站项目为例，项目可行性研究报告的基本框架如图11-2所示。

第一部分　项 目 总 论

总论作为可行性研究报告的首要部分，要综合叙述研究报告中各部分的主要问题和研究结论，并对项目的可行与否提出最终建议，为可行性研究的审批提供方便。

一、电子商务网站项目背景

(一) 项目名称

(二) 项目的承办单位

(三) 承担可行性研究工作的单位情况

(四) 项目的主管部门

(五) 项目建设内容、规模、目标

(六) 项目建设地点

二、项目可行性研究主要结论

在可行性研究中，对项目的产品销售、原料供应、政策保障、技术方案、资金总额筹措、项目的财务效益和国民经济、社会效益等重大问题，都应得出明确的结论，主要包括：

(一) 项目产品市场前景

(二) 项目原料供应问题

(三) 项目政策保障问题

(四) 项目资金保障问题

(五) 项目组织保障问题

(六) 项目技术保障问题

(七) 项目人力保障问题

(八) 项目风险控制问题

(九) 项目财务效益结论

(十) 项目社会效益结论

(十一) 项目可行性综合评价

三、主要技术经济指标表

(在总论部分中，可将研究报告中各部分的主要技术经济指标汇总，列出主要技术经济指标表，使审批和决策者对项目作全貌了解。)

四、存在问题及建议

(对可行性研究中提出的项目的主要问题进行说明并提出解决的建议。)

第二部分　项目建设背景、必要性、可行性

这一部分主要应说明项目发起的背景、投资的必要性、投资理由及项目开展的支撑性条件等。

一、电子商务网站项目建设背景

(一) 国家或行业发展规划

(二) 项目发起人以及发起缘由

(三) ……

二、电子商务网站项目建设必要性

(一) ……

(二) ……

(三) ……

(四) ……

图 11-2　项目可行性研究报告的基本框架

三、电子商务网站项目建设可行性

(一) 经济可行性

(二) 政策可行性

(三) 技术可行性

(四) 模式可行性

(五) 组织和人力资源可行性

第三部分　项目产品市场分析

市场分析在可行性研究中的重要地位在于，任何一个项目，其生产规模的确定、技术的选择、投资估算甚至厂址的选择，都必须在对市场需求情况有了充分了解以后才能决定。而且市场分析的结果，还可以决定产品的价格、销售收入，最终影响到项目的盈利性和可行性。在可行性研究报告中，要详细研究当前市场现状，以此作为后期决策的依据。

一、电子商务网站项目产品市场调查

(一) 电子商务网站项目产品国际市场调查

(二) 电子商务网站项目产品国内市场调查

(三) 电子商务网站项目产品价格调查

(四) 电子商务网站项目产品上游原料市场调查

(五) 电子商务网站项目产品下游消费市场调查

(六) 电子商务网站项目产品市场竞争调查

二、电子商务网站项目产品市场预测

市场预测是市场调查在时间上和空间上的延续，利用市场调查所得到的信息资料，对本项目产品未来市场需求量及相关因素进行定量与定性的判断与分析，从而得出市场预测。在可行性研究工作报告中，市场预测的结论是制订产品方案，确定项目建设规模参考的重要根据。

(一) 电子商务网站项目产品国际市场预测

(二) 电子商务网站项目产品国内市场预测

(三) 电子商务网站项目产品价格预测

(四) 电子商务网站项目产品上游原料市场预测

(五) 电子商务网站项目产品下游消费市场预测

(六) 电子商务网站项目发展前景综述

第四部分　项目产品规划方案

一、电子商务网站项目产品产能规划方案

二、电子商务网站项目产品工艺规划方案

(一) 工艺设备选型

(二) 工艺说明

(三) 工艺流程

三、电子商务网站项目产品营销规划方案

(一) 营销战略规划

(二) 营销模式

在商品经济环境中，企业要根据市场情况，制定合格的销售模式，争取扩大市场份额，稳定销售价格，提高产品竞争能力。因此，在可行性研究报告中，要对市场营销模式进行详细研究。

(三) 促销策略

图 11-2　项目可行性研究报告的基本框架(续)

第五部分　项目建设地与土建总规

一、电子商务网站项目建设地

(一) 电子商务网站项目建设地地理位置

(二) 电子商务网站项目建设地自然情况

(三) 电子商务网站项目建设地资源情况

(四) 电子商务网站项目建设地经济情况

(五) 电子商务网站项目建设地人口情况

二、电子商务网站项目土建总规

(一) 项目厂址及厂房建设

(二) 土建总图布置

(三) 场内外运输

(四) 项目土建及配套工程

(五) 项目土建及配套工程造价

(六) 项目其他辅助工程

第六部分　项目环保、节能与劳动安全方案

一、电子商务网站项日环境保护

(一) 项目环境保护设计依据

(二) 项目环境保护措施

(三) 项目环境保护评价

二、电子商务网站项目资源利用及能耗分析

(一) 项目资源利用及能耗标准

(二) 项目资源利用及能耗分析

三、电子商务网站项目节能方案

(一) 项目节能设计依据

(二) 项目节能分析

四、电子商务网站项目消防方案

(一) 项目消防设计依据

(二) 项目消防措施

(三) 火灾报警系统

(四) 灭火系统

(五) 消防知识教育

五、电子商务网站项目劳动安全卫生方案

(一) 项目劳动安全设计依据

(二) 项目劳动安全保护措施

第七部分　项目组织和劳动定员

在可行性研究报告中，根据项目规模、项目组成和工艺流程，研究提出相应的企业组织机构，劳动定员总数及劳动力来源及相应的人员培训计划。

一、电子商务网站项目组织

(一) 组织形式

(二) 工作制度

二、电子商务网站项目劳动定员和人员培训

(一) 劳动定员

图 11-2　项目可行性研究报告的基本框架(续)

(二) 年总工资和职工年平均工资估算

(三) 人员培训及费用估算

第八部分　项目实施进度安排

项目实施时期的进度安排是可行性研究报告中的一个重要组成部分。项目实施时期亦称投资时间，是指从正式确定建设项目到项目达到正常生产这段时期，这一时期包括项目实施准备，资金筹集安排，勘察设计和设备订货，施工准备，施工和生产准备，试运转直到竣工验收和交付使用等各个工作阶段。这些阶段的各项投资活动和各个工作环节，有些是相互影响的，前后紧密衔接的，也有同时开展，相互交叉进行的。因此，在可行性研究阶段，需将项目实施时期每个阶段的工作环节进行统一规划，综合平衡，作出合理又切实可行的安排。

一、电子商务网站项目实施的各阶段

(一) 建立项目实施管理机构

(二) 资金筹集安排

(三) 技术获得与转让

(四) 勘察设计和设备订货

(五) 施工准备

(六) 施工和生产准备

(七) 竣工验收

二、电子商务网站项目实施进度表

三、电子商务网站项目实施费用

(一) 建设单位管理费

(二) 生产筹备费

(三) 生产职工培训费

(四) 办公和生活家具购置费

(五) 其他应支出的费用

第九部分　项目财务评价分析

一、电子商务网站项目总投资估算

二、电子商务网站项目资金筹措

一个建设项目所需要的投资资金，可以从多个来源渠道获得。项目可行性研究阶段，资金筹措工作是根据对建设项目固定资产投资估算和流动资金估算的结果，研究落实资金的来源渠道和筹措方式，从中选择条件优惠的资金。可行性研究报告中，应对每一种来源渠道的资金及其筹措方式逐一论述。并附有必要的计算表格和附件。可行性研究中，应对下列内容加以说明：

(一) 资金来源

(二) 项目筹资方

三、电子商务网站项目投资使用计划

(一) 投资使用计划

(二) 借款偿还计划

四、项目财务评价说明和财务测算假定

(一) 计算依据及相关说明

(二) 项目测算基本设定

五、电子商务网站项目总成本费用估算

(一) 直接成本

(二) 工资及福利费用

图 11-2　项目可行性研究报告的基本框架(续)

(三) 折旧及摊销

(四) 工资及福利费用

(五) 修理费

(六) 财务费用

(七) 其他费用

(八) 财务费用

(九) 总成本费用

六、销售收入、销售税金及附加和增值税估算

(一) 销售收入

(二) 销售税金及附加

(三) 增值税

(四) 销售收入、销售税金及附加和增值税估算

七、损益及利润分配估算

八、现金流估算

(一) 项目投资现金流估算

(二) 项目资本金现金流估算

九、不确定性分析

在对建设项目进行评价时，所采用的数据多数来自预测和估算。由于资料和信息的有限性，将来的实际情况可能与此有出入，这对项目投资决策会带来风险。为避免或尽可能减少风险，就要分析不确定性因素对项目经济评价指标的影响，以确定项目的可靠性，这就是不确定性分析。

根据分析内容和侧重面不同，不确定性分析可分为盈亏平衡分析、敏感性分析和概率分析。在可行性研究中，一般要进行的盈亏平衡平分析、敏感性分配和概率分析，可视项目情况而定。

(一) 盈亏平衡分析

(二) 敏感性分析

第十部分　项目财务效益、经济和社会效益评价

在建设项目的技术路线确定以后，必须对不同的方案进行财务、经济效益评价，判断项目在经济上是否可行，并比选出优秀方案。本部分的评价结论是建议方案取舍的主要依据之一，也是对建设项目进行投资决策的重要依据。本部分就可行性研究报告中财务、经济与社会效益评价的主要内容做一概要说明。

一、财务评价

财务评价是考察项目建成后的获利能力、债务偿还能力及外汇平衡能力的财务状况，以判断建设项目在财务上的可行性。财务评价多用静态分析与动态分析相结合，以动态为主的办法进行。并用财务评价指标分别和相应的基准参数——财务基准收益率、行业平均投资回收期、平均投资利润率、投资利税率相比较，以判断项目在财务上是否可行。

(一) 财务净现值

(二) 财务内部收益率(FIRR)

(三) 投资回收期(Pt)

(四) 项目投资收益率(ROI)

(五) 项目投资利税率

(六) 项目资本金净利润率(ROE)

(七) 项目测算核心指标汇总表

图 11-2　项目可行性研究报告的基本框架(续)

二、国民经济评价

国民经济评价是项目经济评价的核心部分，是决策部门考虑项目取舍的重要依据。建设项目国民经济评价采用费用与效益分析的方法，运用影子价格、影子汇率、影子工资和社会折现率等参数，计算项目对国民经济的净贡献，评价项目在经济上的合理性。国民经济评价采用国民经济盈利能力分析和外汇效果分析，以经济内部收益率(EIRR)作为主要的评价指标。根据项目的具体特点和实际需要也可计算经济净现值(ENPV)指标，涉及产品出口创汇或替代进口节汇的项目，要计算经济外汇净现值(ENPV)，经济换汇成本或经济节汇成本。

三、社会效益和社会影响分析

在可行性研究中，除对以上各项指标进行计算和分析以外，还应对项目的社会效益和社会影响进行分析，也就是对不能定量的效益影响进行定性描述。

第十一部分　项目风险分析及风险防控

一、建设风险分析及防控措施

二、法律政策风险及防控措施

三、市场风险及防控措施

四、筹资风险及防控措施

五、其他相关粉线及防控措施

第十二部分　项目可行性研究结论与建议

一、结论与建议

根据前面各节的研究分析结果，对项目在技术上、经济上进行全面的评价，对建设方案进行总结，提出结论性意见和建议。主要内容有：

1．对推荐的拟建方案建设条件、产品方案、工艺技术、经济效益、社会效益、环境影响的结论性意见。

2．对主要的对比方案进行说明。

3．对可行性研究中尚未解决的主要问题提出解决办法和建议。

4．对应修改的主要问题进行说明，提出修改意见。

5．对不可行的项目，提出不可行的主要问题及处理意见。

6．可行性研究中主要争议问题的结论。

二、附件

凡属于项目可行性研究范围，但在研究报告以外单独成册的文件，均需列为可行性研究报告的附件，所列附件应注明名称、日期、编号。

1．项目建议书(初步可行性报告)。

2．项目立项批文。

3．厂址选择报告书。

4．资源勘探报告。

5．贷款意向书。

6．环境影响报告。

7．需单独进行可行性研究的单项或配套工程的可行性研究报告。

8．需要的市场预测报告。

9．引进技术项目的考察报告。

10．引进外资的各类协议文件。

11．其他主要对比方案说明。

12．其他。

图 11-2　项目可行性研究报告的基本框架(续)

三、附图

1．厂址地形或位置图(设有等高线)。

2．总平面布置方案图(设有标高)。

3．工艺流程图。

4．主要车间布置方案简图。

5．其他。

图 11-2　项目可行性研究报告的基本框架(续)

11.4　项目策划书

电子商务项目策划书是针对某个未来的电子商务项目，在经过前期对项目科学地调研、分析、搜集与整理有关资料的基础上，根据一定的格式和内容的具体要求而编辑整理的一个全面展示公司和项目状况、未来发展潜力与执行策略的书面材料。项目策划书是目标项目规划的文字书，是实现目标项目的指路灯。

【拓展案例】

项目策划是一种具有建设性、逻辑性的思维的过程，在此过程中，总的目的就是把所有可能影响决策的决定总结起来，对未来起到指导和控制作用，最终借以达到方案目标。

不管是一个企业或者是个人，在进行项目投资之前，都需要看到详实的项目策划书。从这个意义上来讲，项目策划书已经基本达到了商业策划书(商业计划书)的要求。一个好的项目策划书是一份全方位的项目计划，它从企业内部的人员、制度、管理以及企业的产品、营销、市场等各个方面对即将展开的商业项目进行可行性分析，是企业融资成功的重要因素之一，还可以使企业有计划地开展商业活动，增加成功的概率。

一般情况下，专业的投资人都能在很短的时间内发现策划书是否套用模板，是否用心编撰。项目策划书的质量直接影响到投资人对求资企业融资诚意的看法，甚至投资人会考虑到利益风险，而终止继续阅读。

11.4.1　项目策划书的内容

项目策划书是包容策划所有内容的“容器”，它会因项目的不同而不同，但同一类项目会有一定的相似性。例如，工业项目策划主要包括项目建设的必要性和条件、建设规模与产品方案、技术方案、设备方案和工程方案、投资估算及资金筹措、效益分析等；旅游项目策划主要包括市场分析与预测、商业模式评价、场址条件分析、工程工艺要求及方案选择、环境影响评价、劳动安全卫生消防、项目总投资估算、融资安排、财务预测及评价、社会效益评价等。为了满足大多数项目策划的需要，总结出项目策划书撰写的大致框架。

1．策划目的介绍

此部分内容多集中在项目策划概述中，是项目策划的开始，属于整个策划的纲领性文字，主要包括以下三个部分，或视具体项目策划的要求而定。

(1) 项目策划背景的介绍。包括项目发起人的一般情况、发展战略以及本项目对企业的作用介绍等；项目所在地的政治经济发展趋势，以及本项目的社会价值与现实意义介绍等。

(2) 项目策划范围的介绍。包括项目自身的范围、项目策划的具体范围以及适用时间的介绍。

(3) 项目策划目的的介绍。项目策划目的多种多样，主要包括以下内容：一是制定项目发展的战略；二是制定项目的营销策略；三是制定项目管理的依据；四是通过上述几种策略的综合，体现项目发起人通过项目创造最大价值的要求。

2．政策依据介绍

有些项目策划，如旅游项目、工业项目、农业项目以及能源项目等，需要交代项目策划的政策依据。这些依据主要涉及国家相关的法律、法规，以及地方政府的政策规定、特殊行规以及国家标准等。项目政策依据的主要内容也可放在项目策划书的前言或概述中以罗列的形式加以介绍。

3．环境分析

一般来说，环境分析主要用 SWOT 分析框架来阐述。由于不同的项目面临的环境不同，外部环境分析一般涉及宏观环境和产业环境的介绍，内部环境则是对企业和项目的分析。其中宏观环境主要涉及政治、经济、文化、社会、自然、技术等。产业环境主要设计竞争对手、消费者、产品、价格、渠道、促销方式等。

企业分析需要考虑企业的实力、能力和资源的现状等。项目分析需要考虑项目的自身特点等。通过内外环境分析，在此基础上进行综合的 SWOT 分析，从而找出在各种环境组合下的项目方案制定的依据。

与内外部环境分析相关联的还有项目市场细分、目标市场选择和定位分析，内外环境分析是项目定位和营销策略制定的基础。

4．项目方案分析

根据 SWOT 分析的结果，进行项目的实施框架。其主要内容包括项目的目标，具体策划以及实施控制的介绍。具体策划是主要内容，涉及项目人力资源、组织结构、市场营销、财务管理等。

5．营销方案分析

根据项目战略方案分析，进行具体营销方案策划。其内容如果涉及市场调查，则对调查方法和调查结论进行介绍。在此基础上，再给出具体的营销理念与营销目标，以及针对市场竞争状况而进行的产品、价格、渠道和促销策略设计。促销策略主要内容集中在营销主题设计与传播、广告创意与制作、媒体安排与选择、促销工具选择和策略设计上。

6．组织结构分析

对涉及项目实施环节的项目策划书来说，应有必要的组织结构设计。组织结构设计一般与人力资源管理结合在一起，具体内容包括项目组织结构分析、组织结构设计、团队建设、岗位职责分工、预测需求人数、组织招聘等。

7．项目财务分析

项目财务分析涉及项目财务管理的各个层面。其中，既有项目预算、成本控制、融资分析的内容，也有项目财务预测和风险管理的内容。对于所有项目来说，都要对项目的盈利能力和投资回报进行估算。此外，对涉及融资的项目策划，要注重项目风险的分析。项目财务分析可以通过现金预算表、利润表、资产负债表等进行介绍。

8．进度控制分析

对涉及项目管理的项目策划书，有必要编制项目计划，并设计进度控制的基本策略。项目计划和进度控制一般都采用特定的时间分期，分阶段设定各种目标，来保证项目按时、按质地完成。进度控制分析主要内容包括进度控制、质量控制和费用控制 3 个部分。

11.4.2 项目策划书的基本框架

电子商务项目的策划与设计包含多种类型的报告或文档，这些文档的内容有相近、相似或不同的地方。通常情况下，电子商务项目策划书的编制可以参考图 11-3 所示格式进行。

一、电子商务项目总述
1．公司名称与发展历史
2．项目主营产品服务
3．项目商业模式概述
4．项目核心优势概述
5．项目财务盈收预测
6．项目融资计划概述
二、核心团队和组织架构
1．核心团队介绍
2．公司组织架构
三、电子商务项目方案介绍
1．项目整体方案
2．项目产品路线
3．项目当前状态
4．产品未来规划
四、电子商务项目开发费用
1．研发资金投入
2．研发人员投入
3．研发设备投入
五、电子商务项目市场分析
1．项目定位分析
2．项目行业分析
3．项目竞争分析
4．核心竞争力分析
5．项目 SWOT 分析

图 11-3 项目策划书的基本框架

六、电子商务项目商业模式与营销策略
1．项目商业模式
2．项目营销策略
3．项目价格策略
七、电子商务项目未来发展战略
1．整体发展战略
2．产品研发战略
3．市场开发战略
八、电子商务项目融资需求
1．项目融资需求
2．项目资金使用
3．项目股份分配
九、电子商务项目财务分析与预测
1．项目财务假设
2．项目收益分析
3．项目成本分析
4．项目盈利预测
5．项目投资回报
6．项目敏感性分析
十、电子商务项目风险因素
1．项目技术风险
2．项目市场风险
3．项目管理风险
4．项目财务风险
5．项目政策风险
十一、电子商务项目退出机制
1．项目股票上市
2．项目股权转让
3．项目股权回购

图 11-3 项目策划书的基本框架(续)

本章小结

电子商务项目策划文案的撰写是电子商务项目策划的基础工作，对后期电子商务项目的管理和实施都具有至关重要的作用。如何根据电子商务项目的实际情况和所处阶段，撰写优秀的项目策划文案是项目策划的关键所在。

市场调查报告是经济调查报告的一个重要种类，它是以科学的方法对市场的供求关系、购销状况以及消费情况等进行深入细致的调查研究后所写成的书面报告。其作用在于帮助企业了解掌握市场的现状和趋势，增强企业在市场经济大潮中的应变能力和竞争能力，从而有效地促进经营管理水平的提高。市场调查报告可以从不同角度进行分类。按其所涉及内容含量的多少，可以分为综合性市场调查报告和专题性市场调查报告；按调查对象的不同，有关于市场供求情况的市场调查报告、关于产品情况的市场调查报告、关于消费者情况的市场调查报告、关于销售情况的市场调查报告以及有关市场竞争情况的市场调查报告；按表述手法的不同，可分为陈述型市场调查报告和分析型市场调查报告。

项目建议书是项目单位就新建、扩建事项向发改委项目管理部门申报的书面申请文件。由项目筹建单位或项目法人根据国民经济的发展、国家和地方中长期规划、产业政策、生产力布局、国内外市场、所在地的内外部条件，就某一具体新建、扩建项目提出的项目的建议文件，是对拟建项目提出的框架性的总体设想。

项目建议书编写的作用主要是：作为项目拟建主体上报审批部门审批决策的依据；作为项目批复后编制项目可行性研究报告的依据；作为项目的投资设想变为现实的投资建议的依据。作为项目发展周期初始阶段基本情况汇总的依据。

可行性研究报告是从事一种经济活动(投资)之前，双方要从经济、技术、生产、供销直到社会各种环境、法律等各种因素进行具体调查、研究、分析，确定有利和不利的因素、项目是否可行，估计成功率大小、经济效益和社会效果程度，为决策者和主管机关审批的上报文件，是项目可行性分析后形成的研究报告。对于不同的电子商务项目，可行性研究报告的主要内容的侧重点差异较大，但通常所有的可行性研究报告中都应体现 6 个方面的核心内容：技术可行性；财务可行性；组织可行性；经济可行性；社会可行性和风险因素及对策。

电子商务项目策划书可以迅速帮助创业型企业获得投资方的兴趣，并会让潜在投资机构愿意与电子商务项目创业团队直接沟通，进一步了解企业的核心商业模式。获得投资机构的资金是每一家创业企业的重要需求，目前的经济环境中，只有迅速获得资金支持的创业型企业，才有可能在竞争激烈的市场环境中迅速崛起，依托并购扩张，占据垄断的市场地位。电子商务项目策划书除了满足融资需要之外，其实真正有价值的商业计划书应该是可以帮助创业团队重新审视新公司的商业模式是否正确，梳理一个具有可操作性的未来发展方案，待投资机构的资金到位后，创业团队仍能够将商业策划书的发展规划执行下去，继续为企业创造价值。

案例分析

盐城市滨海县属江苏省盐城市所辖县之一。位于江苏省东北缘，北依废黄河、西枕 204 国道，江苏沿海高速贯穿南北，淮河入海水道，苏北灌溉总渠横穿东西境，共占地 1 949.6 平方公里。据 2015 年滨海县政府的报告显示，2015 年滨海县户籍和常住人口分别为 121.48 万人和 94.28 万人，外出务工人员比重相对较大，同时留守儿童数量庞大，高达 2.3 万名。城镇、农村居民人均可支配收入分别为 22 432 元和 12 524 元，与同期的全省城镇(37 173 元)、农村(16 257 元)居民人均可支配收入相比，差距明显。

调查发现，当地的农产品种植成本较高，但收购成本相对较低。再加上交通闭塞、宣传不力等原因，农产品的销售渠道单一，滞销现象非常严重，导致农民收入水平依旧很低。因此，大量农民选择外出务工谋生，当地留守儿童数量随之增加。

根据当地农民的经济收入与生活现状，可以打造电子商务平台，通过高价收购农产品，进行加工和包装后销售，是帮助农民提高收入并摆脱贫困，减少当地留守儿童数量的有效途径。

当地政府部门希望通过搭建基于该地区的农村电子商务平台，解决农民收入增长，带动地区经济发展，实现社会、家庭稳定的目的。

问题：通过以上材料，请为这个电子商务项目完成一个策划书的框架。

习　题

1．市场调查报告的基本要求是什么？

2．项目意向书编制的作用是什么？项目意向书的审批程序是什么？

3．项目可行性研究报告的类型和特点是什么？

4．项目策划书编制的基本格式是什么？有哪些编制要求？

参 考 文 献

[1] 李琪. 电子商务项目策划与管理[M]. 北京：电子工业出版社，2014.

[2] 孔宇强，洪鹤麟. 移动电商(运营方向)[M]. 北京：人民邮电出版社，2016.

[3] 庞大莲，等. 电子商务概论[M]. 2 版. 北京：北京大学出版社，2012.

[4] 朱国麟，等. 电子商务项目策划与设计[M]. 北京：化学工业出版社，2013.

[5] 崔立标. 电子商务运营实务[M]. 北京：人民邮电出版社，2016.

[6] 黄奋潜. 微信电商[M]. 北京：北京理工大学出版社，2015.

[7] 童红斌. 电子商务网站推广[M]. 北京：电子工业出版社，2016.

[8] 金璞，张仲荣. 互联网运营之道[M]. 北京：电子工业出版社，2016.

[9] 苏杰. 人人都是产品经理[M]. 北京：电子工业出版社，2016.

[10] 杨坚争. 电子商务网站典型案例评析[M]. 西安：西安电子科技大学出版社，2010.

[11] 李建忠. 电子商务运营实务[M]. 北京：机械工业出版社，2016.

[12] 韩海雯，等. 电子商务网站规划与建设[M]. 北京：清华大学出版社，2007.

[13] 阿里巴巴(中国)网络技术有限公司. 从 0 开始跨境电商实训教程[M]. 北京：电子工业出版社，2016.

[14] 赵守香，等. 电子商务专业导论[M]. 北京：清华大学出版社，2013.

[15] 刘佳. C2C 电子商务创业教程[M]. 北京：清华大学出版社，2013.

[16] 劳本信. 创业与运营管理实务[M]. 北京：人民邮电出版社，2016.

[17] [美]彼得·蒂尔. 从 0 到 1 开启商业与未来的秘密[M]. 高玉芳，译. 北京：中信出版社，2016.

[18] 曹明元. 电子商务：网店经营与管理[M]. 北京：清华大学出版社，2014.

[19] 吴菊华，等. 电子商务与现代企业管理[M]. 北京：北京大学出版社，2012.

[20] [英]维克托·迈尔·舍恩伯格，等. 大数据时代：生活、工作与思维的大变革[M]. 盛杨燕，等译. 杭州：浙江人民出版社，2016.

[21] 孙宝文，等. 电子商务系统建设与管理[M]. 3 版. 北京：高等教育出版社，2008.

[22] 徐天宇. 电子商务系统规划与设计[M]. 2 版. 北京：清华大学出版社，2015.

[23] 司林胜. 电子商务案例分析[M]. 2 版. 重庆：重庆大学出版社，2012.

[24] 张国文. 移动电商：商业分析+模式案例+应用实战[M]. 北京：人民邮电出版社，2015.

[25] 云楠. 电子商务项目管理研究[D]. 天津：天津大学，2007.

[26] 董涛. 宝钢南方公司电子商务项目管理研究[D]. 广州：华南理工大学，2010.

[27] 李玲娟. 工程项目成本管理和成本控制管理初探[J]. 科技经济市场，2010，6.

[28] 卢向南. 项目计划与控制[M]. 2 版. 北京：机械工业出版社，2009.

[29] 吴帆. M 公司的有机食品电子商务项目管理研究[D]. 广州：华南理工大学，2012.

[30] [美]哈罗德·科兹纳. 项目管理：计划、进度和控制的系统方法[M]. 11 版. 杨爱华，王丽珍，洪宇，等译. 北京：电子工业出版社，2014.

[31] 美国项目管理协会. 项目管理知识体系指南[M]. 卢有杰，王勇，译. 北京：电子工业出版社，2005.

[32] 罗丽芬. H 学院服装电子商务项目计划书[D]. 广州：华南理工大学，2012.

[33] [美]Jeffrey L·Whitten, Lonnie D·Bentley. 系统分析与设计方法(原书第 7 版)[M]. 肖刚，孙慧，等译. 北京：机械工业出版社，2007.

[34] 周黎. 企业信息门户及解决方案研究[D]. 大连：大连海事大学，2007.

[35] 刘军，董宝田. 电子商务系统的分析与设计[M]. 北京：高等教育出版社，2003.

[36] 张伟. BF 出版物配送公司电子商务平台商业计划书[D]. 大连：大连理工大学，2012.

[37] 骆芳. “地主网”电子商务项目策划方案[J]. 经济视野，2014，3.

[38] 刘四青. 电子商务项目管理[M]. 重庆：重庆大学出版社，2010.
[39] 柯丽敏，吴吉义. 电子商务项目管理理论与案例[M]. 北京：清华大学出版社，2013.
[40] 姚亚鹏. 微创公司软件开发项目成本管理[D]. 上海：复旦大学，2014.
[41] 陈胜群. 企业成本管理战略[M]. 上海：立信会计出版社，2012.
[42] 魏晓进. 一种新的软件成本估算方法[EB/OL]. http：//www. cnki. net.
[43] 纪建悦，许罕多. 现代项目成本管理[M]. 北京：机械工业出版社，2008.
[44] 骆询. 项目管理教程[M]. 北京：机械工业出版社，2012.
[45] 杜晓荣，等. 成本控制与管理[M]. 北京：清华大学出版社，2007.
[46] 孙慧. 项目成本管理[M]. 北京：机械工业出版社，2007.
[47] 乐艳芬. 试谈现代企业成本管理的变革[J]. 上海会计，1999(02).
[48] 夏宽云. 战略成本管理[M]. 上海：立信会计出版社，2012.
[49] 白思俊. 现代项目管理(升级版)[M]. 北京：机械工业出版社，2012.
[50] 张滨，等. 移动电子商务安全技术与应用实践[M]. 北京：人民邮电出版社，2016.
[51] 王玲. 项目成本管理在 J 公司软件开发项目中的应用研究[D]. 北京：中国地质大学，2013.
[52] 王树进，等. 电子商务项目运作[M]. 南京：东南大学出版社，2012.
[53] [美]贝内特・P. 利恩兹， 凯瑟琳・P. 雷. 电子商务项目实施管理[M]. 沈婷，等译. 北京：电子工业出版社，2003.
[54] 王学东. 电子商务管理[M]. 北京：电子工业出版社，2005.
[55] 程正中. 项目管理实训教程[M]. 北京：清华大学出版社，2012.
[56] 盖国凤. 项目管理实验实训教程[M]. 北京：清华大学出版社，北京交通大学出版社，2011.
[57] [美]穆罕・梭尼，杰夫・萨宾. 企业 e 化七步：电子商务转行的策略指导[M]. 赵勇，译. 北京：企业管理出版社，2002.
[58] 刘勇，姚佳，徐静. 电子商务环境下企业营销策划探讨：当当网上图书馆营销策划[J]. 中国管理信息化，2008，11.
[59] 安红萍，王丽清. 订单式生鲜农产品电子商务系统设计和实现[J]. 电子商务，2016，12.
[60] 李梦蝶. 生鲜农产品移动电商发展模式研究[J]. 工程与管理，2014，3.
[61] 孟娟娜. 基于 Android 平台的移动电子商务系统设计与实现[J]. 电子设计工程，2016， 24.
[62] 张欣. 基于 Android 的移动电子商务系统的设计与实现[J]. 电子世界，2013，22.
[63] 笪津榕，晏浩，叶浩. 浅谈 Android 系统及应用实例[J]. 中国电子商务， 2014，17.
[64] 潘港超，焦佳彭，耶萍. 基于 Android 系统的校园电子商务平台开发[J]，电脑编程技巧与维护，2015，3.
[65] 吴艳玲. 基于 ASP .Net 的网上订餐系统设计与实现[D]. 吉林：吉林大学，2012.
[66] 陈志红. 阿里巴巴品牌整体策划 108 招[M]. 北京：人民邮电出版社，2016.
[67] 陶晓峰. 浅谈项目成本管理有关问题及改进对策[J]. 管理纵横，2008，9.
[68] 王涛. 青岛电子商务实训基地建设项目成本管理研究[D]. 青岛：中国海洋大学，2012.
[69] 仲淑姮. 项目管理中挣得值分析法的改进[J]. 煤炭工程，2011，10.
[70] 罗华. 浅析项目成本管理与质量成本管理[J]. 江苏建材，2008，3.
[71] 左美云. 电子商务项目管理[M]. 2 版. 北京：中国人民大学出版社，2014.
[72] 张涛. 电子商务网站策划与设计初探[J]. 商场现代化，2014，10.
[73] 宗冉. 外贸女装电子商务网站商业计划书[D]. 北京：首都经济贸易大学，2013.
[74] 罗雯妍. 深圳兰贵人电子商务有限公司商业计划书[D]. 兰州：兰州大学，2016.
[75] 吴子. 电子商务系统分析与设计[M]. 北京：机械工业出版社，2015.
[76] 贾晓丹. 电子商务项目管理实训[M]. 2 版. 北京：中国人民大学出版社，2015.

[77] 刘孝宁. 基于电子商务的项目管理信息系统的设计分析[J]. 科技展望，2015，18.
[78] 林杉. 电子商务中的项目管理研究分析[J]. 经营管理者，2014，6.
[79] 姜劦. 电子商务中的项目管理研究[J]. 中国电子商务，2012，18.
[80] 郭健全，杨坚争，电子商务项目管理案例教学研究[J]. 电子商务，2009，1.
[81] 李志刚. 电子商务项目运作与管理[M]. 北京：中国铁道出版社，2012.
[82] 潘骁偈. A 公司电子商务开发项目风险管理研究[D]. 成都：电子科技大学，2014.
[83] 陈燕，吕龙. 以项目为载体的“旅游电子商务方案设计”课程模式探讨[J]. 四川旅游学院学报，2016，4.
[84] 李靖远. 河南省农产品电子商务交易平台项目商业计划书[D]. 郑州：郑州大学，2015.
[85] 姜峰. 基于电子商务的网站规划设计研究[J]. 电脑知识与技术，2015，6.
[86] 吴春柳. 四季优果项目商业计划书[D]. 兰州：兰州大学，2015.
[87] 黄希. 在校大学生创业项目策划研究分析[J]. 同行，2016，9.
[88] 郭文琼. 国内资讯类 APP 的发展特点和趋势[J]. 声屏世界，2016，3.
[89] http://news.163.com/16/1018/10/c3leefv9000187v8.html.
[90] http://ldhn.rednet.cn/c/2016/12/06/4155599.htm.
[91] http://www.wtoutiao.com/a/929243.html.
[92] http://baike.so.com/doc/3120221-3288681.html.
[93] http://zj.sina.com.cn/news/s/2016-04-05/detail-ifxqxcnp8554658-p2.shtml.
[94] http://tech.sina.com.cn/it/2016-04-01/doc-ifxqxcnr5157233.shtml.
[95] http://www.chinaz.com/news/2016/1101/604034.shtml.
[96] http://mi.techweb.com.cn/tmt/2017-02-04/2481934.shtml.
[97] http://mi.techweb.com.cn/tmt/2017-02-04/2481934.shtml.
[98] http://ldhn.rednet.cn/c/2016/12/06/4155599.html.
[99] http://finance.sina.com.cn/hy/20151028/162623608209.shtml.
[100] http://v.ku6.com/show/m3ndtmlcbu544sv2zx8akw.html.
[101] http://blog.csdn.net/hantiannan/article/details/4997659.
[102] http://wenda.so.com/q/1371456593062901.
[103] http://wiki.mbalib.com/wiki.
[104] http://blog.csdn.net/iefreer/article/details/23363513.
[105] http://it.people.com.cn/n1/2017/0208/c1009-29066139.html.
[106] http://www.le.com/ptv/vplay/26338332.html?ch=360_kan.
[107] http://www.chinacir.com.cn/2014_xmky/390275.shtml.
[108] http://baike.so.com/doc/6398630-6612288.html.
[109] http://b2b.toocle.com/detail-5000646.html.
[110] http://51cto.com/data/734751.
[111] http://www.cnscdc.com/yanjiubaogao/shipin/yinliao/598871.html.
[112] http://www.chinacir.com.cn/2014_jys/433949.shtml.
[113] http://www.mypm.net/.
[114] http://www.soft78.com/article/2012-05/2-ff808081374e024701375968d6d00bd0.html.
[115] http://www.easyci.com.cn/xm1/mb/329899.shtml.
[116] http://www.cnblogs.com/end/archive/2012/12/13/2815871.html.
[117] http://v.youku.com/v_show/id_xmzaynjazody0.html.
[118] http://www.zbj.com/uisheji/xpddf3596a.html.

[119] http://bbs.tianya.cn/post-797-52-1.shtml.
[120] http://www.110.com/ziliao/article-52754.html.
[121] http://blog.sina.com.cn/s/blog_8501acf50102wbjc.html.
[122] http://v.360kan.com/sv/bopra2pqthp5ti.html.
[123] http://pan.baidu.com/s/1hqidnru.
[124] http://baike.so.com/doc/5499682-5737118.html.
[125] http://www.itongji.cn/cms/article/articledetails?articleid=4917.
[126] http://www.tudou.com/programs/view/t3m-uvv2zyy/?fr=lian.
[127] http://v.youku.com/v_show/id_xodc0mzuwody4.html?from=s1.8-1-1.2.
[128] http://www.chinaz.com/manage/2014/0611/355034.shtml.

北京大学出版社本科电子商务与信息管理类教材(已出版)

序号	标准书号	书名	主编	定价
1	7-301-12349-2	网络营销	谷宝华	30.00
2	7-301-12351-5	数据库技术及应用教程(SQL Server 版)	郭建校	34.00
3	7-301-28452-0	电子商务概论(第 3 版)	庞大莲	48.00
4	7-301-12348-5	管理信息系统	张彩虹	36.00
5	7-301-26122-4	电子商务概论(第 2 版)	李洪心	40.00
6	7-301-12323-2	管理信息系统实用教程	李　松	35.00
7	7-301-14306-3	电子商务法	李　瑞	26.00
8	7-301-14313-1	数据仓库与数据挖掘	廖开际	28.00
9	7-301-12350-8	电子商务模拟与实验	喻光继	22.00
10	7-301-14455-8	ERP 原理与应用教程	温雅丽	34.00
11	7-301-14080-2	电子商务原理及应用	孙　睿	36.00
12	7-301-15212-6	管理信息系统理论与应用	吴　忠	30.00
13	7-301-15284-3	网络营销实务	李蔚田	42.00
14	7-301-15474-8	电子商务实务	仲　岩	28.00
15	7-301-15480-9	电子商务网站建设	臧良运	32.00
16	7-301-24930-7	网络金融与电子支付(第 2 版)	李蔚田	45.00
17	7-301-23803-5	网络营销(第 2 版)	王宏伟	36.00
18	7-301-16557-7	网络信息采集与编辑	范生万	24.00
19	7-301-16596-6	电子商务案例分析	曹彩杰	28.00
20	7-301-26220-7	电子商务概论(第 2 版)	杨雪雁	45.00
21	7-301-05364-5	电子商务英语	覃　正	30.00
22	7-301-16911-7	网络支付与结算	徐　勇	34.00
23	7-301-17044-1	网上支付与安全	帅青红	32.00
24	7-301-16621-5	企业信息化实务	张志荣	42.00
25	7-301-17246-9	电子化国际贸易	李辉作	28.00
26	7-301-17671-9	商务智能与数据挖掘	张公让	38.00
27	7-301-19472-0	管理信息系统教程	赵天唯	42.00
28	7-301-15163-1	电子政务	原忠虎	38.00
29	7-301-19899-5	商务智能	汪　楠	40.00
30	7-301-19978-7	电子商务与现代企业管理	吴菊华	40.00
31	7-301-20098-8	电子商务物流管理	王小宁	42.00
32	7-301-20485-6	管理信息系统实用教程	周贺来	42.00
33	7-301-21044-4	电子商务概论	苗　森	28.00
34	7-301-21245-5	管理信息系统实务教程	魏厚清	34.00
35	7-301-22125-9	网络营销	程　虹	38.00
36	7-301-22122-8	电子证券与投资分析	张德存	38.00
37	7-301-22118-1	数字图书馆	奉国和	30.00
38	7-301-22350-5	电子商务安全	蔡志文	49.00
39	7-301-28616-6	电子商务法(第 2 版)	郭　鹏	45.00
40	7-301-22393-2	ERP 沙盘模拟教程	周　菁	26.00
41	7-301-22779-4	移动商务理论与实践	柯　林	43.00
42	7-301-23071-8	电子商务项目教程	芦　阳	45.00
43	7-301-23735-9	ERP 原理及应用	朱宝慧	43.00
44	7-301-25277-2	电子商务理论与实务	谭玲玲	40.00
45	7-301-23558-4	新编电子商务	田　华	48.00
46	7-301-25555-1	网络营销服务及案例分析	陈晴光	54.00
47	7-301-27516-0	网络营销：创业导向	樊建锋	36.00
48	7-301-28917-4	电子商务项目策划	原娟娟	45.00